中央民族大学关心下一代系列丛书二

# 美美与共 岁月如诗

《美美与共　岁月如诗》编委会/编

中央民族大学出版社
China Minzu University Press

**图书在版编目（CIP）数据**

美美与共　岁月如诗 /《美美与共　岁月如诗》编委会编 . —北京：中央民族大学出版社，2022.4
ISBN 978-7-5660-2086-4

Ⅰ . ①美…　Ⅱ . ①美…　Ⅲ . ①中央民族大学－纪念文集　Ⅳ . ① G649.281-53

中国版本图书馆 CIP 数据核字（2022）第 067777 号

**美美与共　岁月如诗**

编　　者　《美美与共　岁月如诗》编委会
责任编辑　杨爱新
封面设计　舒刚卫
出版发行　中央民族大学出版社
　　　　　北京市海淀区中关村南大街 27 号　　邮编：100081
　　　　　电话：（010）68472815（发行部）　传真：（010）68933757（发行部）
　　　　　　　　（010）68932218（总编室）　　　　（010）68932447（办公室）
经 销 者　全国各地新华书店
印 刷 厂　北京鑫宇图源印刷科技有限公司
开　　本　787×1092　1/16　　印张：35.5
字　　数　509 千字
版　　次　2022 年 4 月第 1 版　2022 年 4 月第 1 次印刷
书　　号　ISBN 978-7-5660-2086-4
定　　价　128.00 元

# 《美美与共　岁月如诗》第二辑编委会

# 序言

“岁月不居，时节如流”。诞生于烽火硝烟抗日战争时期的延安民族学院，在中华人民共和国成立后，在党和国家的亲切关怀下，经过70年的办学历程，已发展成为今日的中央民族大学，成为培养各民族优秀干部和人才的重要基地、民族理论研究和民族问题决策咨询的重要基地、传承和弘扬各民族优秀文化的重要基地、铸牢中华民族共同体意识的重要基地。

中央民族大学是一所交织着光荣与梦想的大学，前身是延安民族学院。1941年9月，为适应抗战时期民族工作的需要，中国共产党在陕北公学民族部的基础上成立了延安民族学院。1951年6月，中央民族学院在北京正式成立，1993年更名为中央民族大学。改革开放后，学校抓住“211工程”“985工程”战略机遇，实现建设“世界一流的民族大学”的历史跨越。进入21世纪，学校确立“三步走”战略目标，实施“五大战略”，践行“四个服务”，投身民族复兴伟业，跻身世界一流大学A类建设高校序列，开启新征程。一路走来，中央民族大学不忘初心、牢记使命，走出一条“扎根中国大地，培养民族人才”的跨越式发展之路。

七十载栉风沐雨，砥砺前行，不忘初心来路；七十载弦歌不辍，薪火相传，牢记使命担当。这七十年，是全体民大人勠力同心、守正创新的七十年。七十年里，民大人铸就了“美美与共、知行合一”的精神品格，矢志“为民族地区培养输送大批优秀人才，为国家的民族团结进步事业、为民族地区经济社会文化建设做出重要贡献”，培养了各民族20多万名“下得去、用得上、留得住”的毕业生。他们在祖国各行各业、各条战线上已经发挥和正在发挥着重要作用。站在新时代，我们要贯彻落实习近平新时代中国特色社会主义思想，牢牢把握铸牢中华民族共同体意识这一工作主线，以立德树人为根本任务，为实现“中华民族一家亲、同心共筑中国梦”的时代责任与重大使命，做出新的更大的贡献。

为了回忆这长达七十年的厚重历史，为了重温前辈学者的治学风范，为了传承弘扬民大经久不息的奋斗精神，辛丑之年，时值中国共产党建党一百周年、中央民族大学建校七十周年之际，学校关心下一代工作委员会、中央民族大学离退休工作处接续编辑出版系列丛书《美美与共·岁月如歌》(第二辑)。全书分为“风范篇”“求索篇”“仰先篇”“奉献篇”“亲历篇”“感怀篇”“共勉篇”七个篇章，作者均为学校不同时期的亲历者，有的已届耄耋，有的年过古稀，有的正处花甲。尽管他们岗位不同、阅历不一，但都从不同角度，用不同的方法，记录了自己的见闻和成长足迹，用鲜活的实例和生动的故事展示了学校各个时期的建设发展情况，字里行间洋溢着对学校、对民族教育的真挚情感。

编辑出版这本书，旨在让青年学子了解民大七十年的沧桑巨变，以铭记民大历史，感悟民大底蕴，继承和发扬民大优良传统，学习前辈学人脚踏实地、艰苦奋斗、严谨治学的精神，在坚定信仰、砥砺品格中铸牢中华民族共同体意识，做民族团结进步事业的践行者和中华民族复兴大任的担当人。

礼赞七十年不凡光辉历程，躬逢盛世再续崭新篇章。衷心祝愿中央民族大学薪火相传，接续奋斗，任时光流转，精神永传！一代又一代民大人牢记使命担当，赓续精神血脉，持之以心，行之以力，勇创时代辉煌！

# 扎根中国大地　办好一流民族大学

张京泽

任何一个国家的教育发展都是建立在其自身历史土壤之上的。由于历史条件、文化传统和具体国情不同，各国教育都有各自独特的内在逻辑和生成规律，大学亦是如此。因此，办好中国特色社会主义一流大学更须牢牢扎根于中国大地，要始终坚持一切从中国实际和基本国情出发，将办学基本规律与中国实际相结合，办出符合中国实际的、具有中国特色的一流大学。

扎根中国大地办好一流大学，必须始终坚持一切从中国实际和中国国情出发。习近平总书记指出："办好中国的世界一流大学，必须有中国特色。"我国是统一的多民族国家，少数民族人口占全国人口的8.41%，且分布的地域十分广阔，聚居的5个自治区和30个自治州、120个自治县（旗）、1200多个民族乡，约占全国总面积的63.8%。总长2.2万多公里的中国陆地边界线，与14个国家接壤，接壤的我国9个省（自治区）中，绝大多数都是民族地区。我们辽阔的疆域是各民族共同开拓的，灿烂的文化是各民族共同创造的，悠久的历史是各民族共同书写的，伟大的精神是各民族共同培育的。

处理好民族问题、做好民族工作、发展好民族地区，事关国家安全稳定和长治久安。而做好这一切的根本是执行好党的民族方针，关键是培养好忠诚可靠的各民族干部人才。为解决民族问题，培养各民族干部和各类高级专门人才，我们党先后创办了中央民族大学等一批民族高校，在中华人民共和国成立和改革开放中发挥了不可替代的作用、做出了特殊贡献。特别是中央民族大学，经过70年的建设和发展，已经成为培养各民族优秀人才的重要基地、民族理论研究和民族问题决策咨询的重要基地、传承和弘扬各民族优秀文化的重要基地、铸牢中华民族共同体意识的重要基地。

创办民族高校，是我们党扎根中国大地办教育的伟大创举和成功实践。习近平总书记强调，中华民族一家亲，同心共筑中国梦，这是全体中华儿女的共同心愿，也是全国各族人民的共同目标。这就是新时代我国最基本的国情和最鲜明的特色。因此，扎根中国大地办教育，必须办好各种层次的民族大学。

扎根中国大地办好一流大学，必须坚定不移地坚持社会主义办学方向。习近平总书记强调，加强党对教育工作的全面领导，是办好教育的根本保证。作为我们党亲手创办的中央民族大学，尤为重视党对学校工作的全面领导，始终坚持政治立校、传承红色基因，不断加强党的领导，坚持立德树人这一根本任务，培养了一批又一批政治立场坚定、听党话跟党走、立志为中国特色社会主义奋斗终生的各民族有用人才。

例如，近日被中共中央追授为“全国优秀共产党员”称号的张小娟同志，就是中央民族大学培养的典范。2007年毕业于中央民族大学的张小娟，2008年6月主动放弃北京的工作，毅然回到深度贫困地区的家乡甘肃省舟曲县工作，任县扶贫开发办公室副主任。2019年10月7日，在完成舟曲乡村脱贫攻坚抽样调查工作返程途中因交通事故不幸殉职，年仅34岁。张小娟身上的优秀品质，代表了众多奋斗在脱贫攻坚一线的优秀青年干部的品质。

不忘初心，方得始终。在建设一流大学的新时代、新征程中，我们要牢记初心使命，坚定不移地坚持正确政治方向，以党的政治建设为统领，持续深入推进全面从严治党，加强党对学校工作的全面领导，筑牢意识形态安全防线，提升思想政治工作水平，突出立德树人根本任务，培养德智体美劳全面发展的社会主义建设者和接班人。

扎根中国大地办好一流大学，必须紧紧围绕铸牢中华民族共同体意识这一主线。中华民族是一个命运共同体，各族人民亲如一家，是中华民族伟大复兴必定要实现的根本保证。中华民族共同体意识是国家认同、民族交融的情感纽带，是祖国统一、民族团结的思想基石，是中华民族绵延不衰、永续发展的力量源泉。铸牢中华民族共同体意识既是国家战略，也是我国各族人民的根本利益。民族高校更是要把铸牢中华民族共同体意识作为主责主业，将之融入办学治校、立德树人全过程，探索出卓有成效的经验。例如，中央民族大学在教育教学中主动担负起铸牢中华民族共同体意识的时代责任与政治使命，印发实施了《中央民族大学关于铸牢中华民族共同体意识的工作方案》，确立并形成了涵盖理论武装、党的建设、教学建设、学术研究、宣传教育等8个方面16条具体工作举措，把铸牢中华民族共同体意识落实到全过程；成立了中国语言文学学部，组建实体化的中国少数民族语言文学学院，搭建各民族师生共学、共事、共居的条件与环境，促进各民族师生交往更加频繁、交流更加深入、交融更加密切；强化研究阐释，成立铸牢中华民族共同体意识研究院，获批中央统战部、中央宣传部、教育部、国家民委四部委联合设立的铸牢中华民族共同体意识研究基地，全面开展铸牢中华民族共同体意识的理论与实践前沿研究；积极探索铸牢中华民族共同体意识的生动实践，把学校各族师生参与国庆70周年重大任务的过程，打造成为一堂铸牢中华民族共同体意识的特殊思政课，组建“小我融入大我，青春献给祖国”宣讲团，赴新疆、西藏、宁夏、云南等地开展20余场系列宣讲，讲述了新时代爱国主义与民族团结进步教育的生动故事，也把学校铸牢中华民族共同体意识的生动实践传递给民族地区的师生群众，产生了良好的社会反响。

面向新时代，中央民族大学必须在扎根中国大地办教育上带好头、做示范，在深入学习贯彻习近平新时代中国特色社会主义思想上做表率，在坚持社会主义办学方向上做表率，在铸牢中华民族共同体意识上做表率，办好让党中央放心、让各族群众满意的一流民族大学，为当今世界解决民族问题、实现团结进步提供中国经验和中国智慧。

# 目　录

# 风范篇

# 大师在这里云集

牟钟鉴

《先生还在身边》是一部前辈师长的纪念文集，更是一座中华人文大家的碑林；它记载的人物，都是中央民族大学创校的功臣兴教的业师，又都是全国知名乃至有着广泛国际影响力的学术大师。时代风云磨砺了他们的意志，不懈追求激发了他们的天才，多元文化开阔了他们的眼界，献身民族造就了他们的功业。他们是中华民族的英杰，他们是中央民大的荣光。翦伯赞、吴泽霖、潘光旦、吴文藻、闻宥、于道泉、杨成志、冯家昇、陈振铎、翁独健、林耀华、费孝通、傅懋勣、陈述、马学良、王锺翰、傅乐焕、陈永龄、宋蜀华、李森，这一连串闪光的名字，在中国民族学、社会学、人类学发展史上烙下了深刻的印记，树起了不朽的丰碑。他们不仅为人文社会科学界所熟知与敬重，也为社会各界所礼赞。他们虽然离开了我们，他们的精神和业绩却仍然活在人们的心中，时刻激励着人们继续奋进。

他们对于祖国都有深沉的大爱。他们中的大多数都有出国留学的经历，几乎都毕业或就职于当时的名校如北大、清华、燕京、西南联大等，都有在西方学界驰骋的机会。然而，他们心怀祖国，立志用学术振兴中华，自觉在神州大地扎根，担当起引进和建立民族学的重任，把自己的全部生命投入其中。“文革”中他们不同程度地遭受冲击，但他们报效国家之忠心依然不变，诚如《离骚》所言：“亦余心之所善兮，虽九死其犹未悔。”改革开放之后，他们不顾年老体衰，毫不犹豫地投身到重建民族学的事业中去，并培育出一系列硕果，使国家受益，这是何等坚定的信念！

他们一方面借鉴西方民族学的成果，另一方面不辞辛苦，跋山涉水，到民间乡村、到偏远少数民族地区进行参与式田野调查，进行民族识别，与民众打成一片，成为当地乡亲的贴心人，用中华传统典籍和乡土文化催生中国民族学，在民族学理论、民族语言学、民族历史学、民族社会学、民族教育学、民族文艺学各领域都有非凡的建树，使中央民族大学成为中国民族学的学术高地，并辐射到全社会和海外。

他们对于各民族青年学子抱有深切的关怀。他们运用中央民大的教育平台和讲坛，传道、授业、解惑，认真教学，精心指导研究生，培养出一批又一批富有学识和创新精神的人才，已经在各自的岗位上发挥着专业骨干的作用，有力地推动着民族教育事业的持续健康运行，为中华五十六个民族的共同团结进步和共同繁荣发展不断注入青春的动力和鲜活的血液。他们在数代民族学学者心中树立起为人为学的宗师风范。直到今天，他们的人文种子仍在中央民族大学的每届学子中播撒，不断发芽、生长、开花、结果，使中央民大这座民族学苑色彩斑斓，富有生气。

云集于民大的老一代名师中，费孝通先生无疑是众山之巅。他早年曾以《江村经济》《乡土中国》两篇名作奠定了中国民族学、社会学的基石，其学术影响遍及海内外。晚年老当益壮，出现第二次学术青春，并达到一生鼎盛状态。他先是经过调研，写出《小城镇大问题》，对于中国城乡平衡发展和现代化建设，仍具有战略指导意义。接着他又回溯源远流长的中华文明史，提出“中华民族多元一体格局”，从动态过程中为中国民族关系与内在结构做出经典式表述，展现出强大的理论解释力，已为各界普遍认同，成为中国模式民族学的核心理念，在推动中国特色民族学的形成和增进中国各民族平等、团结、合作、和谐的关系中发挥了巨大的正能量。在90岁以后，面对中国人存在的文化自卑和世界民族间不平等关系的紧张，他以博大的胸襟、深邃的目光和极大的创造力，提炼出“文化自觉”的十六字真言：“各美其美，美人之美，美美与共，天下大同。”这十六字非同一般，它是中华“和而不同”文明传统的当代创新，也是中华民族文化自信力的理性自觉，还是推动世界文明对话的伟大智慧。它顺应时代、合乎人心，因而迅速传遍大江南北，飞向五洲四海，正在为人类摆脱厮杀争夺的困境、建设多元文明和谐的新常态不断给力，这是何等崇高的精神和事业!

民大老一代名师铸造了中央民大的校魂，他们的光辉人生使人感动，令人敬仰，引人向往。我们要熟知他们，学习他们，沿着他们的足迹，努力向更远的目标开拓前进，把民大办成中华民族大家庭和乐的典范，办成民族学、社会学、历史学、宗教学、教育学的重镇，办成边疆与内地协调发展和建设新的丝绸之路经济带与海上丝绸之路的人才库与智库。我们要使民大老一代名师的事迹通过民族博物馆的展示传播到校园的每一个角落，更好地滋润民大人的心田。费老的“美美与共”已经写入校训，每天都在熠熠生辉，表达着他对晚辈的殷切期望，仿佛他老人家正在以和善的目光注视着校园，召唤着民大人为中华民族的精诚团结和伟大复兴多做奉献。

（选自《先生还在身边：民大名师纪念文集》序言）

# 三位大师级的系主任

## ——我的大学时光杂忆

谢肇华

1960年秋至1965年夏，我在中央民族学院历史系读本科。我生长于河南省南阳盆地的农村，初中是在一个小县城读的，高中在南阳市一高读了一年，又转到东北林区伊春一中读了两年，都是不大的地方。到首都北京读大学，真是眼界大开。虽已过去了半个世纪，许多往事的细节记不得了，但不少有趣的、重大的事情还有印象，只能算杂忆吧！

中央民族学院1951年创建，院长是乌兰夫。历史系是1956年创建的，系主任是翁独健。历史系是五年制，我们属于第五届。当时的院长已由国家民委副主任刘春兼任。历史系的教师来自院研究部，而研究部的研究人员，源于1951年的全国大学院系调整，多来自燕京大学、北京大学、清华大学、辅仁大学的人类学、社会学、历史学专业。我系的师资力量在各高校历史系中在最强行列之中，几位系主任，都是大师级的。

系主任翁独健先生（1906—1986），籍贯福建福清，原名贤华，因一腿有残，不屈服，不示弱，上中学时自改名独健。1928年考入燕京大学历史系，1932年撰写《元田制考》学士学位论文，1935年写《元朝政府统治各教僧侣官司和法律考》硕士学位论文，毕业于燕京大学研究院，又被恩师洪业推荐，获美国哈佛大学“哈佛燕京学社”奖学金，赴美留学。1938年用英文撰写了近十万字的《爱薛传研究》博士学位论文，受美、澳等国学者推崇，获哈佛大学博士学位。同年，赴法国巴黎大学东方语言学院进修，跟著名东方学大师伯希和学习审音、勘同之学。1939年回国，先后任教于云南大学、北平中国大学、燕京大学，并投入党领导的抗日活动，支持进步学生组织和地下党的工作。中华人民共和国成立后，曾任燕京大学代校长、北京市教育局局长、国家民族事务委员会委员、民族历史研究工作指导委员会副主任、中央民族学院研究部主任和历史系主任、中国科学院和中国社会科学院民族研究所副所长、中国社会科学院中国边疆史地研究中心主任，全国政协第三、第四、第五、第六届委员，政协民族组副组长，联合国教科文组织国际中亚文化研究协会理事会中方理事。

翁先生是著名的元史大家，与北大邵循正、南京大学韩儒林并称“元史三杰”。在我们入学时，他与新生见面讲话，给我留下了难忘的记忆。他留着大背头，叼着烟斗，拄着文明棍，很有气派。他讲话口才极好，很有感召力。他要我们热爱自己的历史专业，他形象地说“历史是七何之学”，要弄清何时、何地、何人、何事、如何、为何、还要问个然则何如。他鼓励我们要好好学习，打好基本功，将来成为建设国家的有用之材，成为专家。他教导我们要又红又专，又博又精，要处理好做人、做学问的关系。我印象最深的是，他提倡在博览的基础上，要深入研究一个问题，要在一个方面有所突破，有自己独到的见解，写出厚厚的一本书来；并认为一个人若能写出一本超越前人的书来，就是对社会、对国家有用的人才，就会被后人记着。这就是后来被批判的所谓“一本书主义”的来源。

现在想来，翁先生的这种主张，与先生的阅历应该息息相关。他出身贫苦，中学毕业后的暑期就作家教，被邵循正的母亲聘为家庭教师，为邵先生的弟妹补习功课。教了一个月，得知被燕大录取，邵老太太付给他两个月酬金，解决了他赴北平的路费和初入学的生活费问题。贫苦出身，可能是他很早就响应党的号召，并寄望我们又红又专的原因。翁先生才华横溢，在燕大求学时，已会讲日语、英语，还会读法文、德文、俄文、蒙古文、满文，在美、法游学时又学习了波斯文、土耳其文、阿拉伯文、拉丁文等研究元史所必备的文字。他博学多闻，但写作极为谨慎，留下的文章并不多，可篇篇都是精品，其精辟见解至今恐难有比肩者。这可能也是他希望我们宁可只写一本精品，也不要粗制滥造的原因吧！

翁先生没有给我们讲过课，但他对我们的基础课极为重视，认为学好基础课，才能得到深造。他特别安排学问好、有经验的名师，讲授初年级的课程。原始社会史由林耀华、黄淑娉讲，中国古代史由徐宗元、傅乐焕、孙钺讲，世界史由张锡彤、邝平章、李文瑾讲，我至今还记忆犹新。

另外，翁先生还以他的人脉，多次邀请国内著名的史学家来校做学术报告。我记得北大历史系主任翦伯赞、南京大学历史系主住韩儒林、南开大学副校长兼历史系主任郑天挺等，都给我们做过报告。不光我系的老师同学听，外系的师生也听，所以会场都安排在学校的大礼堂。这些生动的学术报告，增加了学校的学术气氛，扩大了我们的眼界，对我们的志向有很好的影响。

翁先生在任历史系主任时，中国科学院历史所为参加蒙、中、苏三国合写《蒙古人民共和国通史》，还请他兼任该所元史组组长，并主持这项工作。“文革”中，先生被批“一本书主义”，被扣上“反动学术权威”的帽子，这时，有些学者心灰意冷，打算以后将书卖掉，再也不搞学术研究了。翁先生则对室友说：“我还有信心，我的书一本也不丢！”

“文革”结束，翁先生在《光明日报》发表《把“四人帮”造成的损失夺回来》的文章。先生晚年，只争朝夕，致力于民族史学科建设和人才培养。他在中国社会科学院民族研究所副所长、中国民族史学会和中国蒙古史学会会长、中国元史研究会名誉会长任职期间，为开创我国民族史研究的新局面，做出了无人能替代的巨大贡献。

中华人民共和国成立后，翁先生的主要著作有：主编《蒙古族简史》《中国民族史纲要》《中国少数民族历史大辞典》《中国大百科全书·民族卷》之民族史、《中国历史大辞典》之民族史卷（我有幸在先生指导下参与此工作，忝列东北民族分册编委）。古籍整理方面，他主持了二十四史《元史》的点校工作，编辑了《全元诗》。在外国名著的汉译方面，他主持了对《世界征服者史》《蒙古社会制度史》《史集》《马可·波罗行记注释》等书的译校。

还应提到的是，翁先生的夫人邝平章教授，也是我系老师，为我们讲过世界史。据燕大出身的王锺翰老师讲，翁师在燕大研究院求学时，以其学术天分与不羁风度，已名满燕园。翁师与后来成为著名红学家的吴世昌，二人合住未名湖北侧的3号楼（今称均斋），二人均为高才，因一人跛一足，另一人眇一目，某年春节，被二人好友邓嗣禹（后为美国印第安纳大学历史系教授）在门上贴联一副，曰“只眼观天下，独脚跳龙门”，横批“盲跛相助”，堪称巧思绝对，十分贴切自然，广为传诵，成为燕园一大逸闻。大概这时已引起大家闺秀、品貌出众，同在研究生院读书的邝师的注意。

比翁师晚一年，1936年夏，邝师也赴美深造。二人志同道合，后来结为伉俪。据邝师回忆说：“为了不影响学业，我们虽然鱼雁频传，但却很少见面，既没有花前月下的缱绻缠绵，也没有徜徉山水的闲情逸致，甚至为治疗颠跛，他在波士顿动大手术时，也没有让我请假陪侍。”后来他们同赴巴黎进修，在这个号称“花都”之地，他们一心求学，刻苦度日，只租住一间普通公寓，并常常自己动手做饭。为报效祖国，两人在抗日战争的炮火中，毅然启程归国，冒死辗转于地中海、大西洋、好望角、太平洋，宁可在待遇较低的北平中国大学、燕京大学，也不去待遇优厚的日伪政权控制的大学。缘此，夫妇二人生活十分拮据，不得不课余去教家馆，甚至当掉结婚戒指。翁、邝二师相濡以沫、患难与共的爱情故事及坚贞不屈的爱国知识分子的高风亮节，令人肃然起敬。

《左传》有语：“太上有立德，其次有立功，其次有立言，虽久不废，此之谓不朽。”如此而言，翁先生可谓“不朽”。他反对专制独裁，爱国爱民，敢于仗义执言，这是“立德”；他全力建设民族史学科，做好学术研究的组织领导工作，培养出一批批人才，这是“立功”；他前半生学术研究成果累累，后半生组织编译了众多学术论著，把元史、民族史研究推进到崭新的阶段，这是“立言”。翁先生为我国学术界立下了一座不朽的丰碑。

系副主任林耀华（1910—2000）也是大师级的教授。他是福建人，也是1935年毕业的燕大研究院硕士，1937年入美国哈佛大学攻读人类学，1940年获博士学位。当时以文学体裁撰写中国南方农村汉族宗族与家族的传统生活及其变迁，以《金翼》书名在伦敦出版英文版专著。他于抗战最艰苦的1941年回国后，先后在云南大学、燕京大学（社会学系主任）、北京大学和中央民族学院致力于原始社会史和民族学的教学。1941年他曾深入凉山彝区，缜密考察彝族社会结构与诸文化现象，写出《凉山彝家》一书。1956年他加入中国共产党，曾任国务院学位委员会第一届学科评议组成员、国家民委学术委员会委员、国家民委委员，1960年曾出席全国文教群英会。

林先生还参加了民族识别工作，担任《辞海》编委兼分科主编及民族问题五种丛书编委会副主任委员，全国民族学、人类学、社会学等学会的领导职务。他使国内人类学研究开启了新的方向，推动了民族学的大发展，成为新时期民族学界的泰斗，是当代中国重要的人类学家、社会学家、历史学家和民族教育家。

林师著作有:《从猿到人的研究》、《原始社会史教学大纲》、《原始社会史》（主编）、《民族学研究》、《民族学通论》（主编）、《凉山彝家的巨变》《林耀华先生学述》、《从书斋到田野》、《中国的经济文化类型》（与苏联切博克萨罗夫合著）。林先生的学术成就引起国际学术界的重视，被聘任国际人类学和民族学协会主编的《当代人类学》通讯编辑、日本国立民族博物馆高级研究员、美国传记研究所国际名誉顾问。

系副主任傅乐焕（1913—1966），山东人，著名辽金元史学家，与冯家升、陈述并称为“辽史三大家”。其八世祖是清代第一状元傅以渐。青年时，傅先生因丧父而一度辍学，1930年，得堂叔傅斯年之助，到北平中央研究院历史语言研究所作书记员。1932年考入北大历史系，1936年毕业后，在史语所从事辽史研究，1942年被聘为副研究员。1947年获英国文化委员会资助，到伦敦大学东方学院留学。1950年，以《捺钵与斡鲁多》一书获博士学位。后排除各种干扰、利诱，于1951年毅然回到中华人民共和国，任中科院考古所研究员。1952年他调我院研究部，后任历史系副主任、兼院工会副主席，仍兼中科院历史所研究员和学术委员。

傅先生教我们满族史，讲义发得最及时，与各科讲义比较，我觉得这是内容最充实、条理最清晰的讲义。傅先生的夫人陈雪白老师是史学大师、北师大校长陈垣的侄女，当时是我系讲师，也给我们上过课。

傅先生文字功底极佳，一生中多次参与学术刊物的编辑工作，大学时代即创办校园刊物《牧野》。大三时又与同班同学邓广铭、张公量为天津《盖世报》主编《读书周刊》；1942年，又在重庆参与了中国文化服务社主编的《读书通讯》的编辑工作。1946年，胡适兼任上海《大公报》的《文史周刊》主编，请傅先生任执行编辑。1951年，傅先生刚回国，就作为中科院考古所的代表，参与了天津《大公报》的《文史周刊》工作。后《大公报》停刊,《文史周刊》的职能转至《光明日报》，改名双周刊《史学》，傅先生仍兼职参与其事，参与组织了关于曹操评价、让步政策、清官等问题的讨论。傅先生在本职工作外长期坚持办学术期刊，是对中国史学学科发展的另一种形式的贡献。也表明了中国史学界对先生的史识与文字功底的高度肯定。了解了傅先生这些幕后工作，也就明白了为什么傅先生的《满族史讲义》写得那么好。

傅先生参加并领导了满族调查、达斡尔族的民族识别工作，发表了《关于达斡尔的民族成份和识别问题》，主编了《满族简史》《金史》，参与编绘《中国历史地图集》、校点二十四史、编纂《辞海》《中国地震史料辑录》等。主要著述还有《康熙年代的中西关系》《康熙年间两个来华的葡萄牙使节》《中西编年史文献资料》等。他生前未及出版的辽史论文集《辽史丛考》，承他的好友、当年北大的同窗邓广铭（又名恭三，北大历史系主任）、张政烺（社科院历史所研究员、著名古文学家）的支持，在先生平反昭雪后，于1984年由中华书局出版。这三位同窗性格大不相同，傅乐焕不苟言笑，邓恭三颇恃才傲物，张政烺则书生气十足，但友情深厚，被众同学推服并戏言："乐焕不乐，恭三不恭，政烺不懂政治。"

抛开“乐焕不乐”的谶语，我在此语中也看出傅先生的高贵人品。他的人品、人格，使他结交了一生不渝的真心朋友，在他离世后还为他出文集，以为纪念，以期不朽。所以，我们也应该学习傅先生的人品，珍惜我们的同学情谊，用真情浇灌，使之成长为一生不渝的友情之花！

回忆三位大师级系主任，我为他们骄傲，同时也感到自愧。建系60年了，毕业学生不止数千，像三位先生这样的，又有几人？这难道不值得我们后学深思和继续努力吗？

（2016年9月4日于沈阳科学家花园）

# 于道泉先生传奇故事

左治国

20世纪60年代我在历史系读书时，常听徐宗元先生和贾敬颜先生给我们讲一些校内老先生的趣闻逸事，其中给我印象最深的是关于于道泉先生（1901—1992）的传奇故事。从那时起，我就对这位藏学泰斗怀有强烈的好奇心。

因为于先生不是本系老师，所以当年我无缘近距离接触他，只能远观他的身影。在校园里，我常见他穿着一身褪了色的灰布中山装，手提暖壶急匆匆上水房打开水，就像一位上了年纪的工友；我见过他手捧一本书高举在脸前几乎碰到鼻尖，在马路上边走边看；我也见过他坐在大礼堂第一排，手拿两枚硬币聚精会神地拔胡子……

1970年夏天我爱人来京生孩子，经马学良先生夫人何汝芬老师介绍，于道泉先生竟为素不相识的我送了一个月的牛奶！自此，我这才和于先生有了第一次也是唯一的一次“无言接触”。当年于先生69岁，我29岁，先生整整年长我四十岁！一个月之内他风雨不误，每天早上6点钟准时来到小东院工棚3排6号我的住处，把两瓶牛奶放在窗台上，不容我当面说出感谢的话调头便走。通过这件事，再联想徐、贾二位老师所讲的故事，我愈发感到于先生不仅是一位心无旁骛的学术名师，更是一位善人、奇人。

如今半个多世纪过去了，于先生和上述几位老先生均已作古，我自己也已年逾古稀了。我现将自己关于于先生的一些听闻和了解写出来与大家分享。

## “于大神仙”和“于喇嘛”

1924年，专攻数学、社会学和欧美史的于先生从山东齐鲁大学毕业。这一年恰逢印度诗哲泰戈尔访华，并在徐志摩、林徽因陪同下来到济南齐鲁大学演讲。当时，年仅23岁的于道泉到后台用英语与泰戈尔交谈梵文，令这位大诗人惊奇不已。原来于道泉在大学期间不仅熟练地掌握了英语，还凭借一本《梵文字典》自学梵文，背下了四五千个梵文单词。据说，于先生当年在上衣和裤子上缝了很多口袋用来装词典和单词卡片，一部“牛津英汉词典”竟全都背了下来！而且他的方式是词典“背熟一页撕掉一页”，因而被同学称为“于大神仙”。

泰戈尔极为欣赏这位叫于道泉的中国年轻人，便把他带到北京，推荐给在北大任教的俄籍语言学家钢和泰爵士担任课堂翻译，并让于道泉师从其学习梵文、藏文和蒙古文。在此期间，于道泉曾到雍和宫居住了相当长一段时间，以向蒙藏僧人学习藏文、蒙古文、满文和佛经，所以又被人戏称为“于喇嘛”。

从1934年开始，于先生先后赴法国、德国留学并在英国伦敦大学东方学院任教，一直到1949年4月回到刚解放的北平任北大东语系教授。据介绍，于先生通晓藏、梵、蒙古、英、法、德、俄、西班牙、日、土耳其和世界语等十余种语言文字，堪称“语言奇才”。

## 苦练按摩功夫为人治病

季羡林先生曾评价于道泉先生是“一个有天才的人，学富五车，满腹经纶，淡泊名利”。但很少有人知道，于先生还练有一手按摩绝活儿。据金克木先生回忆，于道泉先生住在雍和宫时，曾苦练过按摩功夫为人治病。他用手指在木板上按揉练习指力，随着木板一块块增加，他的手指亦愈加有力，可以按着一叠木板在地上移动，好像有了特异功能。有人腰腿腹背疼痛，经于先生按摩便手到痛除。金先生对此评价道："于先生具有过人的专心和毅力，这种功夫只有于先生才能练出来，别人绝不可尝试。"

## 两条"合理化建议"

1958年，国家开展提"合理化建议"运动，于道泉先生提了两条建议，一条是取消学生食堂，每个学生发两个暖瓶用开水泡挂面吃，暖瓶由于先生出钱购买，理由是这样可以节省时间用于学习。我查资料得知，这个办法三十多年前于先生自己就用过。据金克木先生说，当年于先生住在雍和宫时，嫌吃饭耽误看书时间，就用暖瓶装米灌开水，居然能泡成粥。于先生用这种方法吃饭，就是为了尽量少出屋，自己能边喝粥边看书。借提"合理化建议"，他要推广自己的省时省力经验。于先生的第二条建议更令人匪夷所思，即裁掉教学楼打扫厕所卫生的清洁工，厕所卫生由他自己义务承包。为证明该建议的可行性，他还在卫生间门上贴上了"卫生责任人于道泉"的条子。此事一时传为校园笑谈。

## "这就是我的灵魂"

于先生早年曾研究过"灵魂学"，并相信世间一切生灵皆有灵魂。为此，徐宗元教授曾和于先生不止一次辩论过苍蝇有没有灵魂，一个说有，一个说无，争持不下。为了证明自己的观点正确，有一次于先生拿了一张照片给徐先生看，说："这就是我的灵魂。"只见照片上一片灰暗的背景中模模糊糊有一个黑色人影，不知于先生是怎么拍照冲洗出来的。徐先生当时不禁哑然失笑，对于先生的执着深感不解和无奈。

## “他已经走了”

有一次，于先生受邀参加一个重要宴会，举办单位派车来接他，他开门便对来人说：“他已经走了。”来人信以为真，只好空车而回。由于这次宴会被要求正装出席，于先生便穿上向人借来的一套西装，自己出门乘坐公共汽车前去赴宴。不料宴会结束后下起了小雨，于先生怕西装被浇湿，就脱下西装抱在怀里，只穿着内衣裤返回了学校。

## 给羊做雨衣

作为一名资深教授，于先生的工资按当年消费标准可以养活近二十个人，但他和老伴儿却过着极为简朴的粗茶淡饭的生活。于先生把钱看得很淡，但只要有人因学习需要或生活困窘向他求助，他从来都是有求必应、慷慨解囊，而且从不要求对方还钱。据说，当年他要求老伴儿必须参加“生产劳动”，否则就是“不劳而获”。为此，他买了一只山羊，让老伴儿到西校门外或紫竹院河边放羊。为了排解老伴儿放羊的寂寞，他特意买了一个半导体收音机，让老伴儿放羊时挂在脖子上听，引得人们纷纷驻足围观。

有一次遇到下雨，老伴儿穿着雨衣放羊，于先生觉得人穿雨衣而羊挨雨浇有失公平，便找了一块塑料布到裁缝铺，要求裁缝师傅给羊做雨衣。这下可把裁缝师傅难住了，比量了半天也无法剪裁，结果“羊雨衣”没做成，塑料布当了盖床单。

## 一筐带鱼

有一年夏天，于先生的孩子生病，想吃带鱼，而忙于工作和看书的于先生答应买，后却给忘了。多日之后的一天，于先生突然想起买带鱼的事，便赶紧到附近的菜市场一下子买了十多斤带鱼，装了满满一筐拿回家。时值盛夏，这么多带鱼哪里吃得了啊？剩下的带鱼很快变质发臭，于先生只好倒掉。

## 科技迷

于先生还是一位“科技迷”，对科技方面的新事物特别敏感，其超前思维非一般人所能比。1956年他就萌生了用数码代音字拼读汉字和藏文的想法。在许多人还不知“电脑”为何物时，于先生就预感到未来可以用计算机处理汉、藏文字。当时有人认为他这是不务正业、异想天开，是不可能实现的幻想。但对于先生而言，他认准了的事就一定要干下去，甚至达到痴迷的程度。此后二十多年，他一直醉心于此项研究，并终于设计完成了“数码代音字方案”。在1982年召开的第十五届国际汉藏语言学学会上，81岁高龄的于先生向大会提交了关于此方案的论文，受到语言学界及电子科技界专家的高度赞誉和充分肯定。

于先生对太阳能也很感兴趣，也是中央民族学院个人研究使用太阳能的第一人。20世纪50年代末，他曾用玻璃镜块拼装了一个太阳能采集器，在上面架上锅，在自家门前空地上尝试“烙饼”，烙着烙着，突然天阴了，饼烙得半生不熟。据说，于先生还曾设计过自动化办公桌——在桌上固定位置摆放相应办公用品，只要一按电钮，便会有一种办公用品自动转到面前来，既省力，又方便。

## 一句也没听见

“文革”中，于先生也受到冲击和批判。一次系里召开专题批判会，批判于先生信“灵魂”的迷信思想。与会人员纷纷发言，有的慷慨陈词，有的声色俱厉，有的指责其迂腐无治，批判内容五花八门，不一而足，闹腾了近三个小时。只见于先生端坐一隅，一手托下巴，一手不停地拔胡子，像老僧入定一般。大家发言过后，主持人连叫两遍“于先生”，于先生竟无反应。最后主持人大喊一声：“于道泉!”于先生这才猛然惊醒，一脸茫然地问道：“什么事?”主持人说：“于先生，大家发言帮助你三个小时了。你也该表个态、说几句话呀!”于先生说：“什么？帮助我？三个小时？我怎么一句没听见?”顿时全场愕然，又爆发出一阵哄堂大笑，批判会只好草草收场了。

后来有人问于先生，批判会开了三个小时他在想什么？于先生认真地表白，他一直在思考自己的“数码代音字”方案，想着如何改进“一对多”翻译机的事儿哪！有人说“文革”动乱中的于先生，是少有的“处变不惊，心如止水”之人。

## 名师与高徒

于先生培养了诸如王尧教授、格桑居冕教授、胡坦教授、李秉铨教授、佟锦华教授、耿予方教授、赵康教授、庄晶教授、周季文教授、谢后芳教授、罗秉芬教授、陈践践教授、黄布凡教授、开斗山教授等一批藏学专家，使他们成为藏学界承前启后的一代精英群体。于先生的弟子们各有所长，每个人都独当一面，在藏族历史、宗教、社会、经济、文化、语言文字、古籍发掘整理、翻译等方面均取得了优异的成果，并各自又培养了一批后继人才，为藏学学科的发展做出了重要贡献。这些弟子们每当谈起他们的恩师于先生时，除了感激于先生在学术专业上对他们的“谆谆教诲、因材施教和耳提面命”，还无一不折服于先生“不以物喜，不以己悲”、超然物外、特立独行的人格魅力。

## 家世显赫却只字不提

于先生热爱祖国，热爱中国共产党是终其一生不变的坚定信念。早在20世纪20年代，于先生在北大任教时，就接受了陈独秀、李大钊新思想的影响，曾参加中国共产党的地下组织。

作为老教育家于明信先生的长子，于道泉积极向弟弟妹妹们灌输社会主义、共产主义思想，鼓励他们走上革命道路。他的大妹于式玉（1904—1969）早年随父亲赴日留学，1930年回国后毕生从事教育工作，先后任教于燕京大学、华西大学、西南民族学院和四川师范学院，1949年12月还曾应贺龙之邀，参加十八军随军进藏，筹办了昌都小学和拉萨小学。大妹夫李安宅是著名社会学家、人类学家。弟弟于道源（1912—1948）中学毕业后考入北大国文系，抗战爆发后毅然投笔从戎，在山东从事党的地下工作，曾任八路军115师电训班教员和军区电台台长，是中国共产党早期的无线电专家。三妹于若木（1919—2006）是我国著名营养学家，1936年入党，1938年在延安与陈云结为革命伴侣。小妹于陆琳（1921—2015）是我国著名学前教育专家，开国将军钟赤兵的夫人，1937年，16岁的她跟随三姐于若木奔赴延安参加革命，1938年入党，曾在北京从事地下工作，1949年筹建北海幼儿园并任首任园长，1953年赴苏联留学攻读学前教育，曾任北师大教育系主任、解放军军事学院科技教研室教学组长和图书馆荣誉馆长，参与创建了我国第一所民办大学——中华社会大学，并任教务长、副校长、校长。

于道泉先生出身于书香门第、教育世家，其至亲也多为知名学者或高级领导干部，但他从不向任何人提及自己的显赫家世和一些至亲身份。他宽厚、仁慈，总把对亲人的关爱深藏于心从不表露，因而也得到了亲友的极大尊敬和崇拜。于先生终生以普通人民教师的身份出现在众人面前。在大家心目中，他就是一位“布衣长者”，许多师生甚至想不到他是一位海内外知名的大学者、大教授。

# 在文化人类学领域勤奋开拓的杨成志教授

田晓岫

1983年年初，中央民族学院民族研究所领导让我给杨成志教授做助手。我做的第一件事是查阅杨先生的成果目录，按科研处印制的卡片，一书一卡逐一登记。这件事做了近一年，其间还到北京图书馆、广州市图书馆和中山大学图书馆等处做了查阅工作。查阅的结果，杨先生发表的论文、论著、译著、合著共有近二百篇（本），其中，中华人民共和国成立以后的约六十篇。

在我做目录后的七八年间，杨先生又发表了十余篇论文（文章），出版了《杨成志民俗学译述与研究》等三部书，具体指导翻译了哈登的《人类学史》，整理了约三十万字的《杨成志民族博物馆学论文集》。杨先生一生在文化人类学领域耕耘不息，直至1991年5月30日突然摔倒去世。美国国家研究院编《国际人类学家事迹简介》一书辑录了杨先生的学术活动及成就。

我做的第二件事是记录和整理《杨成志传略》，这使我对杨先生的奋斗历程和辉煌业绩有了一个比较全面的了解。1902年5月1日，杨成志诞生在广东省海丰县汕尾镇盐町头村的一个贫苦海员家庭，乳名“浩”，字“有竟”。学名与字取义于中国古代格言“有志者事竟成”。杨先生用自己勤奋拼搏、艰辛开拓和卓有成就的一生验证了这一古老格言，并达到了名与实的完美统一。

青少年时代的杨成志是在刻苦奋斗中求学进取的。1920年，他考入英国教会办的佛山华英中学学习英文和数理化，1923年升入美国教会办的私立岭南大学（校址即今中山大学）历史系读书，同时兼任岭南附中的历史教员和附属华侨中学的中文教员，以半教半读的方式完成自己的大学学业。当时地处大革命时代中心广州的岭南大学汇聚了南方许多热血青年，著名者如冼星海等。在反帝爱国思想影响下，该校学生出版了专刊《宁死》，赶走了外籍牧师监督，从美国教会手中收回学校教育主权，宣布中国人钟荣光为校长，并创办了许多激进的文化刊物，如《南大青年》《南大思潮》和《南风》等。杨先生在其中工作，任过主编，曾为中国新文化而奔走呐喊。

1925年，孙中山先生离开广州北上，临行前在岭南大学演讲《青年当立大志》。杨成志亲聆孙中山先生教诲，并速记演讲全文在《南大青年》上刊载。同年，杨先生在何香凝任所长的“妇女讲习所”兼讲新闻学课程。在校读书期间，杨先生还撰写了《毋忘台湾》的小册子，呼吁早日收复1895年被日本侵占的祖国神圣领土台湾。该书由郭沫若作序，甘乃光题写书名，于1926年出版。大革命时代的熏陶，使青年杨成志养成了不畏艰险勇往直前的性格。

1927年夏，杨先生结束南大学业，到中山大学语言历史研究所工作。在傅斯年、顾颉刚倡导“到民间去”的感召下，他积极参与组织中国民俗学会的工作，举办民俗学讲习班、筹建民俗文物陈列室等，并参加《西南民族研究专号》《民间文艺》《民俗》周刊等杂志的工作，担任编辑及撰稿人。在此期间，杨先生还翻译出版了英国班妮女士的《民俗学问题》。这一系列学术活动，都是为他日后深入民间、发掘民族文化源泉、创建中华民族新文化所作的准备。

1928年夏至1930年，受当时中央研究院和中山大学联合派遣，杨先生和容肇祖、俄人史禄国夫妇一行四人，从广州出发，取道海防、河内到昆明，在云南进行民族学调查。一个月以后，在其他三人因故返粤的情况下，杨先生不辞艰险，独自一人毅然继续前行，深入大小凉山，完成了调查研究任务。此行他重点调查了彝族的生活方式、语言文字、文化传统、社会组织等，尤其重要的是收获、搜集了大量珍贵的彝文典籍，进行中西文互译，并向国内外学术界介绍。

丁文江在《爨文丛刻自序》中，将杨成志先生列为研究彝文的第一位中国学者，黄文山著《民族学与中国民族研究》（1946）也称道“国内研究罗罗（彝族旧称）专家以杨氏为巨子”。修成于1949年的《新纂云南通志·卷七十方言考》中，亦盛赞杨成志发掘研究彝文经典的功绩：“粤人杨成志衔中山大学使命，曾只身入大凉山，请罗罗祭师所谓毕摩者以罗罗语言授以罗罗经典，半年间竟能了解其俗习礼制，乃从中西文互译其经咒、歌谣130部经典……杨氏亦伟也哉。”

杨成志先生留滇川两年中，还对金沙江沿岸的青苗、花苗、昆明四乡的僰（白）族、河口的红瑶、安南（越南）人、傣族等进行直接观察，了解一般情况。在实地调查获大量资料的基础上，他发表了《云南民族调查报告》《云南罗罗族的巫师及其经典》《罗罗太上清净消灾经对译》等二十余种著述。

杨先生这一早期的学术活动和研究成果，至今仍为彝族学者称道。在杨先生逝世后，其遗著《罗罗族的文献发现》被辑入1993年3月出版的《彝文文献研究》一书，以首篇位置发表。《云南罗罗族的巫师及其经典》也被辑入《毕摩文化论》（1993年），以显著位置重载。

1930年，中山大学派杨成志先生赴法国巴黎大学人类学院留学，两年之后获“人类科学”毕业证书，1933年获巴黎大学民族学博士学位。1934年，杨成志应邀出席第一届国际人类民族学科学会议，并在会议上宣读题为《罗罗文字与经典》的法文论文。此论文被译成英文，在英国皇家人类学会主办的《人类》杂志上发表，又被日内瓦《东方与西方》杂志分四期连载（1935）。德国《种族学志》刊载杨著《罗罗起源及其性格》（1935）；维也纳《人类志》亦刊载杨著《被遗忘的罗罗文明》（1936）。很明显，这些学术活动都是他凉山之行的延伸，是他对实地调查研究成果在更广阔的学术领域内的研究与宣讲。

在巴黎大学留学期间，杨先生充分利用寒暑假在欧洲做文化旅行，直接考察了西方的文化研究成果及其宣传方式。这些考察活动对他后半辈子的学术活动有着深刻的影响。

他曾经三次环游德国，参观联邦各首府的博物馆，访问德国各大学的人类学系和研究所。他到比利时首都布鲁塞尔参观人类学系和博物馆，到意大利首都罗马游览名胜古迹，参观了教皇国梵蒂冈的世界民族博物院，并到伦敦大英博物馆、图书馆博览藏书达半年之久。归国途径莫斯科，他又逗留一周，参观了红场、列宁墓、博物馆及中山大学原校址。

1935年冬，杨先生学成归国，执教于中山大学并担任人类学部主任，后来又创办了人类学系。从1935—1949年，杨成志先后培养了十余名研究生，如朱杰勤、岑家梧、戴裔煊、江应樑、王兴瑞、王启澍、梁钊韬、曾昭璇、吕燕华、容观琼、张寿祺、刘孝瑜等，他们后来都成为南方各大学的著名教授。

回国以后，除了系统讲授西方人类学、考古学、民俗学、民族学理论之外，杨先生还把自己的学术活动转向民俗学的理论建设和民族博物馆的文物搜集、陈列、展览等方面。其间，他首先着手恢复了中山大学民俗学会，复办了《民俗》刊物（将其改为季刊），并亲自担任主编。从1936—1943年，该刊共出了两卷八期。王文宝著《中国民俗学发展史》（1987）认为，此时杨先生主编的《民俗》季刊“内容之丰富、质量之高，在民俗学专门性刊物里，可说是至今少有的”。日本民俗学家直江广治著《中国民俗学的发展》（陈秋帆译本，1982年）也高度评价了中山大学《民俗》复刊后的季刊本。

中山大学《民俗》季刊本的学术理论意义在于，用人类学的基础理论规范中国民俗学的基本理论、概念和研究方法，使中国民俗学具备了一门独立社会科学学科的形态。这对1983年以后再度恢复的中国民俗学学科理论建设也有着深远的影响。

杨成志教授是现代中国民俗学的奠基者之一，已成为国内外民俗学界的共识。这一时期，杨成志所著《人类科学论集》《广东人民和文化》两书出版。

1944年冬，杨成志作为中山大学访问学者被派赴美国考察人类科学、黑人、印第安人和华侨。他先是在美国首都华盛顿访问民族学研究院、参观国立人类学博物馆及美国国会图书馆，拜访专家教授、参加人类学民族学座谈会，之后又到纽约、波士顿、芝加哥，访问了纽约自然博物院人类学部、哈佛大学和耶鲁大学等文教单位，并应纽约文学会邀请作了《中国语文概况》的报告。其间，他在报刊上发表了《中国书法》《台湾人民》《广西民族》等文章介绍中国文化和中国民族状况，并先后访问了"唐人街"侨胞，参观了黑人聚居区，调查了位于新墨西哥州的印第安人保留区。

在了解黑人和印第安人的艰难处境后，杨先生从"学术良心"出发，愤怒地批评了美国的种族歧视。新墨西哥州的一家英文报纸以《中国人类学家抨击美国的种族歧视》为题，报道了杨先生在美国的言论。杨先生剪下这篇报道并留存下来。从美国回来后，杨先生复任中山大学原职，在人类学系继续培养研究生，组织了中国民族学会西南分会，并出版《民族学》周刊共76期。

1949年冬，杨先生调到北京中央民族事务委员会工作。这一时期，他主要是编写《中国少数民族区域略图》（即《中国少数民族分布简图》初稿）、《中国少数民族文字简表》《中国少数民族旧有政治制度概况》等少数民族基本情况以供决策部门参考。之后，他又加入中央民族访问团中南团并任第一分团联络组组长，访问了广西苗、瑶、壮、侗聚居区，同时在当地开展民族情况调查。他据此调查活动编印的《东兰、百色和平果等县民族概况》成为决策部门决定建立自治州或自治县的重要依据。此外，他还参加了十分重要的"民族调查研究与识别"工作，撰写了《粤桂疍民情况调查报告》，后又带领广东潮汕畲民调查组，对分散在各山区、人口稀少的畲族进行了调查和识别。

1952年，杨先生调任中央民族学院教授兼文物室主任，自此专心致力于民族文化的研究发掘与宣传。他在20世纪50年代至60年代初的主要研究和工作成有：

一、举办少数民族文化展览和报告，为宣传民族文化做实事。1954年春，他主持了在北京劳动人民文化宫举办的《少数民族文物工艺展览》；同年10月，他主持了在中央民族学院举办的《台湾高山族文物图片展览》，并在《光明日报》发表了《台湾高山族物质文化成就》。1955年，他配合中国少数民族语言科学座谈会在西苑旅社举办了《中国少数民族文字展览》；1958年5月24日和30日，他应外国专家局邀请，在友谊宾馆向百余位苏联专家做了"中国南方苗、瑶、黎、傣、彝、壮6个民族概况报告"，该报告内容被译成俄文在苏联民族学杂志上刊登；他还积极参与了当年举办的《广西壮族文物展览》。

二、1956年8—10月，他主持了对广西宁明县明江花山崖壁画（岩画）的调查活动，在当地采集和发掘了有肩小石斧、铜斧、网坠、骨针、粗绳纹硬陶片等文物，随后在广西政协礼堂举办了展览，并邀请各界人士听取专题报告会。1956年10月7日的《广西日报》对此做了报道。杨先生由此被尊为"中国岩画发现与研究的先驱者之一"。

三、1956年，他主持并参与起草了《中国民族博物馆十二年远景规划》和《中国民俗学十二年远景规划》（另两位参与人为潘光旦、吴文藻）。

四、1956—1962年，他多次到广西大瑶山调查，主编《大瑶山社会历史调查报告》，共9册约100万字，并参加编修了《瑶族简史简志》；1963—1965年，他先后到广西武鸣县壮族双桥乡、都安瑶族自治县七百弄、下砌、文华各区乡调查研究，并写出调查报告四种。

五、1960年10月，他在南宁完成《太平天国革命运动在广西资料汇编》共约百万字，底稿存于广西民族研究所。

1966—1976年的十年浩劫中，杨先生被打成资产阶级反动学术权威，在"五七干校"接受劳动改造。

"文革"结束以后的1979年3月，杨先生以激动的心情参加了中国社会科学院的学术讨论会。同年11月，他和顾颉刚、白寿彝、容肇祖、杨堃、钟敬文、罗致平以"7位教授联名上书"形式，向中国社会科学院领导发出《建立民俗学及有关研究机构的倡议书》，并积极参与筹备建立中国民俗学会的工作。同时，他积极参加“中国民间文艺研究会”“中国人类学会”“中国民族学会”“中国社会学会”“中国民族古文字研究会”等学术团体活动，先后任理事或顾问，并撰写有关学术文章和做学术报告。1982年，他完成了《国际人类民族科学的发展和动态》（4万字）的报告，并于1983年1月在上海召开的中国人类学会第二届大会上作了该报告的摘要发言。1983年5月20日，在北京召开的“中国民俗学会”成立大会上，他作了题为《民俗学的起源、发展和动态》的学术报告（载《民族研究》1983年第5期,《新华文摘》1983年12期转载）。

1983年7月20日至8月20日，他在中央民族学院举办的民俗学讲习班上做了题为《民俗学的内容和分类》的报告，同年12月又发表了《民俗与传统舞蹈散谈》（载《舞蹈》1983年12月第6期）一文。1984年10月31日，他在少数民族文物与博物馆会议上作题为《文物与博物馆》的报告（载《民族文物工作通讯》1985年5月第3期）。1985年8月，他撰写并发表了《舞蹈与民族文化》（载《舞蹈》1985年第4期）一文。

杨成志教授一生勤奋治学、追求真理、追求光明。1944年他到美国访问时，曾帮助黄鼎臣联络华侨，筹建致公党，故而于1979年被推举为致公党中央委员。在与中国共产党荣辱与共的几十年间，杨先生从敬仰孙中山先生进一步信仰马克思主义，1984年10月，他在83岁高龄之时向党组织郑重递交了入党申请书，以明确表达自己的政治立场和终生向往。1987年12月，杨先生光荣离休。

1991年5月30日夜，杨先生起身行走时突然摔卧、无疾而终，享年90岁。根据本人遗愿和亲属意见，他的后事一切从简。

杨先生在学术领域里不畏艰险、刻苦求索、广泛涉猎、厚积薄发和严谨治学的精神，他的道德风范和具有开创性的成就，至今仍为中央民族大学各族师生和相关学术界所称颂，并值得后辈学人永远学习和怀念。

能在杨先生晚年尽微薄之力协助他工作并亲聆教诲，这是我一生的荣幸。

# 我和费孝通先生在“沙洋干校”

刘晓

1956年8月我考入中央民族学院历史系时，惊喜地发现这里汇集着一大批多学科领域的著名专家学者，如担任系主任的蒙古史专家翁独健，担任系副主任的社会学、民族学专家林耀华和清史专家傅乐焕，还有早就蜚声海内外的社会学家、人类学家、教育学家潘光旦、吴文藻以及王锺翰、张锡彤等老一辈学者。而时任中央民族学院副院长的费孝通先生，当年不仅是中央人民政府民族事务委员会的副主任，还兼任着国务院中国专家局副局长。由于他曾给历史系的师生做学术演讲且内容生动，所以很早就给我留下了深刻印象。

记得费孝通先生讲他到云南彝族、佤族、景颇族地区的调查实践时滔滔不绝、不知疲倦，一讲就是四五个小时，现场听众听得饶有兴味。记得有一次在全校大会上，他对众多师生说：我马上又要下去调查了 —— 当老师的不能不下去做社会调查。因为你们就好比像待哺的羔羊，老师好比母牛，下去调查就是将青草变成鲜美的奶汁，以补充到你们身上，否则拿什么有营养、有价值的东西给予你们呀？然而正是这次讲话中这几句简短而生动的比喻，却成了费先生在1957年反右派斗争中的“罪状”之一，并使他遭到了严厉批判。

## 相聚农场

时至1969年10月18日，北京市的机关、学校大部分人员都前往分布在外地的“五七干校”接受“锻炼”和劳动改造。中央民族学院的“五七干校”设在湖北省潜江县的广华寺地区，简称“沙洋干校”。动员令下达后，学校第一批发往“干校”的人员，费先生名列其中。那年，他已是年近六十的人了。

中央民族学院的所谓“五七干校”，其实是湖北潜江县的一个农场。环顾干校环境，这里既无像样的房舍，也缺乏必要生活设施，只有几排简陋房舍和办公用房，外加几间“烤烟房”“羊倌房”以及用于置放农具和拖拉机零配件的仓库，总共不足百间的房子，其中能住人的充其量才有六七十间。当时进驻“干校”的人数有700多，其中不少是夫妇或携家带口一同来的。男女老少这么多人如何安置住处？大家守着像小山一样大的行李堆，静静等着校军宣队负责人“发落”。在分配住房的缓慢过程中，成年人还可以忍饥耐渴，但小孩子们等不及，一个个哭闹起来，有的喊着要东西吃，有的喊着要水喝。费先生当时也和大家一起坐在一旁等候，但并未像许多人那样表现出焦躁不安的情绪。忽然，我望见他站起来，默默地从“小山堆”里找到自己的行李包，从中掏出路经武汉时买来的几样小食品，返身分发给了几个哭闹的孩子。

接近傍晚的时候，中央民族学院的“大队人马”才完成了分批安置住房。可毕竟房子少且男女须分开住，因而每间房子内都用刚刚砍下来的树干搭起“双人铺”，这样可以上下各住8人。如此拥挤的住宿条件，人睡下去只能侧身，翻身都感觉很费劲。在全家迁来干校的人员中，只有老年夫妇才能得到“住在一起”的照顾。

除了住房拥挤，大家喝水吃饭也成了问题，所以初到干校的当务之急就是打井和搭建食堂。我们历史系的人员也和其他系一样按军队编制来管理，系成为一个排，排下再分几个班。我被任命为其中一个班的班长，班里的成员是清一色的“老兵”，费先生就被分在我这个班里，陆续入班的还有林耀华夫妇以及陈永龄、宋蜀华、陈凤贤、邝平章（翁独健先生的夫人）等人。

## 甘苦庆同堂

由于我这个班里老年人居多，所以先被指令参加打井任务的辅助性劳动。打井这种活儿，班里谁也没有干过，加之“老兵”们气力不够，只能干些运土、送泥、搬石块等粗活儿，但也干得很辛苦。当地地下水位高，挖不到两米深就出了水，结果弄得人人脸上、身上都溅满了泥浆。大家彼此看着对方满身的泥浆和“花脸”，常互相开着玩笑，聊以排遣疲劳，这也使大家一时忘记了各自心中的压抑。不久，挖井工程完成了，几百人的吃水问题得到解决。虽然沙洋的水质不太好，但是这水是用自己的劳动和汗水换来的，所以喝起来颇有感慨，真觉得另有一番甘甜滋味！

挖井工程结束后，我这个班又参加了盖房子的基建任务：壮实年轻些的先生拉沙子、和泥，年老些的先生和女性则当“专职”小工——就是将已运到工地上的砖，一块一块地传递到砌墙师傅的手中。对费孝通、林耀华这样的老先生来说，这种活儿一天干下来绝不轻松，即使年轻些的人也累得腰酸手疼，不愿动弹。这种繁重的劳动持续了一段时间后，吴文藻、谢冰心夫妇也从北京和湖北咸宁两地来到“沙洋干校”，并编入我们班里，同样参加了盖房子劳动。

过去在校园里，鲜有机会出现师生“四世同堂”（指吴文藻、费孝通、林耀华、陈永龄、王辅仁和我们这四代师生关系），孰料在“沙洋干校”这种特殊环境却实现了“四世同堂”！四代师生聚拢于此、朝夕相处，在“同吃同住同劳动”中互相照顾、互相鼓励，确实组成了一个关系亲密的“大家庭”。在我眼中，大家堪称“患难师生情”——班里的老弱妇孺相互体贴照顾，年轻的帮助年老的；师生们平日说笑不断，感情更加融洽，劳动效率也日渐提高。费孝通、林耀华虽已年近花甲，但在老师吴文藻、师母谢冰心面前，他们仍像“小学生”一样恭敬师长。例如，在盖房传砖时，费先生为减轻吴先生的劳累，每传递一块砖，他都多走两步凑近吴先生，将砖轻放在其师手里。平时，他还常到“谢老太”（在干校时大家都这样称呼谢冰心先生）那里嘘寒问暖或送吃的，生怕师母生活中出现不适或有个闪失。费先生这种无言的尊师风范，让我看在眼里，记在心上。

在许多人想象中，像费先生这种资历和地位的人身上，或许缺少人之常情。但是在干校生活的相处中，我亲眼看到身处逆境的他们，不仅彼此间“师生情谊”非比寻常，即使在一些细微的事情上，也都自然地显露出那种待人诚恳大度、为别人着想和助人为乐的传统美德。

## 接受再教育

“沙洋干校”的劳动生活刚刚稳定下来，干校领导就通知我们四连和二连共出8个人，一起到干校附近的红桥大队红桥生产队“插队锻炼”，以接受贫下中农再教育。根据军宣队负责人的指定，这次锻炼我们班出两女一男3个人，我和费先生分在一个生产小队，班里的陈凤贤（女）被分到另一生产小队。在接受再教育的40天里，我和费先生朝夕相处、共同劳动和彼此照顾，使我对他有了更深一层的了解和认识，我们之间的师生情谊也更进了一步。

红桥生产队是江汉平原上的一个贫瘠乡村，我和费先生所在的下属第三生产小队总共不到10户人家。这里曾是血吸虫病高发区，村民生活很苦：住房是篱笆墙搭成的草房，四围漏风，下雨天被子、衣服全是潮湿的；村子里没有井，吃水就吃村边池塘里的水，但人畜共饮，水的混浊情况可想而知。我和队长商量，把费先生安置在贫农张万洲家，我住在管林业的小队长家，中间相隔两户。张万洲家共四口人，都有劳动能力，家境稍稍优裕些，比我的住户（劳力少、孩子多）强很多。其他6人则安置在相距较远的生产队队部周围。每天一早，我们都要和生产队的老乡一起拿上农具下田劳动。费先生起得早，每天上工前都是他到我的住户门前叫上我，然后一起出工。

插队锻炼期间，正逢江汉平原上摘棉花的季节。一望无际的棉花地，白花花的棉桃挂满枝头，让人看了感到心旷神怡。我和费先生都出生在江苏，从未见过这么大片大片盛开的棉花，惊异之下，见到大朵的棉花便手忙脚乱地抓摘起来，但一天下来，看看篓里的棉花才知并没有摘多少，而我们两个的手指却都被棉壳、枝杈扎出血来。老乡们知道后，都围过来看望我们，劝我们摘棉花不要急，并向我们示范摘棉花的方法。费先生对我说："摘棉花看似简单，其实也是有学问的；不学习的话，我们是要吃苦头的呀！"收工时，老乡们个个背篓里满满的棉花，可我们仅摘了一二十斤。

经过几天的磨炼，我们才感觉两手变得灵巧了，精神放松了许多，摘棉花的速度也加快了，有一天费先生自己竟摘了40斤棉花。40斤重的棉花背篓，对于长期劳动者而言，背起来并不算什么，然而对费先生来说却是不轻的负担。社员们看到他很费劲儿，便抢着要帮他，但他都谢绝了。我想，他可能是怕在老乡面前丢面子，才不肯接受帮助的。所以当离开人群过沟坎时，我想去接过他的棉花篓，可他也不肯，还偷偷地说："非要自力更生闯过这一关！"说话间，他背着棉篓下田沟，却不慎双脚陷到泥浆中。我见状，急忙放下自己肩上的几十斤棉篓去拉他，可他却笑嘻嘻指着自己两只不停挣扎的泥脚说："刘晓你看，真个越陷越深，拔不出来了，但我一定要拔出来！"看到他的样子，我心中一酸，不由分说接过他背上的背篓，使劲把他拉出了泥沟。当他走出泥沟，又笑着打趣地说："有惊无险、有惊无险，又过了一关！"

## 不移乡土情

熟悉了乡间生活以及乡亲们的朴素和热情，很快使我和费先生由拘束变得自如了。由此，我们主动走进村民当中，与他们聊家常、谈生产、说国家大事，彼此感情慢慢亲近起来。有老乡对我们说，我们初来时，当地都传说这一批新来的"劳改犯"有钱，说我们"穿的破，吃的好，光着膀子戴手表”。经生产队介绍我们“不是劳改犯，是北京下放来的”后，有的老乡干脆就直问：“你们都是干部，在北京当大官的吧？为什么跑这么远来帮助我们干活？”有位妇女还凑到我的耳边问：“这老人（指费先生）是你的长辈吧！是不是亲戚？”我和费先生只好解释说：我们都是学校教书的，不是当官的；毛主席说知识分子要接受贫下中农再教育，所以我们下来要向你们学习。但他们都摇头不认可，说我们没讲实话，但都认为我们是好人、老实人，将来会“官复原职”回到北京。

感情上的贴近，也使我们和不少村民成了朋友。尽管村民自身生活也很苦，但他们总想方设法为我们改善伙食。老贫农张万洲有一次找我商量说：“老费年岁大了，不能委屈他。他住的房子阴暗潮湿，还是换间向阳的房间好，我看就搬到我儿子的新房住吧！”费先生知道后，执意不肯住主人家的新房，说是“不能给老乡添麻烦”，他人再三劝说也无济于事。可是没有几日天气骤变，费先生因未注意添加衣服受了风寒，一下发起高烧来，晚上梦语不停。我得知后十分担心，怕他转成肺炎，守护了一夜没敢离开他的床边，其间按时为他灌汤吃药，不断地换凉毛巾帮他退烧。张万洲一家也为此忙个不停，早晨蒙蒙亮就送来开水和稀饭，还派其子到供销社买了个新暖壶供费先生使用。当日，张家人一齐动手，不容分说地把费先生和他的床铺一起搬到了向阳的新房间。

费先生终于退烧了，清醒以后，看到我守在他的床边，便抓住我的手对张万洲玩笑地说：“你不是说她像我的女儿吗？看来这次是真的做了我一夜的女儿，守护了我一夜，我都不知道。”

费先生这次发高烧病愈后身体有些虚弱，但他仍坚持每天和大家一起参加劳动。由于休息不够，不久他的哮喘病犯了，一天无论向嘴里喷多少次药也不管用，憋得他喘不过气来。有一天在大田劳动时，他终于倒在了田里。这一情况使我万分着急，便找同来的卫生员小罗商量，决定马上送他回干校。费先生开始坚持不肯回去，后来经好歹劝说才送走了。可是谁也没料到，他在干校没休息几天便又回到了生产队。张万洲觉得，费先生是愿意回村里和大家在一起，便和队长商量，不再派他到田里劳动，而是叫他白天和生产队饲养员一起放水牛，晚上给自己上高中的儿子辅导功课。费先生接受了这两件“差事”，而且都干得得心应手。

费先生与张万洲家人及左邻右舍接触多了，思想交流也在加深。他无顾虑地和他们谈古论今，同时细心观察村民的生产生活状况，并借机开始了他的“老本行”——进行“社会调查”。我看到他几乎每天都和张万洲坐在村外宽阔的草地上，两人一边抽着烟、一边谈生产队生产和农户的收入情况。在与村民交谈中，费先生总还向生产队“献计献策”。如他问张万洲能不能多养几头牛？说牛多了粪肥就多，粪肥多了可以增产丰收，既可增加社员收入，又能为国家作贡献。他建议，生产队应多养“本钱少，增产多”的母牛，“牛生牛、牛产肥、肥增粮，粮多了牲口的饲料解决了，再生产，再增产，人民生活也就渐渐提高了，孩子也有钱上学了。知识变产品，周而复始，良性循环，人们的日子不是越来越好，生产队也越来越富裕，再办各种事业，不是更好了吗？”他的一席话说得很多听者入了神，都乐滋滋的。以致张万洲逢人便讲，“老费有学问，他什么都能扯到我们庄稼增产上来”“他说的都是我们希望的事”。

费先生和村民们在交往中建立起很深的友谊，后来他离开生产队回到干校后仍与乡亲们不断来往，不时骑车去红桥生产队探访，有时还给一些农户送些当时市面上不好买到的东西，像煤油、火柴、烟、糖果、肥皂等。老乡们也不时拿着土特产或自制食品（如冻米糕等）来干校看望他。直到他从干校回到北京，仍然与一些村民书信往来不绝。谁能想到，费先生这样一位驰名中外的学者，竟然如此平易近人，一点架子也没有！他不管自己处境如何，心中总是装着老百姓，总是急人民之所想、国家之所需。后来他一再对我说：“农民是识货的。他们虽然质朴无华，其实他们最懂得分量。”他曾坦诚地表示：“仁者乐山，智者乐水。我喜欢水，喜欢住在水边，因为住在水边的农民人际关系与人为善，所以我愿意和他们交往。”

费先生作为一位植根于中国乡土的学者，有着典型的中国知识分子特质及其对农民的亲近感，始终不忘的就是身体力行、报效国家。1993年5

月，已当选为第七届全国人大常委会副委员长的费孝通先生回到阔别20多年的红桥生产队，只是想去看望他多年不见的农民朋友。遗憾的是他的住户张万洲和老伴、儿子这时已先后离世，再也无法叙旧了。

——这是后话。

## 汗滴棉下土

插队锻炼后返回干校的第二年，大约在1970年4月，我们班的主要劳动由建房子转为种棉花。干校军宣队领导给我们连下达的指标是种100亩棉花，可实际上任务都落在我们班的十几个人身上，其中包括吴文藻、谢冰心、费孝通、林耀华和夫人饶毓苏、翁独健夫人邝平章，还有几位近60岁的老教师。这支队伍真可谓“老弱残兵”，不成样子。种棉花的任务尽管担子重、劳动量大，可大家都想尽己之力完成定额，因而劳动一天下来，人人筋疲力尽，连走路都抬不起腿来。种棉花从育种到移苗至修整好的棉田，要经过好几道工序，其间无不需付出种种艰辛。但看到用汗水浇灌出来的棉苗一天天茁壮成长时，大家内心又感到莫大的欣慰和快活。

随着天气变暖，棉田有了“地虫”，同时间苗、定苗、除草、松土等管理要求也一一提到工作日程上来，这些大强度的劳动让“老兵们”再也无法应付了，因为这些活计更需要的是“腰上的功夫”。他们大多为常年坐书斋、握笔杆的学者，哪里练过这般功夫！开始他们还勉强支撑，后来年纪大的干脆坐在地上“推进”劳动进度，费先生当然也不例外。所以他取笑说：我们在这儿，不只学会了捉地虫、间棉花苗，还学会了“推拉机”（指坐在地上往前推进，时间长了站不起来，还要靠别人帮助拉起来）。后来我发现，大田里的“攻坚”队员们大多数都改成坐在地上“推进”，能直立弯腰操作的人已经寥寥无几了。

为了消灭棉田里的害虫，我们班不论老弱都要背着净重四十斤的药桶上阵，每天来往穿梭于田间给棉棵打药，其情景正像费先生在“干校家书”中描述的那样：我们天天泡在（棉）田里面，还抓不开，因为草多、杈多、虫子多，在温度40度的酷暑烈日下，周身汗洗，想来是健身良方。“短衫汗透迎浆水”更觉切情了。露在衣衫外的皮肤已黑黝黝的如非洲人士，很多人光了上身劳动，我还穿了件汗衫，因为紫外光太强，皮肤下层有反应，出一粒粒小泡，很痒（见《费孝通文集》第七卷，群言出版社，第141页）。

到了收棉花的季节，棉棵长得都齐人高。这时虽已过了立秋，但当地骄阳仍然似火。钻在密不透风的棉秆中间摘棉花，大家浑身上下热汗淋漓；收工时回宿舍的路上，汗水浸透的衣服又被太阳晒干了。谢冰心老人曾在一次收工回来的路上，边走边吟那首大家耳熟能详的古诗：“锄禾日当午，汗滴禾下土，谁知盘中餐，粒粒皆辛苦。”一旁的费先生附和着说：“种粮食辛苦，收棉花也真不易呀！”

### 患难贵真诚

在当时极“左”路线的影响下，“沙洋干校”军宣队还大抓“阶级斗争”，在干校中继续“清理阶级队伍”，开展了对所谓现行的“516”反革命分子进行隔离审查并大搞“逼供信”，搞得干校内外空气紧张、人人自危。我结束红桥生产队插队锻炼回到干校不久，即被列为“审查对象”。因为我在学校时曾参加过一派群众组织，而这一派群众组织正是军宣队抓“516分子”的重点。

为了抓“516分子”，干校里成立了若干个审查小组。其间，不少“审查对象”受到隔离监禁，失去人身自由。我是在运动的“深挖阶段”被牵连进去的，说我和“516”有关系。军宣队人员和搞专案的人员轮番找我谈话，要我老实交代这方面的问题，以期“顺藤摸瓜，挖出背后更阴险的敌人”。这突如其来的审查给我造成巨大精神压力，一时惊慌失措，满腹委屈无处诉说。由于“不交代问题”，我遭受到严厉批判，不仅被扣上“态度不好”的帽子，还被剥夺了与家人通信的自由。这时，许多熟人也不敢理我了。在孤独和苦闷中，我感到前途渺茫，看不到希望了。

费先生参加了对我的“批判会”，但他没有发言。一日，他忽然给我送来一碗热汤，见四下无人便开导我说:“要往远处想，眼前的处境是暂时的。你是世家子弟出身，一帆风顺，没有经受过这些，可以理解，但不能总这样，要从困境中走出去。”又说，“是会碰破点皮的，皮破了再长好，就别在乎了，要振作起来!”他的一席话给了孤立无助的我以莫大安慰和鼓励。此后，费先生还经常有意叫着我一起去挖可做汤的野荠菜，有意和我一起去食堂打饭，这使我的心绪慢慢平静下来，化解了许多消极的念头。

在费先生的开导和影响下，有时我也会跑到“谢老太”那里，听她讲诙谐有趣的文学故事，或看吴文藻先生如何每天坚持看报、剪报、做卡片和编号，但我更喜欢同一些人同去听费先生讲读报心得，听他分析国际形势和国内大事。记得有一次在河岸的树荫下，我听了他对中国“乒乓外交”的解读。费先生敏锐地察觉国际形势即将发生大的变化，并认为“小小乒乓球将推动大的地球更快转动，从而牵动世界局势的变化，引发东西方力量对比的消长”。他预见道：世界形势的变化，必然会对国内产生影响，知识分子的命运和使用问题快有变化和盼头了!

1971年的“913”事件发生后，“沙洋干校”的政治气氛有了很大的转变，生活条件也有了明显改善。我的住房经过调整，与费先生的住处仅隔一个房间，因而和他见面的机会就更多了。为了帮我排解精神上的苦闷，有一段时间，费先生几乎每天早晨不到5点就约我一起沿着干校后身的河岸散步，或约我同去江汉“五七油田”发信、买东西。遇上休息日想打打“牙祭”，我们还一起骑自行车去离干校8里外的一条街上吃“龙抄手”（馄饨）或肉丝面。据我所知，有的人想揩费先生的“油”，叫他“请客”，他也总是乐呵呵地不加拒绝，自愿出钱和大家一起解馋。他的乐观豁达和真诚，会令所有与他相识或交往的人感到温暖亲切和心情舒畅。

从1972年春开始，一批接着一批的干校人员“打道回府”返校了。在吴文藻、谢冰心夫妇离开沙洋后不久，费先生也“应召”打点行装准备返程。临别那天，他把自己用了两年多的小饭盆送给我，并说：“这饭盆留给你，以后吃饭可以用你的饭盆盛饭菜，用这个盛汤。一饭一菜一汤，好好吃饭，养好身体。等着吧，我们北京见！”这饭盆至今我还保存着，已成为我和费先生在五七干校共同生活岁月的最珍贵纪念。

1973年，“沙洋干校”宣布解散，我终于回到了北京，与费先生重逢于中央民族学院家属院。清晨，他仍然像在干校一样起得很早，为锻炼身体，常沿着学校家属院内的道路“跑步”——实际是端着两只胳膊漫步行走。有时，他会站在我住的楼房窗前喊我，让我下来和他一起“跑步”。同行中，我和费先生有着说不完的新老话题。他的表情仍然是笑吟吟的，和在“沙洋干校”时没什么两样！

2012年8月

# 与潘光旦先生相识的一段往事

索文清

潘光旦先生作为我国老一辈的社会学家、民族学家和教育学家，是一位专长于生物进化与遗传学理论，尤其在优生学、家谱学、民族史、民族学研究方面取得卓著功绩的杰出学者。他一生著述颇丰，其学术成果影响过几代人。令人叹息的是，如今新一代学子大多已对“潘光旦”的名字感到陌生了。

我认识潘先生还是1956年考入中央民族学院历史系读书的时候。那时，我经常看到右腿残疾的潘先生架着双拐，从家属院一步一步艰难地走到二号楼上班。当年历史系的很多老师都曾和他共事过，也经常同我们讲起关于他的许多故事。

潘先生是江苏省宝山县罗店镇人，幼年在家乡读私塾，14岁进京考进了清华学堂（即今清华大学前身）留美预备班学习，1922年赴美留学，先后在达特茅斯学院、哥伦比亚大学取得学士和硕士学位，回国后曾先后在上海、北京多所大学教书，并担任教务长或文学院院长。抗战爆发，他随校来到“西南联大”，做了社会学系主任，教学之余，同李公朴、闻一多等人一起积极参加反蒋抗日的爱国民主运动，成为当时昆明知名的进步教授之一。抗战胜利后，潘先生回到母校清华继任教务长和图书馆馆长，直到1952年院系调整时，被调入中央民族学院研究部，任中南研究室主任一职。从此，潘先生的学术活动正式转入对我国少数民族社会历史文化的研究。

中华人民共和国成立初期，党的一项重要民族工作是“民族识别”，这是一项科学性、政策性很强的工作。在识别土家族时，确定它是少数民族还是汉族，中央和地方出现了很大分歧。地方领导坚持认为土家族是历史上从内地迁去的汉族，不是单一少数民族。为了尽快解决这一问题，国家把土家族的识别工作交给了潘光旦先生。他满腔热情地接受了这项任务。为了搞清土家族的来龙去脉，他耗费大量精力查阅二十四史、十三经、各类通志、通典、方志、游记等古代文献以及近代有关学者的论著，用了几年时间，写出了《湘西北“土家”与古代巴人》这部14万字的学术著作，发表于研究部出版的《中国民族问题研究集刊》上。这部著作的问世当时在学术界引起很大反响，对土家族民族成分的最后确定起到了一锤定音的重要作用。

作为一位治学严谨的学者，潘先生并未满足于对历史资料的旁征博引得出结论，而是坚持继续做田野调查来验证自己的论断是否正确。于是，他不顾自己的残疾之躯，两次深入土家族聚居的湘西、鄂西、川东等广大地区做访问调查，并在各地召开各种类型的座谈会来听取各界土家族群众的意见。土家族居住的地方往往山高路险，交通十分不便。为了获取第一手资料，他不避艰险，敢于走向最偏僻的山寨去调查采风。这种置个人生死安危于度外、无私无畏和求真务实的敬业精神，让我们听后十分感动和敬佩，觉得能有这样意志坚定、忠诚于国家民族研究事业的前辈教育和引领我们在校学习，真是自己一生的荣幸！

时间转眼进入1957年。这年春天，潘先生和吴文藻、费孝通、王钟翰等校内一批著名学者都被划成了“右派”，并在校内召开的各种会议上遭受批判。他们的社会活动和学术活动全部被取消了，此后几年的校园里也很少再见到他们的踪影。

我和潘先生再次接触是“反右”斗争已经过去的1961年。当年，我从历史系毕业留校，分配到民族史教研室工作。有一天，潘光旦、吴文藻、费孝通三位先生一起来到系办公室报到，见面方知他们三人的工作编制已正式划归历史系，正等待分配工作。据说，这几位先生在“反右”斗争后由于思想改造“成功”，都已摘帽，“回到了人民内部”，但仍有一条不成文的规定：还不能登上讲台为学生传授知识，只能安排在二线搞些资料收集、整理等辅助性工作。其实，从20世纪50年代末期开始，因解决中俄、中印边界问题的需要，他们就受命翻译、整理和撰写有价值的参考材料呈送国家外事等部门。由于这些材料不署名，他们的奉献也从不为外人所知晓。

记得1963年春夏之交的一天，历史系副主任傅乐焕先生把我叫到他的办公室（这时我任职教研室秘书），跟我说，现在哲学社会科学部交给我们一项重要的科研任务，就是从国内保存的现有大量古文献中，把记录各少数民族的史料收集整理出来，为今后的民族工作和民族史、民族学的学科建设与研究做奠基性工作。这项工作很有意义，但量大而繁重，需要用很长时间才能做完。因而学部领导委托我们有计划地组织人力，主要是找有经验的专家学者承担这项工作，第一步先从正史二十四史开始，再扩展至其他史籍。于是我找了潘先生并谈好，请他先从《明史》开个头。傅先生曾向我介绍说，潘先生是博闻广识、学贯中西的大家，国学功底深厚，做事认真，是做这件事最理想的人选，并要求我参与这件事时多向潘先生请教。傅先生交给我的具体任务是：第一，要我每隔一周至两周去潘先生家一次，了解他在工作中有什么困难和要求并及时汇报；第二，把潘先生从《明史》里摘抄出来的资料卡片归类，然后交到研究部一位专门做誊录工作的王新泰老先生手里，让王先生将卡片内容复写在400字的稿纸上，一式三份；第三，把复写好的三份资料先存放在历史系资料室保管好，待全部完成后，一份用于出版，一份交与研究部，另一份留给历史系存档。

从那以后，我按照傅先生的吩咐，每隔一段时间便去潘先生家，就这样前后持续了近一年。潘先生家住在家属院进门西侧的南一排（现已拆掉盖了高层楼），周围树木繁茂，环境很幽静。每次我进他家客厅，都看到他一个人口衔烟斗盘坐在椅子里，专心致志地看书。潘先生高度近视，眼镜镜片很厚，看书时几乎是把书贴在脸上，上下阅读，不时用笔细心地在书上圈点，然后再将所摘选史料内容誊写在一张张卡片上。《明史》中有关少数民族史料的搜集工作，就这样由他执笔开始了。

《明史》共计332卷，在二十四史中算是卷数较多的一部。那时候，二十四史的大字铅印本还没有问世，用的都是没有标点的线装本。这些线装本纸张糙旧，有的印刷字迹小，对视力不好的潘先生来说，阅读起来会很费力。但他很有耐心，阅览十分认真，总是不急不躁地按原书内容排列顺序逐卷阅读，又逐段逐句地抄写。就这样兢兢业业、日积月累，放在他桌上卡片盒里的卡片一天天厚起来。

潘先生抄的卡片，字迹清晰，条理严谨分明。我每次拿到他的卡片都要翻翻，想了解他是如何从纷繁的史籍中耙梳筛选，对有用的史料进行科学分类的。从潘先生的工作方式和成果里，我确实学到了不少读书要领和抄写卡片的技能。而这一宝贵收获，大大助益于十几年后我所从事的藏族史料收集整理和出版工作。

潘先生为人和善，平易近人，从不摆大专家的架子，对青年人更是呵护有加，关心备至。每次交办完事情后，他总愿意留我坐一坐，聊聊家常，以调剂一下气氛。因为他的视力不好，叫我坐时离他近一点，说可以看清我的脸，谈话时便于交流。和他交谈的话题很轻松随意，记得有一次提及我的姓氏，他问我是什么民族、原籍在哪？我说我是汉族。他说我这姓氏在汉族中并不多，在北方的少数民族中却不少，而且来源复杂。他说从汉朝开始，北方民族来来往往地迁徙，各族间的接触、交往、融合就没有间断过，并认为姓氏、族谱反映了民族、家庭之间的交往关系，是很有意思的课题。他特意告诉我："你的姓氏不仅满族贵族中有，西北、西南地区的少数民族中也有，来源各有不同，有的是王朝赐的，也有的是被征服后改的。你可以查查自己的家谱，是从什么地方、什么原因迁徙到河北的。"之后，他又给我讲了很多历史上民族迁徙路线以及家谱学方面的知识，谈话中引用许多典籍。我感到，潘先生对史实的记忆很清楚，运用也十分娴熟，并推断他的渊博知识完全是靠勤奋读书和平日积累得来的。

众所周知，潘先生在民族识别工作中对土家族的最后认定做出了重要贡献。有一次，我问潘先生："您对中南地区的苗、瑶、畲族的历史很熟，又对四川的巴人研究那么久。那么，您最初是怎样想到把分布在湘西、鄂西的土家和巴人联系在一起、并认为他们是巴人的后裔呢?"潘先生回答：治学不能只听旁人怎么说，还要自己动脑；除了读书，还要实地去观察。他认为：中国历史上的民族关系发展十分复杂，不好轻易下结论；自己不仅要认真读书，把前边几代人怎么说的弄清楚，排列起来，还要亲自下去看一看——不看怎么知道前人说的什么对、什么不对?他指出：湘西、鄂西、川东广大地区分布的"土家"，最初不大像是一个族类名称，因为过去史学家常把非汉族族类一概标称为"土"或"土民"，表示与汉族有别、文化落后。他介绍说："'土家'是几年前国家进行民族识别时注意到了这群人，土家人提出自己是少数民族的请求，而中央和地方领导对此有争议，研究部叫我承担这个任务。搞清'土家'是汉族还是少数民族，抑或是古代哪一个族群后裔，这是个很新鲜的课题。于是，我从史籍中考证，写了那篇文章（指《湘西北的"土家"与古代的巴人》一文），但得出的结论是不是正确，就要下去再考察一下今天这部分人的实际，例如他们的地理分布、姓氏、自称他称，还有历史传说、语言、图腾崇拜、风俗礼仪等等方面的因素，最后把两者贯穿起来才能推断出源流关系和结论。因此说，读书研究和实地调查两个都不能少。"

我十分赞同他的观点，并表示实地调查确实重要。我告诉他，我只在1958年去云南搞过社会历史调查，其他地方还没去过。他说你们年轻人机会很多，将来要多下去走一走，这是搞民族学、民族史的必修课。他问我读过二十四史吗?我答道《史记》《汉书》读过几卷，也还是老师留的作业。潘先生提醒我要多读正史，再看别史、野史、通典、通志一类的书，并注重看第一手资料。他说："读书要心静，不要畏难、怕多，读不懂的就多读几遍。二十四史中的少数民族资料丰富，明清两代很多民族已经形成，可是要理清他们之间的关系很不容易，例如《明史》的记录就很复杂。研究民族不能单打一，因为许多民族杂居在一起，要站在整个中华民族历史形成的高度去思考判断，才能得出正确的结论。"潘先生的谈话朴素平实、不讲空话，总是结合自己的亲身体验，循循善诱地启发对方去思考。我感到他的话朴实而又在理，而且在谈话中善于同年轻人交换心得。他的那些亲切教诲几十年后仍令我难以忘怀。

潘先生的书房藏书很多，所以在与他谈话之余，我常驻足在一排排书柜前浏览他的藏书。我认为那些有关优生学理论、家族史方面的旧平装书以及他从国外带回来的外文书籍，时下在图书馆和旧书店里已很难找到。我曾听多年在中央民族学院图书馆工作的吴丰培老先生说：在学校老师中，潘先生爱书、藏书、买书是最有名的一位；他每月的工资很大部分花在买书上，他的藏书有些已经绝版。我的同班同学陈连开曾告诉我：1956年周总理为中印边界谈判问题访问印度，行前需要一本《不列颠百科全书》（第十一版）做参考，但找遍北京各大图书馆均找不到，最后还是从潘先生家里寻得并派专人借走了这本书。

我和潘先生密切接触持续到了1964年，发现他在两年时间里搜集整理出来的民族资料已经有厚厚的几摞。傅先生看到这些厚厚的资料时满意地说："看来《明史》的资料搜集工作有盼头了，要不了多久，我们就可以着手准备出版这些资料，只要有一本出版，后边的工作就好推动了。"

傅先生对未来充满了希望，但这乐观的希望很快就被全国开展的阶级斗争形势打破了。这年开始的"四清"运动，使大部分教师轮流下乡，学校的科研教学受到严重影响。接着，史无前例的"文革"爆发，校内那些曾被打成右派的学者再一次遭受冲击——他们被戴上"反动学术权威""牛鬼蛇神"的帽子，遭到抄家批斗并赶进"牛棚"。在红卫兵的监督下，潘先生被"勒令"每天去操场拔草。潘先生很快病倒了。然而在当时的特殊环境下，医院拒绝收治，又使他失去了有效的治疗时间。

1968年12月，潘先生在家与世长辞，走时他的四个女儿都不在身边。此时，他的书斋及大量藏书已被查封。这使我想到那些倾注了潘先生心血的卡片和存放在历史系柜子里的资料，并为这些资料的命运而担心。后来我得知，卡片大多幸而得以保留，而其他同样有价值的资料却在造反派的"横扫"中不知去向。潘先生辛苦几年形成的科研成果就这样付诸东流了！我曾为此深深地惋惜，更为潘光旦、傅乐焕两位先生在“文革”中的早逝而痛心不已！

时光荏苒，两位先生离世已有半个多世纪了！每当我去学校博物馆参观校史展览并伫立在两位先生的肖像前时，就会自然想起同他们相处的那些日子。潘先生那种不为名利、任劳任怨、脚踏实地的工作热情和精神一直萦绕在我的记忆里难以淡忘。

潘先生是胸襟坦荡、虚怀若谷、宽容大度、令人敬重的好老师，也是我事业的领路人之一。他曾为中央民族学院的建设而辛勤忘我地工作，培养了许多致力于民族教育和民族研究的后继者。我认为对前辈学者的最好纪念，就是不忘其教诲和嘱托，继续以言传身教完成一种大学精神的薪火相传。

2019年11月

# 达观顺变　垂范以身

## ——怀念恩师徐宗元先生

郝磊

在中央民族学院历史系求学五年，对我影响最大的老师是徐宗元先生。因为先生不仅传授给我知识，而且陶冶了我的性情、端正了我的学风。

从大一起徐先生就教我班的中国古代史，而我恰是班里的中国史课代表。先生当时未配助教，所以他和同学们的交流往往要通过我这个中间媒介。也许是缘分，从接触先生开始，我便对他有一种子女对父辈般的亲近感；而先生对我也十分亲切、随和。先生由于中过风，腿脚稍嫌不便。我们当时的教室又偏偏在一号楼四层。须知，当年低于七层的楼房是不配备电梯的。因此，每逢徐先生上课，我都前往办公室接他。抱上他装讲义的布包和大摞参考书，让他扶着我的肩膀作拐棍，一级一级爬楼梯。直到为他清理好黑板、准备好粉笔和安放好座椅，我才回到自己的座位听课。

天长日久，我与徐先生关系更近，自修时甚至节假日，我也常去他府上求教。记得常去他府上的还有我班的张崇根同学。不过我俩志趣不同——我兴趣广泛，与先生交谈常常海阔天空；张崇根求教的问题则集中在辑佚方面。他当时即胸怀大志，决心通过史料的梳理在台湾史研究上有所建树。

随着与徐先生交往日深，我对他的生平也逐渐有所了解。徐宗元先生字尊六，1918年生，祖籍山东寿光，1940年考入中国大学政治系，1944年毕业后免试入中国大学研究院史学部为研究生，1946年获硕士学位，任中法大学文史系副教授。1947年他回中国大学任教授，年仅29岁。1956年，他调任中央民族学院历史系中国史教研室主任。先生教学循循善诱，不仅桃李满天下，而且著述宏富。专著有《逸周书正义》《小尔雅正疏》《尹文子校注》《春秋后语辑存》《尊六室甲骨文字》《左史考》等。此外，先生还参与过谭其骧主编的《中国历史地图集》（代号《杨图》）的考订与编绘工作。

先生之所以29岁就成为正教授，之所以能著作等身、成就斐然，与他的博闻强记大有关系。记得有一次我登门求教，先生答复完我的问题后与我闲谈。他认为我古文基础尚可，便问我中学时代是如何学习文言文的？我说主要得益于我自幼爱看小说，从初中起便借助词典、连猜带蒙看了《古小说钩沉》《唐宋传奇选》《聊斋志异》《剪灯新话》等闲书，慢慢对文言虚字、实词和常见句式有了一知半解。先生听后大笑，说我是旁门左道、歪打正着，说我若想修成正果，还应下死工夫、系统学习。我问如何下死工夫？先生半开玩笑、半认真地答道："把一部《辞源》背下来，再去钻研《马氏文通》，古文就可学好了。"看来先生是下过这种工夫的，其天赋也使他能完全做到。一番谈笑过后，先生查问我最近在看什么书？我说正在看新近出版的《世本八种》。先生道："这本书整理、出版稍嫌匆忙草率，错误较多，况且内容对你而言也嫌冷僻，不看也罢。"怕我不信，他就叫我从他书架上取下出版社赠给他的《世本八种》，随便翻到一页，指着某行某字道："你看，这个字就印错了。你去书架上找出《艺文类聚》某卷某页某行核对一下，看看是否引用错误？"我遵命查对，果真如此。先生之博闻强记由此可见一斑。

先生治学严谨，但生活中却风趣幽默。他不拘小节，衣着随便，冬天因腿疼怕冷，常穿师母亲手为他缝制的加厚中式棉袄、棉裤。其棉袄、棉裤皆为黑平布面料、白平布衬里，棉袄对襟、布扣，棉裤为白裤腰掩腰裤，系白布束腰带，腰带两端往往拖拉外露。裤脚在脚踝处用绑腿带裹紧，脚上则穿家制的“一道梁”棉靴头，总之一派乡农打扮。有一次上课前，我四处找不到黑板擦，便准备去邻近教室借用。先生嫌麻烦，便用寿光口音大声道：“甭啦！甭啦！”边说边用棉袄袖子擦黑板，令全班同学哄堂大笑。先生烟瘾极大，抽香烟不过瘾，必须抽关东烟叶。他的烟叶口袋是黑色羊皮的，束口处有一圆柱状黄玉饰物。先生曾满脸得意地对我夸他的玉饰，说是汉墓中出土的玉塞。怕我听不懂，特意解释道：“就是塞死人肛门用的，你看这中间的红色丝状纹，就是血沁。”

1964年冬至1965年夏，我们去四川凉山搞“四清”。教授们受优待，不必与老乡同吃、同住、同劳动，而是在“四清分团”驻地（喜德县向荣区区政府所在地）集中食宿。徐先生与程溯洛先生同屋，且有木炭火盆可供取暖。春节期间我去看望徐先生（当然也是想去与挚友阿塔尔团聚），刚见面他便问我身上是否长了虱子？我答曰：“多得很！”先生问：“一次最多能抓多少只？”我说：“全身总共抓二三十只不成问题。”先生笑曰：“与我相比可谓小巫见大巫，我伸手一抓就是几只！”边说边将手伸入腋下，在棉袄中随手一摸，便抓出四五只。先生还很得意地向我展示他“四清”期间的日记，全为文言文，颇有《阅微草堂笔记》的韵味。其中一则记叙：“某日天寒，与程溯洛君向火取暖，忽见墙角洞穴内窜出一鼠，二人遂各执铁铲、炭夹围捕。良久，余将鼠击倒，程公复击，毙之。”这是我事隔五十年后凭记忆的大概复述，先生原文当然更为精彩。

我看过他的几则日记，既佩服先生的文采，又不免为日记的内容担心。于是劝先生道：“咱们下来是接受贫下中农再教育的，写这样的文字是否会惹麻烦？”先生沉思许久，同意了我的看法，表示此后再不以日记示人。不过还是有人告密。返校后，系领导在总结会上就不点名地批评“有的人”在“四清”期间不着力于改造思想，而是热衷于搜集些奇闻趣事当作茶余饭后的消遣资料，云云。

春节假期，上级下令暂时解除不准“四清”工作人员吃鱼、肉、蛋的禁令。除夕夜，分团改善伙食，北方同学包饺子，南方同学团汤圆。煮熟后有女同学先端饺子敬献给各位师长，心想头锅饺子是特意为教授们包的，皮薄馅大，一定会受到赞扬。谁知徐先生却开玩笑道："我吃呀、吃呀、吃了半天，半路碰到一座石碑，上写离馅还有三十里。"逗得大家哈哈大笑。

团年晚宴后，我去同学阿塔尔住处喝酒"守岁"。酒是我来时路过县城买的散白酒，下酒菜是朱宁老师送我们的一包五香花生米。阿塔尔就在分团所在村工作组，住处是农业社的粮仓。我们把褥子摊平在玉米粒上，俩人伙盖一条被子，趴在被窝内，对着酒瓶灌一口酒，吃几粒花生米，畅谈几个月来"四清"工作中的酸甜苦辣，一夜未眠。直到四处传来1965年春节的隆隆鞭炮声，我们赶忙起来，先向各位师长拜年，早饭后又随浩帆主任到附近各村向留守的师生贺岁，顺便也见识了当地的年俗。这个不平凡的春节永远深印在我的记忆之中。

"四清"结束，返程在成都休整，徐先生带我去游览了武侯祠、杜甫草堂等处名胜。在杜甫草堂看到有康生用钟鼎文书写的题记，我是一字不识，先生却不仅给我翻译了题记内容，还耐心给我讲了些金文的入门知识。在成都，先生还请我品尝了"赖汤圆""夫妻肺片"等著名小吃，至今想来仍口留余香，只是先生竟已仙逝四十六年矣！思之念之，不禁怆然涕下！

"文革"初期，徐先生也被作为"反动学术权威"挨过批斗，但比起熊寿祺副院长、潘光旦先生、傅乐焕先生、沈家驹先生，徐先生总算是比较幸运的。我返校期间曾乘他打扫厕所的机会偷偷去劝慰过先生。他倒是十分达观，认为自己一介书生，从不涉及政治，绝不会有太坏的结局。果然，不久先生就被抽调去编绘《杨图》。岂料上苍昏昏、不佑英才，先生竟于一九七〇年因病辞世。一颗熠熠生辉的学术泰斗就此陨落！

2016年重阳

# 李森教授访谈录

（1991年10月）

记者：李森先生，您好！据《当代中国民族语言学家》一书介绍，您17岁时就开始从事民族语言工作——在当时的新疆师范半工半读；19岁时留校工作，任翻译兼教员；24岁时受聘于中央大学任讲师，讲授维吾尔语文；26岁时调到北京大学东方语文系任讲师，并创立了维吾尔语专业；28岁时任职北大副教授；从29岁起任教于中央民族学院，并创建了中央民族学院民语系突厥语族语言（包括维吾尔、哈萨克、柯尔克孜等语言）教研组。您长期从事少数民族语文的调查研究和教学，在培养翻译人才、促进民族文化交流、增强民族团结等方面做出了积极的贡献。您现在虽已退居二线，但在学术上仍在孜孜不倦地继续工作。您这种精神很值得我们晚辈人学习。经语言所（民语三系）负责同志的介绍，我特前来拜访。希望您能谈谈自己在学术上的简要经历和主要成就。

李森：校《周报》希望我向青年师生朋友谈谈在治学方面走过的路，以促进互相学习，我是一名老师，教书育人是我的使命，因此我乐意接受这次采访。

我热爱教育事业。由于特定的历史背景，我的学术活动和事业是从翻译工作开始的，所以就从翻译谈起。我的处女译作是《各纪念日汇集》（1939—1940），由当时的"反帝同盟会"翻印。这是一本介绍从鸦片战争到"七·七"抗战这百年来国耻纪念日的小册子，因而也是一本向青年进行爱国主义教育的读物。当年，我的译文铅印出版，质量平平，但受到了渴望精神食粮的新疆师范少数民族青年的欢迎。那时，该校校长褚奉明将曾在校学习的黎・穆特里夫（维吾尔族著名青年诗人，已牺牲）从伊犁收集来的民歌交给我，也由我翻译成了汉文，并引用于《反帝战线》发表的一篇文章内（1940年4月）。

我在该校正式工作不久发表的论文是《论抗战时期的教育》(1944年春,《新疆日报》教育专刊)；我的新疆民歌译文（书名《维吾尔民歌集》）的一部分，曾发表在《民国日报》副刊上（兰州，1947年春）；我在《天池》(《新疆日报》副刊，1947年春）上连续发表的《相遇的时候》等三篇文艺作品（散文、散文诗和诗）引起了社会进步人士的瞩目；1947年年底至1948年年初,《中央大学校刊》(21—26期）连载了我翻译的包尔汗的学术报告《哈萨克》；1948年在南京出版了我负责校订的俄文版《维吾尔文文法概要》编译稿——这是国内用汉文出版的第一部有学术价值的维吾尔文文法书。由此，我从民族语与汉语互译进入了俄汉翻译中涉及我的专业书稿的审订工作。从《哈萨克》译文的发表到《维吾尔文文法概要》的出版，是我由译者转向学者的转折。

1949年9月我到北京后，接受了周恩来副主席下达的光荣任务，于中华人民共和国成立前夕笔译了《中国人民政协共同纲领》《中国人民政协组织法》《中华人民共和国中央人民政府组织法》以及在政协首届首次会议上发布的《毛主席的开幕词》《中共代表刘少奇的讲话》等“五大文件”，并将中央统战部印制的小册子《土地、农民问题与中国共产党的土地政策》首次译成了维吾尔文。

1951年，北大东语系出版了我撰写的第一本教材《维吾尔语读本》。这是自1944年少数民族语文被列入国内大学课程后出版的第一本维吾尔语教材，也是1949年后我国出版的供非本民族学生学习维吾尔语的第一部教科书。该书和《维吾尔文文法概要》同时引起了国内同行的重视，30多年来也为国外研究突厥语族语言的学者所称道。1955年至1957年间，我共翻译出版了《战后国际形势基本知识讲话》等三本维汉文书。我最后翻译的一本书稿是《阿拉伯散文集》，约18万字。这是我在1963年利用业余时间译出的，尚未出版便在“文革”期间被抄走，迄今下落不明。从此我便与翻译工作绝缘了。

我从20世纪30年代后半期开始关注新疆少数民族语文使用状况，到40年代初期时发现，改用阿拉伯字母的维吾尔文存在拼写不规范现象，便在1953年初发表了论文《维吾尔文字的改革问题》(《中国语文》，同年第二期），文中用历史发展的观点论证了维吾尔文进行再次改革的必要性，主张对现代维吾尔语的方言进行科学调查，同时还涉猎对新疆少数民族古文字的论述。在此后的较长一段时间里，我联系课堂教学实践和有关科研任务，撰写了包括文字改革、方言调查、古文字、民族语言中的亲属语言比较、词典编纂法等许多方面的学术论文。据粗略统计，我独立完成的大小研究项目约在40个以上，估计约250—300万字，已发表的有20个左右。尚未正式发表的，如专著《维汉双解现代维吾尔语语法》上、下册（1953）、《维吾尔语方言调查研究大纲》(包括词汇表，1956）、《维吾尔语柯尔克孜语比较语法》(1962）、《翻译教材》(1962）等，论文有《我国突厥语族语言方言初探》(1956）、《察合台文的主要语音特点》(1962）、《双语对释中型综合性词典编纂法例解》(1958—1977）、《阿尔泰语系说略》(1954）等。已发表的我的代表性论著有:《论突厥语族》(《语言与翻译》，1988年第3期）、《维吾尔语中心方言的主要特点——兼论现代维吾尔文学语言的基础方言》(《中国民族语言论文集》，四川民族出版社，1986）、《维吾尔语读本》(北大东语系，铅印，1951）。好在我的论著精粹，已被编入将要出版的《民族研究文集》中。至于辞书部分，除了花费巨大精力而尚未结束的《维汉词典》外，应该提及的则是我是《中国大百科全书》民族卷（1986）、语言文字卷（1988）有关突厥语族古文字及本语族条等重要条目的撰稿人，同时也是《民族词典》编委、北方诸民族语言学科主编及相关条目的撰稿人；还是工具书《中国少数民族语言》(1987）编辑组成员、阿尔泰语系诸语言的定稿人及相关语言文稿的撰稿人。

记者：您是我国早有名气的民族语言学家。那么请您回顾一下自己在学术思想上经历了哪几个发展阶段？有哪些主客观条件促使您把自己的一生投入民族语言这一重要而艰难的事业的？

李森：我祖籍是河北衡水，1923生在新疆喀什市；七岁丧父，入私塾；十岁时由于哈密暴动，新疆大乱，家业全毁，于是随家人逃难，足迹踏遍南疆大地。因此，幼年即接触了新疆各兄弟民族，自然掌握了当地一些民族的语言。后来，我从瑞典教会福音堂开办的学校转入我国的公立学校，系统地学习了汉语学校的必修课和维吾尔文。当时教我的老师是个土耳其人，叫孜克里亚先生（Zikriyaefendi），在他的指导下，我的维吾尔文水平逐渐得到提高。这就使我具备了从事民族语文工作的文化素养。但是，我将民族语文作为一种事业并为之献身，还有其他因素起了作用，其中最重要的是我从爱国主义出发，看待兄弟民族之间的友谊和民族语文的价值，具体地说，有以下几点是重要的：

首先，在我人生历程中有两件事，如今记忆犹新：第一件事是我自幼和兄弟民族青少年生活在一起，无隔阂，不分彼此，然而在逃难的岁月中所见所闻又使我多少感觉到，各民族间存在的不信任虽有多种原因，但语言障碍也是重要的原因之一。第二件事是1944年，我与150位青年知识分子一起，在迪化（今乌鲁木齐）西大楼广场被军阀盛世才逮捕。在狱中，有一天，一个蒙古族牧民和一个穆斯林难友因生活琐事而争吵起来，其实这是因语言障碍造成的误会。由此，我感到民族语言沟通的重要性和长期性。

其次，国家和社会发展的需要，把我推进了早期民族语文工作者的行列。1939年春，我踏进了新疆师范的大门。这是戊戌变法后约于1905年建立的一所学校，面向全疆招生，20世纪30年代已成为新疆各民族师资的摇篮（今新疆师范大学及新疆教育学院二校的前身）。在这所学校就读期间，我被校领导看中，让我担任了校内各类活动的翻译。后来，我又担任了社会科学类各门课的课堂翻译，学校甚至还让我根据汉文教科书，直接用维吾尔语给高年级民族班学生讲授中国历史课。为此，我被安排和教工生活在一起，开始过上了“半工半读”的校园生活。其间，我不断加深了解了民族地区语言工作的重要性，开始专心致力于对新疆民族语文、特别是对维吾尔文的深入学习。

最后，新疆作为古代中西交通的枢纽，是中西文化传播和交流的通道，人们认为它是世界新发现的“庞贝城”。然而旧中国可谓无边防可言，1890年以后，各国学者和冒险家纷纷前来新疆探险发掘，导致大量古代文物被盗走。早在19世纪80年代，位于蒙古高原的鄂尔浑突厥碑铭被外国考察队发现并释读后，引起语言学界的轰动。这些国宝首先由外国人发现和利用，意味着中国国家尊严和荣誉的丧失。同样，自19世纪后半叶起，许多外国人也开始对新疆现代语言状况进行调查研究，还发表了不少专著，然而直至20世纪30年代，我国还未推进这方面的研究工作。这些情况使我在忧虑中加深了研究新疆各民族语言文化的兴趣，并希望中国边疆的开发建设，包括语言文化领域的科学研究工作能早日开展起来。

1945年年初，新疆教育厅厅长许莲溪下手谕找我谈话，要介绍我到西北大学教维吾尔文。我虽因故谢绝了他的好意，但我意识到维吾尔文被列入大学课程和研究，肯定与当时开发大西北的社会呼声有关。我认为，新疆在语言学领域还是一块未开垦的处女地，鉴于自身条件已和语言研究工作需求有了关系，我的学术活动也就侧重于语言研究了。可以这样说，我在新疆生活和学习的那些年，已为自己以后的专业学术活动奠定了基础。

1947年，我在新疆教育厅任教科书编辑时，接受了民族学家凌纯声的聘请，前往南京教育部属下的边疆文化教育馆编教科书，并有幸在南京认识了史学家韩儒林和民族学家卫惠林。当年9月，凌先生将中央大学的聘书转交给我，请我担任该校边政系（DepartmentofAnthropologyandBorderStudies）讲师，并希望我日后能出国深造。中央大学因系科及研究所设置多、学者云集而著名，我接到聘书后便觉得责任重大，必须有所准备，便自觉投入为拓展知识面而开始的艰苦自学之中。1948年暑期，承蒙凌先生介绍，我加入了中国民族学会并出席了该会在南京举行的第三届年会。在中央大学，我陆续又认识了来自金陵大学的徐益棠、马长寿和中央研究院的芮逸夫、董同和等先生，但接触较多的仍是韩儒林、卫惠林两先生，尤其是系主任韩先生。我能在民族语文工作岗位上坚持工作下来，可以说是凌纯声、韩儒林两先生对我的思想影响巨大。中央大学边政系有一门选修课程叫“阿尔泰语研究”，当时除我之外还无人能开讲。能开讲这门课，完全得益于我长期从事相关语言研究的基础。这一经历对我后来较为重视中国阿尔泰语研究的思想形成有一定的影响。在南京两年，我正式踏上了治学道路。1948年年底，我改变了出国深造的想法，并于1949年毅然投身建设中华人民共和国的伟大事业。

1949年9月，我就职北京大学后拜见了汤用彤、季羡林等先生，时任东语系主任的季先生在工作上给了我巨大支持。当时，面临在本系教书任务的我，必须要给学生编写一套学民族语言用的教材（包括读本、语法、词典等）。因而在头三年中，除上课外，我都在为此而尽力——读本编印了一册，但词书和语法书都只是开了个头。由于词书工程浩繁，我得到了中科院的支持（院外研究补助）。1951年，在我28岁那年，我接到了北京大学的副教授聘书。我认为，这是对我已做工作的肯定和献身未来事业的激励。

从中央大学到北京大学，是我勤奋工作并不断充实自己的五年，也是我为将自己一生奉献于中国民族语文事业而打下坚实基础的时期。经1952年的“院系调整”，我随东语系维吾尔语科调到了中央民族学院。在北京大学及中央民族学院任职期间，著名语言学家罗常培先生曾在专业上给了我多方面指导。作为我的课外导师，罗先生跟凌先生一样也十分器重我，这使我增强了搞好专业的信心，并始终坚持于民族语文教学和科研的工作岗位。

记者：李先生，您是把维吾尔语文引进大学讲堂的老前辈，并先后在中央大学、北京大学、中央民族学院创建了突厥语族语言学科，为国家培养了一批又一批的民族语文高级人才，在教学和科研上都积累了丰富的经验。请您根据自己的切身教学工作体验和田野调查经验，谈一谈作为我国的民族语文工作者，应该具备哪些优良的素质？

李森：关于个人教学工作体验，我觉得根据语言学习规律和特点，在教学过程中应注重对民族语言学习环境的利用和强调原著阅读。对非本民族的学生，有条件的应提倡到民族聚居区学习一段时间民族语言；对于硕士以上研究生的培养，则要求其重视阅读有关原著，不要寻“捷径”去找他人已发表的研究观点，不要做“二传手”或当“产品加工者”。

谈到田野调查经验，我的主要体会是必须高度重视和自觉身体力行。1955年暑期，我参加了由中国科学院语言所和中央民族学院及新疆维吾尔自治区共同组织的新疆民族语言调查队，负责对维吾尔、哈萨克、柯尔克孜、锡伯、塔吉克等5种少数民族语言进行调查。这支由专业研究人员和在校师生组成的调查队分为5个组，在喀什、伊犁、吐鲁番、阿勒泰、阿图什、乌恰、乌鲁木齐等地大约30个调查点进行了田野调查，与约180位身份为农牧民、手工业者、教师、干部、学生、小商贩、家庭妇女的材料供给人合作完成了语言材料记录。这些记录材料除“调查大纲”上列入的语音、语法和词汇外，还有民间故事、民歌、格言、谚语等，内容十分丰富。可以说这些调查成果使我当年作为全国民族语文科学讨论会筹备组成员，能够较顺利完成对《新疆民族语言调查汇报》的主持撰写。有赖于这次田野调查的成果，我出席当年12月在京举行的第一次全国民族语文科学讨论会时才完成了较充实的汇报发言。

1956—1957年，我参加了由新疆维吾尔自治区语言文字研究委员会同中国科学院、中央民族学院等单位联合组织的“少数民族语言调查第六工作队”并任队长，坚持在田野调查中获取第一手资料。为搞好语言调查工作，我参与了中科院语言所与中央民族学院合办的“语言调查训练班”的授课工作。我撰写的文章《关于制订方言调查研究大纲的一些问题》（收入《语言调查常识》一书，中华书局出版，1956年第一版），便是在我给该班上大课的讲稿基础上修订而成的。此外，我还主持编写了维吾尔语、哈萨克语、柯尔克孜语、塔吉克语等4种语言的《方言调查研究大纲》及《词汇表》，并制订了《语言调查表》。在开展调查期间，我负责组织第六工作队全体工作人员在新疆、甘肃和青海境内对维吾尔族、哈萨克族、柯尔克孜族、乌孜别克族、塔塔尔族、撒拉族、裕固族、锡伯族、塔吉克族等9种民族语言进行了普查。这支由120多人组成的工作队走遍天山南北，行程数万公里，共计完成140多个点的民族语言情况调查，并收集了大量的历史人文材料。

1956年，我被选为新疆维吾尔自治区语文研究委员会委员，同年8月出席自治区第一次民族语言文字科学讨论会，并在大会上作了中心发言。此后，我的论文被作为大会文件发给与会代表及外国来宾。1955年和1956年的两次语言调查，明确了中国维吾尔语分为三个方言的观点，使新疆的民族语文工作进入了一个新的历史发展时期。

关于从事民族语文专业工作的人所应具备的基本素质问题，我认为有两个方面是应该反复强调的：

第一方面，大家一向主张文章与道德并重。这就是说要想做学问，必须先要学会做人。怎样理解文章与道德并重？什么是做人的道理？我认为，要做一个学有专长的合格学者，必须是一个热爱祖国、自觉为国争光、愿为祖国繁荣富强献身的人，必须是尊重科学、尊重知识、尊重老一辈学者的劳动成果的人，必须是在学术上勇于继往开来、承上启下和为本学科不断发展而甘愿奉献自己一生的人，必须是关注本学科国内外最新学术动态、博通相关学科知识的人，必须是严格遵照学者道德行为规范而行事的人。

第二方面，在民族语文学科领域内的专业工作者，应有博大胸怀和真诚服务精神，其表现就是尊重少数民族文化、时刻牢记两个“离不开”和全心全意服务于满足各民族共建美好生活的实际需求上。

总之，从事民族语文专业工作需要具备良好的综合素质，尤其是思想政治素质与专业能力素质，都必须通过自觉追求和长期磨炼来培养。

记者：您对民族语文工作的贡献不仅表现在已经出版的成果上，还有不少尚未出版的宝贵资料和一些未完成的工程。对此，您还有哪些打算？

李森：我从事本专业已经50年，其中包括在大学执教44年。回顾过去，我既是成功者，又是失败者。所谓“成功”，概括地说，就是指我为少数民族文教及科研事业多少出了一些力，包括对本学科建设做了长期不懈的开拓性工作，其主要标志是本学科登上了大学讲坛，并获得学位授予权。我感到自豪的是，20世纪50年代及60年代初培养的几批研究突厥语族语言的专业高级人才，均在内地及民族地区各科研、教学单位发挥着骨干作用，其中大多数都获得高级专业技术职称或成为本单位的学科带头人，有些人已成为享誉国内外的知名学者。所谓“失败”，是指由于历史客观因素的干扰，我有许多本应完成的工作任务被耽误或延迟了。

如今我已年逾花甲，但有三个目标还未实现：第一个目标是在鄂尔浑—叶尼塞碑铭研究方面，其中包括我要把过去编写的多种讲义、参考资料等加以修改补充，争取得到出版；语言普查后的调查报告因故尚未撰写，相关辞书编纂工作尚待继续；第二个目标是关于“阿尔泰语研究”方面，除了讲学活动，争取为这一研究建立新的学科体系；第三个目标是积极促进“中亚学”的发展——这一学科的建立和深入研究，对于我国的现实需求来说是十分必要的。

（节选自1991年10月22日《中央民族学院周报》，记者：刘绍川）

# 纪念裴家麟教授八十五诞辰

刘善良

## 一、两幅墨宝

家麟兄是著名学者，李白研究专家，生前任中国李白研究会副会长，中国杜甫研究会副会长，中国唐代文学学会理事，《文学遗产》编委，中央民族大学学术委员会常委，职称评审委员会委员兼汉语文学学科组组长，享誉海内外。书法不是他的特长。他曾为安徽马鞍山李白纪念馆撰写一副对联，约请擅长书法的车如舜先生书写："绿水孤帆还看两岸青山狂客无心歌盛世，清风朗月犹照三千白发谪仙有志济黎元。一九八七年仲春裴斐敬撰车如舜恭书。"

但他留下了两幅珍贵的墨宝。

1995年5月，他的书房墙壁上贴着一张毛笔竖写题字，原文是："圬者筋骨书生意气酒徒情怀乙亥孟夏夜醉后自画"。

我第一次看到时，那粗壮有力的字体显示出他刚毅的品格，不写"自题"而写"自画"值得注意，"自画"者"自我画像"也，他的画像如何呢？我想作点解读。

"圬者"是泥瓦匠。泥瓦匠干的是艰苦的活儿，不仅要身体健壮，还得头脑灵敏，手脚灵活。家麟兄在学校大礼堂讲过一次党课，28页讲稿，就有8页讲泥瓦匠的经历，从30岁拜师当学徒写起，一直写到46岁。开始很笨，师傅讥笑说他比狗熊还要笨，但他勤奋、顽强，加班加点学习，干活苦练，最终成了最高级别的八级工，还带了徒弟。落实政策时，厂领导很诚恳地挽留，表示今后要重用，他理解为“这或许就是十五年建筑工人生活得到的最后鉴定吧”“无论如何我还是更愿意当知识分子，并且早就在为恢复工作做准备了”。“圬者筋骨”表明自己身体健壮，头脑灵敏，勤奋工作，不同的是不再砌墙抹灰，而是教书育人和学术研究了。

“书生意气”是表示自己的志趣。他来到中央民族学院重登讲台后，拼命工作，一天当作两天干，甚至有病也不休息。有一次医院复查转氨酶高，开了假条让他休息，系里无意中得知这一情况后决定让他暂时停课，他知道后提出，自己只是转氨酶一项高，并没有厌食和疲乏之感，坚持不停课，照常上课，只是减轻别的工作，注意调整生活节奏，按时服药，定期复查。在这样拼命工作中，他先后开设中国古代文学史、古汉语文选、《论语》选讲、《庄子》选讲、唐诗格律、杜诗研究、文学原理等多门课程，出版的著作有《李白十论》《诗缘情辨》《文学原理》《看不透的人生——裴斐学术论文集》《李白诗歌赏析集》（主编）、《李白选集》以及与我合作编纂的《李白资料汇编（金元明清之部）》。这些著作，除《李白诗歌赏析集》《李白资料汇编（金元明清之部）》外，在他80岁华诞时已由人民文学出版社汇编成《裴斐文集》六卷出版。他的著作有两大特点，一是和教学紧密结合，二是富有创新精神。在他逝世21年后的今天，我们随便读他的某部著作或某篇重要论文，还会为他的新颖见解所折服。

“酒徒情怀”，那是继承李白的精神。李白以酷爱饮酒著称，被称为“醉圣”“酒仙”，家麟指出：“能以饮酒流芳后世的，李白恐怕是独一位。”（《从李白饮酒诗看诗人性格及其思想矛盾》）人们称道李白饮酒，主要是因为他确实有才华，写出了大量杰出的诗篇。杜甫概括李白一生的两句诗：“敏捷诗千首，飘零酒一杯。”如果不能做到“敏捷诗千首”，谁稀罕那“酒一杯”呢？杜甫还有一联诗“天子呼来不上船，自称臣是酒中仙”，写出了李白敢于傲视皇帝的个性。家麟生活中平易近人，但在讲课、著作、学术讨论中，确实显示出傲骨，敢于挑战权威，这些都可以看作是继承了李白的个性。家麟逝世时，中国李白研究会送的挽联是“得太白三分傲骨三分逸情三分才气，留世间一品风标一品人望一品文章”，实在是最确切不过了。

1995年，家麟兄62岁了，书写了“圬者筋骨，书生意气，酒徒情怀”张贴在书房自励，三句话短短12个字，表现出志在千里的老骥气概，画出了自己独特的精神面貌，令人敬佩！这幅墨宝印在《裴斐文集》的封底，实在太恰当了。

另一幅墨宝是写给汉语言文学系文学专业1983级学生的，钢笔竖行书写，印在毕业纪念册里（见图），是教导青年学生即将走向社会应该树立的正确的价值观。

家麟兄的“人生两件事”说法见诸文字似乎是第一次。他提出人生两件事情：认识世界和让世界认识自己。一个人从出生后就在不断认识世界，随着年龄的增长，所受教育的不同，学习用力的差异，各人认识世界的深广度也不一样。作为大学汉语文学专业的毕业生，应该有相当深度的认识了。如何让世界认识自己呢？就是要为世界做出贡献，而且是能表现个性的贡献，这才对世界有益。个性二字很重要，家麟本人就有着鲜明的个性，也希望学生毕业后在工作中能做出有个性的贡献，语重心长，期望殷切。

1993年9月至1994年1月，他为中文系本科生和研究生开设《论语讲评》，在讲开篇第一章时，他对“人生两件事”说法做了详细的讲评。这章原文不长，抄录于下：

子曰：学而时习之，不亦说乎？有朋自远方来，不亦乐乎？人不知而不愠，不亦君子乎？

家麟兄讲评说：“余尝言：人生两件大事，一是了解世界，再就是要让世界了解自己。其实这也是孔子的思想，本章所说正是这个。学习所以是件乐事，因为可以了解世界；友朋前来切磋问学是件乐事，因为可以让世界了解自己。人不知，则不能无愠！难道孔子说的是违心话？我不是这意思。无愠，乃是一种人格修养，他想做到，但做不到，准确地说是不能完全做到；完全做到就不是人，成了神或曰圣人，孔子是从不以圣人自居的。凡人都需要了解，‘君子疾没世而世不称焉！’（《卫灵公》）名不称，即不被了解，一个有抱负的人到死也不被了解，确实是非常可怕的事。为什么？因为被了解正是人的自我价值实现的前提。”

这段准确详尽并融入了自己个性的讲评，我无法用简短的话概述，只好做一回文抄公，全文照抄了。

接着他进一步论述人生需求不外乎名与利。相对而言，西方人重利（物质），中国人重名（精神）。名有生前名和身后名，如果生前无闻而死后为人所知也是好的。“总之要为人所知，亦即有益于人。这是中国人的价值观念。”现在看来，家麟兄来校十八年，教书育人和学术研究都取得辉煌成就，不论生前身后，在文化教育界都享有盛名啊。

家麟兄这幅教导青年学子的墨宝，对于一切人都有意义，对我们耄耋老人亦然。我在前几年学会了使用智能手机，和大学同班同学组成了一个“友谊之树常青”的小微信群，成员分散在北京、天津、山西、宁夏、新疆、湖南、广东乃至加拿大，互相交流，非常有趣；我也参加了由校医院夏建珍大夫组织的“慢性病管理”微信群，还和其他亲友包括比我小六十多岁的本校在读学生建立微信联系，微信交流增添了不少乐趣，我还使用手机缴纳燃气费、自来水费和公益事业捐助费……这既是认识世界，也是让世界认识自己。在《金秋》杂志上发表文章，收到同样效果，其能量就大大超过微信了。我在一篇文章里说过自己对待死亡的态度是：“微笑面对，庄严辞世！”如果未来顺利地实现这八个字，那就是我最后一次让世界认识自己了。

真是两幅可以传世的珍贵墨宝啊！

## 二、教授交往

家麟兄是我校名望很高的教授。

中央民族大学是所著名大学，著名教授专家很多，真是藏龙卧虎的园地，有的教授还是家麟的师长呢。家麟和一些名教授有着亲切的交往。

闻宥教授（1901—1985），江苏松江（今属上海市）人。少时即有文名，1926年开始在大学任教。研究民族学、语言学、考古学。1940年春至1951年夏，在华西大学文学院任教授，曾兼任系主任，创办中国文化研究所并兼任所长，主编《中国文化研究所集刊》，那是闻宥教授教学科研和名望鼎盛时期。《落照堂集存国人信札手迹》收录了一百零一位名人信札手迹，其中就有王锺翰、吴世昌、金鹏、徐中玉、马学良、陈梦家、傅懋勣等15人自称学生、受业或门人，可见闻先生的学术地位。家麟兄在1950年考入华西大学中文系，读了一年转入北京大学中文系。1979年来到民院后，我曾陪同他拜访闻先生，赠送《李白十论》。闻先生当场翻看："《历代李白评价述评》写得好，能写出这样的文章，真不简单！"

张锡彤教授（1903—1988），河北青县人，研究世界史。他儿子张广达是北京大学历史系教授，家麟和张广达是难友，家麟调来民院就是张广达夫人徐庭云教授向少数民族语文系马学良主任推荐的。家麟来民院后曾拜访张锡彤教授，有一次他和我闲谈，十分赞赏张老热情坦诚，人品高尚，我听后内心也很敬仰张锡彤教授。

马学良教授（1913—1999），山东荣成县人，研究少数民族语言文学，曾任中央民族学院少数民族语文系主任，中国社会科学院少数民族文学研究所副所长。家麟来校后一直得到马先生的赏识。马先生早年编著的《袁中郎年谱》书稿，1987年交家麟校阅修订，1991年由天津古籍出版社出版。出版时马先生提出两人共同署名，家麟婉拒，马先生只好在《自序》中写道："三年前著名文学评论家裴家麟同志见此书稿，促我付印，更感谢他于繁忙的教学科研工作中，抽暇审阅全文，并为补遗正误，没有他的热情支持，这部饱经风霜的旧作，难免覆瓿之灾。"

郭毅生教授（1926—2016），四川威远县人，研究太平天国史、中国近代边疆民族史，曾任中国太平天国研究会主席。郭先生和家麟是四川老乡，认识后常有来往。家麟逝世后，郭先生撰文纪念。

格桑居冕教授（1927—2012），藏族，四川巴塘县人。家麟兄和格桑居冕教授是华西协和中学同学，多年不见的中学同学相聚漫谈，那是非常快乐的事，格桑居冕教授和夫人还设家宴款待他呢。

王辅仁教授（1930—1995），河北滦南县人，研究民族学、藏学。辅仁平易近人，1968年、1969年春节，曾邀戴可来教授和我到他家参加春节团聚家宴。我们熟悉后，我也就随便叫他辅仁兄了。家麟和辅仁早就在校学术委员会上相识，某年，两人应国家民委召请去处理学术问题，家麟赠给辅仁一本《文学原理》，事后辅仁对我说："书看过了，家麟的悟性真好!""悟性真好"四个字，可说是深刻认识到家麟的才华，两位著名教授精神上进一步沟通了。

1995年家麟查出癌症，头部、胸部先后两次手术后，在小汤山疗养院疗养，并且化疗，学医的儿子裴益住院侍候。北京肿瘤医院专家孙燕先生是辅仁早年同学，后来当选为中国工程院院士。某天，家麟来电话让我请辅仁转请孙燕院士审阅一下化疗处方，我和辅仁电话联系，不久辅仁来电告知孙燕明天出国，说他今天还在医院上班，"今天就去医院吧"。于是我和家麟约定时间，我在校门口等候，裴益打的来了，我俩一起坐车前往天坛医院，到后孙院士审阅化疗方案，和裴益商谈，非常耐心。不幸的是不久辅仁兄胃部血管瘤复发逝世，家麟听了我电话告知后很难受，嘱咐我参加遗体告别时代他签名。辅仁遗体告别时，我遵嘱在签到本上端正地写上裴家麟三个字，表达了两人的真挚友情。

戴庆厦教授，福建仙游人，1935年生，研究少数民族语言，曾任中央民族大学少数民族语言文学三系主任，语言研究所所长，校学术委员会常委兼语言文学学科组组长，家麟是组员，他们常在一起开会，交往较多。

牟钟鉴教授，山东烟台市人，1939年生，研究中国传统哲学与传统宗教。他们认识后交往较多。1994年4月，内地和台湾部分文史哲学者在太湖之滨聚会研讨魏晋玄学，牟先生和家麟参加，都在会上发言。归来后家麟写了篇《太湖集序》，记下盛会情况。家麟患病期间，牟先生多次到北京大学蔚秀园裴府和医院看望，同去的还有中国社会科学院世界宗教研究所研究员余敦康先生，我去探望时见到过。家麟逝世后，牟先生撰文纪念。

徐庭云教授，山东寿光市人，1940年生，研究中国古代史，历史系教授。现今文化教育界的风云人物蒙曼教授，读硕士研究生的导师就是徐先生。徐先生学识渊博，人品高尚。蒙曼在接受采访时，列举徐先生教书育人和生活中的一些事例后说："直到现在我还一直以她的标准来要求自己。助人为乐，急公好义，展现出非常高贵的人品。"（《读诗触动心底的柔婉——蒙曼专访》）徐先生是家麟来民院的推荐者，他们的来往就不用说了。

以上九位教授按生年先后顺序排列，前六位已经作古，后三位健在，祝福他们幸福安康长寿。家麟兄熟悉的教授当然不止这几位，家麟在学术委员会、职称评审委员会开会，参与者大多是名教授，家麟的坦诚耿直发言也给大家留下深刻的印象。我曾和个别教授谈到，真是记忆犹新，大家对家麟的过早逝世感叹不已。

最后需要说明的是，这里没有提及汉语言文学系的几位著名教授，该系的教授如果是1995年前评定的，都是经过家麟评审并在学科组栏写上意见签名盖章。家麟兄对于本系教师、行政工作人员，除了极个别者，都是友善相处、亲密和谐，这就是他人品学识魅力的表现！

2018年10月27日，将是家麟兄八十五岁诞辰，草此两则短文纪念。

2018年8月16日写成，18日改定

# 裴家麟的“骨头”

## ——在裴斐先生逝世20周年纪念研讨会上的发言

来春刚

加拿大有一位女诗人叫安妮·埃拜尔。她写了一首诗，说她是一个瘦骨嶙峋的女孩，却有着美丽的骨头。中国当代诗人牛汉读这首诗时流下了热泪。牛汉说，我身高一米九零，也是一个瘦骨嶙峋的人，我的骨头不仅美丽而且高尚。这副骨头坚贞地支撑着我高大的摇摇晃晃的身躯，使我在艰难跋涉中从未倾倒过。我由此想起裴家麟先生，他的“骨头”也是美丽而高尚的，不但高尚，而且坚强。

裴先生是一位刚强铁汉，他有一副铮铮铁骨支撑起端正挺拔的形象，曾经在无情打击的飘摇风雨中岿然屹立。他的自我意识早已觉醒——必须维护知识分子的尊严！他不依附于官场，不依附于权势，不依附于金钱，他只听从内心的召唤。在“反右”运动的逆境中，他被开除公职，就去当泥瓦匠养家糊口。在20年的时光里，他把泥瓦匠技术提高到八级工的最高等级，用娴熟的工匠技艺，用一砖一石，修筑了一道维护尊严的、精神上的万里长城。站在这座“万里长城”之上，他没有气馁，没有倒下，没有低下高贵的头颅；站在这座“长城”上，他遥望北方广袤的原野，坚信风永远不会把阳光打败，是金子，早晚会发出璀璨的光芒。这是他的胸怀，这是他的气度，这是他的信念。

在与泥土亲密接触的20年中，他实现了与劳动人民的结合。底层人民的艰辛和智慧，草根阶级的隐忍和坚毅，净化了他的心灵，给他输送了生命的力量，为他打造了铮铮铁骨，让他勇敢地面对未来生活的挑战。

裴先生有一副“虎骨”。当新时期到来之际，他似猛虎发威一般，迅捷地扑向自己的工作岗位。他夜以继日、废寝忘食、殚精竭虑、奋不顾身。他与时间赛跑。他在书斋里钻研，在三尺讲台上演说。他的学术成果，不断熏陶着广大青年学子和众多青年教师。在不到十几年的时光里，他出版了十几部学术专著；每一部作品都从不同的方面，给人以新的启迪。他的真学问、真功夫，让许多追随他的人受益匪浅，眼界大开。我常常觉得裴先生长得有点像鲁迅，这不仅是从外型上说的，也是从内在的气质和学风上说的。从他深刻而超前的人生感悟，从他严谨的治学风格，从他敢于打破陈规的创新思维，从他夜以继日的笔耕不辍，从他对文学青年的谆谆教诲，从他那“鞠躬尽瘁、死而后已”的奉献精神来看，他不是真正继承了鲁迅的优良传统了吗？他还有一点和鲁迅相像，就是酷爱吸烟。香烟是他们文思的诱导者，香烟也慢慢地侵蚀着他们的生命。就是勇猛无比、雄壮美丽的老虎，长期超量地吸入尼古丁，早晚也会要了他的命啊！如果山中的大虫不知道这个风险，难道裴家麟先生也不知道吗？他不是不知道，他是为了争分夺秒、只争朝夕，他要追回失去的20年，只有猛虎发威，他没有别的选择，他顾不了那么多了！

裴先生有一副“仙骨”。他是研究诗仙李白的。李白的仙风仙气、神灵气质，李白的天马行空、不拘一格，一定对裴先生有深刻的影响。裴先生少年时就被誉为神童。他15岁就与人合作在成都创办了一份公开发行的文学月刊《青年文艺》，担任主编，并以裴斐的笔名发表小说，17岁就考上北京大学。吴祖缃发现了他的文学才华，力主他写小说。吴祖缃说，中国将出现一位杰出的大作家。他的聪明、睿智、灵动、开阔，他的智力所能抵达的深度和广度，是一般人难以企及的。他不是一般意义上的学者，而是经年不遇的才子。学者可以追赶，可以复制；而才子，即使追赶，也很难复制。他从李白那里学来的仙气，让他在做学问时常常纵横恣肆、左右逢源、打破陈规、开拓新路。裴先生研究古典文学有其突出的特点，他不是站在古代研究古代，他是站在当代研究古代，他是站在新时代的最前沿，把中国古代文学、近代文学、现代文学、当代文学，完全贯通起来，形成一个中国文化历史纵深的宏观视野。此外，他对外国文艺理论也有独到而科学的见解。这种融会贯通古今中外的功力，在他的《文学原理》等许多专著中都有鲜明的体现。我说他是才子并非夸张，他崇拜狂狷，所以提倡狂狷说。他认为中国文学的发展，都是源于这种狂狷精神的驱动。孔子说："狂者进取，狷者有所不为也。"在《论语》《孟子》里，都对狂狷有所褒扬。才子就是狂狷者也，就是打破陈规、勇于创新者也。20世纪50年代，他即撰文对他的老师林庚先生"盛唐气象"这一颇具影响的学说提出质疑。有朋友说："这可是林先生对唐代文学繁荣的基本主张啊！"裴家麟说："我爱老师，我更爱真理，这不是对林先生个人的意见。"他这种勇于开拓的例子，不胜枚举。

裴先生还有一副"侠骨"。他侠肝义胆、热血忠魂。他对上绝不曲意逢迎、唯唯诺诺；对同志，他平等相待、和善可亲。他为人耿直，性格豪放，能为朋友两肋插刀、鼎力相助。他也不骄傲自满、盛气凌人。当手中握有权力的时候，他能坚持原则、秉公办事，绝不营私舞弊，也绝不拉帮结派。

我觉得他有点像武侠小说里的飞行大侠——武艺高强，行侠仗义，笑傲江湖。但大侠也有柔软的时候。他善解人意、广播善事、侠骨柔肠，给人们带来温暖。你看他常常用慈祥的目光，注视着他的学子们，教他们做文，也教他们做人。此时这个飞行大侠，又变成了满脸沧桑的老爷爷。

这样一位行侠仗义的大教授，把他全部的心血，都挥洒在了北京白石桥畔这块民族文苑的土地上。

我常常扼腕叹息，这样的才子将来还会再度出现吗？只有天知道！裴先生英年早逝，让我在心痛之余，不禁要质问上帝，你为何过早地把一个人间才俊遣送到阴曹地府?！你居心何忍啊！

此时此刻，我们也要问一问，是什么力量让裴先生有这样无私的奉献精神呢?

我觉得主要是他的骨头里充满了丰富的“巨能钙”。这是由民族之魂和红色信仰有机合成的蕴含着强大生命力的“巨能钙质”。这种“钙质”，让他保持中国知识分子的本色，秉承“先天下之忧而忧，后天下之乐而乐”的责任感和使命感；这种“钙”加深了他对祖国和人民的忠诚，促使他将全部生命投入民族教育这份光荣的事业；这种“钙”使他的学术成果，已经达到相当丰富多彩的程度。裴家麟已经成为中央民族大学在20世纪80年代升起的一颗耀眼的文化巨星，一颗文学巨星。

但是，我们也不无遗憾地指出：“巨能钙”也是一种物质，它可以生成，也可以耗尽。裴家麟作为一个血肉之躯，难道他不知道疲乏、不知道困顿，不知道劳累吗？以他的劳动强度，他肯定是累！累！累！但是，为了尽早地超额完成他的使命，他宁愿耗尽最后的能量。他用吸烟来唤醒那些能量，他用坚持来利用那些能量。从1985年入党到1997年逝世，在这最后的12年里，他像永动机一样，一刻不停地运转。他把“巨能钙”连同他的生命完全耗尽了。

同志们！朋友们！让我们的“骨头”坚强起来吧！让我们也有安妮·埃拜尔、牛汉和裴家麟那样美丽的“骨头”。就让我们用这种方式，来纪念我们的榜样，来缅怀我们敬爱的裴家麟教授！

# 回忆一代宗师陈振铎教授二三事

倪振春

中央民族学院文艺系是1959年建立的。1961年，陈振铎教授从中央音乐学院调到中央民族学院文艺系工作。来校工作后，他为办好文艺系的民族器乐演奏专业做出了特殊的贡献。

陈振铎先生在中国民乐界属元老级人物，有着极高的威望和影响力。他的到来为我校文艺系聘请到了当时国内一流的专业教师，如扬琴专业的郑宝恒（天津音乐学院教授）、竹笛专业的陈重（天津音乐学院教授），还有二胡专业的陈朝儒（时任中央民族乐团第一任乐队首席、国家一级演员、陈先生的早期学生）等。这是一般人难以做到的。

对高校来说，要办好一个学科，最重要的条件是要有合格的专业教师。文艺系有了高水平的教师，民乐专业的教学质量就有了基本保证。当年经陈先生介绍而聘请的天津音乐学院的专业教师，是周六晚上坐火车来京、周日到校为文艺系学生上课，但有时周六当晚就来上课了，一般是在周一早晨坐火车返回天津。这一情况十分有利于当年刚刚起步的中央民族学院文艺系民乐专业教学质量的提升，也使本专业学生享受到了一流的音乐教学资源。

可以想象，来自天津音乐学院的老师长期利用每周唯一的休息日来校上课是非常辛苦的。我认为，如果没有陈振铎教授极高的业界声望，中央民族学院当时是很难请到这样高水平的教师的。当年，我作为文艺系民乐专业的一名学生，就是该“一流教学资源”的受益者之一。更为荣幸的是，

1966年我本科毕业后留校任教，与陈振铎先生在同一个教研室工作，得以当面领受他的教诲。

“文化大革命”结束后，身遭劫难的陈振铎先生逐渐恢复了正常的专业教研工作。20世纪改革开放初期，学校党委重新任命他为民乐教研室主任，而我则作为副主任辅助他工作。那时，陈先生已经七十多岁，而我刚过不惑之年。为了培养我，他叫我主持教研室的日常工作，并主动为我出谋划策和加以指点。我非常感谢他对我的信任和栽培！陈先生退休后，我担任了民乐教研室主任，直到1995年升任音乐系主任。

陈振铎教授是中国二胡界泰斗级人物——他曾是民乐界的“祖师爷”刘天华先生最好的学生。陈先生不仅培养了大量一流的二胡专业人才，而且为我国二胡专业的发展做出了巨大贡献。在校工作期间，他精心培养了八位优秀的少数民族二胡专业人才，其中壮族学生陈立新曾荣获中国民族管弦乐学会的“民乐艺术终身贡献奖”。这个奖项含金量是极高的，获得者不仅要在民乐艺术方面有非常突出的成就，还要得到民乐界的广泛认可。在二胡乐器的改革中，是他首次将丝弦改为金属弦，使传统二胡的音色效果和演奏质量产生了质的飞跃。

陈振铎教授在我国二胡界有着崇高地位，但他一点儿架子都没有，非常平易近人。他对待自己的学生，不论年龄大小，都称为“学友”，从来都将学生放在平等的地位。这充分体现了陈先生谦虚友善、尊重他人、践行师生平等的高尚品德。

在“文革”期间，曾有一些人在不同场合甚至多次对陈先生进行过“批判”。为此，他受过很多委屈，吃过很多苦。但在“文革”结束后，他从来没有抱怨过这些人，而是一以贯之地表现出心胸豁达与宽容谅解。那时他已经六十多岁了，无论组织上给他安排何种工作，他都任劳任怨地接受。我记得第一批“工农兵学员”入校时，他是被安排在系资料室工作的。

陈振铎先生的一生，经历过清末、民国和中华人民共和国的历史变迁，并迎来了改革开放的新时代。在1997年香港回归祖国的时刻，他激动不已，彻夜难眠，因为他对“没有共产党就没有新中国”的理解比年轻一代更为深刻和强烈。他相信党并决心毕生跟党走，于是做出了一个明确而坚定的选择——经过认真思考，决定再次申请加入中国共产党。此前，已退休的他一直与音乐系党总支保持着联系，曾多次向音乐系党总支递交入党申请书和书面思想汇报。当时，音乐系党总支认真研究了陈先生的入党请求，认为他申请入党是经过深思熟虑的，其入党动机是纯正的。那一年，陈教授已经九十三岁了！但后来由于种种原因，他的入党愿望未能实现。

我认为，陈振铎先生在全国二胡界的声誉和地位是至高无上的，这不仅是因为他曾担任过国务院学术评定委员会委员、中国音协二胡学会名誉会长、中国民族弦乐学会名誉顾问、中央音乐学院学位评定委员会委员、中央民族大学学术委员会委员等职，更重要的还在于他的巨大艺术成就以及始终不渝的积极奉献和追求精神。

1999年11月8日，享年九十五岁的陈振铎先生与世长辞。在他的追悼会上，时任国家主席江泽民总书记以个人名义送了花圈。这一哀荣显示了一代艺术宗师辞世产生的巨大社会影响，也证实了他理应获得的尊敬和热爱。

陈振铎教授对我国二胡专业发展的巨大贡献及其历史地位，必将永载中国民族器乐发展史册。他的名字也将永远铭记在代代二胡专业同人的心中。

# 王辅仁教授一生的藏学情怀

索文清

新一代从事藏学研究的年轻学子，有人可能会对王辅仁的名字感到陌生。王辅仁教授是中华人民共和国培养起来的第一代藏学家和民族学家，他的大半生是在中央民族学院（中央民族大学前身）度过的，可谓将自己的毕生精力、聪明才智以及积累了40多年的教学经验，无私奉献给了中国民族教育事业和藏学研究事业。遗憾的是，他仅活到65岁，在成熟有为之年离开了我们。他的早逝，是中国民族学、藏学事业的损失，也让我们这些曾与他相处多年的弟子们感到深深痛惜。

1930年12月，王辅仁出生于河北省滦县一个旧式家庭，其父曾是冯玉祥将军属下的一名文职官员，抗战爆发后离开了军界。在父亲的严格教育下，他从小知书达理，喜读文史书籍，稍长即考入北平有名的“四存中学”。四存中学是所重视读古书的学校，在这里，他受到了更多文史知识的熏陶。1948年，他考进北平朝阳学院，不久，便转入燕京大学社会学系（后改为民族学系），在著名民族学家林耀华先生门下学习社会学和民族学。在燕大期间，好学的他并不满足本系开出的那几门课程，常跑到历史系去辅修中国史，前后上过翦伯赞、翁独健、聂崇岐、侯仁之等前辈先生的课。在当时燕大学生中，能同时获取民族学、历史学两个学科专业教育和训练的人并不多，而他就是其中一个。这为他日后从事中国民族学和藏学的教学与研究，打下了坚实基础。

1952年，王辅仁从燕大毕业。这一年正赶上全国高校院系调整，燕大的社会学系被撤销，燕京大学不复存在，由林耀华带领的一批讲师、助教和学生十几人[①]被分配到了中央民族学院研究部工作。这时的中央民族学院研究部汇聚了一批研究中国古代民族文字、文献、史地、考古的专家学者，并分属于新组建的西北、东北、中南、西藏几个研究室。其中西藏研究室由林耀华任主任，年轻的王辅仁自然归入这个研究室。在这里，他认识了研究西藏历史和文献、藏族宗教和语言的李有义、王森、王静如、吴丰培、苏晋仁等知名学者。在同这些老先生的接触交往中，他第一次感受到研究藏族历史文化的必要性和特殊意义，并引发了对西藏的关注和学术兴趣。此后，在这些前辈的指导下，他开始检索阅读前人关于西藏的各种著述，注意收集有关西藏历史文化的资料。随着相关知识的不断积累，他初步迈进了藏学研究的门槛。

1954年夏天，林耀华、李有义、宋蜀华几位先生从西藏归来。作为中央文委最早派往西藏进行实地考察的成员，他们在进藏部队和当地汉、藏干部的协助下，对西藏各地的社会政治、经济现状以及寺院、贵族、平民生活等进行了卓有成效的全面考察，搜集了大量有价值的资料。回京以后，中央领导指示他们尽快将这些资料编撰成书，以供政府有关部门制定政策时参考。林耀华感到事情紧迫重要，便把他的亲传弟子王辅仁叫来参与书的撰写。经过五位参与者的紧张工作，《西藏社会概况》一书[②]于1955年3月完稿。与此同时，林耀华先生还把自己在西藏东部波密地区考察、探询的资料交由王辅仁整理，并完成了调查报告《波密简述》[③]。这两

① 林耀华从燕大带领来中央民族学院工作的人员有陈永龄、沈家驹、施联朱、陈凤贤、吴恒、朱宁、黄淑娉、陈雪白、姚乃青、王辅仁、王晓义等人。1956年中央民族学院历史系成立，这些人员全部转入历史系任教。

② 《西藏社会概况》由林耀华、李有义、宋蜀华、王恩庆、王辅仁5人撰写。书中内容大部分来自实际调查，首次公布时仅供部分人员内部参阅。当时出版后，封面上还盖有“密”字红章。

③ 波密，在西藏东南部雅鲁藏布江大拐弯处北面，清时称“博窝”，域内多高山峡谷，过去交通闭塞，人迹罕至。《波密简述》一文，是林耀华于20世纪50年代初进藏调查时所得资料，由王辅仁执笔写成。

部有王辅仁直接参与撰写的专著，先后发表在研究部内部出版的《中国民族问题研究集刊》第一、第二辑上，成为中华人民共和国成立以来最早介绍西藏经济社会历史和宗教文化习俗的民族学著作。

当时西藏还没有进行民主改革，旧西藏地方政权和政教合一的封建农奴制度依然保存着。由于这两部专著作所记录的资料内容翔实、新鲜，所以一经发表就引起政府有关部门及学术界的重视和充分肯定，参与调查和编写的人员也都获得表彰。多年以后，王辅仁先生跟我谈起此事时，仍兴奋地说："那是林先生对我的栽培，给了我一次难得的写书机会，也使我更坚定了研究西藏的勇气和信心。"

1956年，王辅仁迎来了自己首次进藏的机会。这年春天，由全国人大民委主持，在全国范围展开了少数民族社会历史调查。中央民族学院研究部的研究人员参与了这项工作。王辅仁参加了西藏调查组，同李有义、王森先生一起进藏。这是他第一次去西藏做调查，因而心情格外兴奋。他运用在燕京大学学习掌握的社会学、民族学理论知识，把西藏当成一个社区进行观察体验，先是在拉萨，后又转到昌都，深入最底层的百姓中去访问调查。不论是实地调研的资料，还是官方文件中的发现，他都细心收集并加以整理。他曾告诉我，1956年进藏调查的收获是巨大的，不仅让他对旧西藏的现状有了深刻了解 —— 亲眼看见了贵族们的奢靡和广大农奴的苦难，也使他在思想觉悟和业务能力上有了很大提高。正是通过这次调查实践，他得到了丰富而真实的一手资料①，并使这些资料成为一笔宝贵财富。从西藏回到北京后，他感觉自己已经可以独当一面，从事科研和教学工作了。

1956年8月，中央民族学院成立历史系。这是国家为培养新一代民族史、民族学的研究与教学人才而创建的一个新系。学校很重视历史系师资队伍的构成，聘请了一些校外的历史学专家到系任教，还有一部分老师是林耀华先生从燕大带过来的讲师、助教，而我则是考进这个系的第一批学

① 西藏调查组曾编有《西藏社会历史调查》资料6册，同时组织人力编写过《藏族简史》《藏族简志》（属民族问题"三套丛书"系列）。王辅仁均参与了其中的资料整理和编写工作。

生。为加强专业课，系里特别为我们班设了一门新课，叫作“中国民族志”。由于这门课没有现成教材，所以临时派学有专长的多位专家学者分别讲解他们熟悉的有关民族情况，其中藏族部分是由王辅仁承担的。在我的记忆中，他是上课老师中最年轻的一位，当时才二十五六岁，刚被提升为讲师。

我从课堂上第一次认识了王辅仁先生，只见他满面笑容，浑身充满了朝气。他的讲课内容似乎比别的老师更为丰富、严谨和生动，能把复杂的西藏社会状况和神秘的藏传佛教分析得鞭辟入里、明晰透彻，语言表达又十分流畅精炼、干脆利落，讲课中还不时穿插些他在当地调查时的轶事见闻，让人听起来不仅学到了知识，而且对雪域高原充满了向往。同学们反映，听王先生课一点不枯燥，像是在剧场里听一段有趣的评书，都不愿意下课。后来大家才知道，早在上大学时，王先生就已是北京曲艺界有名的“资深票友”，能字正腔圆熟练地吟唱数十段传统北京单弦，在口才训练和语言表达上曾下过多年工夫，难怪他的讲课受到学生们的普遍欢迎哪！

从20世纪50年代末开始，王辅仁的教学生涯就没有间断过。当时，历史系每个年级都要上藏族历史和宗教文化方面的课，校内其他系有相同的课程也由他来承担。虽然教学任务繁重，可他从不叫苦，总是热情而精力充沛地接受领导的安排。他常说：“我是个教书的，教好书、育好人是我的本分。只要每堂课对得起学生，我就心满意足了。”

1961年8月，我毕业留历史系工作。有一天，系副主任林耀华先生把我叫到他的办公室，对我说：“藏族是个大民族，地位很重要，系里现在只有辅仁一个人搞藏族历史文化的研究并几头上课，因此他的教学任务很重，需要增加人手帮忙。系里研究决定，让你跟着他学，做他的助手，并希望你能早日学成登台上课，分担些他的负担。”对于系里的这一决定，我虽然表示服从，但因自己没去过藏区、没学过藏语，有关藏族知识了解得也很有限，所以心里一直慌慌的，感到没有底。王先生看出了我的心思，便鼓励我说：“你来跟我学藏族史，我有了帮手，这使我太高兴了！不会没关系，慢慢学。‘千里之行，始于足下’，只要你有恒心，把学习方法找对，很快就会上路的。”他还对我说：“藏族历史线索多，先要理清发展脉络，并一以贯之。看书要勤思索，要有实事求是的科学态度，不能人家说什么就是什么。看书做到真正理解并能辨别真伪，不下苦工夫不行。”

我牢牢记住了王辅仁先生对我的谆谆教诲，并按照他布置安排的计划开始自学。我先通读了藏族历史和必读的原著参考书，其间认真做读书笔记，摘录相关史料做卡片，日积月累后果然有了不小收获。

王辅仁先生盼着我能早日成才，这期间除了让我跟班听他的课外，又想出另一个办法，即要求我每周两个下午去他家接受他的单独授课。这单独授课与跟班听课有很大不同，采取的是面对面近乎聊天的形式进行。那时，王先生家住在西直门里新街口小三条一个旧式四合院内，进门处有一间约八平方米的小门房，屋子四壁用报纸糊着，屋内放置一张桌子、两把椅子，桌上堆满了他备课用的参考书和撰写的文稿——这就是他简陋的书斋。我每次去就在这间陋室里一边喝茶，一边享受他谈笑风生中的授课。他向我授课的内容广泛丰富，使用材料多为他备课时的原始教案，其中包括对相关历史事件和人物的各家讲述、对史料记载的研究分析，有时还插入大量的文献资料和他实地调查中的见闻心得，间或还让我结合他的授课内容谈谈感受和收获。这种轻松自如、无拘无束的交流互动使我获益良多，不仅让我学到了丰富的专业知识、了解了他平时备课和读书的各种办法，而且密切了我们之间的师生关系和感情。

王辅仁先生对待我一向宽厚大方，每次三四个小时的授课完了，天黑下来就留我吃饭。据我所知，他的经济状况并不宽裕——他夫人没有工作，膝下四个子女均未成年，家庭所有支出都靠他一个人的微薄工资，生活过得自然很清苦。但王先生的夫人是位十分会理家的“贤内助”，一切家务都被她打理安排得井井有条，不叫先生分心。值得一提的是她会做一手好面食，凡去过王先生家的同事或学生，几乎都吃过她做的面条。她和王先生一样乐观豁达，对生活充满自信，对所有来客总是热情相待。此后十几年中，我一直是他家的常客，他们夫妇也视我为兄弟，几乎无话不谈，双方感情超越了一般的师生关系。或许由于我是王先生的第一个“入室弟子”，所以他在我身上倾注了心血和希望。王先生门下的众多弟子中，我可能是与他交往时间最长、师生感情最深的一个。作为我步入藏学研究领域的引路人和指导者，他是我终生难忘的良师益友！

凡是接触过王辅仁的人，都知道他是同龄人中最博学多才的一个。这和他长年勤奋好学、持之以恒地博览群书分不开。王先生常向我讲起老一辈专家学者不图名利、潜心治学的优良传统和求真务实的学风。20世纪50年代他在西藏调查的时候，曾与王森先生、柳陞祺先生朝夕相处。他介绍说：“两位老先生讲起西藏的历史、宗教像是如数家珍，是把知识掰碎了、揉细了一点点地交给你去消化。他们旁征博引，把每件小事都分析得如此透彻生动，是因为他们把书啃烂了、吃透了，所以得心应手。”他接着表示，读书怕的是不求甚解、浅尝辄止，没有大量丰富的知识积累，怎么敢去课堂上误人子弟？他认为，课堂上如给学生一桶水的知识，自己就要准备八桶水的知识作后备，否则心里就没底，就不能理直气壮地面对学生。

王辅仁先生这样讲，也是身体力行地这样实践着。不管白天上课、工作多忙，他也要挤出时间读书。他读书有自己的计划，主张书要通读，不能自认为“需要哪儿就读哪儿”。他多次翻阅二十四史，数遍通读《资治通鉴》，认真写研读笔记。文史类中许多杂史、别史、笔记小说以及考古学、宗教学、语言学、音韵学等专门书籍，他几乎都有所涉猎。我感觉他对地理方面的知识十分熟悉，许多省、市、县的历史沿革、更迭变化和人文掌故，他都了如指掌。他常说，民族学（包括藏学）是一门综合性的边缘学科，而且和许多学科都有交叉渗透，并认为只有知识面广，才能触类旁通。他特别对我强调：知识是靠一步步积累的，资料收集也是一样；只有做到眼勤手勤，坚持不懈地做下去，才会有“集腋成裘”的效果。

20世纪60年代初，藏文原典和资料不像今天都有翻译出版，那时许多孤本还是靠手抄流传。我记得王辅仁先生手里就有不少手抄的敦煌卷子藏文文献译稿。此外，他还下工夫把不易得来的约30多万字的《土观宗派源流》汉译孤本以及由王森先生口授、尚未公开出版的《西藏佛教史资料十篇》[①] 一字不漏地抄录下来，以作教学科研之用。

王辅仁先生善用各种资料，能博采众家之长来充实自己的讲课内容。所以，每堂课的讲授即使是旧课，他也尽量想办法补充些新的内容。在编写讲稿过程中，凡是容易遇到的问题或学生费解的问题，他都一一标示清楚，查对资料加以解释，并力争把学术界最新的研究成果和信息介绍给学生。这使大家对他的授课总有新鲜感。他常说，课堂讲课是门艺术，必须叫人听来饶有兴味。他最反对用艰涩冗长的语言，把事情描述得十分深奥难懂去"吓唬"学生。他主张讲话、写文章要尽量简明扼要，让所有人明白，"能把纷繁复杂的事物，用最精炼形象的语言概括表达出来才最见功力"。在几十年的教诲中，他就是用他那训练有素的语言文字表达功力和缜密的逻辑思维来要求我们的。他对我说："今后不管是讲课还是写文章，你要切记课堂上不能念错别字，写文章、写书不能文理不通。"多少年来，我就是按照王先生的告诫一步步地走过来的。

1964年，全国的政治形势发生了变化，北京各高校师生要分批下乡搞"四清"。中央民族学院也不例外，学校正常的教学秩序被打乱了。接着，史无前例的"文革"爆发，学校停课，全校700名教职工先后被发往湖北的"五七干校"，学校的教学和科研工作几乎全部停滞，直到"文革"结束才恢复正常。1972年，王辅仁先生从干校返回北京时，历史系因为"反动学术权威"多，已被"砸烂"取消，教师们只好被安置在新建的研究室（即后来的民族研究所）[②] 。我和王先生一起被分到研究室西南民族组，继续承担有关各系科的藏族史课程教学工作。

1978年年初，改革开放的春风吹进校园，研究室老师们的精神面貌大有改观，工作热情十分高涨，纷纷寻找研究课题来做，并翻译出不少国

---

① 《西藏佛教史资料十篇》系20世纪60年代初，由王森先生口授，常凤玄、邓锐龄两位先生笔录而成，30余万字，起初为机关内部研究之用，直到20世纪90年代初才公开出版，更名为《西藏佛教发展史略》，后多次再版，系研究藏传佛教史的一部重要名著。

② 研究室（设在"老研究部"旧址）于"文革"后期成立，人员由原历史系教师、文物室研究人员、外语教研组部分教师构成。20世纪80年代，研究室更名为民族研究所。

外有关民族研究的资料。这时，王先生找我商量：“咱们师徒二人不能光顾教书，也要花点时间把科研捡起来。”他说：“十年‘文革’，社会科学研究陷于停顿，市面上很少看到有社科和民族研究方面的出版物，我们得尽早动手，把多年搞藏族史的科研成果拿出去。”于是，我们便利用课余时间开始整理和修订手上的讲稿，做写书的准备。就在这时，西藏人民出版社有人进京找到王先生。来人介绍说，西藏自治区党委和政府要出版社出版一本揭露西藏封建农奴制度黑暗和反映西藏解放后发生翻天覆地变化的书给群众看，而在西藏一时找不到合适人选，想在中央民族学院找找作者。王先生听后有些犹豫，担心承接撰写这一题材的书，写不好会遭到批判。但与对方几番交谈仍难以推脱，最后他还是接受了这项任务。

经商量，王辅仁先生决定该书的封建农奴制度部分由他来写，中华人民共和国成立后西藏变化部分由我来完成。他说，这样会大大节省时间，可以很快交稿。接下来我们开始分头执笔，不到半年时间书稿就完成了。出版社方面给这本书起了个书名叫《西藏社会的飞跃》，一次印刷了两万册，送西藏各地书店发行，书很快售罄。听到这样的消息，我们深感欣慰，想不到刚刚改革开放，我们写的这本书就得到读者的欢迎。然而很快就有“业内反映”说,《西藏社会的飞跃》这本书属“应景之作”，没有什么学术价值。王先生听后叮嘱我：“不要管别人怎么议论，只要你自己认为行得正、做得对就坚持。现在，我们就再写一本本行业务的书给他们看看!”

其实早在“文革”前，王先生就有写一部藏族历史普通读物的打算，而这次的“业内反映”，激励他很快就拟好了一个能基本涵盖藏族历史发展轮廓的编写大纲，将藏族历史上的重大事件和重要的历史人物划分为几十个撰写专题。他对我说：我们再合作写这本书，是给那些具有中等文化水平的广大读者看的，所以写时要注意简明扼要、通俗易懂，不搞考证，叙事不宜冗长。他叫我先把熟悉的藏族近现代史部分写好给他看，然后一起讨论修改。就这样，在王先生的悉心指导下，这部书稿很快全部完成。1980年年初，王先生和我共同编著的《藏族史要》一书由四川民族出版社正式出版。

20世纪80年代初期，全国民族院校及普通中专的民族历史教材还十分紧缺，藏学专业研究在各地也是刚刚起步，这部《藏族史要》的出版起到了开风气之先的作用。为了满足广大读者的需求，这部书竟连续再版了三次。1984年6月，经全国专家会议评议，中国历史学会、中国出版工作者协会联合授予该书“爱国主义优秀历史读物奖”。北京新世界出版社很快将该书译成英文向国外发行，使之成为中华人民共和国成立后向国外发行的最早一部藏族历史著作，并受到国际藏学界的重视和欢迎。

需要提及的是到了20世纪80年代中期，藏学已成为一门受国内外关注的学科，各地高校都相继成立有关研究机构。中央民族学院就是在这一时期开办了古藏文进修班和藏学硕士研究班①，并从藏区录取了一批条件好、有造诣的年轻学子前来深造。为搞好两班教学，校方还特别成立专家指导组，专门对这批学生开展指导、授课。王辅仁先生承担了这些班级的藏族历史、西藏佛教史等课程的教学工作，同这批藏族学生互动频繁、交往颇深。

随着藏学研究事业在各地勃兴，邀请王辅仁先生讲课的校外单位也多起来。这一时期，他先后应邀前往北京大学、中国人民大学、中央党校、中国文化书院以及四川大学、西藏民族学院等校讲授藏学课程，开设的课程门类也在增多——除了藏族史、藏族民族志、藏传佛教史以外，又增添了西藏封建农奴制度、蒙藏民族关系、西藏古代文化等专题研究课。一时间，他成了中央民族学院教师中开课门类最多者。

应该说，20世纪80年代是王辅仁先生在教学和科研工作中取得双丰收的年代。除了出色地完成教学任务外，他的科研成果也十分显著，并得

① “古藏文进修班”学员是教育部通过全国统一考试录取的。他们分别是旺堆次仁、丹巴、达瓦次仁、强巴坚赞、赤来、索朗央宗、强巴群宗、强俄巴·次央、米玛次仁（来自西藏），赞拉阿旺、陈江秀（来自四川），阿华·桑杰加（来自青海），丹增卓玛、旺周塔（来自甘肃），毕青加、达瓦次仁（来自北京）。1986年中央民族学院藏学研究所创办后开办了“藏学硕士研究班”，共招收了来自藏、汉、回三个民族的12名学员。这些学员经过三年学习，都成为研究藏族历史、宗教和古藏文文献等方面的专家学者。

到同行们的赞许。例如，1982年，他撰写了《西藏佛教史略》一书（由青海人民出版社出版）；1985年，他与陈庆英合作完成了《蒙藏民族关系史略》一书的编写（由中国社会科学出版社出版）；1986年，他协助张云侠完成了《康藏大事记》的校注（由重庆出版社出版）。在这期间，他还参与了《民族词典》《藏汉大辞典》《中国名胜词典》《中国大百科全书》（民族卷、历史卷、宗教卷）等大型辞书中有关藏学词目的编写。在这些具有开创性的著作中，细心的读者会发现，他把多年在藏族史研究中形成的学术观点和理论认知融入其中。例如，当年学术界争论的“西藏何时成为中国的一部分”，他就明确提出，“西藏自古以来就是中国的一部分，而非自元代派官设制才归入中国版图”，这有力驳斥了国内外分裂主义分子鼓吹的所谓西藏自古就是“独立国”的谬论。又如，对于如何考察藏族形成发展史这一问题，他明确指出：“必须把它放在中华民族的历史发展中去考察，既看到藏族历史发展的自身特点，更要看到它的发展必然受到中华民族历史发展的制约和影响。”在国内藏族历史研究初期，他就坚持并敢于表达上述研究观点，我认为实属难得！

1983年8月，中央民族学院民族学系率先成立。这是老一辈民族学家和学校经过多年努力促成的一件大事。该系第一批招生有20多名学生，均来自少数民族。校方十分重视民族学系的建设发展，选出最强的教师为该系学生上课。为了加强对该系重点学科的领导，1986年6月，校领导对原民族研究所和民族学系两个单位的领导班子进行了改组合并，特任命王辅仁一肩担任民族研究所所长和民族学系主任。对王先生来说，这是其教师生涯的一次角色转换，让他有些始料不及。作为一位学养深厚、奉公守律的学者，他对学校的决定表示遵从，并勇敢挑起了这一重担。虽说缺少相关经验，但他自律严格、作风民主、谨慎履职、谦和礼让，工作中遇有难题就找大家商量或找前辈师长虚心求教，对持有不同意见者则态度宽容、善于倾听，在师生面前不摆领导架子。至今大家仍公认，在王先生任所长和系主任期间，民族研究所和民族学系同事之间、师生之间关系和谐，工作环境和学习气氛平静、宽松，大家都把主要精力用到了教学和学术研究上。

由于多年来在教学科研上的卓著成就，王辅仁教授经学校推荐成为国家民委首批享受“政府特殊津贴”者。自20世纪80年代后期开始，他担任中央民族学院学术委员会委员、职称评审委员会委员、民族学科评审组组长，并在校外被聘为中国藏学研究中心干事、中国民族史学会副会长、北京市社会学会副会长、中国民族学会、中国西南民族研究会、西藏佛教研究会、避暑山庄研究会理事以及四川省藏族研究所学术委员、四川省藏族文化研究书院院务委员等职。这些不断累加的职务光环，给淡泊名利的王先生带来了不小心理压力。为了藏学事业，为了完成自己肩负的各项工作任务，他不得不付出更多的心力。

后来在与王辅仁先生的交往中，我明显发现他的身体和精力已不如从前。私下里，他不止一次向我表白：“现在身份变了，头上顶着这么多的帽子，已经没有多少我自己可以支配的时间。这些年，很遗憾，我没写出什么东西，作品很少，可白头发却长了许多。”我很理解他当时的处境和无奈心情，但只能劝他多保重身体，注意劳逸结合。1995年1月，在随团赴台湾参加“海峡两岸蒙学藏学学术讨论会”期间，他突发胃出血送院抢救。病榻上医生叮嘱他说：“你病情很严重，回去后一定休息静养，不能过度劳累，如病情再次复发，就很危险。”尽管医生的告诫十分清楚，但他心里想的仍是他的工作任务和藏学研究，返京后一天也没休息，而是继续上班。

这些年，他对自己培养的藏学研究生有难以名状的特殊感情。也许很多人不知道，他从1961年起就开始带研究生①，学位制度建立后，先后又培养了22位硕士和4位博士研究生。他对每届研究生都坦诚相待、平等与之，十分注重启发和发掘学生的潜能，并积极创造各种条件提携他们。他常说：“科研不能以‘资格’论高下，教与学也是一个‘教学相长’的过程。实际上学生中有许多好的见解和意见，当老师的应该吸纳和发扬学生的长

① 1961年8月，中央民族学院历史系从第一届本科毕业生中挑选出6人为该系继续培养的研究生。其中李冀诚的专业为西藏佛教研究，指导教师为王辅仁先生。1964年李毕业后，供职于中科院世界宗教研究所，曾任北京西藏研究会副秘书长，1997年病逝。

处，并通过实际工作锻炼让他们早日成才。”为此，他提倡与学生共同写书，让学生和老师一起整理教案，帮助学生一起拟定论文写作大纲。每次学生下藏区实习，他都跟随下去，在实践中耐心指导学生如何观察和体验事物，如何收集资料。他这种仁爱开明、无微不至的真诚相助，给所有他带过的学生都留下了难以忘怀的记忆。

随着王辅仁教授在藏学领域学术地位的不断提升，许多单位和高校都相继派人前来中央民族学院进修。对所有前来求知者，无论是在职教师还是专业研究人员，王先生有求必应、有问必答，乐于把自己多年积累的藏学知识和教学经验无保留地传授给他们，力求使他们期望而来、满意而归。如今，活跃于藏学研究领域的国内大多数学者都曾是他的讲课听众，他的得意门生已广泛分布于西北、西南各省区的各类院校和研究单位，真可谓“桃李满天下”①！作为我国藏学事业中一位承上启下的开拓者和引领者，他堪称是一名不知疲倦的辛勤园丁。据我了解，直到去世的前一天，他还带病坚持给他的硕士生和博士生上完了最后一堂课。

虽然王辅仁教授离世已有25年，但他对藏学研究事业锲而不舍的执着追求精神、他的音容笑貌依然深深印在我的脑海中。他一生对中国藏学事业的振兴发展做出的突出贡献，早已得到学术界的公认。我以此文追忆他一生的藏学情怀，不仅是为了缅怀他与我的“师生之情”，更是为了让大家更多了解他身上那种严于律己、勤奋乐观、不计荣辱、甘于奉献的高尚品格和学者风范，以激励和鼓舞后辈学人在学术进步的道路上继续奋进。

藏学是有传承性的。我相信会有更多的后继者循着前辈们开辟出的道路坚定地走下去，为中国藏学事业的不断发展创造出更辉煌的业绩。

（2020年8月完稿）

---

① 20世纪60年代初起，即有兰州大学杨建新前来进修。80年代以后，陆续有西南民族学院的曾文琼，西北民族学院的唐景福、孙尔康、温华，青海民族学院的李延恺，西藏民族学院的范亚平以及中科院民族研究所的黄颢、伍昆明、祝启源等研究人员，在王辅仁先生门下进修藏族史和西藏佛教史。

# 刘秉江的速写与人生

陈立红

多年前，我因策划一次写生活动得以结识刘秉江先生。2011年冬，我在中央民大就学期间又有幸得到刘先生的指点，并有过多次深度交流。刘先生和我们聊得最多的是他在多年写生中所经历的那些往事和内心的感受，谈笑间，令闻者倍感陶醉，亦让我非常渴望深入他的绘画中去，去触摸那些陈旧的纸张，感受那份平凡和真实。机缘巧合，高研班放假期间，我回桂办事，遇见广西师大出版社艺术分社张明社长，提起拟将刘先生的写生速写作品汇集成册的想法。张先生非常支持，并委托我和美编刘凛代表出版社向刘先生约稿。刘先生也正有此意。于是，我们开始着手集子的编辑出版工作。

在整理、编辑的过程中，我们最先有幸读到刘先生六十多年来的上千幅速写写生作品，其中有他少年时所画的速写小品，有20世纪六七十年代深入少数民族地区画的人物与风景速写精品，有20世纪八九十年代出国考察写生的经典之作，有近几年旧地重游的新作。如此丰厚的艺术珍品，令人叹为观止，这在全国画家中都是极少有的。很多个夜晚，我伏案灯下，仔细品读这些速写精品，并尝试通过我的理解不断走近他和他的绘画。

在画家全部作品当中，最吸引人的往往并非那些代表作，而是画家积累下来的具有手稿性质的速写。恰恰是这些速写证明了画家所具有的艺术品质。你可以从中感知到蕴藏在画家心底深处的情感，寻找到最宝贵也是最真实的灵魂。

刘秉江大半生都在不断地创作，不断地深入自然、生活中去感受生活的丰富、多样和生动。他总是随身携带本子，随时随地记录他的所闻所见，记录他对生活的感受。在那貌似平凡的日常生活中，他找到了永恒的诗意。他常常以亲朋师友和结识的普通人为对象，及时捕捉他们的神色性情。在这些人物速写中，他为家人所绘的速写肖像是最引人注目的作品之一。

1956年，他刚上美院一年级时画的父亲肖像寥寥数笔，传神逼真，画作中的爱意表露无遗。在1990年他所画的题为《母亲》的肖像画中，母亲着一身粗布衣裳，侧脸端坐，目光凝视着前方，平实的线条勾勒出慈祥的面容，一种淳厚平和之气扑面而来，既流露出慈母情深，又概括出劳动妇女的朴素。

1963年他到云南，边疆多彩的民族生活和人物使他的画面更加美丽起来,《赶街时节》《开会的农民》《傣家姑娘》《傣家竹楼》等作品流出甜米酒一般的醇香。在这些作品面前，我们仿佛可以闻到亚热带丛林的湿润气息，还有铿锵有力的欢乐鼓声……一个个鲜活的面容飞扬在一张张粗糙发黄的纸上，显得那样的敦厚、纯朴和善良。这些平凡而真实的人物，被他谱写成一曲曲美好生活的乐章。

去西藏、青海、甘肃那几回，他以诚挚之情画海南州、青海冈察的老藏民、老牧民，打猎归来的汉子和拉萨的喇嘛，点线间透着坚毅的神情和岁月留下的痕迹。他画火塘边的母女、就医的母子、藏族女孩，不只是简单几笔，而是对画面作了有意的匠心安排，朴素洗练，情调别致，极具藏族民歌的意味。

认识刘秉江的人，无不熟悉他的新疆系列速写。这些作品在他的艺术生涯中，具有重要的意义和价值。他曾先后四次深入新疆采风写生，说“新疆是一块很迷人、有魅力的土地，我一直很向往，多年来我一直在画新疆”。1978年夏，刘秉江远赴大西北，在新疆住了一段时间。新疆神奇美丽的风光和载歌载舞的少数民族生活，激发了他的创作热情和灵感。他画了大量速写，不仅留下了当年生活的真实写照，同时表现了新疆风景、风情之美。这是一次难忘的艺术之旅——他顾不上路途的颠簸、条件的艰苦，和新疆人民生活在一起，深入他们的生活，了解那里的历史文化、风俗习惯、宗教信仰，以最直接表达情感的速写方式记录着他遍布新疆的足迹。他说："在现场，你会被生活激发出热情与冲动，会强迫自己用最快的速度记下涌动的人群或肖像表情。这不仅使你的技巧更高明，同时也刺激了你的感觉与感情。"正因有如此的激情，他笔下的维吾尔族老人、塔吉克族少女才都那么真实！新疆从此成为他艺术创作的主要基地，在他的上千件速写作品中，新疆速写所占甚多，画集收录的新疆速写比例也是最大的。他的许多重要作品均源自新疆生活，如《塔吉克新娘》《喀什街头的西瓜摊》《两位赶巴扎（集市）的和田老农》……

刘秉江说，新疆是他梦魂牵绕的艺术故乡，他每次去都会被那片土地上人民的善良、朴实和热情所感动，都有美的发现。他由衷地热爱那里的人民，对他们充满敬意，并将此情融入作品中。很难想象，如果没有情感的投入，或者不是如此深爱，他怎会三番五次远赴新疆，面对同一人物画上好几遍？

自1985年始，刘秉江的写生足迹开始遍布世界各国。他应邀前往巴黎国际艺术城吕霞光画室作为期半年的进修考察，并举办个人展览。在艺术城，他每日乐此不疲地进行绘画训练和创作，有时还抽空去参观博物馆，观摩各种展览会。半年后，由于艺术城不再提供住宿，刘秉江在巴黎租了一间狭小的阁楼，白天继续如饥似渴地参观博物馆、外出写生，晚上到巴黎美术学院画模特，为了生存有时还到街头画肖像。

两年欧洲生活对刘秉江的影响是至深的。在那里，他日夜作画，画出了一系列以肖像、风景为主题的优秀作品。在旅欧期间，他还先后走访了欧洲其他各国，如德国、奥地利及意大利的威尼斯、佛罗伦萨、罗马等地，边走边画，完成了近百件速写作品。美丽的异国风情令他陶醉，欧洲绘画大师们的杰作令他受益匪浅。这个时期他的写生作品，既有对于异国风物的新鲜感受，又有初睹古今名作的启发；既有对新生活状态的记录，也有对欧洲建筑及街景的描绘，手段也更丰富多彩。把这些作品拢在一起，我们仿佛走进了琳琅满目的欧洲文化长廊，令人兴奋不已。通过大量的观摩与交流、写生，他对欧洲的艺术有了全面的了解和认识，对东西方文化艺术做了充分的比较和思考，更为清晰地看到了艺术的本源来自时代生活，艺术创造离不开自己的民族土壤，从而更加坚定了自己的信念和追求。

此后，刘秉江又游历了印度尼西亚、印度、肯尼亚、埃及、克什米尔、不丹、尼泊尔、塔吉克斯坦等国家和地区，他继续用速写记录生活中的观察、感受与发现，描绘着一次次行走留在心灵中的图像。刘秉江的域外写生，无论是人物还是风景，都真实地再现了异域特定历史时期的风土人情，同时也流露出他对异域风情及文化观念的自然反应和尊重。

品读刘秉江的速写，似乎可以触摸到他的脉搏。画里有他的感悟，有很多他在意的、珍惜的东西。这些作品讲述着一些关于爱、关于生命、关于他和他们的故事……所以，从某种意义上说，他的速写其实就是自己的日记和随笔，记录着自己的思想和人生轨迹。而这些独特的日记，恰又构成了他独特的艺术道路、艺术风格和艺术个性。

刘秉江，1937年生于北京市，1961年毕业于中央美术学院，师从董希文教授；中央民族大学美术学院教授、硕士研究生导师，现任中国美术家协会理事、中国美协壁画艺术委员会委员和副主任、中国油画学会理事、中国壁画学会理事，第六届、第七届、第十届全国美展评委。他的作品多次获得国内外大奖，其中有第六届中国美展银奖、美国《富达杯20世纪末亚太艺术大奖赛》银奖、法国巴黎ARTSTIQUEDULYS沙龙奖章、二十世纪艺术成就奖。

# 送别吴重阳教授

刘善良

2017年10月18日8时50分，已八秩晋四初度的重阳兄离开人世远行了。近半年来重阳兄病情恶化，我知道后，和老伴先后三次前往304医院探望，最后一次是在9月上旬，看到他精神状态好，头脑清醒，胃口也不错，我们就稍稍放心一些了。我们希望他能多活一些日子，哪怕多活三五个月，再过一个新年也是好的，谁能料到这次探望竟是永诀呢？重阳兄逝世后，夫人王滋荣女士来电话告知，我感到很突然，十分悲痛，交往近60年的好朋友真的走了！

我和重阳兄相识是在1960年7月，他从北京大学中文系毕业，分配到我校少数民族语文系汉语文学教研组。北京大学中文系1960届毕业生，当时在全国是一个非常响亮的名字，他们集体编著了《中国文学史》四卷本,《中国小说史》一厚本，在全国文化教育界产生了重大影响，儒将陈毅元帅还对《中国文学史》给予很高的评价呢。重阳兄参与了编著工作，可贵的是他来校后从来不宣扬自己的成就，只是在我询问时淡然地告知他撰写的章节，希望我看完后能提些意见。虽然我和重阳兄这么早就相识，最初几年也只是一般的同事，随着岁月流逝，相互了解加深，对于一些事物能有共识，就这样逐渐成了淡如清水的“君子之交”了。也许这就是古人说的“朋友者以义合者也”！重阳兄本性谦和、平易近人，与年长或同辈同事都相处得非常和谐。

当时汉语文学教研组是一个包括语言文学各门学科的庞大教研组，他被分配讲授外国文学。尽管外国文学和他参与编著的《中国文学史》不沾边，他仍然愉快地接受任务。当时担任这门课的还有杨敏悦女士，他俩共同切磋，认真备课，认真讲授，很好地完成教学任务。1964年学校创建了汉语言文学系，乔云川同志任总支书记兼系主任，我们二十多人都是这个新系的教职员，今天也就成了这系最早的老前辈了。

我和重阳兄都爱下象棋，互有输赢，但他的水平比我高些。记得20世纪60年代初期某天下午，革命老前辈张养吾同志提议我们来盘比赛，他坐在旁边观赏。张老原是国家民委文教司司长，解放战争和抗美援朝战争期间曾任彭德怀元帅的秘书，因而在“反右”运动中被牵连，受到开除党籍撤销职务的处分，劳改一年后下放到民院教古代汉语，我们同在一个教研组工作。虽然如此，大家对张老还是非常尊重。他的提议我们很重视，下棋也就严肃认真多了。我费尽全力拼搏，还是对付不了重阳兄灵活多变的妙招儿，最终没能取得和棋，以败北结束。他不仅棋艺高超，乒乓球也是高手，是校队队员，常参加校际比赛。他还善于游泳，能在深水中露头站立，或躺在水面休息。我虽是在江南水乡长大，可不会游泳，对他的水上功夫真是佩服得五体投地了。

重阳兄的聪明不仅表现在这些娱乐上，更重要的是表现在专业学习和学术研究上。他1951年就参加工作，任国家交通部干部，业余刻苦读书自学，1955年参加全国统一考试，考上了全国一流的北京大学中文系，得到王瑶、吴组缃等众多名师的教诲，学业精进，1957年开始发表作品。至于后来研究现当代少数民族文学所取得的辉煌成就，更充分显示了他的聪明智慧。

1964年7月汉语言文学系创立，徐垠同志是负责人，她带领我们到本市一些高校中文系访问取经。9月，学校大批师生前往四川阿坝藏族自治州农村搞“四清”，我系也有不少教师同学参加。重阳和我则留校工作，在院长办公室陈明主任领导下清查伙食科账目，有时夜晚召开炊事员大会，揭发批判管理问题，我们也出席听会。不久，乔云川同志从部队复员到校，任汉语言文学系总支书记兼系主任，徐垠任副主任。1965年8月，去四川阿坝藏族自治州的师生都回来了，9月初，我校师生五百多人在校党委书记李春霖同志率领下，前往广西柳州地区三江侗族自治县农村，我和重阳兄参加了这支庞大的队伍，直到“文化大革命”开始后才全部返回学校参加运动。此后经军训团的整训、工军宣队进驻管理学校、成立校革命委员会、到干校劳动（重阳兄在学校劳动），我们都平安过来了。大概是1971年复课时，汉语言文学系被撤销，重阳兄等人被分配到政教系任教，但国干、李云忠和我等人则被分配在少数民族语文系。不久，汉语言文学系又恢复了，招收了一批工农兵学员，重阳兄等人回到系里，成了教学的主力军，我和但国干等人仍在少数民族语文系。“文革”结束，我们这个教研组扩大，裴家麟兄（裴斐）就是1979年初调入这个组的。我和重阳兄虽不在一起，交往仍然颇多，得到他不少关注和帮助。

1982年，汉语言文学系总支书记兼系主任李春芳同志离休，系领导班子大调整，1983年3月，我被调到汉语言文学系任副主任，重阳兄向我祝贺，积极支持我的工作，介绍聘请外任教员，提出一些好的建议，等等。我到任后的第一次系运动会，写好一段简短的开幕词，会上宣读，重阳赞赏这篇开幕词，这只是一件小事，却给了我很大的鼓舞！1986年少数民族语文系的汉语文学教员全部并入汉语系，重阳就是此时和有师生情谊的家麟开始亲密交往的。1991年我调离汉语系，到校科研处主持工作，家麟、重阳等多数同事仍然和我密切交往，保持着深情厚谊，给我鼓舞和力量！

关于家麟和重阳的师生因缘，我得多说几句。重阳只比家麟小半岁，但他对这位年龄差距微小的老师敬重有加，特别是在家麟患病期间和逝世之后，始终表现出诚挚的师生情谊。他多次到北大蔚秀园裴府、到医院看望，有时他一人去，多数是我俩一道去，他还书写了一幅“吉人自有天相”的条幅慰问。家麟逝世时，他正从南京开完会来到苏州，当晚和家人通话得知这不幸的消息。他说：“我愕然良久，我想，这种巧合，也许正是我与裴先生师友情缘的一种表征吧！可我但愿当时不打这个电话，那么，裴先生便可以多几天活在我南行的日子里。”后来他写了篇《悼裴师》的纪念文章，情真意切，真实地写出了师生的深厚情谊。《裴斐先生纪念集》编定后原定在学校出版社出版，出版社特聘重阳兄为责任编辑，他接过三十五万字的书稿，用很短的时间认真审读完毕，提出了一些重要的意见。2013年10月和2017年年初举办的两次纪念裴斐活动，他因为健康原因无法参加，事后我到他家里介绍纪念活动情况，特别提到一些有趣的花絮，他认真听取，还说了一些自己的感想。

他对自己敬爱的师长是如此深情倾泻，而对不值得交往的人没有任何来往，甚至路上相逢都不点头挥手。孔子说过，“知（智）者不失人，亦不失言”，重阳兄就是这样的智者。

1993年某天，我在魏公村遇见重阳兄，我说到小女将赴日本留学，重阳兄立即主动表示借给一万元，当时的一万元可值钱啊，我只有表示深深谢意了。重阳兄乐于助人可说是本性。1989年，有一名来自南方叫胡忠的少数民族学生想来我校学习，他家境贫寒，只好先当报童赚点钱，每天3点起床骑着二八式自行车风雨无阻地给各个报亭送报。重阳兄很关注他，不时给予指点帮助。胡忠经过一番艰苦奋斗，成了著名的北京纸老虎文化集团董事长，每年春节，夫妻两都来重阳兄家拜年。不幸的是，2010年7月，胡忠遭几名歹徒绑架杀害，重阳兄伉俪得悉这不幸消息，非常难受，后来和我谈到胡忠时他仍然感叹不已。

张树清同志原先是我校回民食堂炊事员，经过努力自学成了颇有影响的业余诗人，对他，重阳兄也给予过帮助。张和著名作家刘绍棠是通州同乡，但没有来往。有次刘绍棠来到我校，重阳特地把张找来介绍他俩认识——这是张树清同志在文章里写到的。1994年校学科组评定职称结束，当晚重阳兄获悉另一学科组评定某人为教授，认为本学科组某教师也应评为教授，就向裴家麟组长郑重提出。裴采纳了重阳兄的意见，增补该教师为教授，后经学校评委会通过并报北京市审批，这位教师获得了教授职称。事后，重阳兄从未炫耀过自己的作用，更没有向这位教师表白邀功。从这几个例子可见重阳兄乐于助人的风度和高尚的品格。

重阳兄在患病初期还参加过一些重要的活动。2011年校庆六十周年，中文系在附近餐馆聚餐，我陪同他一起出席，参加的老师同学很多，宴会洋溢着喜庆、欢乐、友爱的氛围，宴会结束我和邢世栋老师送他回家。同年11

月，他和夫人前往成都西南民族大学出席“中国少数民族文学研讨会”，受到重阳兄文学启蒙并由他指导写作关于彝族作家李乔研究的毕业论文、后来在李乔研究上取得优异成就的云南民族大学教授黄玲也来开会，师生相聚畅谈非常高兴，还一起合影留念。以上是他生前参加的最后两次重要活动了。

重阳兄除担任学校的教学工作外，还担任中国当代文学研究会顾问、中国当代少数民族文学研究会名誉会长、农工民主党教育工作委员会副主任等职，在文化教育界有许多朋友。在他病中，一些朋友来家中看望，更多的是电话问候。我的同学、孙一珍大姐的夫君毛承志先生是人民文学出版社资深编辑，和重阳关系很好。有一年春节，孙大姐给我来电话，说给重阳家打电话没人接，希望我和重阳到她家聚聚。我告诉她重阳在儿子家，行动不太方便，不能去了，很遗憾无法品尝孙大姐的厨艺了。

最后，谈谈重阳兄的著作。“文革”结束后，文化教育界出现了明媚的春天。1980年七八月，重阳兄在《人民日报》《光明日报》《北京周报》（英文版）分别发表了题为《为社会主义文艺增添异彩——三十年少数民族文学漫笔》《奇葩溢香，明珠耀彩——当代少数民族短篇小说创作》《璀璨如粒粒珍珠——评〈少数民族短篇小说选〉》等文章，可说是用巨斧开辟了自己将要终身耕作的民族文学研究园地。此后，他不断发表富有创见的单篇研究论文，还出版了《中国当代民族文学概观》《中国现代少数民族文学概论》《民族文学简论》《追寻历史的轨迹》《风雨楼文存》《中国现代少数民族作家传略》（三集）、《近代少数民族诗文选译》等著述，主编或参与主编了《近代文学大系——少数民族文学集》《新文艺大系·少数民族文学卷》等合集。晚年在重病中，他还努力编辑整理了自己的最后一部著作《中国少数民族现当代文学研究》，那是一部集大成之作。他的著作凡出版后，都签名送我；我都先大致翻阅一遍，再认真阅读某些部分。这使我对现当代少数民族文学不断加深了解，真是受益匪浅！他学风严谨，对作家和作品的评论，对整个少数民族文学在中国文学史上的重要地位，都提出过很有创见性的意见。这些创见是经过阅读大量文献和深入思考得出的。他的著述文笔流畅、可读性强，我读后真佩服他的才华和勤奋，无怪乎他的成果总受到学术界的重视和欢迎。

重阳兄的一生是不平凡的一生。他用自己的智慧、勤奋和毅力，终身从事少数民族文学的教学和研究，泽被后世。他走了，可他仍然活在亲友们的心中，永远活在中国少数民族现当代文学研究者和关注者的心中！

2017年11月18日完稿

# 追忆恩师崔盛刚教授

关继红

2017年12月27日，享年89岁的崔盛刚教授驾鹤西去了。当我看到讣告时，眼泪禁不住地往下流。

记得当我听说崔老师病重住院、给其夫人万老师打电话询问病情并表示要去看看崔老师时，对方说先不要来了，崔老师已不会说话了。我只好希望他能早日康复出院，我再去看他。没想到他住院才21天就不幸去世。我的恩师和老领导崔盛刚教授永远离开了我们，我心中十分悲痛！

后来我去探望慰问了万老师，听她断断续续给我讲了崔老师年轻时的故事。崔老师年幼时住在农村，全家有16口人40亩地。因为贫穷，他没上完高中就不得不离开学校去谋生。勤奋好学的他于1950年考上了浙江大学，但恰逢抗美援朝战争爆发，便于当年12月积极报名参加了中国人民志愿军。到朝鲜后，他被分配到美军战俘营当翻译。1951年10月，他回国并考上北京外国语学院，学习四年毕业后，又到青岛外事处当翻译。1960年，他奉调北京科技大学教英语并带研究生。“文化大革命”期间，他被下放到合肥科大五七干校劳动，1972年才回到科大当英语教师。1981年，他从科大调到中央民族学院外语教研室继续任教，直至退休。

中央民族学院外语教研室成立于1956年，负责全院的英语、俄语教学任务。1984年，“英语专业教研室”成立并开始招英语专业的学生。我于当年考上中央民族学院英语专业大专班，有幸成为崔老师的学生。当时刚建立的英语教研室困难重重且英语师资缺乏，时任英语专业教研室主任的崔老师忙于从四面八方调集高水平的人才。记得我们的口语课老师和英美文化课老师，就是他聘请的美国留学生马克和在校工作的美国学者。记得我们刚入学时学校还没有语音设备，在崔老师的努力和院电教中心的帮助下，教研室很快创建了语音教室。

当年学校英语专业的招生宗旨，就是为少数民族地区培养优秀的英语教师及外事干部。我们第一届学员都是从各少数民族地区中学挑选上来的英语教师。崔老师教学非常严谨，一丝不苟。在他的言传身教影响下，教研室所有老师都兢兢业业，认真负责。在他们的辛勤培育下，我们20名学员在“听说读写译”等方面有了很大提高，都圆满完成了学习任务。其中，有一名同学考上了研究生，我和另外一名叫王燕的同学经过考试，被选派到美国阿拉斯加太平洋大学继续深造。我终生感激恩师崔盛刚对我的教育培养。

1986年2月，中央民族学院外语系成立，崔老师成为首任系主任。他勤勤恳恳、呕心沥血，为学校外语系的创建和发展做出了巨大贡献，其功绩是全系师生所公认的！1988年，我在美国获得硕士学位后返回祖国并入职中央民族学院外语系工作，但同年秋天崔老师却退休了。由于实际工作需要，外语系自1990—1993年又返聘崔老师继续担任系主任。我了解到，退休后的崔老师是谢绝外面的高薪聘请而坚持应聘于我校外语系的。在此期间，虽然返聘工资很低，但他为了外语系的建设不惜牺牲个人利益，每天早出晚归，废寝忘食地操劳着。当时我任外语系副主任，寒青同志任系党总支书记，崔老师对我们像长辈一样，传授给我们许多行政和教学工作经验。在他的“传帮带”和三人的默契配合下，全系各项工作有了很大起色，并多次受到学校领导的表扬。

我校外语学院是2003年12月成立的，迄今除英语系外，还建立了日语系、俄语和中亚语系、朝鲜（韩）语系，全院本科生由当初的一个班20名学生发展到现在的650人，仅英语专业学生就有400人。目前，学院已建立了“外国语言文学一级学科硕士点”“翻译专业硕士点”（MTI），其中包括英语、日语、俄语及中亚语、朝鲜（韩）语的硕士研究专业和翻译硕士研究专业，还有一名比较文学和世界文学语言学的在读博士，共有106名研究生。学校的英语教学由当初的一个英语专业发展成为现在的英语系、翻译系和大学英语部，崔盛刚老师作为奠基人贡献巨大、功不可没！我想，崔老师若有在天之灵，一定会为外语学院的发展成就感到欣慰。

饮水思源，不忘前贤。我永远怀念中央民族学院外语系的奠基人、我的恩师崔盛刚教授！

2018年1月10日

# 忆关也维教授

倪振春　左治国

关也维教授（瓜尔佳伊文阿，1927—2010），锡伯族，中共党员，祖籍黑龙江省，北平辅仁大学教育系肄业。他1949年3月参加华北大学第二文艺工作团工作，1949年11月调天津中央音乐学院音乐工作团任铜管乐队指挥。1952年9月调中央民族歌舞团任管弦乐队队长兼指挥。1959—1991年，先后任中央民族学院（中央民族大学）文艺系、艺术系音乐教研室主任、中国少数民族文艺研究所音乐研究室主任、音乐舞蹈系主任兼民族音乐学研究生导师、中央民族大学学术委员会委员兼艺术学科评审组组长。离休后，曾赴澳大利亚悉尼大学、美国加州大学音乐学院、加拿大温哥华UBC大学音乐学院和多伦多大学音乐学院讲学。历任中国少数民族音乐学会和中国少数民族声乐学会副会长及顾问、中国音乐家协会北京分会常务理事。

作为关也维教授的学生和多年同事，我们深感有责任把他在我校音乐专业的建立和发展过程中所做出的贡献和取得的成绩做简要的回顾和介绍。

1959年，中央民族学院成立包括音乐、舞蹈、美术三个专业的文艺系。从此少数民族有了自己艺术学科的最高学府。当年，关也维教授从中央民族歌舞团调入文艺系参与音乐专业的创立并担任该专业的主要负责人。为办好音乐专业，在院、系领导的支持下，在国家民委和文化部的关怀下，他和音乐专业建立初期的同人把建设一支好的师资队伍作为首要任务。先后从各音乐团体和院校调入了一批在业内有影响的著名专家和优秀毕业生，如：陈振铎、林亭玉、金正平、宋承宪、何金祥、何青、金再清、阮寿宁、肖冷、杨全富、袁炳昌、张传德、张海泉、田联韬、吕绍恩、夏中汤、陆云庆、黎锡禧、袁燕妮、苏琴、陆雁、黄舜娥、马碧雪、胡怡芳、吕莹、罗小平、张恩清等。后来又从本系最初三届本科毕业生中选留了马名振、吴金德、李健、潘文英、方夏灿、倪振春、吴坤侠以及管弦乐专修班的李柱烈等。这样，在音乐专业建立的最初几年到"文革"以前，形成了一支有较高水平且专业多样、年龄结构合理的教师队伍，为音乐专业的教学科研及以后的发展打下了良好的基础。

我校的音乐专业把学习和研究少数民族音乐、培养少数民族音乐人才、发展繁荣少数民族文化事业作为办学宗旨。因此在办学过程中，始终坚持突出民族特色。关教授及其同人在借鉴各音乐院校办学经验的基础上，结合少数民族地区的实际情况，不断探索适合自己特点的多种办学模式。建系当年便招收了本科作曲班。该班入学后，经过两年认真的考察，发现同学们的专业特长是有所不同的，并不是每个同学都适合学习作曲。根据因材施教原则，在关也维教授指导和帮助下，系里为每个同学选定了更适合他们的专业方向，其中包括作曲、音乐理论、民族音乐、乐理及视唱练耳等。这样做，使每个同学都能充分发挥自己的特长，从而大大调动了他们的学习积极性。经过五年的刻苦努力，毕业时有三位非作曲方向的同学留校任教，其他同学也都成为所在民族地区的业务骨干。后来有人成为一级作曲家，有人成为作曲专业的教授。

1961年招收的本科班，包括作曲、声乐、器乐三个专业的学生。这种类型的班级，在其他音乐院校是没有的。在这样一个特殊的、多专业的班级里，如何处理好专业共性和个性之间的关系，如何科学、合理地设置各门课程，是办好这个班必须要解决的重要课题。在关教授的精心指导下，经过师生们的共同努力，圆满完成了五年的学习任务。该班学生毕业后，作曲、器乐、声乐三个专业各有一名学生留校任教。

以上具有特色的办学模式，不仅为民族地区培养了音乐艺术人才，也为音乐专业的师资队伍补充了新生力量。

在办学实践中，为了解决特定民族地区艺术人才短缺的困难，20世纪60年代，在关也维教授主持下，曾经招收过一个西藏班和一个新疆班。从西藏自治区歌舞团借调一位六弦琴老师和一位根卡老师来校为西藏班相关专业的学生授课。70年代，又招收了第二个新疆班。从新疆借调了一位热瓦甫老师和一位手鼓老师来校担任新疆班的教学工作。80年代，招收了第二个西藏班。这个班全部是器乐演奏专业的。该班人数较多，相当于一个中小型民族乐队的编制。为了加强管理，西藏自治区歌舞团选派了一位班主任来校协助工作。开办上述四个班具有十分重要的意义，为西藏和新疆两个自治区集中培养了为数众多的音乐人才。这几个班的同学毕业后回到家乡，都成为本民族地区音乐艺术方面的业务骨干。西藏班的一位同学担任了西藏自治区歌舞团管弦乐队的首席，另一位同学担任该团民族乐队的队长。新疆班的同学中，有一位同学担任了自治区木卡姆艺术乐团团长。20世纪60年代毕业的一位同学还曾担任新疆自治区文化局副局长。这四个班的同学中，许多人都获得了高级职称。他们为本民族音乐事业的发展做出了很大的贡献。

1982年，文化部举办了改革开放后第一次全国民族器乐独奏比赛。这是一次全国性的专业文艺团体和音乐院校青年演奏者的比赛。其规模之大、水平之高都是前所未有的。大赛组委会规定：参赛者年龄限35周岁以下，各省、市、自治区按文化部分配的名额进行选拔，获得优胜的12人组成代表队。比赛分为南、北两个赛区，先后在武汉（南赛区）和济南（北赛区）进行。每个代表队演出一台音乐会。评委们通过观摩演出，最后综合评出获奖者。我校参赛学生取得了优异成绩，其中新疆班手鼓专业学生买买提明荣获一等奖，同班的热瓦甫专业学生亚申江获得二等奖，西藏班笛子专业学生次旦获得二等奖。

关也维教授还主持开办了各种音乐进修班，如20世纪60年代与中央乐团合作开办的管弦乐专修班，专业课全部由中央乐团的演奏家担任，其他课程及生活管理则由我校负责。该班学生毕业后，大多分配到北京各艺术表演团体，如中央民族歌舞团、解放军军乐团、解放军空政文工团、中央广播乐团等。这种“借鸡下蛋”的办学方式，充分利用了北京的优势音乐资源。本科教学也经常聘请校外顶级专家任教，填补了我校师资的空缺，效果很好。此外，还为青海玉树藏族自治州文工团和海南藏族自治州文工团开办了乌兰牧骑进修班。两个文工团均派人带队并担任班主任。

关也维教授本人于1985年率先招收了第一届民族音乐专业的硕士研究生（隶属民族学学科）。两名研究生毕业后，在民族音乐研究领域均有所建树。直到10年后，音乐系才有了自己的硕士学位授予点。

1964年，为了贯彻周总理关于文艺革命化、民族化、大众化的指示，在国家民委领导下，我校艺术系音乐、舞蹈两个专业共同创作了大型民族舞剧《凉山巨变》。舞剧的音乐创作和演奏及伴唱任务全部由音乐专业的师生承担。学校派出大批创演人员赴凉山彝族自治州体验生活，学习彝族民歌、民间音乐，还重点学习了彝族民族乐器月琴和马布的演奏技术。为突出彝族音乐特色，在舞剧乐队中使用了大量的月琴，形成月琴声部。系里没有月琴专业。为解决这一难题，在关也维教授主持下，做出了一个大胆的决定：让小提琴专业的学生临时改学月琴，由去凉山学过月琴演奏的同学负责教会他们。在很短的时间里，小提琴专业的同学便学会了演奏月琴并出色完成了演出任务。

1965年，舞剧《凉山巨变》在民族宫剧场首演成功，反响热烈，广受各界好评。之后，又在人民大会堂小礼堂为中央领导作了汇报演出，受到中央领导的充分肯定。当年10月，该舞剧还随中央代表团赴西藏参加了西藏自治区成立庆祝活动，进行慰问演出。在舞剧后来的演出中，由于特殊原因，关也维教授还临危受命担任了乐队指挥。面对巨大挑战，他勇敢地接下了在别人看来难以完成的任务。利用演出间隙短短几天时间，抓紧熟悉总谱和剧情，设计指挥动作。当舞剧再次演出时，他便站到了乐队的指挥台上，准确、细致地指挥着乐池里的乐队、歌队和舞台上的演员，顺利、成功地完成了演出任务。关教授是个多面手，他懂理论，能教课，能指挥，还能在部分老师组成的小乐队里作为普通演奏员充当大提琴手，是一位很好的内行领导者。

从音乐专业建立到20世纪80年代末，在关也维教授任主要负责人、研究生导师直到离休的30年里，音乐专业招收了多届作曲班、声乐班、民族器乐班、地区民族班和各类进修班。经过各专业老师们的精心培育，一批又一批毕业生被文艺团体和音乐教育单位录用，成为业务骨干。其中一些人更成为著名的作曲家、歌唱家、演奏家、指挥家、音乐制作人、教授、博导、文化系统及艺术院团的领导人。

关也维教授除担负教学和管理工作外，多年来还坚持从事民族音乐研究，并取得了令人瞩目的成就。他的专著《唐代音乐史》是一部专门研究我国封建社会鼎盛时期——唐朝音乐的力作，是我国断代音乐史研究的重要成果。专著受到音乐界同行的普遍好评，经常被研究者引用。此外，关也维教授对新疆传统音乐的研究，尤其对维吾尔族“十二木卡姆”古典套曲的研究也取得了可喜的成绩，曾发表《木卡姆音乐的形成及发展》《新疆传统音乐》《维吾尔民间调式音乐的结构》等论文。他还是《中国大百科全书·音乐卷》的编委兼《中国民族音乐》的主编。

五十多年来，我校音乐专业从无到有，不断发展壮大。历经文艺系、艺术系、音乐舞蹈系、音乐系几个阶段，最后发展为音乐学院。能达到今天这样的规模和水平，是几代人共同努力奋斗的结果，这是毋庸置疑的。但是，作为音乐专业的创立者和主要负责人，关也维教授在其中所付出的努力和做出的重要贡献也是有目共睹的，应予以充分肯定。他的业绩，将被他的同事、朋友和遍布各地的弟子们长久铭记。

从2006—2007年8月，关教授曾在辅仁校友会老会长王光美同志的亲自指导下，以耄耋之身为在北京恢复辅仁大学而四处奔走。在呈递高层领导的有关复校报告中，拟先在某高校下面办一个辅仁校区并组建了筹备班子和办事机构，制定了校区各项规章制度，分专业召开了专家座谈会。本文作者之一左治国应邀参与了这一工作。遗憾的是，由于各种客观原因致使此项工作不得不暂时中止。谁料，两年多后，关教授便带着未了的心愿与世长辞了。

今年4月27日是关也维教授离开我们七周年的日子。谨以此文纪念这位毕生从事民族音乐事业的可敬的锡伯族老人。

完稿于2017年4月

# 深深怀念哈米提·铁木尔同志

胡振华

哈米提·铁木尔同志，维吾尔族，1931年11月出生在新疆吐鲁番的一个工人家庭，新疆解放前曾在新疆省语文学校汉语专业学习。1949年10月新疆和平解放后，他参加了中国人民解放军进军南疆的宣传工作队，后在库车县一所小学担任教师。1951年5月，他进入新疆省干部学校学习，后留校工作，并于1953年加入中国共产党。

1954年9月召开第一届全国人民代表大会时，哈米提·铁木尔同志被调京参加大会的翻译工作。由于建立不久的中央民族学院缺少维吾尔语师资，经李森先生举荐，在大会结束后他便被调进中央民族学院语文系第三教研组，担任维吾尔语教学研究工作。从1954年11月到1992年4月，他一直在中央民族学院工作，先后晋升为副教授、教授，历任教研室主任、系副主任、副院长，1958年被选为全国先进青年代表并担任多届北京市政协委员，1977年作为北京市推选的党代表出席了中国共产党第十一次全国代表大会。后来，他被聘为国务院学术委员会委员、国务院学位委员会评议组成员和国家民委学术委员会委员，担任过中国突厥语研究会副会长和会长、中国民族语言研究会副会长、中国民族古文字研究会副会长等职务，一生为中央民族学院的建设发展、我国的民族语文事业和民族教育事业做出了突出贡献。

我和哈米提·铁木尔同志是在1954年底认识的。1953年12月，我被派往新疆的天山南北和帕米尔高原牧区学习、调查柯尔克孜语，并参加了柯尔克孜族文字的创制工作。1954年年底，我回到北京中央民族学院，被安排住进14号楼一层东头南边的一间宿舍。而与我同住一室的，就是刚刚调进中央民族学院工作的哈米提·铁木尔同志。从此，我与他共事到1992年4月。他调到新疆语言文字工作委员会担任研究员期间（1992—1997）和他退休以后住在北京期间，我们也保持着较多联系。

哈米提·铁木尔同志调回乌鲁木齐后，我和夫人穆淑惠应邀去中亚讲学或出席国际研讨会路过乌鲁木齐时，每次都专程前往他家去看望他。2006年，我应新疆大学人文学院邀请前往主持博士生论文答辩会，正是他逝世前的病重期间。新疆大学教师廖冬梅到乌鲁木齐机场接我后，特陪同我一起去探望了已在病床上的他。这最后一次相见，使我回忆起许多往事。

当年，我和哈米提·铁木尔同志最初并不在同一个教研组工作。1954—1956年间，我在语文系语言学教研组工作，他在第三教研室（维吾尔语、哈萨克语教研组）工作。由于我学过维吾尔语，又和他住在同一间宿舍，所以思想交流很多，关系十分密切。1957年，中央民族学院语文系创办了柯尔克孜语专业并开设了柯尔克孜语班，由我和从新疆克孜勒苏柯尔克孜自治州调来的阿布都卡德尔·套克塔劳夫、沙坎·吾买尔两位柯尔克孜族老师组成柯尔克孜语教研组，进入了他担任主任的第三教研室。“文革”后，他成为语文系的副主任。第三教研室后来单独发展成为系，先叫语文二系、突厥语言文学系，后改为维哈柯语言文学系。这时，他已担任了中央民族学院副院长。

哈米提·铁木尔同志和他夫人努尔尼萨同志育有两男两女四个孩子，全家六口人挤住在一间半平房里，双方工资不多，生活上是比较困难的。但是这些困难并没有阻挡他在专业教学中的钻研。他结合教学需求，拼命阅读中外语言学理论书籍，下工夫积累资料和深入研究，终于编著出版了我国第一部《现代维吾尔语语法》，并填补了有关研究的空白。他与阿卜都若甫同志合作编著出版了《察合台语》，据我所知，他参加过《毛泽东选集》的维吾尔文的翻译、校订工作。他调回新疆语委工作后，担任语委研究员、《语言与翻译》刊物的编委，参加了修订《现代维吾尔语正字正音词典》等工作，并在新疆大学兼任教学工作。其间，他还撰写了不少很有学术价值的学术论文。

哈米提·铁木尔同志有较高汉语水平。他从20世纪50年代中期就开始做中外著名文学作品的翻译工作。据我所知，他用维吾尔文翻译出版了著名作家巴金的《家》、英国名著《鲁滨孙漂流记》以及《南岛风云》《董存瑞》和《草原雄鹰》等电影剧本。

1957—1962年，我在第三教研室的柯尔克孜语教研组担任组长，耿世民同志担任哈萨克语教研组组长，哈米提·铁木尔同志则是第三教研室主任兼维吾尔语教研组组长，我们几人常在一起研究教学及所辖的维、哈、柯语几个班的工作。1962年春，柯尔克孜语班同学毕业，哈米提·铁木尔同志让我配合他给维吾尔语班同学教维吾尔文学课，他讲授，我辅导。

1960年7月，我和沙坎·吾买尔同志带领柯尔克孜语班的学生深入帕米尔高原的乌恰县进行语言实习。满一年后学生们回到了北京中央民族学院，而我和沙坎·吾买尔同志因参加《玛纳斯》抢救工作，在克孜勒苏柯尔克孜自治州多滞留了一段时间。

1961年10月间，哈米提·铁木尔同志因事来到克孜勒苏柯尔克孜自治州，我们两人是一起回北京的。当时天气已经很凉了，我们从自治州首府阿图什出发时，乘坐的是当地贸易公司的一辆运粮车。开车司机师傅姓王，很年轻，刚从山东进疆，因而对新疆的路况还不熟悉，当车开到库车附近的崎岖山路上时，由于开得过快，突然翻了车，一连翻了两个滚儿，车上载的很多粮食麻袋都散落到地上，车窗玻璃碎了，司机双手被扎破流血，哈米提·铁木尔同志头部受伤流血，我的胸骨也受了伤——好在都是轻伤。当时，我们决定让受伤较重的司机师傅先搭上过路车到库车医院包扎受伤的双手，我用我的口罩为哈米提·铁木尔同志捂头止血，共同在原地看守已翻车辆和散落在地上的粮食，以防被人盗抢。我和他在戈壁滩上没吃没喝坚持了36个小时之久，直到有人来接我们到库车就医。

我们回到北京后，中国艺术研究院音乐研究所的简其华同志拿着一些他在新疆伊犁录制的维吾尔族民歌来找我，希望我帮助他翻译成汉语在音乐出版社出版。我带着他去征求哈米提·铁木尔同志的意见，得到哈米提·铁木尔同志的大力支持。我在翻译这些民歌的过程中，经常请教哈米提·铁木尔同志，实际上算是我们合作翻译的。后来音乐出版社出版了这本《维吾尔伊犁民歌》。

1966年6月“文革”开始后，由于哈米提·铁木尔同志只是一位教研室主任而不是什么“当权派”，所以他受到的冲击不是很大。混乱时期是很能考验人品的，投机或盲从者很多。但哈米提·铁木尔同志为人正派，未曾参与过对他人的人身迫害。

“文革”后期，中央民族学院复课，由于没有开办柯尔克孜语班，我暂被安排在学校的民族研究所民族语言研究室工作。“文革”结束后，学校成立了“少数民族文学艺术研究所”，我被任命为该所的“少数民族文学研究室”主任。其间，我除了在研究室从事“玛纳斯”及中国少数民族文学研究工作外，还在汉语系讲授“中国少数民族文学”课程的“西北少数民族文学概况”部分。后来恢复开设了柯尔克孜语专修班，我就又调回突厥语系，开始为几届专修班讲授“语言学基础”及“柯尔克孜语语法”等课程。这一时期，突厥语系改为维哈柯语言文学系。

不久，德国著名突厥学家冯·加班女士给包尔汗·沙依地来信，说要来华与中国突厥语学者做学术交流并想看看新疆。这样，哈米提·铁木尔同志找我商量筹划成立“中国突厥语研究会”一事，以便于开展国内外的学术交流。“中国突厥语研究会”成立后，第一届的会长是包尔汗·沙依地，副会长是哈米提·铁木尔同志。第二、第三届会长都由哈米提·铁木尔同志担任，耿世民、陈宗振和我都是副会长，包尔汗·沙依地则成为名誉会长。在哈米提·铁木尔同志的主持下，“中国突厥语研究会”举办了多次学术研讨会，与外国突厥语学者进行了广泛交流，并编印了多期《突厥语研究通讯》。

虽然哈米提·铁木尔同志是维吾尔族，但他不仅关心维吾尔族师生，也同样关心其他民族师生。我记得“文革”后，中央民族学院语文系恢复招收了一班柯尔克孜族学生，这些同学毕业前都很想到祖国各地参观。哈米提·铁木尔同志非常理解他们的心情，支持我向克孜勒苏柯尔克孜自治州和国家民委教育科技司领导反映这一要求，最终满足了这些柯尔克孜族学生的美好愿望。

哈米提·铁木尔同志非常重视民族团结工作和有关民族政策的落实。在他担任副院长期间，在中央民族学院部分学生中曾出现一些影响民族团结的事。在国家民委和学校党委的指示下，哈米提·铁木尔同志深入相关学生中做了大量的思想教育工作，稳定了正常校园秩序。

1985年，李森、哈米提·铁木尔、宋蜀华、耿世民和我同时评上教授职称。1992年，耿世民和我被国务院学位委员会批准为博士生导师，遗憾的是，哈米提·铁木尔同志在这一年4月调回了新疆。不久，中央民族学院新任院长哈经雄了解到哈米提·铁木尔同志的情况，认为学校非常需要这样的人才，特委托我与他联系，转告他学校领导希望他再调回北京工作。但他却说：“我都快退休了，不要再麻烦学校了吧！”

哈米提·铁木尔同志对中央民族学院有着深厚的感情。他从新疆语委退休后，还经常与夫人努尔尼萨同志回校来住一段时间。许多老同志常在学校离退休干部活动室看到他，有时在和一些老朋友打台球，有时在报刊阅览室里看报。

2006年9月15日，哈米提·铁木尔同志在乌鲁木齐逝世，这使所有与他相识的各民族同志都感到非常悲痛！作为杰出的维吾尔语言学家、翻译家和教育家，他不仅是维吾尔族人民的优秀儿子，也是全国各族人民的优秀儿子。他永远活在我的心中！

# 求索篇

# 补白苦旅

## —— 中国岩画探寻碎忆

蒋振明

如果说，我一生中做过几件值得称道的事，那么其中之一便是有幸亲身参与了中国岩画学科的创立工作。

关于“中国岩画”，以往国内只有少数人员在个别地区进行过零星、孤立的调查研究，而中国岩画学科的创立及其系列研究成果，则引起当年中外学术界的轰动性关注，并填补了国际岩画分布上的中国空白。

20世纪80年代初，我在中央民族学院少数民族文艺研究所美术研究室工作。陈兆复先生与我商讨说，我们应该把“中国岩画”作为最重要的科研项目提出，这是头等重要的使命。我们对这一科研课题进行了周密规划后，向院科研处提交了报告并获得批准。于是，由陈君挂帅，我们从1984年开始，把所有的精力和时间全部投入对中国岩画的艰苦实地考察和调研中。

此后近十年里，我们经历了种种磨难，克服了一个又一个的艰难险阻，终于使世界岩画分布图中有了密布的中国岩画点，并由此将中国岩画推向了世界 —— 让世界认识到中国岩画的存在。这也成为我们一生的荣光！

## 一

话还需要从头说起。当年的少数民族文艺研究所，成立之初仅有几间空房子，一无资金、二无资料，人员多为半路出家（大部分是从艺术系调过来的美术、音乐、舞蹈专业的基础课老师）。大家缺少相关理论知识，更无实际经验，只得抱着自力更生、艰苦奋斗的信念，决心“白手起家，一切从零开始”。

在我们美术研究室，陈兆复先生认为，要搞研究并能出预想的成果，不能盲目瞎抓，首先要明确研究方向，必须在前人研究的基础上抓准选题、锁定目标，以求重点攻关和实现突破。因而“中国少数民族古代岩画”成了我们的首选课题。

1982年，陈兆复先生赴联合国教科文组织设在意大利罗马的“国际文物研究中心”进修，回国后任职中央民族学院少数民族文学艺术研究所美术研究室主任（我为研究室副主任）。一个偶然的机会，他在一本美国出版的《考古学》杂志上（1983年三四期合刊）看到国际岩画委员会主席阿纳蒂写的一篇文章《抢救世界的岩画》，文中附有一幅“世界岩画分布图”，其中中国部分是一片空白。陈兆复先生以他所了解的中国岩画存在和发现情况，感到岩画作为远古时代人类重要的文化遗存，被国际学术界认为中国是空白，这是不公平的，也是无法接受的。为此，他给国际岩画委员会主席阿纳蒂写了一封信。这就是后来他在文章和发言中多次提到的“一封愤愤不平的信”。此信被刊登在《国际岩画学刊》第22期上，信中概要地介绍了近三十年来中国岩画的发现和正在进行的中国岩画研究。

基于上述情况，陈兆复先生与我数次商量，要不要把“中国岩画”列入我们的重点研究课题？在强烈的爱国主义精神鼓舞下，为填补国际岩画学术界的这个研究空白，他与我联名申请将“中国岩画”列为我校重点科研项目。1984年，经过课题答辩等一系列工作，“中国岩画”终于被批准为中央民族学院重点研究项目。

当时的研究条件是非常艰苦的，可说得上是真正的艰苦创业。作为一项开拓性工作，“中国岩画”研究从起步就没有经费，我们的年纪都已五十开外，体质又不是十分好。再者，我们都是美术基础教育研究出身，搞岩画理论研究属于转型工作，事实上，的确也存在许多理论与实践上的困难。但是我们两人既然看准了目标，就决心义无反顾地向前进，不能后退。

首先，我们通过阅读大量中外文资料，了解国内外岩画研究历史和近况。陈兆复先生作为中国岩画研究的学科带头人，有熟悉外语的优越条件。他查询了大量外文资料，以了解国外岩画研究情况，并翻译了国际岩画委员会主席阿纳蒂的《世界岩画研究概况》《抢救世界岩画》等有关著述。陈兆复先生的这些译文，由我配上世界五大洲岩画黑白图稿，于1985年编印成一册《世界岩画研究概况》影印本，作为我们与国内有关研究单位和学者交流的第一本资料集。这本资料集为国内学者提供了一个了解世界岩画的重要渠道，因而深受欢迎，印本竟供不应求。在以后我们进行的岩画野外调查过程中，这本资料集也使地方上有关部门和人员对我们另眼相待、热情接待并提供协助。当年以这本资料集为引子，形成了一个以我们为中心的国内岩画研究学者的交流、学习平台，也为后来中央民族学院成立“中国岩画研究中心”奠定了基础，并发展了一批研究会员。

在这一过程中，我们加强了与国内岩画研究学者的联系，又搜集了一批关于我国岩画的古今文字资料，并整理成集，其中包括北魏地理学家郦道元的《水经注》等古籍中有关岩画的记载，1915年岭南大学黄仲琴教授关于福建省华安县仙字潭摩崖石记的调查报告，1928年瑞典考古学家贝克曼关于我国新疆尉犁县库鲁克山岩画的调查报告以及中华人民共和国成立后各个时期我国各地发现的大量岩画资料。根据这些材料，我们编印了《中国岩画的发现——古代少数民族岩画资料选编》上、下册，共收录了国内有关岩画的文章百余篇，附有百余幅岩画图片，并绘制了“中国岩画分布图”。

通过这些资料搜集整理工作，我们对当时国内外岩画发现、研究概况有了更加清晰的了解，同时也找到了我们自己的学科研究立足点。可以说没有这项扎实的基础性工作，就难以取得以后的研究成果。虽然只有陈君和我两个人，但我们团结一心、配合默契，成效显著，不仅坚定了自信，也为后来孙君、沈君的加入打下了基础。陈君和我所编的集子以及绘制、翻印的“中国岩画分布图”“世界岩画分布图”后来成为国内很多岩画研究工作者的参照蓝本，并深得大家的赞赏。

在搜集岩画材料和初步掌握相关情况的基础上，陈君与我商量，下一步工作就是走出去实地考察。这是一个难度非常大的工作。但是如果仅仅是拿人家的东西，东拼西凑，就谈不上能有什么实质性的开拓性成果。我们不想更不愿意走这样的“科研道路”。所以，陈君和我下定决心：走出去，到边疆去，进深山、沙漠，走一条艰苦创业的道路，哪怕前面荆棘丛生，我们也要披荆斩棘、开拓前进。

## 二

说实话，当年我们没有什么优越条件——第一，我们两人年龄偏大，都已五十开外，而且体质欠佳，都有心脏病；第二，经费少得可怜，必须处处精打细算，恨不得一分钱掰成两半儿花；第三，必要装备不足，除了自己沉重的行李，只有一架120相机和一只130“傻瓜机”，其他野外考察器材一无所有。但既然目标已定、决心已下，我们就不怕任何艰难险阻了。

根据当时经费情况和其他客观条件，我们选择出实地考察省区的主要岩画点，并确定了路线图。1985年3月，陈君与我背上行李出发，先后前往广西、云南、福建几个主要岩画点实地考察，同年8—10月，又北上、西进考察了内蒙古、宁夏、甘肃、新疆等地的主要岩画点。两次考察行程四万余里，其间经历的艰险和困苦真是终生难忘！这里，我引用《迈向原始的艺术世界》中我的一段自序：

……我们沿着当年野兽和远古猎牧人走过的路去寻找那个失落

的世界，去探索古代先民生活和思维的奥秘，去挖掘古人艺术创造的才能，去寻找启迪人类文明的源泉，并且对我国众多的岩画做一番实地考察。考察的道路既漫长又曲折，充满荆棘和艰险。几年来，我与我的同伴行程四万余里，踏遍大江南北、边陲山寨、戈壁草地，翻越过无数的高山，钻爬过数不清的丛林，横越过茫茫的戈壁沙漠。我们从南方的广西左江、云南边陲的麻栗坡和佤族边民聚居的沧源，从东南海滨的福建华安挥师北上进入内蒙古的茫茫草地，来到阴山峡谷的桌子山下，穿越河套登上宁夏的贺兰山麓，西行丝绸古道，又从甘肃的河西走廊出嘉峪关，来到新疆乌鲁木齐，继而南行由库尔勒进入库鲁克塔克，来到了当年瑞典考古学家贝克曼带着大批骆驼队进入的罗布罗尔兴地的谷地。我遇到过空中变化无常的暴风雨的袭击，领受过北国寒风刺骨的滋味，感受过饥肠辘辘时的痛苦，经历过车轮深陷沙漠中绝望的恐怖，忍受过南国阳光灼烧得肩背脱皮的疼痛。我曾有过在乱石堆中抬不起灌铅似沉重双腿的苦恼，也怨恨过自己那经不起颠簸的身躯，并难以忘记在黑夜星空下背着重重行囊去追赶长途汽车的急行军。

一路之上，我们坐过飞机（那是应邀去参加地方政府举办的岩画学术研讨会），乘过火车、汽车，也坐过拖拉机、马车、牛车，上过木排、竹筏，但更多时候还是要靠自己的双腿去跋山涉水、钻丛林。值得欣慰的是，我找到了那段消逝的史前历史遗迹，找到了被人们遗忘的世界，找到了一部在书斋中找不到的历史和在城市画廊中见不到的宏幅巨作，并看到了古人用智慧、信念、力量、血汗铭铸在坚硬岩石上的灵魂……

回忆当年我们在野外考察中的一些小故事，至今感慨不已。在我们的考察路线中，第一站是广西左江宁明的花山岩画，而后又去云南的麻栗坡、沧源，再去了福建华安汰内仙字潭。记得在云南考察期间，我们到达麻栗坡县时，正是中越关系紧张的边界战争对峙阶段，前方边境上不时传来隆隆炮声，到处都是正要开赴前线或刚从“猫耳洞”阵地撤下的军人。虽然街上秩序井然、群众生活正常，但在沿公路旁的山坡上，竖着一排排牺牲战士的白色墓碑，分外引人注目和让人心酸。我们带着沉重的心情考察了这里的“大王岩”岩画点后，便匆匆离开了。

在考察沧源的过程中，还碰到了一件有惊无险的事：我们要去的一个岩画点在深山中的原始森林里。我们离开公路后，必须要越过一条名叫“小黑江”的河才能抵达对岸山中的岩画点，而脚下没有像样的路，河上也没有桥梁，河底全是大大小小的鹅卵石，且河流湍急。为了完成考察任务，我们把考察设备以及衣服、鞋子顶在头上就下了水。此河虽不很深，但水流湍急，而且河底卵石光滑，人很难站稳和行走。我刚走到河中心，一个急浪击来，我站立不稳，衣服、鞋子都冲走了，连人也差一点被浪冲倒。幸好身旁年轻力壮的佤族青年向导一把抓住我，不然我肯定是“随波逐流”了。如此险情，在此后的考察路途中时有发生。但当年我们有一种“所向无阻”的精神，所以每次遇险，心里并不太在乎。

## 三

在新疆库尔勒，我们的目的地是库鲁克塔格山兴地峡谷中的岩画点。当我们告知当地政府领导时，他们无论如何也不同意我们进入，说那里太危险，并举例说，不久前还有当地牧民用“沙漠拖拉机”将岩画考察专车救出险境的事儿，贸然进去就没有活着出来的。然而，为了实地考察那里的珍贵岩画遗迹，我们决心前往。我心里想：几十年前外国探险家能进去，岂有几十年后我们反倒不敢进去的道理？

当地政府领导终于被我们说服，答应全力协助我们。随后几天里，他们为我们提供了充足的饮用水、罐头、食物、帐篷以及当地向导、汽车等，我们一行人就向沙漠深处进发了。谁知，危险还是变为现实：我们的汽车进入当地人所称的“死亡地带”不久，突然陷入了一个沙坑——那里沙质特别松软，汽车底盘骑在沙梁上，四轮打空，动弹不得，且越陷越深，大家想尽办法，还是无济于事。环顾四周，茫茫沙丘，没有任何生命迹象。我们在烈日的煎烤下，在原地整整停留了五个多小时，眼看天色将晚，仍无法摆脱困境。为我们开车的维吾尔族司机急得直流眼泪，叹道："我们没办法了，没救了！现在前进不得，后退不能……"一种绝望无助的悲情和莫名的恐惧感在大家心里蔓延。这时我想：我们车上带有可供几天用的食物和水，还有西瓜，坚持几天没大问题。俗话说，"天无绝人之路"，首先自己要镇定，要克服绝望情绪。所以我们一再安慰司机，并到旷野中四处寻找枯木残枝，甚至把车上的备用衣服等统统拿出来，想将更多东西垫在车轮下以助启动，但试了几次，车轮子仍然打滑，车身纹丝不动。正感到"山穷水尽"之时，忽觉"柳暗花明"——远处出现了一辆"沙漠拖拉机"，正向我们驶来。救星来了！大家一时精神振奋，高声向其呼喊。

原来，这是一辆当地专运稀土矿砂的拖拉机，由于途中挂车坏了，拖拉机手不得不抛下挂车，自行开回报告事故。我们急切地向他说明情况并求助，对方二话没说，用自带钢绳套上我们的汽车，不仅把我们这辆深陷沙坑的汽车拖拉出来，还一直牵引着我们走出这片"死亡地带"。分别时我们再三感谢他，要给他一些"劳务费"，但他坚决不收，说"在这种地方，不管谁遇困难，都应该义务相助"。

摆脱险境后，我们的汽车继续前行。此时天色已渐渐昏暗下来，戈壁旷野中，偶尔出现一排排胡杨树及一丛丛不知名的灌木，远处还有奔跑的野黄羊群。这种野黄羊四腿又细又长，一受惊吓便四蹄腾空如飞、绝尘而去。陪同我们考察的当地人员曾几次端枪要射杀，但因野黄羊跑得太快，始终瞄不准。其实，我心里一直想劝阻他不要射杀，见他始终瞄不准便也作罢了。

汽车继续在暮色苍茫中前行，突然在我们的右前方出现了一座小山丘，山丘顶上站着几个人，不停地向我们呼喊招手。我们的车子开过去，原来是一群来此偷挖矿料的人（据说此地有水晶矿），没想到发财梦没做成，汽车却遇险翻了，装水的皮囊子也破了，水流尽了，还有两个人受了重伤。他们求我们救他们出去，特别是受伤的人需要救治。我们和司机商量后，决定先把两名伤者送到稀土矿区的医疗点，即救援我们的那位拖拉机手的工作地，再请矿区人员设法联系并救助其他人。

此时，旷野一片寂静，上无飞鸟，下无走兽，连一两只昆虫鸣叫声都没有，世界万物像死去一般，我们仿佛能听见自己的心跳。完成这一善举后，我们的汽车在暗蓝色的夜空下继续赶路。一路上，谁也不敢多吱一声，唯恐会干扰司机的注意力。事实上，在这样的路况下行驶十分危险——大地上没有明显的标志，全凭驾驶员的感觉和经验。假如方向有误，汽车可能会越开离目标越远。一般有经验的司机，要时不时地停下车，人趴在地上观察风吹过后的地面，看是否有汽车压过的痕迹或风吹沙走形成的波形，有时还要把耳朵贴在地面上倾听。这里的司机必须具备一套独特的沙漠行车知识和经验。

夜越来越深，四周一片漆黑，寂静的夜空里突然传来几声犬吠。司机兴奋极了，说离我们的目的地不远了。车循着这个声音的方向开去，果不出所料，周边的胡杨树越来越多，越来越密，我们还听到了山涧里的流水声，很快见到了一些有着星星点点亮光的土坯房，再近前竟然看到土坯屋中走出几个黑影——他们一定是听到深夜里的汽车声而出来察看究竟的。

我们在夜色中下了车，与对方寒暄了几句，便被迎进屋里。我们对主人讲明了来意，并自报家门。我们五位“不速之客”除了我与陈兆复来自北京外，其他三人都是“陪客”——一位是县里借调来的维吾尔族司机，一位是县地方志编写人员，一位是由当地地质人员兼职的此行安全警卫。主人说，几十年来，这里极少有外地来客造访，因此，他们做梦都想不到我们的到来。据主人介绍，几十年过去了，兴地这个地方几度变化——20世纪50年代，一批热血军垦人来到这片无人问津的沙漠腹地开荒放牧，这里喧闹了一阵子；60年代，军垦撤了，土地荒芜了，我国第一颗原子弹在罗布泊引爆后，这里便成了禁区，无人敢涉足一步。现在，这个在地图上标有地名的地方，实际上是一处仅有三名男子汉的世界。

从地图上看，这里属于新疆库尔勒自治州的尉犁县，位于弯弯曲曲的孔雀河北侧，地处干涸的罗布泊西部库鲁克塔格地区。也许因为地势低洼，至今还保留着一处小小的绿洲，山中溪水终年不断流，而我们要寻找的岩画点正是在溪水上方约一百多米高的悬崖峭壁下面，溪流在此形成一个大拐弯，溪畔岩崖体上很明显地留有一道道被流水冲刷的痕迹。这说明在古代，这里的水比今天大得多。从水流冲刷的遗迹看，当年水面可能高达十几米，而今天的水只能浸过脚背。这种沧海桑田的变化，还能从现存的岩画图像所处位置得到证实。现今岩画最高处离地面约六米左右，最低处约一米。显然这处岩画是在漫长的不同年代、由不同居民刻上去的。

根据资料记载，历史上，这里还是外国探险家们觅猎的目标。1914年，曾经盗走我国敦煌大量国宝的英国探险家斯坦因以及稍后的瑞典人贝克曼和海涅（1928），都曾带着骆驼队来到这里，而国人却始终把它视为恐怖的蛮荒之地，很少有人敢涉足。如今，我们从当年贝克曼的著作中知道了这处岩画点，所以下决心亲自前来考察。

在为时两天的实地考察里，我们从与这里仅有的三位居民闲聊中得知，他们中两人曾是浴血沙场的志愿军战士，一位山东籍，一位河南籍，还有一位年轻人是山东籍人的侄子，自愿来此陪叔叔生活。20世纪50年代初，他们与其他志愿军战友一起集体转业到新疆垦区。这里的军垦撤走后，战友们或转业到地方其他单位，或复员回了老家，只留下一座座当年建筑的土坯房（眼下多为残墙断壁）。而他们则由于个人原因，自愿继续留下来。在这里，他们三人主要以放牧为生，这种放牧是真正的“野放”，因为这里四外是沙漠，任牛羊自由走动也不会走失，既没有野兽侵袭，也不怕有人盗窃。就在他们驻地不远有一湾溪水，终年流淌，周边还有不少高大的胡杨树、西河柳，环境不错，真可谓“沙漠绿洲”。听他们说，平时他们以肉食为主，粮食全靠一年两次由原农场用车送来供给他们。车运来粮食和日用品后，再运走一批牛羊，因此，他们倒也过得自由自在、与世无争，时间长了也习惯了“寂寞”。我感叹他们的孤独生活，却又从心底里十分敬佩他们。若将人生、命运比作大海中漂泊的一叶小舟，那他们的人生和命运就是漂泊在茫茫沙海中的小船了。在这里，我只能默默祝福他们身体健康、莫生病，因为生病无医无药，步行是走不出沙漠的。我想，他们的生命即使离开这个世界，也值得人们怀念和赞誉，因为他们不仅为祖国战斗过，也为守护这片蕴藏着宝贵人类文化遗产的沙漠之村付出了毕生辛劳与孤独。

我们去兴地岩画点考察，就是那位年轻垦牧者带的路。一路上，我们在高高低低、弯弯曲曲的乱石和杂草灌木丛中前进，有时还要攀崖涉水。兴地岩画刻画在一处高约百米的山腰上，地势险要，由于溪水长年冲击，山体形成了一道道横线，但史前岩画仍清晰可见。除了刻有大批马群、羊群外，还刻有太阳、村舍、大树和人物。画面上，可见一轮斜阳放射着光芒，阳光穿过树木照亮了路途，一群牛羊正循序行走在回村舍的道路上，似一幅“山村牧归图”，诉说着这里曾经的人间状态。这正是我们不辞千辛万苦前来寻找的、恐被湮没和遗忘的人类历史文化！站在这伟大的古老遗迹面前，我感到我们付出的一切辛苦都是值得的。

临别时，我们把带来的“给养”全部留给了这里的三位“居民”，包括罐头、西瓜、馍、点心等各种食品。他们恋恋不舍地把我们送出“村庄”，目送我们的汽车徐徐远去。

回程之路感觉要比来时顺畅得多，汽车似在一路追赶夕阳。途中，我们时不时见到一些高大的残墙断壁，有的像传说中的古代西域城堡，有的像烽火台。其间，我们还特地要求司机停下车去近处观察和拍照。司机同志说，这是一条当年试验原子弹时汽车经常走的道路，如今虽然荒废了，但还能显现当年许多卡车车轮的痕迹，并告知我们，顺着这个方向能到达库尔勒通往南疆的公路。果然，我们的汽车在日落时分开到了一条南北向的公路旁。

这段不寻常的兴地岩画考察经历，给我留下了深刻的印象和人生思考。

## 四

野外考察调研生活是十分艰苦的，特别像我们这种年纪偏大、身体较弱的科研工作者，加之既无专业设备又缺乏足够经费，更显得困难重重。况且“天有不测风云”，常常发生难以预料的事情。例如，我们到内蒙古达尔罕茂明安的乌兰察布大草原考察时，当日本来晴空万里、白云朵朵，忽然间雷声隆隆、乌云压顶，大雨倾盆而下。我们在这茫茫大草原上无处藏身，瞬间被浇得浑身湿透。但就是在这里的一条条长龙似的山梁间，我们发现了古代匈奴、突厥、高车、鲜卑及蒙古族先民遗留下来的大量岩画。这些文化遗存生动地再现了这里往昔弓弩围猎、羊群骏马的景致，使我们一时忘却了浑身的湿漉漉和行旅中的疲劳。

记得在宁夏贺兰山下考察期间，当我正要提起相机拍摄岩画时，也突遇狂风暴雨。由于当时天色、时间都不容久留，我只能把相机裹在衣服里探出镜头拍摄。后来让我倍感意外的是，此行洗出的照片竟然成了多次野外岩画考察拍摄中少有的“杰作”—— 由于岩石被雨水浸透，照片上的岩画显得特别清晰和透亮！

几年之中，我们闯荡南北，行程四万余里，足迹遍及八个省和自治区。这种“南征北战”，不仅开阔了自己的专业视野，也磨炼了自己的意志品质。然而我深深认识到，这仅仅是开始，更艰巨的工作还在后头。之后，我们在学校主楼成功举办了首次“岩画考察汇报展览”，向世界证明了中国岩画的丰富遗存。我在展览大厅中不仅挂上了“世界岩画分布图”和“中国岩画分布图”，还特意放置一个巨大的石膏“巨足”，寓意我们迈开双腿，脚踏实地地走遍了中国的主要岩画点，凸显了这一展览的双重意义。

我们的岩画考察成果很快引起了国内外学术界的广泛关注。虽然我并未跨出国门参加相关学术交流活动，但陈兆复君先后应邀访问了欧、亚、澳等各大洲的十来个国家，并以“国际岩画委员会执行委员”的身份和“国际岩画团体联合会发起国”代表的身份，考察了从赤道附近到北冰洋的各岩画点。从40多摄氏度的热带丛林到寒带的荒漠之地，他经历的艰辛是可想而知的！据他说，参加考察活动的别国学者多有完备的旅行和考察设备，包括越野汽车、野外专用帐篷等，而他除了一架相机和一只背包外，几乎一无所有！但这种差距恰恰反映了中国学者的坚强意志及其学术研究成果的显著和伟大。

“中国岩画研究”被列入中央民族学院重点科研项目，同时也引起国际学术界的关注和赞誉。例如，设在意大利的联合国教科文组织所属“国际岩画委员会”和“卡莫诺史前研究中心”特在世界岩画中心杂志（BCSP）第22期上发表了我们撰写的岩画考察通信，在第23期上还发表了我们的照片和文章，并在该期封面上刊用了我拍摄的“云南大王岩岩画”图片。国际文物研究中心主任助理盖尔先生来信表示：“从事中国岩画的编目工作，这是非常重要的。国际学者们将会以热烈的心情等待你们的成果。”鉴于国内外学者都给予我们热情鼓励和很高期望，我认为在野外考察基本告一段落之后，必须着手对现有资料进行整理编目，以便向各方作一个完整汇报。

然而，横在我们面前的困难既不是专业问题，也不是人手短缺，而是经费枯竭、囊中羞涩。有人悄悄给我们出主意说：你们可以寻求社会支持，特别是寻求有一定社会影响、又懂得岩画研究意义的领导人的理解和支持，并具体建议我们试试去找时任全国人大常委会副委员长的赛福鼎同志。于是，我和陈兆复君拿上幻灯机和有关岩画调研的照片，选一傍晚时分“闯进”了副委员长家门。我们在门口通报了身份和来意后，赛福鼎同志十分热情地请我们进到他的客厅，我们悬着的心放了下来。坐定后，我们向他简要地介绍了我国珍贵的文化遗产之一“中国岩画”的研究现状和意义以及我们所肩负的考察调研的重要性和迫切性。其间，我们为他放了有关新疆岩画遗存的幻灯片。听了我们的介绍（包括我们面临的实际困难），他有所感动和思考。临别时，他要我们放心，并明确表示：“这样重要的科研项目不支持，哪里还谈得上重视民族文化遗产的抢救工作！”

没过多久，我们的岩画研究项目获批了五千元经费（五千元在当年已十分可观）！我们便着手在北京搞一次有相当规模和档次的“中国岩画图片展览”，以让学术界和首都广大观众了解我国这一珍贵的文化遗产，并重视对它的考察和研究。

不久，中国美术家协会正式通知我们：“中国岩画图片展览”事宜已经讨论通过，确定由中国美术家协会和中央民族学院联合主办，时间定在1987年1月8日上午9时在中国美术馆开幕。令人欣慰的是，展览经费全部由中国美术家协会和中国美术馆方面承担，展览的布置及大型宣传牌的绘制也由中国美术馆方面负责，《人民日报》展览广告由中国美协刊登，中央民族学院方面只要负责展品放大和编排、前言和简介等内容的撰写就行，有关学术座谈会则由中国美术家协会和中央民族学院及《中国美术报》几方共同研选、邀请有关学术界专家参加。得到这一消息，当时身在意大利的陈兆复君决定：“中国岩画图片展览”的前言将请联合国教科文组织国际岩画委员会主席阿纳蒂先生亲自撰写，简介及结束语由我起草后寄给陈兆复君定稿，再回国付印；请柬由我设计并交由美术馆负责印刷。

在首都北京举办“中国岩画图片展览”，是我国首次向公众展示中国岩画的遗存和调研状况，其意义是不同凡响的。

## 五

《中国岩画图片展览》的举办、画册《中国岩画》的出版以及我们一系列文章的发表和专刊的创办，使国内外学术界对中国岩画的存在和调研现状有了一个较全面的了解和认识。当年，中央人民广播电台的“午间半小时”特别节目曾呼吁社会关心岩画研究事业；《中国教育报》刊文指出，画册《中国岩画》的问世和我们的岩画研究“无异于空谷足音”“震动了世界”；意、德、法、澳、印等国的数十家报刊、电台、电视台纷纷发表专题报道和评论。

1986年5月，中央人民广播电台“民族大家庭”栏目向我特约专稿《漫谈我国少数民族岩画》，该文也曾数次向全国听众播出。我在这篇文章中写道：

在北方，广阔的草原曾是我国古代游牧民族活动的历史舞台。千百年过去了，在偏僻的高山深谷或荒漠蔓草之间仍然留下了他们的遗迹。我们考察人员来到内蒙古达尔罕茂明安草原，只见蓝天白云下的绿色草原缓缓起伏、一望无际，一条条长龙似的山脉就盘卧在旷野之中。在其中隆起的山梁石丛之间，我们发现了古代匈奴、突厥、高车、鲜卑及蒙古族先民遗留下来的大量岩画，它们似在诉说着昔日的弓拔弩张和羊群游动、围猎者的吆喝和骏马的长嘶……这一切好像都发生在昨天。

对于云南沧源岩画的考察，我这样写道：

岩画中表现了围猎、战争、舞蹈和村舍生活等内容，画面上不仅有水牛、猴子、猪、猎犬等动物，还有他们的太阳神以及牛角、弓弩、盾牌等物。我们面对这些古朴有趣的画面，感受着当年原始舞蹈的律动。画面上那些搭弓射箭、互相厮杀的战斗场面栩栩如生，山风中似乎也传来了双方的呐喊拼搏之声。此时此刻，自己仿佛置身于这个原始世界之中了……

这篇关于中国岩画考察情况的广播稿，听起来像是一篇富有诗情画意的散文。我之所以这样写，是为了让广大听众从感性上认识岩画所具有的独特艺术魅力，以便对这种人类早期社会文明进程中的遗存产生兴趣。这篇稿子有意规避了以往报道中学术性强、欣赏性弱的倾向，因而引发了许多听众对岩画的浓厚兴趣。

当年，中国国际广播电台主办的英语版《信使报》还专文介绍当时即将出版的我的岩画研究专著《迈向原始的艺术世界》。1990年5月，中国国际广播电台英语台对陈兆复先生和我做了专访，请我们介绍中国岩画的发现、分布与内容以及该项研究对认识人类文明发展的意义，以及该项研究对人类学、民族学、民俗学、宗教学等相关学科研究的重要推进作用。该专访节目由于用时较长，所以5月10—17日分段向全球连续播出。

1990年,《人民日报》海外版用“《中国岩画》填补国际岩画分布图空白引起中外轰动”的醒目标题，介绍了来自中央民族学院的岩画科研成果。文中说:“陈兆复、蒋振明深入边疆八省（区），行程四万里，深入挖掘、苦心钻研，取得第一手资料，绘制了《中国岩画》分布图，并用中、意、德、英、法五种文字出版发行了中国岩画著作，填补了国际岩画分布图上中国部分的空白点。”1993年11月，中国国际广播电台中文台也邀请陈君与我去电台播音室，采访录制了有关中国岩画的节目，在其《今日话题》栏目中分段连续播出。

通过一系列学术活动的开展，我们的岩画研究有了一定基础和影响，同时也使中央民族学院成为中国岩画研究的内外信息交流点。这时在国内学术界形成了一个共同愿望，希望由中央民族学院牵头成立一个全国性的岩画研究中心，以服务于中国岩画研究领域的各项工作。于是在1992年7月，我们以“少数民族文学艺术研究所美术研究室”的名义向学校科研处打了一个申请报告，其中这样写道:“中国岩画是我们祖先留下的珍贵文化遗产。从今天发现的情况看，中国现存的岩画遗址大部分在我国少数民族地区或古代少数民族先民聚居地。因此，研究中国岩画对探索我国古代少数民族的历史、民族、民俗、美术史、审美观念、宗教、哲学、经济和社会生活情况等都具有重要意义。”

事实上，中央民族学院少数民族文学艺术所多年来已成为中国岩画研究的领军实体单位，并在国内外学术界颇具影响。身为本所美术研究室主任的陈兆复先生已被选为联合国教科文组织国际岩画委员会执行委员（全球五个执委之一），担任研究室副主任的我也成为该委员会的会员。早在1988年9月，在澳大利亚达尔文市召开的国际岩画会议上，由来自中国等八个国家的十个岩画团体倡议成立了“国际岩画团体联合会”，陈君即被指定为发起国代表之一。因此，“中央民族学院中国岩画研究中心”一旦成立，便立即成为成员国的代表团体。那时，“国际岩画团体联合会”代表团体所属成员国已发展到十九个国家。

## 六

为了进一步适应改革开放新形势下岩画学术界的国际交流需求，提高中央民族学院科研工作的国际地位和影响，在校成立“中国岩画研究中心”势在必行。实际上，经过我们几年努力，以学校文艺所为中心建立的国内岩画研究单位联系网络、与国际岩画组织建立的联系网络已基本形成。眼下的关键问题是要建立一个公开的专门机构，以克服专项工作活动开展所受到的局限。

鉴于以上情况，我们向学校正式申请成立“中央民族学院中国岩画研究中心”，并提出该中心不需要学校提供经费、不增加人员编制及设备，只在文艺所内增加一个牌子。我们1992年7月8日递交的申请报告，学校很快在7月12日批示同意。根据建立正式学术团体的规定要求，我们向公安及民政部门申报审核备案，并在指定机构制作钢印一台和公章一枚。与此同时，我们向国内有关单位和人士发出了一封倡议书，希望他们对我们“中国岩画研究中心”的筹备工作提出相关意见和建议，包括基本章程、组织形式、活动方式等。另外，我们还与国际岩画委员会主席阿纳蒂磋商，以取得国际岩画委员会对“中国岩画研究中心”的确认。

1992年8月，“中国岩画研究中心”正式成立并发布了通报。这一消息很快见诸国内外报刊等媒体，如当时的《北京日报》《中国日报》（英语版）都做了详细报道。《人民日报》和新华社是这样报道的：“中国岩画研究中心最近在中央民族学院成立。我国著名岩画专家、国际岩画委员会执行委员陈兆复教授担任该中心的主席，国际岩画委员会委员蒋振明副研究员担任该中心秘书长。我国是国际岩画团体联合会的发起国之一。中国岩画研究中心作为国际岩画团体联合会的成员，将与联合国教科文组织国际岩画委员会保持密切联系。该中心的成立必将对我国岩画研究工作的深入发展和加强国际间的文化学术交流做出应有贡献。”

“中国岩画研究中心”成立的消息在国际上也颇受关注，如澳大利亚一家报刊全文刊登了来自新华社的这条消息。同年8月，陈兆复便代表“中国岩画研究中心”赴澳大利亚出席国际岩画团体联合会负责人会议，并参加了在印度举行的全球岩画专家学术会议筹备会议。

为了加强“中国岩画研究中心”的管理工作，我们吸收了孙新周、沈秀荣担任中心副秘书长；同时经中央民族学院领导同意，吸收了一批兄弟单位的同志为中心的特约研究员。在第一批吸收的来自全国十六个省区的五十余名会员中，既有学术造诣深厚的老一辈专家，也有近年来在学术上富有成就的中青年学者，还有一些长期在文物考古岗位上辛勤耕耘的科研人员。

“中国岩画研究中心”成立后，我们连续出刊数期《岩画通讯》并免费向会员发放。后来因人员变动和经费等原因,《岩画通讯》没有继续办下去。但我们集中力量先后在1995年和2000年编辑出版了两本《岩画》专辑并向国内外发行。这两本专辑精选了国内外岩画专家学者的重要论文和调研文章，并附有一批精美的国内外岩画彩照，因而深受读者欢迎。

20世纪80–90年代，在全国范围内曾兴起过很长一段时间的“岩画热”。在那些年里，我不仅为中国岩画实地考察调研和有关学术交流活动忙得不可开交，还要静下心来撰写专著、论文或学术报告，因而延迟了两年才退休。但其间已明显感到，自己的身体和精力已不足以支持继续从事如此繁重的工作和研究活动了。

## 七

1991年，我的个人专著英文版的《永恒的时空》（中文名为《迈向原始的艺术世界》）由外文局新世界出版社出版并向国外发行。此书在编译过程中就已引起两位外国编译专家的赞赏。他们认为，这部学术性著作内容生动、知识性强又引人入胜，表示要下工夫把此书“以适应国外读者阅读习惯的方式进行改译”，使之成为国外读者案头、床头甚至车中必备书籍。为此，他们向我提出，是否同意由他们设计英文书名《TIMELESS HISTORY》？并解释说，这样能使该书更有诗意和悬念，更富于可读性。

这使我十分感动，我当然答应了他们。两位外国专家不仅对该书的内容感兴趣，对于书中的岩画插图也赞叹不已。他们如此关注该书并愿意对该书内容再作调整，说明这部书的内容确实强烈吸引并打动了他们。该书出版后，无论设计、印刷还是装帧均堪称一流，因而立即受到国外读者的好评，有些读者甚至以为此书是在国外印刷出版的。

后来，这部书获得了“北京市优秀出版物”的荣誉，也获得了“中央民族大学优秀社科类著作一等奖”的荣誉。据说这部书与大型画册《中国岩画》已成为世界上很多著名图书馆的藏书，有人甚至在美国国会图书馆也发现了它的踪迹。这充分说明国际学术界对中国岩画研究的重视。

1993年1月，应天津南开大学东方艺术系的邀请，我们又赴天津举办了“中国岩画图片展览”，并在展览期间举办了有关专题学术讲座。展览和讲座活动受到天津各界人士的热烈欢迎和好评,《天津日报》《今晚报》等报刊和电视台均对此做了大量报道。办展期间，天津市化工系统某单位工程师周绍熹先生对我们的开拓性工作深为敬佩，特筹集三千元相赠，以表赞助心愿。这一切都使我们十分感动并决心继续努力推进中国岩画研究工作。

1993年10月，应山东日照市龙山艺术研究院院长汪易扬先生的邀请，我和孙新周先生代表“中国岩画研究中心”赴日照，与该院联合主办了“中国岩画图片展览”，并举办了学术讲座。日照市的党政领导和有关文化、教育、艺术部门的负责同志出席了展览开幕式，并对中国岩画这种古老的艺术遗存能在“龙山文化”的诞生地展出而感到特别高兴。当地各类新闻媒体也对此做了不少报道，予以赞誉。例如,《日照报》以“万年岩画遒巍巍——观蒋振明副教授所摄岩画展有感”为题、《山东日照太阳周报》以“中国岩画艺术之花”为题，对这次展览内容给予很高评价。

## 八

其实，社会各界对中国岩画发现及研究的关注度和支持度很高，是我们深入考察、艰苦付出和积极宣传的必然结果。1985年，我应邀参加广西右江流域岩画学术研讨和考察活动时，这种感受就颇深。这次考察活动是广西壮族自治区人民政府、自治区人大、政协联合组织的一次大型学术活动，邀请了来自北京、内蒙古、湖北、四川、云南、福建、广东、广西等省区，包括历史、民族、民俗、考古、美术、舞蹈、宗教、民间文学、水文、地质、地貌、岩溶、化学等不同领域十多个学科的专家学者，开展了一次大规模的综合考察活动。

回想我与陈君第一次考察左江岩画时就没有这么热闹，更谈不上享受什么高规格的招待了。那次，我们俩在宁明县河边租了一条渔家小船，沿着明江探寻岩画遗存两天，边寻找、边记录、边拍照，不时上岸去贴近观察和确认一个个岩画点。在寒风和夜雾中，我们曾在一个红叶猴自然保护区的观察草棚内住了一宿；由于没有自带干粮，我们只能在小船上与渔民同餐。可以说，能够忍受考察条件艰苦，是从事岩画研究工作的前提。

不过，这次考察中的最大“收获”，是我们的脑袋里被塞满了一团又一团的疑问。而一个个地解决这些疑问，就成了我们所追求的研究目标。第二年，在广西举办的综合性多学科专题研讨会上，有些学者的发言似乎对解决这些疑团提供了不少启发。但其中很多疑团的谜底是很难揭开的，因为这毕竟是至少两千多年前的古人所为！今天看来，远古人类的许多岩画创作可能是要冒险的——它被创作于高高悬崖峭壁上，其陡峭和险要程度恐怕连猴子也是难以攀登或望而生畏的。那么，这些岩画创作者究竟是为了什么创作以及由此带来的创作年代、作者族属、内容、性质、艺术风格等一系列重大问题，可能都需要学术界长期研讨下去。

对福建漳州华安县的仙字潭摩崖石刻的发现和研究，就曾使我产生了更多的联想和思考。1988年7月，我应邀再次前往当地参加一次学术讨论会和多学科综合考察活动时，正值高温酷暑时节。在进行实地考察过程中，与会者头顶烈日、满头汗水地在山里爬上爬下，人人都想通过实地考察分析解开其中的千古之谜。其间，考察队的车还意外发生了交通事故，来自厦门大学的一位教授受了重伤被送进医院。这次考察是从考古学、民族学、人类学、文字学、语言学、美术史等多方位和角度，对仙字潭岩画的性质、内容、年代、创作者族属、刻制方法等开展考证和研究的。

仙字潭岩刻抽象变形、似画似字、十分怪异。据记载，唐代大文豪韩愈就曾辨认释读过此岩刻，但千年来一直被称为“天书”“仙字”而留名于世。1915年，岭南大学教授黄仲琴先生深入此地对该岩刻进行了实地考察，但直至1935年，他的有关研究论文《汰溪古文》才发表在《岭南大学学报》四卷二期上。自20世纪50年代至今，围绕“仙字潭岩刻”的“字”“画”之争一直存在。“文字论”者始终理不出这究竟是什么字——汉字？不像；古代少数民族文字？又不知其属何民族；至于字的内容是什么，更是一头雾水了。如果说它是“图画文字”或“象形文字”，也让人茫然不解。总之，对于该岩刻的解读至今仍令人一筹莫展。依我之见，这一问题学术界还要长期争论下去，任何缺乏依据的想象和缺乏必要条件的急于求解，都不是科学的态度。

在之后的讨论会上，大家各抒己见，其中不乏极有见地的新见解。其间，我也谈了自己的发现和论点，相关论文《仙字潭岩刻图像性质内容浅析》被收录于福建省考古博物馆学会编的《福建华安仙字潭摩崖石刻研究》论文集中。该论文集的代序为吴玉贤先生所作，其中特提及我的观点系两派论述的代表观点之一。

岩画考察和研究是一项艰难的探索工作，困难是明摆着的——其中既有研究者学识深度或知识结构的局限，还有考察对象因历史久远及自然环境变迁等因素带来的各类阻碍，且要应对各种困难条件，因而在考察过程中什么事都可能发生。许多有惊无险的事件，今天当作故事来讲是轻松的，但当时身处其中的感觉，却令人惶恐不安、惊魂难定。

记得1991年在宁夏中卫县的一次考察中，大家进去时大队人马、出来时人马大队。可吃午饭时，我突然感觉人群中似乎少了孙新周同志。我顿时心中一惊：不好，他可能在归途中迷路走失了！我们这次考察的岩画点地处黄河以北北山的大麦地，属腾格里沙漠的边缘，那里四面群山环绕，中间沟壑纵横，据说有17道山梁、16道山沟，其间石壁嶙峋，到处像是迷魂阵，人陷其中就分不清东西南北，后果难以想象。得知有人走失，大家都紧张起来，人人心中都惴惴不安，但又毫无办法。于是，我立即报告了考察工作指挥部。当地公安部门接到报警后，马上派出警车和较熟悉本地情况的人员组织搜寻行动，我也参加了搜寻。幸好，孙君自知迷路，便独自一人爬上一座沙丘高处，见到近处有一口井架，便赶过去登上制高点，在此四望和等候来寻找他的人。他人很聪明，知道只有站在高处才容易发现救援者和被发现。假如他仍在山沟里转，那千军万马也难以寻觅到他的。等我们找到他时，他喜出望外，但也真被吓得不轻。

## 九

对我而言，中国岩画研究领域可以说是深邃如汪洋大海、浩渺若宇宙星空，自己十年的求索也不过是“涉足浅溪”而已。如果说对中国岩画的考察研究略有收获和成绩，那么我首先要感谢的，还是我们这个科研项目的主帅陈兆复先生！在长期考察合作中，我们同甘苦、共患难，携手并肩、互相勉励，才跨越了一道道难关，才取得一些成就并开拓了中国岩画研究的大好局面。陈君的引领和影响作用，在我们的团队攻坚战中始终是至关重要的。他参与的对外交流活动和完成的一部部岩画研究专著，不仅使中国岩画研究在国际岩画学界产生了重大影响，还充分展示了一位真正学者的令人钦佩的敬业精神。

作为亲历者，我深知在中国岩画研究前进的道路上，我们的步履是何其艰难！但我也深深体会到，来自社会各界的热情鼓励、积极支持是何等宝贵！特别是一些来自考古、文物、历史、民族、美术等专业研究领域的专家学者的关切和支持，是我们得以克服诸多困难、奋力向前的莫大动力。

抚今追昔，我庆幸自己没有虚度年华，并在一生坚持求索中为国家、为民族做出了应有的奉献。如今每当想到这里，我便心生满足，因为已到耄耋之年的我，终于能对父母的在天之灵以及子女晚辈有一个问心无愧的满意交代了！

# 魂系南海考古的王恒杰

张雪慧

时间过得真快，随着日月不停地流逝，现今的事物皆将成为历史。因此，人到老年，容易回顾往事，我已年逾古稀，自然亦不能免俗。回首往事，心中感慨万千，交织着欣慰、感动和希望，更有对逝者的无限思念。

2016年是王恒杰先生逝世20周年。为纪念王恒杰教授在南海考古中做出的卓越贡献，学习王恒杰教授爱党爱国、吃苦耐劳的优秀品质，传承其勤奋、创新、严谨的治学精神，中央民族大学关工委和历史文化学院联合主办了“王恒杰教授与南海考古报告会”。民大有关领导、专家学者、历史文化学院的师生，中央、北京市及教育、民族、海洋口的媒体代表和海军方面人员参加了会议。与会媒体人都是当年采访报道王恒杰先生南海考古事迹的记者，其中有1992年《光明日报》刊发题为《蓝色国门的召唤》的作者，曾以整版篇幅首次独家报道王恒杰远航一个多月赴南沙考古并登上太平岛的事迹；有1996年9月从北京至湛江，出海航行到南沙的新华社记者，全程随行报道海军按照海上烈士的最高规格，在渚碧礁、永暑礁海域举行王教授骨灰海葬的庄严仪式。他们以自己的亲身见闻，讲述了王先生为国奉献的艰苦卓绝的故事，深深地感动了每一个人。

是啊，20年过去了！但二十多年前王恒杰先生为捍卫祖国的领海主权，下定决心，不怕牺牲，历经千难万险赴南海考古的一件件往事，依然历历在目，犹如昨日。作为他的家人，我们更是永世不忘，刻骨铭心。

## 一

南海即南中国海，英文作South China Sea，约360万平方公里。南海自古以来就是中国的固有领海，已为世界各国所公认。只是从20世纪70年代开始，由于国际形势的变化和各种复杂原因，一些周边国家觊觎、蚕食、鲸吞我南海岛礁，使南海成为令人瞩目的热点地区。

为了维护祖国的海洋权益，20世纪80年代，王恒杰先生将考察研究的重点转向环南中国海文化圈及南海主权课题。首先从海南岛考古入手，接着对南海海域加紧了田野踏勘和调查研究。

但是，南海考古史无前例，困难重重，谈何容易！首先，南海考古必须有吃苦奉献、不怕牺牲的勇气和爱国主义精神，这是进行南海考古的首要前提！

南海气象复杂多变，海洋风暴袭来，巨浪滔天，加上暗礁险滩，随时可能发生翻船、被大海吞噬、击碎或触礁沉没等灾难；还要面临遭遇海盗、敌兵骚扰、侵害等人为风险。

南海海域辽阔，往返岛礁需时长达数十天，在陆地上习以为常的淡水、蔬菜，在海上无法供应，只能随小渔船携带少量有限的物资。平时喝水都十分节约，严格控制。即使天气再炎热，每人每天也只能用一瓢淡水，不可能每日清洗讲究什么个人卫生。王恒杰深知淡水的珍贵，他只用很少的水浸湿毛巾，在必要时略擦手脸之后，把毛巾放入塑料袋中保持潮湿，以反复使用，尽量节省。虽然身上黏热、异味难闻，但能维持船上的淡水多用几天，他便感到安心和高兴。由于不能用淡水洗澡洗衣，先生每次从南海考古回来，衣物都被汗碱盐渍沤得难以清洗。皮肤，特别是双脚因为多次在礁滩海水中踏勘考察受伤，肿痛乃至溃烂。又因海上远行缺乏菜蔬，口腔溃疡严重，长期不能正常进食，回陆地后要喝半个多月煮得稀软的菜粥并服用药物，症状才得以缓解。但这些生活上的困难和身体上的病痛丝毫不能阻止王恒杰赴南海的脚步。他去南海考察搭乘的是民间渔船。一路上尽其所能与渔民兄弟一起撒网拉网、给潜水人员递氧气瓶等，参加捕捞工作，在船舱和甲板上打扫卫生，凡是能做的事都主动热心去做，完全不顾自己是一位残疾人。

在苍茫无际的大海和望不到边的礁盘沙洲上，每天晴空万里，骄阳似火，炙烤万物，令人无处躲藏。一旦大海发怒，波涛汹涌，狂风暴雨横扫一切，小小渔船任其肆虐，生灵的命运完全掌握在大自然手中，显得是那样渺小无助。这里无所谓“着装”，衣略蔽体而已。入夜，睡觉的地方，发动机的噪声和排出的黑烟废气就在头顶和身旁。我曾经想，王先生从来不吸烟，虽残疾但身体素质好，却在南海考古后期患了肺癌，应与他长期多次处于这种有害环境中不无关系。但他并不在乎，只要能去南海考古，一切都不在话下。可是也有令他稍感尴尬的情形：渔船简陋没有厕所，大小解均直接便入海里，小解还好，大解时需双手握紧船舷以免坠落。由于先生是独臂，为了安全，渔民每次都将他绑缚在船舷上，才能解决他的“如厕”难题。

先生赴南海考察途中，经历和克服了常人难以想象的困难，但是他不以为苦，他什么苦都吃过。先生的少年时代正值日寇侵华、东北沦陷时期，备受外敌奴役，苦难的生活令他深切感受到失去祖国的痛苦，与那种苦相比，其他任何苦都不算什么！少年的经历也使先生懂得，只有国家强盛才不会受外敌欺凌，因此立志为建设强大的祖国和保卫祖国母亲贡献力量。

## 二

王恒杰身残志坚，为了报效祖国，从青少年时期起，他就以坚韧的毅力锻炼身体，喜爱各种运动。到中央民族学院工作后，还曾热心地参加历史系教职工业余羽毛球队，获得比赛的好成绩，篮球场上也常见他的身影。他常说，健康的体魄是革命的本钱，是田野工作的物质基础。几十年间，从东北到西南，从大凉山到西藏，从边疆到海疆，他的身体和意志经受了长年野外工作的考验和磨砺，考古工作也取得重大成果。例如，1965

年在四川大凉山地区首次发现新石器时期遗址，1974—1975年，在西藏拉萨市郊区和林芝等地首次发现有明显文化层的新石器晚期遗址、遗物、古人类骨骸和墓葬。研究证明，这些远古文化与我国内地发掘的齐家文化关系密切，说明西藏自古以来就是我国领土不可分割的一部分。而他在南海海域的考古调查，从海南岛出发，涉及西沙、南沙广袤的海域、岛礁，最远抵达曾母暗沙，最长航程历时一个多月，行程三千余海里，成果举世瞩目，堪称壮举。这与王先生具有强健的体魄是分不开的。

正是因为有了发自肺腑的爱国情怀，王先生在行动上才有大无畏的勇气。面对南海考古的艰难险阻，九死一生，谁愿意冒险前去呢？王恒杰去了！为了祖国，为了祖先留给我们的南海，他不怕苦、不怕死！为了祖国他什么都可以付出。从1990年到1995年期间，他七下西沙，两赴南沙，填补了南海考古学领域的空白，成为南沙考古第一人，发现了前所未有的考古学资料，为我国维护南海主权提供了新的不可辩驳的实证，做出了不可磨灭的贡献。特别是1992年，先生在南沙考古途中，冒死成功登上太平岛，与当时的台湾守军直接对话，受到热情接待，成为两岸隔绝四十多年来的第一次公开接触。在太平岛调查发掘考古资料后离开时，守岛官兵还将饮料、食品、衣物送给王先生一行，体现了两岸血浓于水的亲情。

## 三

对于王恒杰赴南海考察，我们全家都很支持。因为我和孩子们知道，南海考古调查对维护国家领海主权具有重大意义。可是想到南海行程面临的各种艰辛，即便一个健全的人都难以应对，何况他是身有残疾、年近六旬的老人，乘着小渔船在惊涛骇浪中颠簸，不禁担忧王先生的健康与安全。我心中甚为纠结，但嘴上却不说什么，以免影响恒杰先生的计划。我身体一向较弱多病，但我坚持工作和操持家务，从不抱怨病痛，用心营造一种轻松快乐的家庭氛围，以有利于王恒杰专心工作。20世纪90年代初，我因患病手术三次住进医院，其中两次正值王恒杰在南海考察的关键时期，为了不干扰他，我根本没告诉他，直到他考察结束返京后才知道我的情况。有一次，我住院的第二天，按原定计划王恒杰应去海南为赴南沙考古做准备，为避免他分心，孩子们主动承担起照应我的责任，我也自信而乐观地请他不必惦念："我没什么大事儿，咱们常说与国家的事情相比，家里的事再大也是小事，你放心去南沙吧，不用牵挂！"见孩子们的确成长懂事了，他略感欣慰，但第二天早上还是抓紧时间到医院匆匆看望我一下，然后才上路。

在那几年，无论个人或家里，任何事情都不如王恒杰先生南海考古重要，这是我们共同坚守的原则。在一次王恒杰西沙考古期间，学校进行教授职称晋升评定工作。正教授职称是大学里每位教师所向往的，反映教师的学术水平和工作业绩，也是社会的一种认可。申请晋级的机会难得，名额有限，王先生的教学工作广受同学们喜爱和好评，科研也取得许多重要成果。如果参加申报，很可能通过。我打电话向王先生讲了情况，他沉吟片刻，毅然对我说："若参加评审就得回京，我在西沙这边的工作有很多迫在眉睫，不仅是考古，还要向守卫西沙岛礁的海军指战员们宣讲伟大祖国和南海历史，这对巩固海防意义重大。而且来一次南海不容易，我决定这次不回京参评，以后再说吧。"听了他的话，我虽觉得有点儿可惜，但很快就释怀了，毕竟评职称仅是关乎个人名利的事，而南海考古则关系到祖国的领海主权！

为减轻我们对他去南海的担心，王先生平时所谈多是南海的辽阔、美丽、富饶，很少谈南海的风险。实际上他早已对困难做了充分的了解和必要的准备。一方面查阅、研究我国典籍中有关南海的历史资料；另一方面，20世纪80年代以来，他走遍了海南省十余个县市，进行田野工作，实地踏勘，结识了当地许多基层群众，包括渔民，深入调查了解有关南海的各种资讯和渔民世代赴南海劳作的情形。他下定决心，对我说："渔民们能去南海，我也能去！"王先生还时常充满自信和不无自豪地说："放心，我身体够棒，够灵活，游泳、滑冰、打球、骑车，样样行！风餐露宿、野外生活，难不倒我。你们一百个放心好了！"

其实，王恒杰先生深知前往南海的各种风险，他第一次赴南沙并计划登上台湾方面驻守的太平岛进行考古调查，当时两岸还处在“三不通”状态。行前，王先生为登岛做了红十字旗，为防万一发生不测，还写了遗书，将遗书亲自交予海南省有关领导。所幸的是，经过“九灾十八难”，先生每次都从南海平安回来，我们也就习以为常。殊不知长期过度的劳累，体力的透支，艰辛的考古历程已对先生的健康造成不可挽回的伤害，他在以超人的毅力支撑着。第一次完成南沙考察返回陆地时，因为体力消耗太大，上岸时虚弱得差点儿摔倒。第二次从南沙回来，靠渔民朋友搀扶才上得岸来。

## 四

爱国、奉献、不怕牺牲是开展南海考古工作的首要条件。经费，是进行南海考古的必要条件。

由于当年申请不到课题经费，而工作又是铁了心要去做的，我们决定自己想办法。现在回想当年做出的自费决定，不禁为那时的自信、勇气和魄力而感叹！可能是“初生牛犊不怕虎”或“无知者无畏”的心理使然。我们家从来没有大钱的概念，却有勤俭持家的能力，不认为自费是多么沉重的经济压力。暗想：不就是开源、节流吗！

可是我们除了发表文章或应邀做学术报告乃至劳务工作的一些收入补贴，加上不多的工资，距南海考古所需还有很大的缺口。于是就在节流方面下工夫。

小女儿喜爱英语，成绩一直优秀，高考填志愿时老师建议报考外国语学院（现北京外国语大学）。但我想还是读师范院校吧，食宿、学费可以减免，把节省下来的钱用于南海支出。女儿同意我的建议，没报外语学院而报考了师范，也算是女儿为爸爸的事业做的一点贡献吧！

我们的衣食住行、日常生活无不厉行节省，极少购置新的衣物、用品。平日穿着皆为旧衣，一件衣、裤穿好多年，大人穿过给孩子，姐姐穿过给妹妹。虽然那时孩子们正在大学读书，同学们也开始讲究穿戴，但我们家的孩子从不与人攀比，服装、书包、文具一概因陋就简，能将就用就行。时常还穿着高中时期的校服，她们从容自若，知道节俭是为了南海事业。有时我买廉价的棉布、毛线自己缝制衣服或编织毛衣，比买成衣省钱。孩子们的衣裙我做得还可以，大人的外衣就难以应付了。我曾费九牛二虎之力给王先生做了一件制服上衣，因剪裁及缝纫水平低，被同事们开玩笑说：王恒杰走在街上一定会被问从哪儿买的新款？王先生笑笑也就穿出去了。有时遇到便宜的处理衣裳、鞋袜，我就一次多买几件。冬天穿自家做的棉袄御寒，不买羽绒服，有的棉衣保存到现在，因为它们承载了全家艰苦奋斗支持王先生南海考古的记忆。当年我们没有买皮带系裤子，而用打行李的绿线带子代替，采访记者看了都很愕然——没见过如此落伍的装束。

日常饮食一般都自己做，比买现成的便宜许多。孩子不买零食，没去过饭馆、理发馆，剪发多由我承担，有时同事们帮王先生理发。说句不怕大家笑我土气的实话，我直到现在也极少甚至可以说不会去饭馆吃饭，不去理发店理发而自己打理头发，可能是多年节俭的习惯使然。

家中的桌椅、书架、床铺等用具多是单位以极低价格处理的废旧物品，一把椅子一两元钱；有一个桌子是热心人帮助做的，用废旧木料拼接而成，虽不是专业木匠但够结实，只是桌面有裂缝，有客人来时我就铺报纸遮挡一下，善于观察的记者居然看到裂缝以及屋内整体的清贫，颇为感慨地写入报道。这张桌子现在我们还在用着，仍摆在二十多年前局促门厅的老地方。孩子们原先睡的上下层床则锯开，平摆拼成一张双人床继续使用，清洁地面的墩布我也自己动手制作。

我们极尽所能地努力省吃俭用，精打细算，真可谓锱铢必较。经过日积月累，终于给王先生买了一部理光照相机和胶卷等考古工作必备的物品，南海考古才能得以起步。

那些年的确很辛劳，但我们已经习以为常，从未向他人谈及生活的艰苦或向组织申请困难补助，但曾向亲友举债。此文是头一次说到那些日子物质的匮乏，精神上却感到很充实，每天都觉得在进行一件庄严的工作，特别是王先生南海考古取得举世瞩目的成果，我们全家的快乐、兴奋和成就感绝非一般人所能完全体会的。

## 五

王先生对西沙永乐群岛、宣德群岛的永兴、石岛、琛航、广金、金银、甘泉、珊瑚、中建等岛礁、海滩及附近礁盘进行步步踏勘。对南沙的主要考察路线，第一次有北子岛及南子岛外礁、永登暗沙、道明群礁、郑和群礁及礁内的太平岛、福禄寺礁、大现礁、永暑礁、皇路寺礁、南通礁、北康暗沙、南康暗沙和曾母暗沙；第二次为美济礁、郑和群礁西、鸿庥岛与南薰礁等处礁滩沙洲。

王恒杰首次发现了我们的先民在南海岛礁留下的新石器时代晚期遗址和战国、秦汉以来唐、宋、元、明、清历代的各种遗存、遗物。经考古学及相关学科专家研究鉴定，认为这些考古学资料不仅具有极高的学术价值，而且对维护、申张中国对南海的主权、论证南海诸岛自古以来就是中国的领土这一事实具有重大意义。特别是甘泉岛史前遗址遗物证明，至少在距今2500—3000年前，我国海南岛和华南地区的先民就已在南海生产生活了。西沙、南沙的考古遗存丰富了人们对唐宋以来南海诸岛与我国大陆联系的认识。尤为重要的是，这些历代遗迹遗物并不局限在一两个岛礁或一两处地点，其分布并非孤立和偶然的，而是有时间、空间的连续性与广泛性，显示了我国先民在南海的活动不是一个点、一条线，而是全面的，证明中国人最早发现、开发南海地区，中国历代政府一直经营和有效管辖南海海域、行使主权这一不可辩驳的事实。

王恒杰南海考古对国家的重大贡献受到政府和各界海内外华人高度赞誉，被誉为“南沙考古第一人”，被海军授予“荣誉南沙卫士”称号，国家教委为他颁发了“优秀教学成果奖”证书。

南海呼唤王先生做更多的事情，人们期待王先生更多的成果。但是他太累了，终于牺牲在为南海拼搏的疆场。军舰隆重地送他回到他魂牵梦绕的祖国南沙。王恒杰为祖国奉献了宝贵的生命，我们为祖国奉献了亲人，都是无怨无悔。

2016年是我国收复南海诸岛七十周年，有关方面公开举办了各种隆重的纪念活动。由中国太平洋学会、中国海洋学会、国家海洋局、三沙市委、市政府主办了“纪念我国收复南海诸岛70周年”活动。纪念活动包括我国收复南海诸岛图片展以及庆祝三沙设市成果研讨会。我有幸作为特邀嘉宾参与活动，接受采访。同时也了解到三沙设市以来西沙永兴岛等地的发展。

王先生离开我们21年了，这些年来，祖国在一日千里地前进，国家实力大增，已经跻身世界第二大经济体。现在，我们又有了自己国产的航空母舰，真是令人高兴和自豪！衷心祝愿祖国的海防更加坚固，人民海军更加强大！

在这里，我要代表全家再次向所有帮助和宣传王恒杰教授南沙考古壮举的海内外各界朋友们表示由衷感谢和深深敬意！

2017年春

# 杨成志先生的多彩一生

索文清

20世纪90年代以后来到中央民族大学工作的人，对杨成志先生的名字一般都会感到陌生。他是20世纪50年代初期，从广州中山大学调到中央民族学院来工作的一位老先生。在我国早期的民族学、人类学、民俗学学界，常将两位出类拔萃泰斗式的著名学者称为“南杨北吴”，其中的“南杨”，指的就是多年在南方工作的杨成志先生，而“北吴”，说的就是工作在北方的吴文藻先生。两位先生都是中国当代人类学、民族学、民俗学最早的开创者，当之无愧的一代宗师。他们一生致力于民族文化人类科学的研究，著书立说，培养人才，为这些学科在中国的创建、奠基和发展做出过重大贡献。

关于吴文藻先生的事迹，许多人已熟知，而对大半生游走于南粤大地上的杨成志先生在学术上的骄人成就以及来民院后的工作情况，人们可能了解不多。这里，我根据手头掌握的资料对他做些简单介绍。

## 一

1902年5月1日，杨成志先生出生在广东省海丰县汕尾镇的一个贫苦家庭。老人给他取名“成志”，是以古代格言“有志者，事竟成”寄望于他。杨成志自幼年始就熟读《三字经》《千字文》及四书五经，并显露出他过人的聪明智慧。9岁那年，父亲把他带到广州，17岁考入一县立中学。

此时，五四运动爆发，震荡全国各地，科学民主思想的传播对他影响很大。读了一个学期后，父亲又托人把他转学到广东佛山镇的华英中学。华英中学是一所有名的教会学校，教学水平比一般中学要高。杨成志在这里学习外语和数理化知识，受到了西方文化的熏陶，为他日后出国深造打下了基础。

1923年春天，20岁的杨成志考入岭南大学历史系。岭南大学良好的学习环境和对英语教育的重视，对他的成长和志趣培养有较大的影响。在校读书期间，他半教半读，除担负岭大附属华侨中学的中文教学外，还在五四时期反帝爱国思想的感召下参加了学校创办的各种文化刊物（如《南大青年》《南大思想》《南风》等）的编辑工作。他担任过主编，积极给这些刊物撰稿，为新文化运动的传播而呐喊。

1927年夏，杨先生从岭南大学历史系毕业，很快找到了一份较理想的工作——到国立中山大学语言历史学研究所上班。在那里，他和顾颉刚、钟敬文等人一同发起成立“中国民俗学会”，办了《民俗》周刊，参与了“民俗学会”举办的民族传习班和民俗文物展览工作。《民俗》周刊是当时华南地区新创办的学术性刊物，是民族学、民俗学者发表研究成果的重要平台，从1928年3月创刊起共出了123期。杨先生为这个刊物写稿，从第一期开始到第十三期连续发表了他翻译外国学者班尼女士的民俗学理论文章《民俗学问题格》和《民俗学上名词的解释》。这两篇文章对什么是民俗学及其所包含的内容做了详细阐释，文章发表后引起业内同行的注意，使更多人对民俗学的定义和任务有了新的认识和理解，也为当时刚起步的中国民俗学启蒙运动注入了活力。

## 二

1928年夏天，中央研究院与中山大学语史所联合发起“到民间去”的号召，并委派俄国人类学家史禄国教授夫妇、容肇祖和杨成志四人到云南开展民族考察。这是最早由官方委派专业学者到民族地区开展调查的发端。四人领受任务后，便从广州出发，途经香港、越南河内，然后转乘滇越铁路的小火车到达昆明。

在昆明，他们用了一个多月的时间，访问当地政要、学者名流和外国传教士，查阅相关史料文献，做好了这项考察工作的各种准备，最后选定以川滇交界的凉山彝族地区作为调查地点。

20世纪30年代的凉山，还是一个封闭的奴隶制社会，居住在那里的彝族当时被称为“罗罗”。白彝“罗罗”受到黑彝“罗罗”奴隶主的残酷压榨，过着极端贫困的生活。黑彝奴隶主各霸一方，经常“打冤家”，并下山掳汉人为奴。任何人一旦被掳成为“娃子”（奴隶），一辈子就休想离开凉山。而且凉山地区地势复杂，山高林密，不仅存在交通险阻，还要应对众多盗匪，到这样险恶的环境中去搞学术调查，实在是危险重重。史禄国教授夫妇得知情况后不敢贸然前往，便与容肇祖先生先期撤回广州，只剩下杨成志一人留下来承担这项任务。时年26岁的杨先生怀着炽热的求知热情，意志十分坚定。他以“明知山有虎，偏向虎山行”的无畏精神，义无反顾地坚定走下去。当时，他带上云南省政府主席龙云开的介绍信，打好行装向着滇东北崎岖的山路进发，历时半月，抵达了金沙江畔的巧家县城。巧家县的孟县长深知凉山探险之艰难，力劝他放弃此行，原路返回。但杨先生不为所动，离开巧家县城后继续沿着金沙江前行，或徒步或乘船，一路艰辛跋涉、风餐露宿，历尽艰险。途中，他结识了懂“罗罗”语（彝语）的汉族人和识“罗罗”文的巫师，向他们求教学习，并沿路观察和了解当地的风土民情。后经过多方联络交际和疏通送礼，他取得当地有声望的奴隶主“大保头”的过境许可，总算顺利到达凉山腹地。

杨先生在凉山考察近两月，行程500多公里，走访了近百个村寨。其间，不管是白彝“罗罗”还是黑彝“罗罗”，他都与对方交朋友。他尊重他们的风俗习惯，努力学习他们的语言，和他们同住“人畜同堂”的茅屋，同吃被视为上品的“肝生”（即生猪肝、肺、血加辣子）、苦荞粑，苞谷饭，使自己很快融入他们的生活之中，渐渐消减了与他们的隔膜，由此开始了解和搜集大量当时凉山社会的家支组织、民间习俗、语言文字、宗教经典等方面的资料和文物。

在与当地“罗罗”人的密切交往中，杨先生感到“罗罗”人的热情好客、朴实豪爽，待人重感情和讲义气，并不像外界传说的那样“生性野蛮”。“罗罗”人的淳厚、勤劳和勇敢，深深印在了他的脑海中。离开凉山以后，他根据所得到的一手原始资料，陆续写出了《罗罗文的起源及其内容一般》《罗罗说略》《罗罗族巫师及其经典》《罗罗太上清净消灾对译》《云南罗罗的文字》《中国西南民族中的罗罗族》等一系列有价值的学术论文。这些最早介绍凉山彝族的文章，也成为中国最早的一批民族学田野调查专论。他的文章发表后，引起了国内学术界的广泛关注，他独闯凉山的勇敢精神也得到多方高度赞誉。中国民族学创始人、时任中央研究院院长的蔡元培先生了解这一情况后，也对杨先生这次开先河式的考察实践竖起了大拇指，向他表示祝贺并热情鼓励。

回到昆明后，杨先生走到哪里都受到欢迎。他先后应邀在十余所中学和民间团体做演讲，报告他在凉山调查的经历、收获和体会，同时还现场展示了从凉山收集来的民俗文物和拍的照片，以便让更多的人了解凉山，了解那里的彝族同胞。为了给以后编写《云南民族志》《云南民间文艺集》两书做准备，他认真编制了《西南民族调查略表》和《云南民间文艺征求表》，并在各处讲演时发给听众请他们逐项填写，以广泛寻求各界人士的帮助。他这种执着追求精神感动了很多人，也获得了更多的支持。

在昆明的九个多月，杨先生也对周边各县居住的彝、白、苗等民族展开调查，分析各民族的社会生活状态特点，探寻各民族的文化源流走势。在深入调查中，他越来越认识到，西南民族地区是一块尚未开发的“新学问园地”，民族众多、文化各异和地处边陲的中国西南民族社会生活实际状况，过去很少有国人涉足研究，要了解情况都要依赖外国人的考察报告，而这种令人尴尬的局面不能再继续下去了。他认为，作为中国的人类学、民族学者，要“跑步向前”，要亲自下到这些地方去探访。这时，杨先生的考察范围已不再局限于凉山地区。他身体力行，不断前往边疆各地，对白彝、黑彝、白子、民家、仲家、花苗、青苗、僰家（摆夷）等多民族及其分支进行了广泛调查。他在回广州路经滇南的蒙自、河口一带时，也不忘对当地的苗、瑶、壮等民族的习俗进行调查。

1930年3月，杨先生返回广州，很快写出了著名的《云南民族调查报告》，并在中山大学语言历史学研究所的《周刊》上发表。这是杨成志早期最重要的一部民族学著作，也是他一年零八个月在云南考察经历的真实总结。他的著作成为20世纪30年代中国民族学、人类学起步发展的奠基之作，给国内外学术界带来了不小的影响。自此，杨成志在中国学术界声名鹊起，他的学术成就为国人所称道。

## 三

1932年，杨成志先生的学术生涯迈入了新阶段。这一年，他被中山大学派往法国巴黎大学人类学院留学。在那里，他开始接触和学习西方人类学理论和研究方法，并于第二年在巴黎大学获取了民族学博士学位。这是中国人第一次在欧洲人类学界获此殊荣。1934年，杨先生应邀赴伦敦参加第一届国际人类民族科学会议，在会上宣读了题为《罗罗的语言文字与经典》的法文论文，引起与会者的浓厚兴趣。此后，该论文被译为英文，在英国皇家人类学会主办的《人类》杂志上发表，使中国学者的学术研究成果闻名于海外。

杨先生在法国留学期间，一直注意西方如何把人类创造的历史文化保存下来，怎样用来宣传教育普罗大众，并发现博物馆是保存和再现传统文化、教育大众的最佳场所。为此，他除了读书听讲外，还把去博物馆参观实习当作必修课。在欧洲的几年，他不断地去博物馆考察，除了在法国，他还三次环游德国，参观各联邦的博物馆、各大学人类学学术研究机构，去了比利时的布鲁塞尔、意大利的罗马和梵蒂冈参观访问世界民族博物馆，在伦敦时还去了大英博物馆与图书馆参观，博览藏书，甚至回国途中经过莫斯科时，也不忘去博物馆参观学习。

1935年冬天，杨先生从欧洲访问回国，没有几天便向广东省教育厅厅长黄麟书先生提出速建“广东省立博物馆”的建议，还亲自草拟了近十万言的“广东省博物馆组织大纲”呈送上方，并邀约广州诸大学教授及学界名流三十余人联名呼吁促成此事。但由于当时广东掌权的军政头目陈济棠、林云陔前后下台，政局较乱，建博物馆的事最终还是流产了。回到中山大学的杨成志担任了研究院秘书长兼人类学部主任，力促研究院招收并培养硕士研究生事宜。其间，他运用现代人类民族科学理论，结合自己的实际调查经验来教育培养学生，注重启发和引导学生怀着最大的爱国心从事自己的专业，要脚踏实地地到田野中去分析实况和发现问题。他多次向学生宣示自己的至理名言：人类学民族学研究“是由‘脚’爬山开踏而来，却不是由‘手’抄录转贩出去”。他给学生讲授人类学、民俗学、民族学课程时，也请外边的名教授前来授课。为了让学生更多接触实际，他亲自带领学生做田野调查，其中包括到海南岛对当地的黎、苗族两个民族进行人体测量和语言习俗的调查（确认了海南岛的苗族原是瑶族的代称），去了广东北江瑶人地区和粤北乳源瑶人地区调查，并写出了很有分量的两地调查报告。自此，瑶族即成了杨先生后半生主要的研究对象。

1944年冬天，杨成志作为中山大学的访问学者被派往美国考察访问，考察对象主要集中在黑人、印第安人部落和华侨身上。在考察中，他看到这些族群在美国遭受不平等待遇，便愤怒批判美国种族歧视现象。他的言论得到了美国新墨西哥州一家报纸的赞誉，在显著位置予以报道。在美国访问期间，他仍然不忘去参观当地人类学博物馆和国家图书馆，拜访美国同行，积极参加各种人类学民族学座谈会。在纽约、波士顿、芝加哥等地，他先后访问了纽约自然博物馆的人类学部和哈佛大学、耶鲁大学的文教单位，应纽约文学会邀请做关于中国语言文化的报告，并在报刊上发表了有关中国民族情况的文章。

杨先生在美国加深了同外国同行的接触，学习了外国经验，扩大了自己的研究视野。回国后，他在中山大学原人类学部基础上创立了人类学系，潜心培养能够薪火相传的专业人才。从1935年担任人类学部主任开始到1949年，他先后培养了戴裔煊、王兴瑞、江应梁、梁钊韬、朱杰勤、王启澍、吕燕华、曾昭璇、容观敻、刘孝瑜、张寿祺等十余名杰出的研究生。杨先生这批嫡传弟子学术造诣深厚，后来大多到华南、华中、西南各大高等院校和研究机构担任要职，成为20世纪四五十年代中国人类学、民族学界的骨干精英，并与杨先生一起搭起了中国人类学南派支脉的研究舞台，为人类学、民族学的中国化建设、振兴和发展做出了重要贡献。

## 四

中华人民共和国成立后，杨先生因民族工作需要被从广州调到北京，协助中央民族事务委员会（国家民委前身）绘制《中国少数民族分布简图》，编写《中国少数民族文字简表》《中国少数民族旧有制度概况》等资料。1952年，他调到中央民族学院。校方知道杨先生长期从事博物馆和民俗文物的研究，请他担任了中央民族学院文物室主任一职。初创时期的院文物室规模还很小，虽然只有几间十几平方米的文物库房和一间不大的陈列室，但文物室的文物藏品中却有不少精品，其中很大一部分是院系调整时从北大、燕大、清华调拨过来的，当中有一些早期的少数民族服饰、原始生产工具及文字图谱和典籍，另有四百多件台湾高山族的文物，如泰雅人的贝珠衣、排湾人的木雕艺术品和雅美人的头盔、藤甲等，都是大陆少见的珍贵藏品。杨先生看到这些藏品十分兴奋，嘱咐工作人员一定要精心保管好，加强对这些文物的整理研究，并说："等将来条件允许时办一次高山族文物展，让来大陆的台湾同胞看看，在大陆还保存有他们的前辈用过的东西。他们一定会非常高兴！"

杨先生初到北方，人地生疏，生活有些不太习惯，但他的工作热忱和敬业精神丝毫未减，很快投入学校的民族文物整理和宣传工作中。1954年，为宣传保护民族文物，他主持了在北京劳动人民文化宫举办的《少数民族文物工艺展览》。同年10月，他主持了在中央民族学院内部举办的《台湾高山族文物图片展》，向师生介绍台湾高山族的历史文物。1954年10月17日，《光明日报》刊登了杨先生撰写的《台湾高山族的物质文化》

一文。这是中华人民共和国成立初期最早向公众介绍有关台湾高山族的文章，为的是让国人更多关注和了解祖国宝岛台湾的情况。

1953年后全国民族识别工作展开，这一时期杨先生曾带队赴广东凤凰山畲族地区进行民族识别，通过调查证明了生活在粤东的畲族与福建、浙江的畲族同属一个民族。

从1956年开始，在全国范围展开了少数民族社会历史调查。由于杨先生较熟悉苗、瑶、壮几个民族的情况，校领导分配他参与广西民族调查组的业务指导工作。在广西大瑶山的金秀、都安两个瑶族自治县进行调研时，他搜集了大量瑶族的石牌制和婚姻习俗资料，还参与了《瑶族简史简志合编》的编写和修订工作。1956年9月，他前往广西宁明县，对刚发现不久的花山古崖画地点进行实地考察。这些壮族古代先民留下的崖壁画，是研究壮族及其先民社会历史文化十分有价值的实物资料。在考察中，杨先生根据他掌握的历史考古知识，判定崖画产生的年代和崖画内容表达的寓意，同时在崖画附近的岩洞里发现和采集了大量新石器时代的石斧、陶片、骨甲及贝壳等文物，为在南宁举办的有关专题展览做出了重要奉献。当年10月7日,《广西日报》对这些情况做了详细报道，杨先生由此被尊为中国古崖画发现与研究的先驱者之一。

1958年，从广西回到北京的杨先生应国务院专家局的邀请，在西郊友谊宾馆给百余名苏联专家做了“中国南方苗、瑶、黎、傣、彝、壮六个民族概况”的报告。该报告内容后被译为俄文在苏联民族学杂志上发表。

1964年全国“四清”运动开始，中央民族学院教师轮流下乡参加，直至1966年“文革”爆发造成学校停课，杨先生和校内一批老专家一起被打成“资产阶级反动学术权威”，发往武清农场劳动改造。杨先生的学术研究活动因此一下停滞了十多年。直到1978年改革开放，知识分子迎来了“科学的春天”，被打入冷宫多年的人类学、民族学、民俗学开始恢复重建。在这种大好形势下，杨志成先生怀着激动的心情又积极投入了这些学科的恢复建设中。

1979年3月，杨先生出席了中国科学院组织的学术讨论会。同年11

月，他和顾颉刚、白寿彝、容肇祖、杨堃、钟敬文、罗致平等七位教授联名上书，发出《建立民俗学及相关研究机构的倡议书》，并和钟敬文先生一起参加“中国民俗学会”的筹建工作。此后，他还相继参加了“中国民间文艺研究会”“中国人类学会”“中国民族学会”“中国社会学会”等学术团体的活动，并被选为这些团体的理事或顾问，经常到会做学术报告。

进入20世纪80年代，中央民族学院文物室开始清理和扩充室内收藏的文物，也增加了专业人员。在国家民委的支持下，由杨先生奠定坚实业务基础的院文物室率先走出国门，前往日本举办了一次引起较大轰动的“中国少数民族服饰大展”。

建立博物馆是杨先生一生的夙愿。早在20世纪50年代，刚来民院不久的他就和潘光旦、吴文藻先生一同起草了《中央民族博物馆十二年远景规划大纲》，并上报中央。这以后，又有费孝通、林耀华、吴泽霖、杨堃、宋蜀华等专家提出建立“中国民族博物馆”的建议，遗憾的是他们的建议并未得到及时落实。进入80年代中期，全国各民族院校纷纷提出成立博物馆的要求。1987年8月，“中央民族学院民族博物馆”正式挂牌成立，但此时杨先生已经进入耄耋之年，没有精力对新建博物馆的专业建设进行指导了。

晚年的杨先生疾病缠身、深居简出，同外边的联系越来越少，更多的时间是孤寂地坐在居室里翻阅自己早年活动的照片。1991年5月30日晚，他因起身行走不慎摔倒而辞世，享年90岁。他的后事由学校老干部处出面料理，在医院举行了一个简单的告别仪式。

杨成志先生从广东来北京中央民族学院工作约有40年，遗憾的是他没有助手，也没有培养过一个研究生，这与他在广州中大的工作经历形成了巨大反差。他逝世后，身后留下的大量著述无人整理。2003年，肩负全国重点学科建设重任的中山大学人类学系要给老一辈专家学者出一套学术纪念文丛，首先想到的就是本专业领域的“开山祖师”杨成志先生。为此，杨先生早年的“贴身弟子”容观夐先生特挑选整理了杨先生的39篇遗作编纂成集，并定名为《杨成志人类学民族学文集》，交付民族出版社出版。

该《文集》的出版是对九泉之下的杨先生最好的慰藉！他的后继者和所有读者将从这本《文集》中认识一位中国当代人类学、民族学、民俗学学科最早的开创者和领路人，了解一位为追求理想目标而坚持不懈的探寻者和奋进者，从而继承他的精神，走好自己脚下的路。

# 矢志不移的西夏学拓荒者

## ——我所了解的学长李范文

左治国

1991年4月，为拍摄校庆四十周年专题片《闪光的足迹》，我专程去银川采访了宁夏社科院历史所研究员、西夏学专家、我校早期毕业生李范文先生。李先生非常高兴，见面第一句话就是向我打听他的恩师费孝通、马学良等老先生的情况，嘱我转达对恩师的问候，并对母校校庆表示诚挚的祝贺。

在李范文狭小的卧室兼书房里，我看到十几平方米的空间只有一张木板床，紧挨床边是一张写字台，写字台上和床上摆满了卡片，靠墙就是书柜，此外再无任何家具。他告诉我，他正在编写一部百余万字的《夏汉字典》，是学习和研究西夏文的专著，并说这是他多年来苦心研究的成果。在贺兰山下荒凉空旷的西夏王陵遗址，他向我讲述了自己充满坎坷艰辛的人生经历和学术生涯，令我深受感动和敬佩，并对他有了进一步的了解。

回校后，我便将对李范文学长的采访录像编入校庆专题片。20世纪90年代初我调任校办主任期间，曾几次接待来京参加学术活动的李先生。2007年学校关工委编写《走进中央民族大学》一书时，我向李先生约稿，他很快就把香港《文汇报》采访他后刊发的长篇文章《破译天书，传播绝学》复印件寄来。在与他的多次接触中，他给我留下的印象越来越深。

李范文1932年11月生于陕西西乡县，1950年加入中国共产党，1952

年考入中央民族学院语文系藏语专业，担任过班长、院学生会主席和北京市青联委员等职务，但在校期间却被错划为“右派”。1959年从历史系民族学专业研究生毕业后，被分配到中国社科院民族研究所工作。

1960年6月，李范文主动申请前往西夏故地从事西夏学研究。因为在大学三年级时他便对西夏文产生了浓厚的兴趣，故立志将西夏文作为自己毕生的研究方向。可是令他失望的是，当时宁夏并没有研究西夏学的专门机构，他只好到宁夏师范学院（宁夏大学前身）政史系任教。在此期间，他发表了《郭守敬与宁夏水利》的论文，编辑了《中国历史问题研究论文集》一书（以政史系的名义出版），但后来仍难摆脱遭批判的命运。在被下放到固原山区时，不甘沉沦的他成为种玉米能手，直到1970年调入宁夏博物馆，才真正开始他梦寐以求的西夏学研究工作。

1972年西夏王陵考古发掘正式开始，但由于“右派”问题，他却被安排为考古队的后勤。1975年，考古队撤回银川，李先生只身留守西夏王陵考古现场，这一守就是七年！七年中，他不顾酷暑严寒、风沙肆虐、野狼出没和蚊虫叮咬，克服了常人难以想象的困难，坚持研究工作，终于完成了《夏汉字典》初稿，并编写出极有研究价值的《西夏陵墓残碑萃编》。

为了使《夏汉字典》的内容更加充实、完善和准确，李先生又对西夏字书《同音》和《番汉合时掌中珠》进行了研究，并于1986年出版了50余万字的专著《同音研究》（我采访李先生时有幸获赠一部）。该书荣获1987年北方十五省优秀图书一等奖。在此期间，他还循着建立西夏王朝的党项人（古羌人的一支）的迁徙足迹，几次前往四川藏区进行调查，记录了大量语音资料，拍了许多珍贵的图片。

1997年，历尽二十多年、耗费李先生大量心血的专著《夏汉字典》（总字数达150多万字）正式出版，在业内引起强烈反响，发行后不久便销售告罄。后经贾常业先生增订,《夏汉字典》于2008年再版发行，成为最受瞩目的一部专著。2002年，该书荣获“吴玉章人文社会科学优秀奖”。2007年，他主编的《西夏通史》又荣获“吴玉章人文社会科学一等奖”。

多年来，李先生还发表论文百余篇，其中包括对西夏移民的五次调查，充分体现了他将田野调查与历史研究紧密结合的严谨学术精神。2012年，这些论文收入《李范文西夏学论文集》一书，计97万余字，由中国社会科学出版社出版。该书内容涉及西夏语言、文字、历史、文化、考古等诸多研究领域，内容丰富、资料翔实、图文并茂，许多资料和图片均为首次公布，全面反映了李先生治学60多年来的主要研究方向和研究成果。

鉴于李范文先生在西夏学研究领域所取得的优异成就，他先后获得“宁夏有突出贡献专家”“国家级中青年有突出贡献专家”“全国杰出专业技术人才”“100位为宁夏做出突出贡献的英雄模范人物”“塞上英才”“感动宁夏人物”等荣誉称号。2013年年底，法国法兰西学院向他颁发了有“国际汉学界诺贝尔奖”之称的“儒莲奖”。此前获得该奖的全世界共有137人，其中包括中国语言学家王静如、哲学家冯友兰、国学大师饶宗颐、敦煌学家潘重规、史学家廖伯源和杨保筠等著名专家学者。巧合的是，王静如先生也是因研究西夏文而在1936年获此殊荣的。

如今，李范文先生已被国内外多所大学聘为教授并担任博士生导师，正努力为西夏学培养更多后继人才。李先生已87岁高龄，但他笔耕不辍，仍辛勤耕耘在西夏学这片丰茂的学术园地里。

这就是我所了解的学长李范文。我为有这样优秀的校友而倍感骄傲和自豪！

# 佤族语言调查和佤文创制推行亲历

李道勇

全国少数民族语言普查，是根据1949年9月29日在中国人民政治协商会议上通过的《中国人民政治协商会议共同纲领》中第五十三条“各少数民族均有发展其语言文字、保持或改革其风俗习惯及宗教信仰的自由”而开展的具体贯彻执行工作。60年前，我有幸参加了云南阿佤山佤族语言调查和佤文创制推行。其事虽然早已时过境迁，但我仍常常忆及，当年许多情形如在眼前挥之不去。

全国少数民族语言调查队，全称是中国科学院少数民族语言调查工作队。其中，云南省境内的少数民族语言调查工作，由中国科学院少数民族语言调查第三工作队承担，队长是中国科学院语言研究所罗季光教授，副队长是中央民族学院纳西族讲师和即仁。参加少数民族语言调查工作的人员，主要由中央民族学院少数民族语文系应届本科毕业生、中国科学院语言研究所的研究人员以及云南省民委、省语委系统的有关少数民族语言研究人员组成。从1956年开始，第三工作队便在云南省境内系统地展开少数民族语言普查工作。

第三工作队下设彝语组、纳西语组、傣语组、佤语组、拉祜语组、白语组、哈尼语组、景颇语组、阿昌语组等少数民族语言调查组。其中，佤族语言调查组成员，系由中央民族学院1956届少数民族语文系本科佤语班应届毕业生组成，并承担佤族语言的调查、创制文字、字母设计、试验推行等工作。

佤族语言调查，首先从佤族聚居的沧源开始，进行普查和选点调查，然后转到佤族相对集中居住的西盟以及孟连、澜沧、双江、镇康、永德等地展开后续调查工作。从此，田野调查遍及云南西南边陲阿佤山区。

1956年夏季，为清除中缅未定界的国民党残余势力，保障我方勘察团人员在该地区勘察工作的顺利完成，云南省临沧地区沧源边防部队整装进驻中缅未定界大蛮海，佤语称作佤族大寨的地区。

1956年夏季，我们正在沧源调查佤语，准备下一步去西盟调查，恰好赶上边防部队进驻，我们便随后跟进前往，赴大蛮海实地考察。

从沧源出发那天，正好是阿佤山的雨季，倾盆暴雨从天而降。在边防部队央让连队指导员李中秀等人的帮助下，我们跟随向导，翻山越岭，步行至中缅未定界大蛮海。次日，我们又在边防部队一个班和民族武装工作队的共同武装护送下，离开中缅未定界大蛮海，穿越自北向南的横断山脉，蹚过无数大小溪流，于当天顺利到达西盟工委所在地“勐卡”。“勐卡”，直译出来是茅草丛生的地方。

我们的调查，从沧源到西盟，是在边防部队和民族工作队的武装护送下，徒步穿越中缅未定界，才顺利到达目的地的。如果没有他们的护送，从沧源往北向东，步行穿越中缅未定界，两天到达西盟，是不可能实现的。

我们沿途路过一些佤族村寨，亲眼看到那些地区当时佤族社会的原始、落后和贫困，印象深刻，终生难忘。

佤族语言调查组到达西盟，受到西盟工委的热情接待，除工委口头介绍西盟佤族的情况外，还安排我们下到佤寨马散，直观考察佤族民居、村寨、生态、环境等人文景观，加深对佤族的认识和研究。

我们从“勐卡”步行两小时，走到佤寨马散，看到寨内有数个木鼓房，分属于几个不同姓氏的群体所有。这些木鼓房里面的木鼓，大多破烂陈旧，随意地置放在简陋的竹棚里，也没有看到敲打木鼓的鼓棒。

回到“勐卡”后，我们听说：佤寨马散的一个木鼓房旁边竖立的竹制人头兜里，还供奉着一个“祭祀旱谷，祈求丰收”的人头颅骨。我们在实地考察中还注意到，西盟的佤族拉佤人村寨残存着“用人头祭旱谷、祈求丰收”的陋习，却没有看到树木蔽日、阴森可怕的永久性供奉人头的鬼林。由此可见，我国西盟的佤族拉佤人与中缅未定界中心地带的佤族拉佤人在两地习俗、意识形态方面，已经开始有了一些不同。

根据西盟的实际状况，大家认为，将我们的工作地点设在县上比较安全。从佤族寨请来佤族发音合作人进行面对面的调查，提供食宿。我们使用国际音标，记录语词、分析语音、句子、语法等，完成田野工作。与此同时，西盟工委通过边防部队，从中缅未定界的岩城、三通、完冷等佤族村寨请来佤族发音合作人，给我们的调查工作带来极大的方便。

中缅未定界是阿佤山的中心地带。生活在那里的居民，主要是佤族中的拉佤人。那里的佤族拉佤人还有“砍人头，祭旱谷，祈求丰收”的陋习，其社会发展缓慢，相对比较落后，也是中缅两国之间的缓冲区。

我国的佤族生活在云南西南部山区、半山区，从内地到边疆，都有他们的村落，或聚居、或散居、或杂居。其社会经济发展不平衡，社会习俗存在差异。从20世纪进入21世纪以来，佤族服装服饰正在与时俱进，发生巨大的变化。比如，1951年时，西盟佤族拉佤人还过着狩猎生活，大多赤身裸体，带丁字布条遮挡下身，跣足终身。1954年时，佤族拉佤人妇女还有赤身露体者，仅穿着短裙，佩有饰物遮挡前胸，跣足终身。到了20世纪七八十年代，孟连佤族、孟连富岩妇女已经穿着时尚，澜沧淘金河佤族妇女，服装服饰更是别具一格。20世纪90年代，西盟县小新寨佤族学生服装服饰特色鲜明。进入21世纪，佤族妇女服饰更加趋向现代化，但与其他民族服饰比较，仍别具特色。佤族服饰的这些巨大变化，是佤族社会经济飞跃发展进步的表现。

从1956—1957年，通过佤族语言普查和重点佤族语言调查，第三工作队了解并掌握了佤族语言的分布和使用情况。佤族语言包括三个方言：“布饶”（Pa raok）方言，主要分布在沧源、澜沧等县，使用人口较多；“佤”（Wa）方言，主要分布在西盟、孟连等地，使用人口较多；“拉佤”（La Wa）方言，主要分布在西盟，使用人口相对较少。佤族的语言、方言、土语分布体系，被基本完整勾勒出来。

根据党的民族政策“各少数民族均有发展其语言文学、保持或改革其风俗习惯及宗教信仰的自由”和佤族人民的要求，经1957年云南省少数民族语言文字科学大会讨论通过，确定以佤语的布饶方言为基础方言，以布饶方言的岩帅佤话为标准音，设计创制佤文。

但在讨论设计佤文字母时，意见出现分歧。一种意见提出，以拉丁字母为基础设计佤文字母；另一种意见提出，以斯拉夫字母为基础设计佤文。两种方案争执不下，各持己见。最后，会议确定以拉丁字母为基础，以斯拉夫字母为补充，设计创制佤族文字，并向上级主管单位请示汇报。

1957年12月10日，国务院就中国文字改革委员会提交的关于少数民族文字方案，提出设计字母的五项原则，给佤族文字字母的设计指出了明确的方向。全文如下：

甲、少数民族创制文字应该以拉丁字母为基础；对原有文字进行改革，采用新的字母系统的时候，也应该尽可能以拉丁字母为基础。

乙、少数民族语言和汉语相同或者相近的音，尽可能用汉语拼音方案里相当的字母表示。

丙、少数民族语言里有而汉语里没有的音，如果使用一个拉丁字母表达一个音的方式有困难，在照顾到字母系统清晰、字形简便美观、字母数目适当、便于教学使用的条件下，根据语言的具体情况，可以采用以下的办法表示：

用两个字母表达一个音；

另创新字母或者采用其他适用的字母；

个别情况也可在字母上加附加符号。

丁、对于语言中的声调，根据实际需要，可在音节末尾加字母表示或者采用其他办法表示或不表示。

戊、各民族的文字，特别是语言关系密切的文字，在字母形式和拼写规则上应尽量取得一致。

从此以后，上述五项原则指导着少数民族文字方案的创制与设计。

根据国务院批转的五项原则，创制设计佤文字母尽量向汉语拼音方案靠，进行修改后获得通过，随即在沧源开始试验推行。事实证明，向汉语拼音靠拢创制设计的佤文，不仅便于学习推广，也有利于小学生学习汉语，促进佤族文化与汉族文化的交流。因此，在沧源试验推行中，佤族群众中出现了学习佤文的高潮。

1958年春夏之交，云南省语委决定扩大试验推行地区。我受命去西盟试验推行佤文。

接受任务后，我开始筹划从沧源去西盟的行程。

从沧源去西盟，有南北两条路线。南线很近，要穿越中缅未定界，但如果没有部队护送，是不宜选择的路线。

选择北线步行去西盟，就比较安全，全部行程均在云南省沧源、澜沧境内，沿途还有县乡镇机关接应。因此，我选择北线，从沧源北上向东绕道步行去西盟，沿途经过佤寨糯良、佤寨岩帅、佤寨安康、佤寨文东，至上允坝子；继续往东，到富邦乡政府，再往东到竹塘，继续往东到澜沧县政府所在地勐朗坝，然后从勐朗坝去西盟。途径岩帅时，我雇用了一匹滇马驮运行李，送我去澜沧西盟。

中华人民共和国成立前，滇南边地流传一句口头禅，“要下勐朗坝，先把老婆嫁”，意思是说外乡人到了这里很难生还。因为勐朗坝是蛮烟瘴气之地，生病死亡率很高。所谓蛮烟瘴气，就是恶性疟疾。

但我来到勐朗坝，目睹的却是一派生机盎然的景象。一条宽敞的大道通往澜沧县政府，两边是国营商店和餐馆。虽不热闹繁华，但也有身处城镇的气息。我从地广人稀、没有电灯、没有汽车的山区来到熙熙攘攘的县城，感觉很新鲜。

解放初的西盟，隶属澜沧管辖，相当于澜沧的一个特区，通称西盟工委。如果要去西盟，必先到澜沧县委报到，然后由澜沧县人民政府介绍去西盟。

次日清晨，我踏上去西盟的山路。从勐朗坝出发，经竹塘、暮乃，向南而行，抵达南锡河边，过河上山爬坡，途径佤寨完牙，继续爬坡，便到达西盟工委所在地“勐卡”。至此，从沧源出发，步行十天，我终于到达西盟。

西盟属高山峡谷地带。山脉南北走向，河流纵横。主要有库杏河、勐梭河、新厂河、南锡河、南卡江等，西盟山最高海拔大约2500米，最低海拔大约500米。境内山峦起伏，很少有平地和坝子。

西盟属亚热带海洋性季风气候。夏秋季节，雨量充沛；冬春季节，雨量稀少，气候温和。登山远望，云海涌动，变化万千，佤寨竹楼，时隐时现，蔚为壮观。每年冬季，是西盟观赏云海的最佳时节。

我步行到达西盟，受到西盟工委的热情接待，并组织安排试验推行佤文。西盟工委抽调小学老师组成佤文办公室，利用夏秋之间的暑假，分期分批培训佤族村寨生产队以及生产队以上的会计，使他们达到学会使用佤文记工分的水平。

当年佤文办公室人员有：李道勇（主任），刘根（副主任，西盟工委宣传部部长，原地下党边纵干部），麻哈（西盟政府文教科科长，西盟佤族），杨德安（西盟小学校长），郑坚（马散小学老师），还有谢开志、王焕喜等小学老师以及专职会计杨万益。

佤文办公室的老师很快就学会并掌握了佤文的拼写。其中，杨德安和郑坚两位老师还参加了编写佤文扫盲教材的工作。

佤文学习班设在西盟小学校内。教学先上大课，课后老师分别辅导。通过一个阶段的学习，要求学员会读、会写、会拼音、会使用和记录工分。学员来自西盟公社下属生产队以及生产队以上的会计，学习期间，包吃包住。我们前后举办了两期佤文培训班，收到较好的教学效果。

第一期佤文学习班结业的时候，举行了结业典礼，分级发放奖品，大多是文具或日常用品，人人都有。第二期佤文学习班后期，因西盟佤族村寨出现骚乱，学员提前离开学校，学习班停办。

1958年9月，西盟发生武装叛乱，叛乱分子围攻驻村民族工作队、乡村干部，造谣惑众，破坏民族团结。很快，中共云南省委工作组到达西盟，他们让我随行参加党的民族政策宣传工作，配给自卫手枪，站岗放哨，参加平叛工作。

针对村寨流传的谣言，政府加大宣传力度，解释为了保护村寨、保护佤族乡亲、不伤及无辜，工作队不会随意开枪。谣言被揭穿，群众回到政府一边，形势逐渐好转。同时，边防部队驻守南锡河桥头，保证唯一从澜沧运送粮食、副食、日用百货等生活必需品到西盟的公路畅通无阻，供应充足，民心安定。出走的群众陆续返回村寨，生产逐渐恢复，平叛工作取得阶段性胜利。

1959年年初，我接到云南省语委的通知，离开西盟佤寨，同年7月返回北京，开始在中央民族学院从事教学工作。

我参与的佤文创制、推广工作告一段落，但它深深留在我的记忆中，令我终生难忘。

# 滇边民族工作与田野考察散忆

李道勇

许多往事已随着岁月流逝慢慢淡化甚至忘记。然而，“文革”后期我受中央民族学院工军宣队之命，只身去云南边疆阿佤山区的一段工作经历却迄今令我难以忘怀。“文革”结束，党的第十一届三中全会之后，我又多次独自奔赴位于西南边陲中缅边境、中老边境、中越边境的少数民族村寨，对那里属南亚语系孟高棉语族的一些族群做民族识别补遗工作的田野考察。这些往事至今历历犹新、存留心际且挥之不去，已成为自己的终身记忆。

## 散忆之一：重返阿佤山

1975年1月5日，中共中央发布一号文件，邓小平同志被任命为中共中央军委副主席兼中国人民解放军总参谋长。1月13—17日，四届人大一次会议在北京召开，邓小平就任国务院第一副总理，开始代替重病中的周恩来总理主持国务院工作。然而，居心叵测的“四人帮”很快煽动群众搞起“反击右倾翻案风”，矛头直指邓小平同志。

1976年初春，中央民族学院研究部的工军宣队领导张师傅找我，他对我说，中国社会科学院民族研究所正在云南阿佤山沧源佤族自治县组织编写《佤汉简明词典》，院工军宣队领导经研究同意派你去参加。我内心喜悦地接受了这项任务，到院办开介绍信、到财务科借差旅费，去海淀公安局办理云南边境通行证，又去购买了北京开往昆明的火车票。当我一人登上南下的火车时，北京还在热火朝天地批判“二月逆流”哪！

那时的绿皮火车时速只有几十公里，经过三天三夜，我才到达昆明。去云南省民委转开介绍信后，我购买了去西南方向的长途汽车票，一路途经楚雄、祥云、弥渡、南涧、云县到达临沧，再换车购买到双江的汽车票，又从双江购票换车去耿马方向，途中在公路养路队“15段”下车，过河到达阿佤山沧源佤族自治县的勐省区，受到区革委会的热情接待。对方给先到岩帅的《佤汉简明词典》编写组负责人颜其香打电话，颜其香接到电话，便搭乘从岩帅顺路下勐省的拖拉机，从平均海拔2300米的佤寨来到位于河谷地带的勐省区革委会。

次日清晨，我们二人步行前往岩帅佤寨，首先穿过勐省农场，然后开始翻越大黑山，到达佤寨“团结”乡吃午饭，下午到达拉祜寨“东勐”乡后又爬坡缓行，迎面看到路边人工栽培的“剑麻”（属龙舌兰科）——岩帅佤族村寨的迎客“名片”。佤寨的茅竹结构建筑（“四脚落地”的平屋）很快就出现在我们眼前。我先到岩帅区革委会报道，随即便加入了《佤汉简明词典》的编写工作。

根据当年的“革命化”要求，编写组人员必须由工农兵“三结合”。因此，由来自沧源佤族自治县革委会的公检法干部田开政、佤族农民赵明、小学老师陶文均，来自中国社科院民族研究所的颜其香、周植志，来自云南民族学院民族研究所的王敬骝和来自中央民族学院研究部的我，组成了一个7人编写组。其中颜其香是编写组负责人，田开政则是她的“领导”。《佤汉简明词典》的编写工作，要求在原中国社科院少数民族语言调查第三工作队佤语调查组收集的佤语词汇基础上，通过增补扩大词汇内容，逐词逐条进行校对和注释来完成。

编写组办公地点在岩帅佤寨的一座闲置仓库里。借着天窗射进来的阳光和高悬着的一个度数不高的电灯照明，编写人员匍匐在门板搭成的办公桌前忙碌，睡觉休息也在这座仓库里。其实，每天坚持在仓库上班的只有颜其香、王敬骝、陶文均和我四个人。我们日食两餐，以蔬菜为主，晚上自由活动，或串门聊天，或收集语词等。

《佤汉简明词典》初稿完成后，编写组人员各自返回原单位。带回北京的初稿，后由周植志和我两人拿到武汉出版社，并经过驻厂完成一校、二校、三校出版——这是后话。

## 散忆之二：心中的“惦念”

1976年,《佤汉简明词典》初稿完成，我离开阿佤山沧源岩帅佤寨返回中央民族学院，途经西双版纳傣族自治州首府景洪时，骤然想起17年前，在云南边疆工作的人生往事。

那是1959年年初，我在阿佤山西盟试点推行佤文工作结束后，接到云南省语文工作指导委员会的电话通知，离开西盟到西双版纳傣族自治州勐海县布朗山区布朗族村寨参加劳动锻炼一个月，随后受命去勐海曼根公社参加“整顿巩固农村人民公社”的工作，并到西双版纳傣族自治州首府景洪参加“整社”工作总结。在“整社”活动中，我结识了前云南省中共地下党负责人之一的侯方略同志、云南大学史学界著名的纳西族教授方国瑜先生，并加入了包括地方干部在内数十人组成的“整顿巩固农村人民公社”工作队。

当年在景洪参加“整社”总结，我和方国瑜先生同住西双版纳州报社的一个房间。晚上他在电石灯下工作，深夜不息。我则睡得早，起的也早，常邀约几位年轻人到景洪早市观光。早市上有叫卖早点糯米饭的傣族妇女，也有摊卖山区特产的其他民族居民，熙熙攘攘，分外热闹。听到早市上操不同语言的人讲话，我不知道他们讲些什么。有一次，我偶然听到有妇女说话时不断地弹动舌头，好像俄语弹舌音一样。我感到好奇，便上前问她们是什么民族？她们不但不答，还飞快地离开了。后来我和工作队当地干部闲聊说到自己的这一疑问，对方告诉我，她们很可能是一些尚未识别民族属性的人。那个时候正是“拔白旗，插红旗”、批判“只专不红”的年代，我怕被人指责“猎奇”、走“白专道路”，就没敢多探究，但从此在内心埋下解疑求证的种子。

1959年夏天，我接到中央民族学院的电报通知，要求我返校备课，承担教学任务。于是，我结束在云南边疆三年多的工作（参加佤语普查、创制佤文、试验推行佤文以及下放劳动锻炼、参加“整社”活动等），离开了西双版纳傣族自治州首府景洪。回京后，我经历了承担民语系的专业教学工作、到位于河北固城的中央民族学院“五七干校”劳动锻炼、去广西三江良口参加“四清”等许多事情，直至“文革”结束，还惦念着当年在景洪早市上所见的那个未被识别的“民族”。

## 散忆之三：踏上求证之旅

1976年10月6日，“四人帮”被抓捕，“文革”至此结束。1978年12月，党的十一届三中全会在北京举行，中心议题是把全党的工作重点转移到经济建设上来。1978年国家民委恢复正常工作，杨静仁出任国家民委主任。民族工作进入新时代。在这样大好形势的鼓舞下，我又想起1959年途经西双版纳在景洪早市上“讲话弹动舌头”的人，觉得应该尽快启动民族识别补遗考察工作。于是，我向学校提出再赴云南边疆进行相关田野考察的要求。这一要求得到研究部领导、院领导和国家民委政法司领导的支持，因而得到经费保障，得以成行。

出发前，我向研究部的林耀华教授请教一些问题时，他叮嘱我：深入当地村寨田野开展综合考察一定要注意安全。从1978年起，我又开始了对西南边陲中缅边境、中老边境、中越边境的考察调研，考察中得到云南民族学院院长马曜同志以及云南省民委、西双版纳州革委会、勐腊县革委会、景洪县革委会的积极支持，使我的考察调研工作得以顺利进行。

在西双版纳了解情况时，我看到张凤岐教授领导的云南省民委“民族识别综合调查组”早在1960年写的《民族识别调查报告》（草稿），其中介绍了版纳的“插满人”“补角人”“空格人”“苦聪人”的基本情况。于是，我便在县革委文教科陶明同志陪同下，到勐腊去寻找这些人居住的村寨，走访了一些傣族、哈尼族长者和常年在当地工作的老同志，最后找到了“插满人”居住的“插满寨”曼迈。

通过访问调查，我们了解到“插满人”自称“克木”，有自己的语言，没有文字，发音有长短元音，没有声调，并发现“插满人”的语言其基本词汇以及构词法、句法结构等与佤语、布朗语、德昂语有一定的同源关系。在曼迈调查中，我还了解到勐腊“插满人”有十个村寨，景洪的“插满人”有两个村寨，勐腊的“克比人”是“克木人”的近亲。于是我们先后访问了这些村寨，了解到“克木人”有“克木老”与“克木仂”之分，“克木人”在老挝的人口较多，在越南、缅甸也有一些分布。在走村串寨调查中，我们还不时邂逅成群结队从境外来勐腊购物的老挝“阿卡人”（哈尼族）。

我们深入“克木人”村寨调查时，也曾经历过一次误会。这次误会发生在勐腊的曼种寨：那天深夜，我突然听到竹楼外有些骚动，往外一看，是一群带枪的民兵把竹楼包围起来。我问同在竹楼里的名叫“岩简”的“克木人”支部书记：“这是怎么回事？”他直接反问：“你们是从哪里来的？”我当即拿出随身带的多种证明给他看，其中有西双版纳州革委会的介绍信、省民委的介绍信、中央民族学院的介绍信、北京市公安局的边防通行证和我的工作证。此时，陶明同志指着我说：“他是北京中央民族学院的李老师，是来调查你们‘克木人’的专家。”又介绍自己是勐腊县革委会文教科的陪同人员。“岩简”书记听了没有说话，显然仍未消除怀疑。双方僵持，都沉默不语。

这时从竹楼外上来一位自称是小学老师的年轻人，对“岩简”说，他不认识县文教科的陶明。在僵持和沉默不安的气氛中，从竹楼外又上来一位中年人，自称是旁边水库的总指挥。听他讲话的声调，我知道他是傣族。他看了我的证明，虽然也没有再说什么，但态度好转了。最终，竹楼四周的民兵撤退了，我们哭笑不得地在火塘边和衣而眠，直到天明。天亮离开村寨时，我问“岩简”支书为什么怀疑我们？他解释说：“你来曼种寨路上用‘克木’话问路，讲的是老挝‘克木’话，还带有电台。”原来他把我随身带的板式录音机当成电台了。他接着又说："还有警卫员（指县革委文教科的布朗族老师陶明），穿着一身老挝人民军的服装。"我们总算明白发生误会的原因，一笑了之。曼种寨地处中老边境，翻过东边的山就是老挝的丰沙里。看来，这位"克木人"书记的边防警惕性确实很高。

这次误会很快传遍勐腊、景洪的"克木人"村寨，大家都知道有一位北京来的会讲"克木"话的老师在调查"克木人"的情况。由此，我们的田野调查变得十分顺利，每到一处都受到当地"克木人"的热情接待。我们从中了解了更多的"克木人"历史、现状以及他们的语言文化，并澄清了一些民间误传信息。

在西双版纳民间流传一种说法，说这些自称"克木人"的"插满人"是高棉人。我们用录音机录下"插满人"的语言和老挝琅勃拉邦的"克木语"广播带回北京，请北京外国语学院高棉语教研组的老师们辨听。他们听后否定了"克木"话是柬埔寨语，这也同时否定了"插满人"是高棉人的民间传言。这些录音磁带，至今还保存在国家民委政法司。

在对西双版纳的"插满人"进行考察的过程中，我了解到在云南金平苗族瑶族傣族自治县也有"插满人"。两者之间是什么关系呢？经调研，我发现"插满人"的称谓来自当地哈尼语。哈尼语"插"是"人"，"满"是"蒲满人"的简称。这使我联想到，他们可能是历史上"濮""百濮""滇濮"的后裔。于是，对金平苗族瑶族傣族自治县的"插满人"进行实地调查势在必行。

## 记忆之四：寻找"莽人"

1980年年初，为了考察金平"莽人"（他称"插满人"）和勐腊"克木人"（他称"插满人"）的关系，我和云南民族学院高力士同志一同到红河州金平县调查"莽人"。红河州民委主任王正芳同志热情的接待了我们，并派车陪我们同往中越边境调查。行前，王主任给我一只内有5发子弹的左轮手枪，以备发生意外。我们一行乘坐吉普车顺势向南，在离中越国境线金水河口岸大约十来公里的途中，王主任叫司机转大弯越过河水浅滩，直接向金平县城方向开去。吉普车沿着阴山北坡公路前行，翻过大黑山后进入金平县城。在金平县城，我们受到李县长的热情接待，考察“莽人”行程也得到周密安排。

金平县地处一年前中越边境自卫反击战（1979年2月17日 —3月16日）的前沿，战后首要任务是排雷、恢复边民正常生产和生活。排雷是一项费时而又危险工作，为了保障边民生产生活的绝对安全，防止疏漏和意外，我方民兵常赶牛上山 —— 牛走前面，民兵随后。李县长特别重视我们这次考察工作的安全，专门了解了部队排雷情况，为我们研究调查路线并亲自选派向导同行。

在向导的引领下，我们从县城出发前往哈尼族村寨“沙萝”。到达后村长热情接待了我们，当晚食宿就安排在他家里。哈尼族民居从外边看好像蘑菇状，房檐很低，进出屋必须弯腰低头。这样的房屋结构防风防雨，适宜保温取暖。房内的中心是火塘，有客人来一般是睡在火塘边。次日一大早出发，我们队伍中更换了一位“沙萝”寨派出的向导 —— 原向导已完成了自己的任务。“沙萝”寨晨露很大，早上感觉有些凉意。

中午我们到达“勐拉坝子”，太阳直射下感觉有点炎热。于是，我们在勐拉坝子客栈稍做休息。这时突然有人来访，自称是勐拉“乡小”的老师，说有事要向上面来的领导反映。王主任问他有什么事？他说自己和爱人从师范毕业都分到金平勐拉乡工作，他留在坝区“乡小”任教，爱人却分到山区的“村小”任教，两校相隔十几公里。由于他们是回民，每天要骑自行车上下班和吃饭，生活极不方便，因而他要求领导可否把他从条件较好的坝区“乡小”调到条件较差的山区“村小”工作，以解决夫妻两地生活问题。王主任听完对他说：“你先回去，等我回去向程文兴书记汇报，了解一下情况后再酌情解决。”这位老师连声道谢，便离开了。后来听说，这位老师的问题已经得到解决。王主任提到的程文兴书记是哈尼族，是红河州委书记和国家民委委员。

我们离开勐拉坝子，当晚到达位于中越边境的一个“苦聪”寨（“苦聪人”归属拉祜族）。这个“苦聪”寨离国境线很近，所以寨子的汉语名就叫“联防”。在这里，我看到有从境外进来卖藤编用品和土特产的越南人。他们或叫卖或以物易物，并购买解放鞋、电池、盐巴以及万金油、十滴水等常用药品带回越南。晚饭后，“联防”村长向王主任汇报工作，并安排我们到村头“合作社”（商店）睡觉，以养精蓄锐，准备明天爬坡翻山去一个边防部队前哨连营地。

天亮后，我们一行人中又多了一位“苦聪人”向导，接替了“沙萝”寨来的哈尼族向导。边境深冬时节，早上多有浓雾。抬眼望，十来米以外的景物隐隐约约，走过一段距离后回首望，浓雾中竟什么景物也看不清楚了。在继续爬坡中我们忽然发现，浓雾已渐渐落浮在脚下。这时朝霞洒满山坡，温暖的空气令人心旷神怡、精神抖擞，好似置身于天上人间。

我们看见路边有些果树，还有残果挂于枝叶之间。向导说它叫“多依”，“多依”果与姜葱蒜以及香菜盐巴等舂在一起，味道好极了，因而深受“苦聪人”的青睐。向导随手拘下一个“多依”果给我品尝，我咬了一口，竟满嘴酸涩。据介绍，“多依”果树属常绿乔木，长得高大，开白花，每年八九月份果实成熟，形状椭圆，大小如杏儿，成熟后多为青黄色，果上有稀疏的黄点。我们边说边观景边爬坡，大约两个小时后终于到达某边防部队的前哨连营地。在这里，我们受到边防部队指战员的热情接待。他们早已接到金平县政府的电话通知，说北京有老师要来这里调查“莽人”。

次日，我们在边防部队三位战士护送下，步行前往“莽人”居住的南柯新寨考察。我们进寨了解“莽人”的生活起居和风俗文化时，护送战士就持枪留在村头高地等候，以便观察对面山头越方哨所的动静。我们在寨子里邀请两位“莽人”随同我们回到营房，以便做深入采访。在采访调查中我了解到，“莽人”自称“莽”，他称“插满”（当地哈尼族对“莽人”的称呼），也称“插满人、蒲满人”，他们确实是云南历史上南迁“濮人”的后裔。“莽人”虽与“克木人”有差别，但他们的语言同属南亚语系孟高棉语族。采访时，我们用国际音标记录一些“莽人”的话。“莽人”的话是以单音词词根为基础，派生出复合词的一种语言，与布朗族语言有一定的关系。

## 散忆终结：族群归属完成

自1982年开始,《中央民族学院学报》先后刊登了关于“克木人”“莽人”“空格人”“曼米人”等族群民族识别补遗工作的调查报告和文章，并引起国内外学术界的关注。据了解，不少专家、学者在前往云南边陲实地调查后，对一些未识别族群的民族属性曾出现过不同的意见，后经多次学术研讨逐渐取得共识。

2005年，西双版纳州民委通过再次识别考察和征求本民族的意见，分别将小勐养“空格人”和澜沧江江头“曼米人”重新归属于布朗族，并报请上级人民政府批准。2009年5月12日，云南省人民政府根据国家民委《关于云南省克木人和莽人归属为布朗族的复函》精神，分别对红河哈尼族彝族自治州和西双版纳傣族自治州政府的相关请示正式批复，同意将“莽人”和“克木人”归属于布朗族。

由此，隶属于我国南亚语系孟高棉语族的布朗族族群清晰无疑，有关布朗族族群的民族识别补遗工作终于画上了完美的句号。

# 首次进疆

## ——我的参加柯文创制之行

胡振华

1951年，为了培养少数民族干部和从事民族工作的专业人才，受中央民族事务委员会领导的中央民族学院在北京成立。这一年秋天，正在山东大学文学院外语系读俄罗斯语专业二年级的我，被推荐到中央民族学院语文系学习维吾尔语。1953年，由于学校专项工作所需，我提前毕业留校。当时，国家需要派人去新疆调查柯尔克孜语，并征求柯尔克孜族人民对于创制文字问题的意见。学校领导考虑到我的语言专业基础，便派我到新疆学习、调查柯尔克孜语。临行前，中央民族学院副院长费孝通、语文系副主任马学良与我谈话，交代了一些注意事项。12月8日，我出发踏上了新疆之行的长途旅程。

当时正好有甘青藏族代表团和新疆少数民族代表团返回西北，民委为他们安排了一节软席卧铺车厢。因我走前曾去民委开具因公出差介绍信，代表团中有同志知道我要去新疆，便请我坐进了他们的软席卧铺车厢。一路上，与我同行的新疆党委统战部柯尔克孜族翻译何力西同志了解到我进疆是要搞柯尔克孜语言调查和参加柯尔克孜族文字创制工作，便热情地向我介绍了不少新疆情况和当地少数民族的习俗。这些介绍对我这个初次进疆的人来说，当然是非常必要的。

我们乘坐的这趟火车是从北京出发到西安的，往西去还要到宝鸡转兰州，而从宝鸡到兰州的铁路才刚刚通车。我们到达西安后，西北军政委员会负责民族事务的工作人员到站接站。我跟着代表团成员住进了当时西安条件最好的人民饭店。代表团在西安有参观等活动，不立即离开西安，而我则需要继续赶路。第二天西北军政委员会负责接送的同志把我送上了从西安开往宝鸡的火车。到了宝鸡没有人接了，我下了火车出了车站，自己背着被褥等行李去找住宿的地方。在宝鸡火车站附近有一家小店，房间里是大土炕，房客都挤在一个大炕上，各人都得使用自己背来的被褥。次日，我背着被褥行李上了由宝鸡开往兰州的火车。在兰州没有人来接站，但西北军政委员会的工作人员已告诉我，在兰州我可以住在西北民族学院里。在这里住了几天，我买上了从兰州开往乌鲁木齐的长途汽车票。

那时所谓的长途客车多是拉货的大卡车，一辆车上能坐三十六个人——汽车两侧各坐九个人，都是背朝外靠在车厢两侧的木板上，中间两排的人背对背，也各坐九个人。其实车上并没有座位，人们都坐在各自随身带来的被褥行李上。汽车从兰州出发到新疆乌鲁木齐要跑九天，途中每天晚上下车都要自己找住处。那时沿途没有旅馆或招待所，乘客只能找公路旁的小饭馆住宿。次日清晨出发前，乘客再把被褥行李举到大卡车上当坐垫，摆放依然如前。沿途上厕所是个大问题，往往是司机师傅把汽车停下，让乘客在汽车两旁的戈壁滩上自找地方方便。途中风不大的时候，大家坐在汽车上还能交谈。与我坐在一起的是一位中华人民共和国成立前毕业于南京中央大学边政系、中华人民共和国成立后在《新疆日报》社工作的姓剧的同志。他向我也介绍了新疆的许多情况，并告诉我解放前有一位俄国驻乌鲁木齐的领事，名叫迪亚考夫，曾写过许多关于新疆少数民族历史的文章在报纸上发表。根据他提供的线索，后来我找到这些文章并认真阅读了，获益不少。在九天的旅程中，使我迄今难忘的是在新疆七角井的中途住宿——我有幸住进了一家哈萨克族牧民的土房，也是第一次接触了新疆的牧民。他们质朴的性格和热情款待给我留下了深刻印象。

抵达乌鲁木齐市后，我被安排住在新疆学院的窑洞式宿舍里。副院长张东岳还亲自来看望我，并教我如何生炉子。在乌鲁木齐，我带着介绍信先到了新疆省人民政府办公厅。办公厅主任扎克洛夫同志（维吾尔族）、副主任玛依努尔同志（女、维吾尔族）热情接待了我。其间，我向他们汇报了领导派我来新疆的目的与要求。听了我的汇报，他们一方面与在阿克苏军分区工作的阿满吐尔同志（柯尔克孜族）联系，请对方尽快来乌鲁木齐向我介绍新疆柯尔克孜族的有关情况，另一方面也让我去党委宣传部汇报一下自己的进疆所需。宣传部一位姓赵的部长和副部长艾斯哈提（塔塔尔族）同志同样热情接待了我。过了几天，阿满吐尔同志果然从阿克苏赶来，向我详细地介绍了新疆柯尔克孜族的分布、语言、习俗情况及本民族对文字创制的意见，并表达了对我的热烈欢迎和感谢。

经阿满吐尔同志和宣传部、办公厅领导与伊犁地区党委宣传部联系，决定先让我去伊宁市，由伊犁地区党委宣传部副部长阿不都萨拉木（维吾尔族、诗人）和秘书宋彦明负责组织安排我的住宿及学习和调查。这样，我又从乌鲁木齐坐汽车上路，走了三天到了伊犁。途中在果子沟，我住进了一户俄罗斯族人家，第一次吃到俄罗斯民族的面包和红菜汤。新疆民族多，各族都有自己的美食，如维吾尔族的抓饭、拉条子，回族的炒菜、面片，哈萨克族和柯尔克孜族的风味肉食等。这些食品，从乌鲁木齐到伊犁沿途我几乎都品尝到了。

到达伊宁市后，我住在一所以“阿合买提江”命名的学校里，边给该校学生教汉语文课，边跟一位教民族语文课的柯尔克孜族老师克再依同志学习柯尔克孜语。在这所学校附近，有一座不大的“中苏友协图书馆”。我充分利用这个图书馆，开始阅读馆藏的吉尔吉斯文书籍和报刊。在这所学校附近还有一所名叫“斯大林中学”的俄语学校，也成为我抽空去听俄语课的地方。为练习会话、熟悉柯尔克孜族人民的风俗习惯和征求他们对文字改革的意见，我还经常到住在伊宁市的柯尔克孜族同志家做客。当地柯尔克孜族人的热情好客和他们对我调查柯尔克孜语的大力支持，让我初步熟悉了这个民族。

我在伊宁市住了4个多月。由于有维吾尔语的基础，经过努力学习和实践，我已掌握了柯尔克孜语语法的基本特点，并能用柯尔克孜语进行日常会话。1954年5月初，在伊犁地区党委宣传部的组织安排下，我前往特克斯县开展语言调查。为照顾我前往库克铁莱克柯尔克孜自治州（现为民族乡）开展语言调查，县里还给我配备了一匹马供我骑行，不料半路上遇到大雨，我不得不躲进一户牧民的毡房避雨。天晴后，我又骑马向着库克铁莱克奔去。本来两三个小时的路，我却走了大半天，还把屁股磨破了。

库克铁莱克是天山北麓一个风景非常好的地方 —— 山上长满松树，地上到处开满鲜花，空气新鲜，清清的流水从山里流出，毡房里冒出缕缕炊烟，从远处还不时传来动听的牧歌，这一切构成了一幅美丽动人的图画。生活在这里的柯尔克孜族人民热情好客，令人感动。在伊犁、在特克斯近半年的生活，使我对新疆尤其对柯尔克孜族人民产生了深厚的感情。在库克铁莱克，我住在区办公室，白天和区里的干部一起出去参加各种活动，也抽时间到牧民家里按拟定的提纲进行柯尔克孜语言调查，晚上再整理记录材料。

经过近半年的学习和调查，我不仅掌握了柯尔克孜语的一些基本词汇，还弄清了北疆特克斯县柯尔克孜语语音系统，并发现它的元音和辅音音位以及在个别语法点上受到当地哈萨克语的影响较多。通过调查，我也了解了不少柯尔克孜族同志对文字改革的意见，特别是一些柯尔克孜族知识分子迫切要求有本民族的法定文字的想法。

1954年6月中旬，我接到阿满吐尔同志从南疆阿图什县发来的电报。他当时已经调往南疆阿图什县参与筹备克孜勒苏柯尔克孜自治区（后改为自治州），特邀我出席于7月中旬在阿图什县举行的克孜勒苏柯尔克孜自治区成立大会。按照他的要求，我从北疆特克斯县的库克铁莱克回到伊宁市，又乘长途汽车走了三天回到乌鲁木齐市，转车走了一个多星期到喀什，再从喀什前往阿图什县城，抵达时已是6月底。那时的阿图什是戈壁滩上的一个小县城，只有一条公路穿过，党政机关驻所就是一些土房子。记得当年县城里有一所中学、一处医院，还有几家贸易公司的门市部。

在阿图什县城，我受到当时负责筹备成立克孜勒苏柯尔克孜自治区的领导赵子和书记、后来当选为州长的买买提艾沙（柯尔克孜族）、阿满吐尔副书记（柯尔克孜族）等同志的接见。由于当地没有招待所，又考虑到我将参加制定柯尔克孜文字方案的工作，他们便安排我住在当过柯尔克孜语文教师的阿布都卡德尔·套克套劳夫先生家里。他夫人是塔塔尔族，在医院工作，家里收拾得非常干净。我和阿布都卡德尔·套克套劳夫先生天天就在他家里研究克孜勒苏柯尔克孜自治区成立后将要提出的柯尔克孜文字方案。

当时阿图什没有柯尔克孜语言文字的专门研究组织和人员，因此有关工作只是请一些柯尔克孜族领导干部、知识分子开座谈会和个别征求意见。记得参加座谈和被征求意见的同志中有筹备区域自治的一些领导，还有后任州委宣传部部长的阿帕尔同志（柯尔克孜族）、在苏联留过学的乌恰县公安局局长吐尔干同志（柯尔克孜族）、后任州民政科科长的霍加木凯耳地同志（柯尔克孜族）、阿图什县哈拉峻区区长卡德尔同志（柯尔克孜族）、给阿满吐尔副书记当秘书的塔依尔同志（柯尔克孜族）、颇有翻译工作经验的马翻译（回族）和范翻译等。其间，有个别柯尔克孜族同志建议直接采用吉尔吉斯文，有的柯尔克孜族同志主张沿用解放前在个别柯尔克孜族小学曾使用过的一套字母。而阿布都卡德尔·套克套劳夫先生和我都主张，最好能新创制一套符合我国实际、与新疆维吾尔文字和哈萨克文字体系尽量一致、既有利于民族团结又能科学地表达柯尔克孜语独特语音特点的文字。

1954年7月14日上午，在阿图什县土坯礼堂里隆重举行了克孜勒苏柯尔克孜自治区（1955年2月改称自治州）成立大会，会场里坐满了来自各县的各族农牧民代表。我应邀出席了这次大会，有幸见证了柯尔克孜族区域自治的重要历史时刻。

会后第二天，在阿图什县一所中学的一间教室里举行了一次讨论柯尔克孜文字方案的座谈会，出席会议的有买买提艾沙、阿满吐尔等领导及来自各县的部分代表。记得会议现场的地上铺着柯尔克孜族花毡，大家席地而坐。会上，阿布都卡德尔·套克套劳夫先生宣读了我们在征求大家意见基础上拟定的柯尔克孜文字创制原则方案。这一文字方案中包括30个字母，其中f、h、v是专为书写借词使用的，其他的27个字母则是一个字母表示一个音位。他在会上也介绍我是来自北京、专为柯尔克孜族文字问题来新疆学习和调查柯尔克孜语的。当时维吾尔文中四个元音音位O、？、U、¨ 1只用两个字母表达，而我们提出的柯尔克孜文字方案采用了四个字母，相比当时的维吾尔文能鲜明区别元音O与？、元音U与 ¨ 1。这一方案也比解放前曾在个别柯尔克孜族学校中使用过的那套字母（25个字母加一个软元音或叫前元音符号）容易掌握，使用起来很方便。经过讨论，大家都同意了我们提出的这一文字方案。会后，我们用钢板刻写了字母表及简明写法规则，并上报新成立的克孜勒苏柯尔克孜自治区人民政府，还附上用拓蓝纸复写的汉文译稿。此后，我又深入乌恰、阿合奇县的牧区，继续学习和进行柯尔克孜语言、民间文学和民俗调查。

1954年秋，克孜勒苏柯尔克孜自治州人民政府将新创制的柯尔克孜文字方案上报新疆省人民政府。我于1954年年底返回北京后，也将自己在新疆柯尔克孜族地区学习、调查柯尔克孜语和参加创制柯尔克孜文字方案工作的情况向院领导做了书面汇报。1955年5月，新疆省人民政府发布了《关于柯尔克孜族文字写法规则具体实施办法决议的命令》。从当年起，柯尔克孜族文字方案成为柯尔克孜族正式的法定文字。

1955年12月6—15日，中国科学院和中央民族事务委员会在北京联合召开民族语文科学讨论会（后称“第一次民族语文科学讨论会”）。我和阿不都卡德尔·套克套劳夫应邀出席了这次讨论会和作了联合发言，汇报了创制柯尔克孜文字方案的经过及推行情况。中央民族事务委员会领导肯定了我们所做的工作，同意继续推行新创制的正式文字。

我们的工作也促进了新疆其他民族的文字工作。维吾尔语言学家穆提义、吐尔逊先生见我时，夸赞我们拟定的柯尔克孜文字方案能充分表达柯尔克孜语的音位，并很快建议新疆民族语言研究指导委员会在维吾尔文字母中也加了两个字母来区别四个元音音位。

我在天山南北和帕米尔高原一年中，克服了生活上的种种困难，一边坚持学习、调查，一边尽量和牧民一起劳动——或一起出去放羊，或出去捡蘑菇。有时，我还给新华社来牧区采访的记者和上面派来的访问团领导做翻译。我曾从马上摔下来一只脚套在马镫上被拖过，曾骑马过河被激流冲下河里，也曾发高烧躺在毡房里靠喝牧民大妈烧的油茶退了烧。这一切都使我终生难忘！在新疆的一年学习调查生活使我增长了许多知识，也使我与柯尔克孜族人民建立了深厚的感情。从那时起，我立下决心要一生献身民族教育事业，献身柯尔克孜族的语言文化教学研究工作。

柯尔克孜文字创制方案实施已经六十多年了。作为当年在新疆学习、调查柯尔克孜语并参与创制柯尔克孜文字方案工作的一名成员，我有义务把自己经历过和能记住的情况介绍给各族青年学者，希望大家能从中加深对我国民族语文政策以及党和政府关怀少数民族文化建设各方面的认识，为民族团结和实现中华民族的伟大复兴贡献更多力量！

# 黎语调查回顾

文明英

1955年下半年，中南民族学院根据政务院1951年2月《关于民族事务的几项决定》（责成中央人民政府各委、部、会、院、署、行注意建立有关民族事务的业务，并指令在政务院文化教育委员会设民族语言文字研究指导委员会，指导和组织关于少数民族语言文字的研究工作，帮助尚无文字的民族创立文字，帮助文字不完备的民族逐渐充实其文字）的指示精神，号召本校没有本民族文字的少数民族学生报名参加相关工作。当时我抢先报名，表态我是党培养的学生，我来校学习的目的就是将来更好地为民族地区服务。我报名后，中南民族学院副院长、著名语言学专家严学窘教授就对我进行了面试。面试地点就在他的办公室内。他对我说："你抢先报名参加黎语调查工作很好，欢迎你。为了更好地完成此项工作，必须在语言方面对你进行测试。"然后，他打开事先准备好的试题让我回答。我回答完毕，他赞许道："你回答得很好！可以参加语言调查，回班里继续学习，等待通知。"

## 一、学本领 —— 在中央民族学院接受语言培训

1956年2月16日，我和其他被录取的黎族同学一起，终于坐上奔赴祖国首都北京的火车，住进了中央民族学院语文系为我们准备的宿舍，准备次日参加中国少数民族语言培训班的正式学习。

初次到北京学习和生活，对我这样一个刚从海南山区走出的黎族青年来说，真是看哪哪都美、到哪哪都好！天安门、故宫、北海、中山公园、颐和园、天坛、万里长城、官厅水库等让我流连忘返，街上跑的公共汽车、有轨电车、小汽车甚至三轮车和单车等都使我觉得新鲜。

我记得当年学习的主要课程有"普通语言学""普通语音学""语法"等。通过学习，我加深了对语言学的认识，了解语言是由语音、词汇和语法构成的交际工具以及它的书面和口语形式、语法结构、词的构成和变化、词组和句子的组织等。在老师的指导下，我们练习听音、记音和辨音，检验自己对声母、韵母和声调的使用是否熟练、准确，专业能力大大提高，很快达到能独立工作的水平。在努力学习语言调查知识的过程中，我尝试运用国际音标写下自己所讲的黎语以及黎族民歌和民间故事。

1956年6月1日，中国科学院少数民族语言研究所筹备处决定安排我在中国科学院少数民族语言调查第一工作队海南分队工作并任副组长。

## 二、水陆联线——难忘的返琼归程

1956年6月30日培训学习结束，这一天也是我和同学们的离京之日。当天我们坐上南下火车，次日到达武昌后在中南民族学院过夜。7月3日，我们又乘火车前往广州。在广州，我们住进位于越秀山的广东民委招待所，并做渡海准备工作。7月11日下午4点钟，我们在广州大沙码头登上了一艘拖船。在船上，大家睡在一个大舱内，人与人之间有一块木板相隔，虽然挤一些，但都觉得很兴奋。

这是一条从广州到江门、从江门到湛江、从湛江到海口的水陆联运线，每到一个站，就要下船上车、下车上船，虽然有些麻烦而且是日夜兼程，但大家精神都很好。当年从广州到海南，除了走这条水陆联运线外，还有一昼夜就可到达海口的轮船航线，但据说当时乘轮船走海路并不安全，所以才选择走水陆联运这条既费时又辛苦的路线。尽管如此，船舱里的第一夜，我还是兴奋得久久不能入睡且浮想联翩：首先想的是很快就要回到久别的故乡了，因而自己不时地向窗外望，隐隐约约看见水面非常平静，一轮新月斜挂在夜空的远方，只听见船行发出的哗哗水声。在船舱内，大家早已熟睡，鼾声此起彼伏，而我还继续自己的回顾与联想——这次重返故乡从事黎语调查，是党和政府给我的又一次宝贵人生机会；我想起恩人大伯，是他全力支持我上学读书，使我从斗大字都不识几个的孩子，成长为一个有文化的青年；我想起大嫂对我的疼爱，还有在我离开家乡上路时她塞给我的零花钱；我又想起自己在广东民族学院、中南民族学院和中央民族学院学习生活的一幕幕往事……想着、想着，不知什么时候船已到达江门码头，我听到大家互相招呼下船的声音。

下船后，我随着大家步行到附近的车站，登上长途汽车向湛江方向驰去。从江门到湛江约有三百多公里，汽车要走十多个小时，途中要吃两顿饭。吃这两顿饭就像打仗一样，放下碗筷就忙不迭地上车。由于自己乘长途车有点儿晕车，一路上在什么地方吃饭、在什么地方休息都不在乎了，心里只想着紧跟大家不要掉队。到湛江时天已黑了，由于人生地不熟，找旅馆很难，大家被几个当地人分别带到几个小旅馆住下。翌日天一亮，大家又继续前行，下午时分终于到达广东省最南端的徐闻县海安镇海边，等待坐船过海。在海边候船的时候，我们纷纷下到海滩向南望，远远的海平线处可见一条朦胧起伏的山影——那就是我的故乡海南岛！望见了海南岛，大家的心情都非常兴奋，尤其是一些从内地来、从未见过海的工作队员显得格外激动。他们好奇地玩着海水，有的人还捧起海水尝一尝是不是咸的。我是离别海南故乡多年的人，心里也同样激动，但心中更多的则是对故乡和亲人的思念。

没等多久我们就登上过海轮渡，大约一个多小时左右便到达海口的秀英码头。一下船，早就在这里迎候我们的海南民委同志便把大家带到本地两个招待所住下。

## 三、从海口到通什 —— 进驻冲山镇

一踏上海南大地，熟悉的家乡风光就重现眼前 —— 挺拔的椰子树排列在大路两旁，在海风的吹拂下椰叶不断摆动并发出沙沙的声响，像是为我们的到来而欢呼致意。在这里，我又听到无比亲切的乡音 —— 闽南方言海南话。虽然我离开家乡才两年多，但此时我激动的心情难以言表，情不自禁地喊："海南，我回来了！"

在海口略做休息，7月15日，我们工作队一行四十来人便分别坐上一辆包租客车和一辆吉普车，从海口向通什方向进发 —— 走海榆中线公路，途经琼山县（现更名为海口市琼山区）的永兴镇，澄迈县的永发镇、新吴镇，屯昌县的新兴镇、屯昌镇，琼中县的湾岭镇、乌石镇、营根镇、红毛镇、什运乡，保亭县的毛阳镇、冲山镇（这两个镇现在归五指山市管辖）等地。汽车途经属黎族、苗族和汉族杂居区的屯昌县，又进入著名的五指山所在地、属黎族聚居区的琼中县。这一段路途比较险峻，大家（包括我在内）都是第一次走这条路，对路况和周边环境不甚了解。车向南行约一小时左右进入一座黎、苗村寨，但未看见身着黎、苗民族服装的男女。其实，当年这一带的黎族、苗族男女一般都不穿民族服装了。在路上，偶尔可以看见有人在赶用长绳连穿牛鼻的牛群。车行至琼中县境内的加钗时，热心的司机对大家说，北边的高山就是黎母山，西北部的那座山就是鹦哥傲。车行到红毛时，司机又介绍说南边的那座山就是五指山，西边的那座是鹦哥岭。车行至什运时，司机又告诉大家东南方向的那座山是五指山，西北部那座还是鹦哥岭。尽管司机把车开得很慢，但由于距离较远，我们还是看不大清楚。远望这里的山山水水，更勾起了大家的好奇心和各种想象。汽车艰难地爬过阿陀岭，终于到达顶峰。大家往下一看，发现山下有一个城镇，原来这就是我们要去的地方 —— 冲山镇（也叫"通什镇"）。

下午六点钟左右，我们终于抵达冲山镇。冲山镇在20世纪50年代时隶属于保亭县管辖，这里都是山，几乎没有平地。1953年海南黎族苗族

自治州从乐东县抱由镇搬到这里，这里才成为山坡上的新城镇，也就跟着热闹起来（1952年7月1日成立海南黎族苗族自治州时，州政府驻地在乐东县抱由镇）。州党委在山上盖了两层办公楼，又在楼后面盖了很多茅草房作为干部住处（我们来到冲山镇时就住在这里）。州政府则在州党委办公楼北面之下西侧盖了一栋政府办公楼，州政府办公楼的南边是州民族歌舞团驻地，州党委办公楼东侧是州团委和州妇联，州团委和州政府办公楼北面是大礼堂，州党委办公楼西南角是州人民医院，东边山下是州初级师范学校。山坡下，从东向北往西南绕弯处分别是汽车站、文化广场（内设有舞台，供文艺团体节日演出、各界团体召开群众大会使用；还设有篮球场、排球场，供机关团体和农民健身运动和比赛用）、百货大楼、邮电局、百货公司、新华书店、饮食店、农业银行和各种各样的小卖部等，可以说是一应俱全。这里的物价比较便宜。初到这里时，我们都在州政府食堂吃饭，每天开两顿饭，午餐和夜餐我们可以到街上吃，有时还有牛奶、咖啡和点心等，挺方便的。

这里靠近农村，番茅黎村就在通什河的对面。我在街上经常看见黎族和苗族妇女来商店购物。黎族妇女上身穿的是靛蓝色无扣对胸紧袖短上衣，下身穿的是绣红色图案花纹的短筒裙，身后还背着一个小藤萝。苗族妇女则上穿过膝的上衣，下穿中长裙，头戴绣花方头巾。街上的黎族男子也不少见，中老年人下身穿的是前后各一片的“遮羞布”，青年男子则穿汉装。有一次我和另一位同事到乡下去，看见这里的黎族同胞住的几乎是清一色的铺地式船形茅草屋，村旁的晒稻架上挂满了一把把手掐稻穗。在田里，可看见他们赶着牛群“踩田”；在山栏地里是他们种的杂粮作物，有的开荒地还冒着滚滚浓烟。

## 四、走上专业工作岗位

7月24日，“海南黎族苗族自治州黎族苗族语文研究指导委员会”正式成立，我荣幸地从工作队转入“语委会”工作。这意味着自己已从学生时代步入正式工作时代，成为一个正式拿国家工资的工作干部了。

语委会成立后，黎语调查和文字创制工作就由工作队和“语委会”合作进行。从8月开始，我们先集中在一起搞试点，其实是练兵，从一部分人收集植物词汇、另一部分人收集长篇话语材料开始。收集植物词汇的人要到野外去采集，见到什么植物标本就收集什么，不能漏收；收集回来的标本夹在纸片里，送到海南植物园里请专家鉴别，注出学名和俗名，留作编写词典时参考。我参加的是黎族民间长篇话语材料收集工作，但不下乡，方式是托人找会讲民间话语材料的民间艺人到队部来叙述。这些民间艺人主要是福关村人。由于我在中央民族学院参加培训学习时比较注意听音、辨音和记音，所以能较准确地记下许多黎族（主要是杞方言通什话）民间歌谣和民间故事，并从中摘录出不少词汇和语法现象。这些基础工作为进行黎语方言土语间的语音比较、词汇异同比较、声母比较、韵母比较、声调比较提供了便利。同时，我还注意将通什话的声母跟自己讲的哈方言保境村话做比较。经过比较，我发现通什话的[pl]、[z]声母分别与保境村话的[l]、[h]声母有对应关系，并确认通什土语福关话的[p]、[l]声母还与保境村话的[p]、[l]声母、福关话的[z]声母和保境村话的[z]声母同源。这一发现证明了杞方言与哈方言关系密切，并说明它们就是黎语的两个分支方言。

## 五、从冲山到乐东

自1956年8月4日到至8月14日，我仅用十天时间就结束了在冲山镇（即通什镇）调查黎语杞方言通什土语通什话的工作。通过这十天的实地调查，我的听音、辨音和记音本领有了很大的提高，运用国际音标记音的能力也更加熟练、准确。该地工作一结束，我们就按照原来的计划分三个组到各县去调查不同的方言。我因为是黎族哈方言地区人，被分配在第一组到乐东县去调查乐东黎语哈方言话，决定8月15日就动身。

出发的那一天虽然下着雨，但行程计划仍未改变。当时有人问严学宭队长是否按原计划出发？严队长的回答是："风雨无阻，继续前进！"从冲山到乐东没有直通公路。我们坐上一辆大卡车，连人和行李闷在车里。由于空气不畅通，没走多远，所有人都晕得够呛，甚至有个别同志开始呕吐了。在当时情况下，只要有一个人呕吐，其他的人马上受到"感染"，或许是条件反射，我觉得自己喉咙胀大了、发黏了，并看到大家都闭着眼睛控制着喉咙。我暗自忍耐，要求自己千万别吐！这种窘况一直忍耐到抵达崖县（现已更名为"三亚市"）的马岭地区，大家才得以下车。大家到海边散散步、捡些贝壳玩玩，才慢慢地缓过劲儿来。晚上到达旧崖城，我们住进区政府院内，熬过了一个风雨裹乱的长夜。

第二天雨仍然下个不停。为了赶时间，我们决定冒雨前进。行李由雇来的民工挑着，我们各自背着挎包跟着民工在泥泞的路上跋涉。快要到达崖城时，突然刮起大风，接着又是倾盆大雨降落。根据我离岛前遇到大风的经验，估计可能要刮台风。听我这么一说，大家便聚集在一起商量对策。有人提议干脆赶快返回崖城去；有人说，来不及了，得找个地方先躲一躲吧！但环顾四周，不见村庄和农家。后来有人发现，离我们不远的一块地势较高的庄稼地里有一座砖瓦房。大家就赶快跑了过去，到了跟前一看，啊，原来这里有一家农场！说来也巧，这时正好碰上这家农场场长前来巡察。按黎族民间的说法，危难时刻有他人出现，就是遇上了"神仙"——有救了！可不是吗，这位场长见我们狼狈的样子，就主动、爽快地叫我们先到农场里住下再说。出门在外，在碰到困难时有人相助，真是打从心里感到暖乎乎的。我不由地在内心感叹，这位场长一定是个大好人，而且是我们的"福星"！

就这样，我们这群男男女女被安排分睡在这家农场场部办公室的过厅和仓库两头。场长安排完我们的住处后说："你们就放心地住吧，吃饭不成问题！我们吃什么你们就吃什么。"幸亏有了他及时救助——这场风雨果然就是台风，而且来得十分迅猛。假如没有他出现和帮助，这个难关还真的不知怎样度过！场长十分有经验地对我们说，这个台风的风力估计得有八九级。没过多长时间，只见附近所有大树都被刮得弯来倒去，田里的水稻全部倒伏在地，田野和道路已被雨水淹没，一望无际的田地变成了一片汪洋。

台风来时匆匆，去也匆匆，不到四个小时就停歇了，第二天马上转晴。为了抢时间、赶任务，组内决定由队长和组长等几个人先出发打前站，剩下的人次日再走。台风过后的道路到处都是水，原来的小水沟变成了小河，小河这时变为大川，原本可以蹚水渡过的宁远河水更深了。几位女同志大多不会游泳，过宁远河时就得由两位男同志架着过去。当时我虽然还小，但在家时已学会游泳，凭着这点本领，也能协助女同志过河。上岸时，大家的衣服全都湿了。我们来不及停留，又匆匆忙忙地继续往前走。这一天路更难走——小路两边长满了“飞机草”，由于昨日雨大都已倒伏，有的地方把道路都给挡住了。为了让大家好走路，我和黄有金、王大列、黎啓达（后改名为“李蔚林”）几个熟悉当地自然情况的黎族年轻人走在前面“开路”，将拦路的“飞机草”一一拨开，以便让后面的同志安全通行。穿过了“飞机草”从后，又遇上密密麻麻的杂草丛拦路。这种环境往往藏有水蛇和毒蛇，而对付这种环境，我们黎族人是有经验的。黎族也有“打草惊蛇”的俗语和方法。依据经验，我们四个黎族青年每人拿着一根木棍走在前面，边走边打草清除路障。就这样，我们安了大家的心，也鼓了大家的劲儿，一天内顺利渡过了数不清的大沟小河，没有出现大问题。只是衣服湿了又干，干了又湿，人很不舒服。当晚，我们在乐东县福报区温仁乡小学里借住。这里有很多桌子，每人拼上三四张桌子就是一张床。

第二天天一亮，我们继续上路。走到千家区千家乡时，有人提议为了抢时间可以自由结伴前进，在乐东县抱由镇自行车队处集中。从千家乡到目的地，估计还有九十里路，可说也是一段艰苦的行程。这段路上，我和几位同行者运气还好，遇见几个骑自行车的热心人，同意我们搭乘后座。谁知长时间坐自行车后座并不舒服——道路遥远又不平坦，自行车颠得屁股好痛呀！我们全程忍痛，终于在当天下午到达目的地，住进抱由镇的小学校内，并在县政府机关食堂搭伙。其他未能搭便车（自行车）的同志，都是忍受着烈日头上晒、脚下卵石烫的痛苦，一步一步地走完全程的。有的人随身带的水已喝光，一路上还忍受着干渴的折磨。不论怎样，大家都战胜了前进道路上的困难，于天黑以前在目的地集合。

我曾问一位同志是怎样走过来的。他说：那天吃早饭后，虽然带足了够吃两顿的干粮和水，可是由于天气炎热，随身带的水走到半路就喝完了。那段路大多为灌木荒地，有时看到水田也看不到人家，找水很困难。偶尔遇到几位赶路的黎族妇女，她们挑着东西，每人带有一两个椰子，但都是为自己赶路备用的，并不卖。没有办法，有的同志口渴难耐时，不得不到水田边掬水喝。后来，又看见三三两两的黎族妇女挑着椰子赶路，黎族同志就用黎话对她们说："我们这些人是到乐东来做黎语调查的，天热走长路，随身带来的水都喝完了，能否卖一两个椰子给我们？"这些黎族妇女听后便说："你们不必买，就送给你们吧！"于是，每人匀出一个椰子给我们解渴，而且坚决不要钱。借此机会，我们问她们，田中的水干净不干净，有没有血吸虫？她们说这里没有血吸虫病，喝几口"田水"不会有问题，还说她们自己有时渴了也喝，但田里有蚂蟥，小心不要把蚂蟥喝进肚子里就行了。听了黎族妇女的话，喝过"田水"的同志也就放心了。大家喝了椰子水，似乎也有气力了，最终赶到了目的地。

到了乐东县的第二天，我们就开始工作。在乐东小学里，我们摆开课桌和凳子，请来自保定乡保定村的"发音人"来发音。记音分为语法组、词汇组、会话组、长篇故事组进行，我先在词汇组记录词汇，后来又记录长篇故事。在记音的过程中，我发现我所讲的哈方言保境村话，凡是[n][t]作为收尾韵的单词，在乐东县哈方言保定村话里均分为两套，即有部分词的韵尾仍念作[n][t]，应该说这是同源词的收尾韵，但也有部分单词的韵尾分别变成对应关系词的收尾韵。遇到这种情况，我就跟同行的刘一沾同志说，这些词的收尾韵跟我们保境村话不一样。他听了也觉得很奇怪，就将这些词的收尾韵请大家听一听、辨一辨。经过大家认真听辨，都确认这种变化一点儿也没有错，认为保定村话在黎语中很有特色。

## 六、从乐东到马岭

经过29天（即8月21日—9月16日）比较深入地调查了乐东县哈方言保定村话这个点后，我们就按原计划分成两组，一组到东方县调查哈方言哈耶姆（黎语has’eemx的音译）土语中的沙话，另一组到崖县调查哈方言抱显土语黑土话。我被分配到后一组。9月18日，我们组离开乐东抱由镇，踏上返回崖县旧崖城的归路。头一天走了约有六十里路到乐东县的千家区，第二天一鼓作气走了八十里到旧崖城。这一天正好是农历八月十五日，在距旧崖城还有二十里路时天就黑了，圆圆的明月高挂天空，把大地照得明亮亮的。趁着月光，我们加快步伐前进，累时就坐下来休息，打开随身带来的椰子喝椰汁、吃椰子肉并一同赏月，恢复体力后又继续前进。到达崖城区政府的时候，由于疲劳过度，大家一躺下就睡着了，第二天醒后继续向马岭方向前进。

马岭是崖县的渔港之一，这个东面紧靠“天涯海角”的海岸小镇上，居民大部分是汉族，多为渔民。每天清晨，都能听见渔民们出海打鱼的喊声。这里的海滩长而宽，景色优美，街上离海边只有几百米。我们的语言调查点就是离这里不远的黑土村。到黑土村后，我们借住在一所破旧的茅草屋里，并以这里为办公室，每天请“发音合作人”来发音。午休时我们到海边游泳，傍晚就到海边的沙滩上，边散步边捡拾贝壳。傍晚的沙滩上，除了散步的我们，看不到其他人，周边静寂得令人害怕。我们的房东是渔民，有一天，他带回一只一尺多长的大龙虾让我们看。第一次看到这么大的龙虾，大家都惊讶不已。有同志赶紧拿来照相机，让大家轮流拿着大龙虾照相留念。

在这里做黎语调查的工作生活并不平静。当月某一天夜里突然刮起台风，一时风雨交加，雨水直接从屋外流进来，惊得大家赶忙卷起铺盖不敢睡了，一直坐等天亮。在这紧张的一夜，我们听到有房屋的砖瓦被风刮得哗啦哗啦乱响，第二天出来一看才知道，原来是隔壁某部队营房的屋顶瓦片被大风掀走了，听说还有几名战士受伤。对此，我们感到自己很幸运！

因为我们租住的破旧茅草屋虽然漏水，但比起瓦房还是安全的。为了看看台风到底有多厉害，好奇的我们曾冒险跑到海边看海浪。大家还没到海边，就已被雷鸣般的浪涛声所震撼，海里的浪头足有五六米高，岸边一带的树被刮得歪的歪、倒的倒。若要用“排山倒海”“海浪滔天”来形容台风威力，一点儿也不过分。

对黑土话的调查仅用12天的时间便结束了。对我来说，黎语的先天优势有利于我进行语音比较，这期间的工作收获甚多。经过比较，我发现黑土话与我讲的保境村话存在许多同源词和对应关系词，其中同源词很多，就不一一列举了，最明显的关系词是[b]和[m]、[ ? ]和[d]、[t]和[n]声母的对应。

## 七、从马岭回通什

在马岭的调查工作结束后，调查组大部分人员先后于10月4—7日离开马岭回到自治州首府通什。我和语委会主任唐宗海没有回通什，而是按照计划前往陵水县的军田和崖县的藤桥做一般调查点的调查工作。我俩第一天坐车到陵水县对军田黎语做调查，第二天下午返回崖县三区对仲田乡海棠村黎语做调查。经过调查，发现这两个点语言的基本词汇是相同的，声母、韵母和声调与乐东县保定村话大同小异。三天后，我俩也回到通什。至此，第一阶段的语言调查工作宣告结束。此后，我用两个月的时间整理调查材料，并根据这些材料进行方言、土语的划分。

转眼间春节到了。调查组内有部分同志回家过年，剩下的同志都为即将在1957年二月份召开的黎族语文科学讨论会而忘我工作。我没有回家，是因为我是大会秘书处文书组成员，要负责黎族语文科学讨论会的材料油印、装订等工作。这些工作很紧张，一方面要催促刻写者抓紧时间出稿，另一方面又要完成印刷和装订，以保证开会时将材料发到代表们手里。

春节过后的2月10—16日，“黎族语言文字问题科学讨论会”在通什召开，海南黎族苗族自治州州长王国兴同志致开幕词并作“关于黎族文字问题的报告”。他在开幕词中说：“这次大会的开幕是黎族人民一件大喜事，是党的民族政策在文化建设事业上的光辉体现。在过去，受着国民党反动派摧残奴役的黎族人民是没有自己的文字的。在中华人民共和国成立后的今天，在党和政府对黎族苗族文字创制工作的关怀和重视下，在中国科学院少数民族语言调查第一工作队海南分队的直接帮助下，我们现在已胜利地完成了普查黎语苗语和设计黎文的工作。我们完全相信，黎文的诞生对于黎族人民学习和提高自己的文化知识、学习科学技术，逐步过渡到社会主义，将起着很大的推动作用。”他指出，这次大会的任务是讨论并通过黎文的基础方言、标准音、黎文方案和推行规划，动员一切积极因素，努力推动各有关部门把黎文工作做得更好和更快，以适应我州社会主义经济和文化建设迅速发展的要求。之后，他介绍了出席这次会议的全国政协副主席包尔汉、中央和省及行署的代表、兄弟民族语文机关的代表和苏联顾问谢尔久琴科教授，并说：“他们走了很长的路程前来指导帮助我们，这就更加保证了我们的会议一定能开得更好。”

中国科学院少数民族语言研究所副所长傅懋勣参加了这次会议，并作了“关于拼音文字的优越性和关于黎文工作的几点意见”的报告。会上，来自中国科学院、中央民族学院的苏联顾问谢尔久琴科教授也作了“关于黎族文字”的报告。根据我的记录，中央民族事务委员会文教司副司长尹育然、广东省民族事务委员会主任罗明、海南行署民族事务委员会主任冯安全、中山大学教授高华年、广东省教育厅工农教育处处长刘勉、广东省文化局文艺处处长何琪、海南行署文教处副处长郑放、黎族苗族自治州文教局局长符项武、黎族苗族自治州中级人民法院院长王时崇、黎族苗族自治州团委会书记林石榴、黎族苗族自治州妇女联合会主任陈玉梅、海南黎族苗族自治州师范学校教导主任符兴夏以及来自白沙县、保亭县、陵水县、崖县、东方县的领导也以大会代表的身份参加了会议。

这次会议讨论通过了工作队提出的《关于划分黎语方言和选择黎语基础方言标准音的意见》以及黎族文字方案（草案）。根据该《意见》，确定了以黎语哈方言为基础，以乐东县三平区（今属抱由镇）保定村的语音为黎语标准音。会议期间，我以“海南黎族苗族语文研究指导委员会”名义撰写了题为《黎族语言文字问题的科学讨论会在通什举行》的报道，并寄至中南民族学院院刊。该院刊在“远方寄语”栏目发表了该文。

## 八、从通什到保定

黎文创制后，为了学习和掌握黎语标准音，我们全体调查人员于1957年3月初出发到原广东省乐东县三平区保定村，计划在那里扎根三个月，向当地黎族群众学习黎语标准音，顺便搜集黎语词汇和语法材料，以备编写黎语词典。我们还计划在那里举办黎文民师学习班，为今后推行黎文做准备工作。

由海南黎族苗族自治州州府通什镇到乐东县保定村需要走两天的时间。因走山路不方便，我们三十多人只好分三批走。我所在的这一批人第一天由通什镇到乐东县万冲区府所在地就要走80里路。这一带是黎族的中心地带之一“合亩制”地区（“合亩制”在人民公社成立后消亡）。从地域上看，“合亩制”分布于保亭县、乐东县、白沙县和琼中县交界地区。

所谓“合亩制”，系黎族家长制家族公社组织形式，黎语叫“翁统打”（合伙田地）或“翁统沃工”（合伙干活）等。“合亩制”成员由有父系血缘关系的农户组成，有的也包括非血缘关系的外来户“龙仔”和“工仔”等，规模一般在两三户至七八户之间，个别达二三十户不等。“合亩制”下的生产工具比较落后，耕作粗放，有较多的禁忌日，粮食产量也较低。管理生产与分配的“亩头”与其妻子一起，主持生产前和生产后的一些宗教仪式。一般“合亩制”下，包括“亩头”在内的成员都是贫苦农民，耕地多半属全体所有，收获品则根据人口多少按户平分；“亩头”除享有少量“稻公稻母”（黎语称“麦雄”，意为“五谷的灵魂”，旧时供祭祀或救济用的稻谷）外，并未多占多分；亲属成员生活有困难时，还能互相照顾。

我们走进“合亩制”地区后，觉得这里挺有诗意 —— 梯田片片挂山腰，茅舍间间嵌山谷，山涧条条流不停，仿佛“世外桃源”。走到偏僻处，偶尔还能看到一些野生动物，如猴子、鹦鹉和其他鸟类等，“四脚蛇”更是随处可见。经过村寨的小河边时，不时能看到青年妇女三三两两地在清澈的河里洗衣、洗澡。对方看见我们，还主动向我们打招呼，问我们要到哪里去？这种情景使我们感到很高兴，便和她们搭上几句。因要赶远路，我们与对方没有时间多聊，打过招呼后就匆匆离去，不知不觉中到达万冲。当晚我们住在万冲小学的教室里，床铺很简单，将几张学生课桌拼在一起就是一张床。由于长途跋涉，大家都觉得很累，一躺下就睡着了，第二天吃过早饭后又继续赶路。

从万冲到保定村虽然只有60里路，但由于头天过于疲劳，速度就显得慢多了，没走多远就得休息一下，到最后几乎像是散步的样子，最后终于顺利到达目的地——保定村。

## 九、扎根保定村

到了保定村后，我们临时住在乐东县保定小学里。但长期住在小学里也不是办法，为此，我们决定搭建三间茅草屋，其中两间用来住人，一间用来工作。两间茅草屋仅够安排男同志住，只好将几位女同志安排在附近的一间“布隆闺”里。所谓“布隆闺”，是指14—15岁婚前女子或寡妇的住房，也是青年男女的交际场所，其式样与主屋近似，但较矮小，多建在主屋前面或附近，屋内不安置炉灶，居住者与父母一同吃饭。为了解决我们的居住困难问题，当地黎族村民主动让出一间“布隆闺”给调查队的女同志住。没想到女同志住进“布隆闺”的头一天晚上，就出现了“情况”：大概是夜里一两点钟左右，住在里面的女同志听到布隆闺的门发出好像被人推动的声音，便大声喝问“谁”？这么一问，不但把屋内的其他女同志惊醒了，也把外面人吓得转身就跑。大家赶快起来打开门看，未见人影，便立即找来村民兵，说发现有贼。村民兵四处搜查，弄得全村的狗叫个不停，还是没有结果。这时有位老大爷说：“这种情况可能是邻村的小伙子来找女孩子唱歌的，估计不会是小偷。夜里男孩子找女孩子唱歌是常事，这是本地的风俗习惯，没有什么可害怕的。”大家一听，觉得很有道理，就安心睡了。

此事使我联想起在通什调查杞方言通什话时的“单音词事件”来：有一次记音，调查工作队请来三位黎族“合作发音人”，现场记录完一些单词后，组长欧阳觉亚就一些单音词顺着声母、韵母、声调的次序拼读给他们听。拼着、念着，有一个音节惹出了事，只见一位发音人突然脸色一变，猛地站起来说：“你们为什么骂我？”在场的人都感到莫名其妙，不知什么地方触犯了他。经过了解，才知道我们犯了禁忌了。原来，当地黎族人的名字只有一个单音节，我们读音节表时，会把很多人名读出来，刚好碰到那位发音人祖辈的名字。在黎族习俗中，别人叫自己长辈的名字就等于骂他；如果这位长辈已死，你叫他的名字就等于恶毒咒骂。因为死者的名字只有在道公祭祀时才能呼唤，平时是不能叫的。经一再解释和道歉，才使发音合作人消除了误会，让对方继续配合我们完成词汇收集工作。

以上两件事说明，搞语言调查也要重视和谨慎对待当地的风俗习惯问题。

保定村是乐东有名的大村，黎语叫“bhausdheengs”，意译为“红村”。该村有三百多户、一千多人，居所全是茅草屋，整个村子建在一个红土山包上。当时村里家家户户门前屋后都种椰子树，远望整个村子只见一片绿椰林，看不到屋舍和人。村子虽然很大，但环境卫生搞得不错。每天早晨，村民们总是先把各自房屋的周围打扫得干干净净，生活垃圾都是集中起来烧掉，猪和牛分别圈养，粪便入池。村民热心集体劳动，每天早出晚归。带孩子的妇女干活前，先把婴儿放进摇篮并吊挂在树上，责成大孩子照看。妇女们回家后的家务劳动包括挑水、做饭、舂米、喂猪等，任劳任怨。村里人无论长幼都很有礼貌，我们每天下河洗衣服或洗澡时总会遇到一些挑水妇女，她们总是主动地向我们打招呼：“档几，啊卜哪姆贺哦！”（同志，洗澡哪！）我们也随即回答：“饿，么簸克哪姆贺哦！”（是的，你挑水哪！）

每晚，年轻妇女们都会在家门前舂米。舂米时，她们多是三四个人围着一个木臼轮番舂，就像敲鼓一样发出很有节奏的“哐咚哐咚”声，一直舂到深夜。舂米的用具包括“子老”（臼）、“切克”（木杵）、“懂”（簸箕）和“懂老”（筛子）。保定村的妇女穿戴跟通什妇女不一样，筒裙没有通什的华丽，也没有头巾和遮胸布，但多戴项圈和大耳环。男子早已改穿汉装，但节假日还要穿麻织服装。这里的黎族保留着自己的风俗习惯，如家中有人生病或有新生婴儿时，门前一般都会插上带叶树枝，以作驱邪。这种标志其实也是一种禁忌警示，告知家中有病人或新生婴儿，外人不宜串门或进屋。

为了更好地学习语言，我们还经常跟社员们一起劳动，有时还参加抗旱、浇玉米和除草。通过实地劳动，我们了解到一些生产知识和耕作过程，也从中学习到一些计划中没有列入调查表的单词，如“山栏”（刀耕火种地）等。种“山栏”就是在这种新开的荒地上种旱稻——我们看见黎族男人手拿着尖木棍走在前面往地上戳洞，妇女则跟在后面将稻种放进洞里，随即用脚板拨土把种子盖上。据介绍，对“山栏”完成播种后，就等天下雨把土地浇湿，稻种会在湿润的土壤中发芽、扬花和结穗。参与生产劳动，使我们发现了不少有关单词，也了解了不少语法现象。

在集体棚屋住了一段时间后，为了更进一步的学好黎语，大家纷纷搬到老乡的客房里住。所谓“客房”其实就是每家房前屋檐下的小房间，平时是用来给孩子或客人住的，或者用作存放杂物。调查工作队中的黎族同志跟老乡住在一起，学习语言收效很明显，而非黎族的同志则收效不大。因此，有的人又搬回原来的棚屋里住，但仍然坚持白天与黎族老乡同劳动，注重在劳动中搜集词汇。经过三个月的努力，大家不仅获得了大量黎语词汇，同时也收集了许多黎族民间故事和诗歌。工作队中的黎族同志由于有语言相通、熟悉黎族风俗习惯的“先天”优势，收获更多，许多人还与“房东”认了干亲，交往中亲如一家人。

在保定村开展语言学习和调查期间，我们还开办了一个“黎文民师培训班”。这一工作结束后，我和青草老师联名写了一篇有关新闻报道，发表在当地《五指山报》上。内容大意为：在乐东县抱由镇保定农业社举办的一个“黎文民师培训班”已于本月19日开课。这个班是根据中共乐东县委文教工作大跃进规划而举办的，全班共有学员22人，均为各社的民师和社干部。为使生产、学习两不误，该班采取半天生产半天学习的办法培训。根据计划，该班全部学习时间为三个月，其间要求学员学会黎文的全部声母、韵母和声调并掌握拼音，且能写三百字以上的文章、故事、山歌等。该班学员毕业后，将回到原社担负黎文扫盲工作任务。

这个班的黎文课是由我上的。经过三个月的授课，全部学员的学习成绩都已达标。他们毕业后，成为走上黎文扫盲岗位的第一批人员。至此，我们顺利完成在保定村的黎语学习和调研任务。

## 十、返回通什之后

结束在保定村的黎语学习调查和办班工作后，大家都觉得收获颇丰，特别是非黎族的同行都已初步掌握了黎语标准音，并能说上不少黎语。当年六月，我们返回通什复命，各科室同志按照分工投入所搜集资料的整理工作。

海南黎族苗族语文研究指导委员会在工作队返回通什前，就已着手校舍建设工作。我们回通什后，民族语文学校校舍建成，其中包括两层办公楼一栋、学生和教师宿舍各一栋、教室两栋、厨房和食堂各一栋。学校招生工作也已结束，并于1957年7月22日正式开学。学校组织机构、领导及相关成员均确定，校长由语委会主任唐宗海（黎族）兼任，教导主任是林建，教导员是陈著盛、邓锡勋，图书管理员是卓德信，总务及事务负责人是李宗标、李运杏，推行科负责人是王积礼，会计是刘宁妹，打钟人是国雄。我作为语委会成员，与同为工作队成员的王大列担任黎文老师，并分别兼职一班和二班的班主任；王文芳（黎族，工作队成员）担任语音学老师，符镇南（黎族，语委会成员）担任语法老师，黎蔚林（黎族，语委会成员）担任语言学老师，王东生（工作队成员）担任教育学老师，陈玉兰（黎族，工作队成员）担任黎文语音辅导员。该校共招生一百名，分两个班上课。一班学生中有党员7人，团员22人；二班学生中有党员7人，团员18人。该校校徽和纪念章上使用的就是刚刚创制的黎文。

1958年3月18日，在时任海南黎族苗族自治州政府秘书长叶明华同志陪同下，已兼任国家外交部部长的陈毅副总理来校视察，并旁听了我的授课；1958年3月21日，朱德同志视察海南路过自治州时，也来校看过我讲黎文课。这一天恰逢“八一”电影制片厂来海南黎族地区拍摄纪录片，当时我正在给一班同学上黎文课，拍摄组便拍了一个我讲黎文课的镜头，这是黎族终于有了自己民族文字的重要历史见证。

关于民族语文学校开班上课的基本情况，我曾专门撰写了题为《黎文班开办半年》的一则消息。该消息发表在当时的《五指山报》上，内容如下：

海南黎族苗族自治州在创造黎文的基础上，为了培养推行黎文师资，于去年七月开办民族语文学校，招收了一百名黎、汉族文教工作干部和知识青年学习黎文。半年来，他们刻苦努力，已经完成黎文语音学常识、语言学常识和黎话语法等课程的学习。现在，90%的同学已经能用黎语交流思想，10%的同学已经能用黎文写五百字以上的通俗文章。为了使同学们更准确掌握黎话标准音，学校准备给他们两个半月的时间下“标准音点”实习。据了解，民族语文学校除在本校开班上课外，还将在乐东县三平区保定村、保亭县通什镇、白沙县牙开、崖县等地开课。

此外，我和王大列老师还联名撰写了一则题为《通什镇培训出41名黎文扫盲教师》的消息，也在《五指山报》上发表。

研究科的同志们这时也很忙。他们把在保定村搜集到的语言材料如民间神话、故事、传说、寓言、谜语、谚语和词汇等分别誊写到卡片上，作为编写《黎汉对照词典》的重要补充。编译科的同志们也忙得不可开交。他们团结合作、协力齐心，积极投入《黎文扫盲课本》第一、第二、第三册的编写。总之，这一时期的黎文推广工作如热潮掀起般地全面推进。

1958年年底，随着海南黎族苗族自治州政府机关由通什迁至海口（与海南行政区公署合并办公），州各机关部门有的撤销有的合并，各科室人员陆续被分配到各地，黎文推广工作也戛然而止了。原工作队成员这时只剩下4人，也搬迁到海南行署，继续修改《黎语调查报告》的初稿，至

1959年5月全部返回北京。

黎文推广工作的终止并不意味着大家的辛勤付出是无意义的。对于当年在十分艰苦的条件下参加黎文创制和黎语调查的所有同志，我永远不会忘记他们。因为黎文的诞生，是大家凝心聚力、共同创造的文化成果，所以我必须将他们的名字记录下来，让黎族子孙后代永远记住、感恩他们的历史奉献。他们是：严学宭、王均、王大列、王文芳、王宏伟、王国球、王明（符有丹）、王桂凤、王积礼、王理辉、王德理、方根载、邓锡勋、刘一沾、李敬忠、严燕、陆雄、陈仁和、陈玉兰、陈清江、陈瑾、张文治、张儒群、林苍萍、杨舜英、周德新、唐宗海、唐渊、黄木桂、黄东生、黄有金、符爱琼、符镇、符镇南、梁敏、曾昭启、曾崔鸿、詹伯慧、黎蔚林（黎啓达）。

几年后，自治州政府机关又从海口搬回通什。这时的通什也有了很大变化，但遗憾的是民族语文学校的建筑却被拆除了。曾经的同事有的转了行，有的成为所在单位骨干或得到提拔，有的却因病离世了，令我感伤不已！

时隔半个多世纪，我应邀赴海南参加“琼台民族历史文化暨黎文创制60周年学术研讨会”，发现黎文在当地民间依然存在并得到传承，如许多黎族民歌都用黎文拼写，有些商品也用黎文标音。会议结束后，我特意到原来工作过的地方看一看：原州委办公楼和自治州人民政府办公楼建筑仍在，已挂上“海南省文物保护单位”的牌子；而“民族语文学校”旧址的前门，现已成为“海南热带海洋学院”的后门。这些历史变迁都使我感慨万分！迄今我仍认为，当年无论是黎文的诞生还是所开展的黎族语言调查，都体现了党和国家对黎族同胞文化事业发展的高度关照，都是党的民族政策在黎族地区贯彻的具体体现，因此应该得到充分肯定，同时也应珍惜相关成果。

我祝愿黎文能像木棉花和火焰花一样，在黎族地区的经济社会发展中展示其独特魅力和推进作用。

# 舞剧《凉山巨变》创演始末

金正平

1964年3月，艺术系主任唐亥在全系大会上宣布，民委将一个重要任务交给我系：一年内要创作并经排练后公开演出一部反映四川凉山彝族奴隶翻身解放题材的大型民族舞剧——《凉山巨变》。

这个舞剧的创作演出，肯定会打乱全系音乐、舞蹈和美术三个专业的教学秩序，也将是艺术系成立以来迎接的一次全面考验和锻炼机会。据悉，这原来是1960年民委布置给中央民族歌舞团的任务，但由于歌舞团日常演出任务比较多，加之创作力量不足，因此民委决定将任务转交给音乐、舞蹈、美术力量俱备的民院艺术系，与原编导陈冲及作曲家杨碧海合作，共同完成。这是一个牵动全局的大行动。

## 一、搞好了“了不得”，搞不好就“不得了”

唐亥同志早年在新四军，其后在湖北省从事文艺（主要是戏剧方面）的领导工作，是一个能说会道、作风波辣胆大、政治方面颇有历练的人物，也很有自信。他曾在会上说:《凉山巨变》搞好了“了不得”，搞不好“不得了”！

系里为此成立了《凉山巨变》创作领导小组，工作很快就展开了——全面停课，除每天上午保留一小时的基本功练习外，其余时间按领导小组的排练日程进行。我负责乐队、合唱队的整编、训练及之后的合乐排练。

整个系实际上转变成一个歌舞团了。

不到两天，唐亥主任就把我叫去谈话。他表情严肃地说："经过几次研究，决定把你调进创作领导小组。这样，乐队和舞蹈排练的合作从程序上会更顺畅。对音乐的创作你也要配合舞蹈编导掌握。这次你的担子很重，要经得起考验；一定要认真负责，要感激党给你的这次机会，好好干！"之后，他把原舞剧脚本和修改大纲、领导审查座谈会的记录材料交给我，并说："你先仔细看看，考虑考虑，有什么意见可以和我谈。"

我捏着这一叠材料，连夜看完剧本大纲，将领导审查座谈会的记录仔细地反复看了两遍。当时，在文化宣传、民族工作和统战工作领域的领导或权威人士刘春、萨空了、余心清、江山、徐冰以及时任文化部艺术局局长周巍峙等都谈了意见。大家意见基本一致："架子尚可，需要大改。"其中心问题是：党的领导和民族政策在"巨变"中如何体现，如何表现从奴隶社会直接飞跃到社会主义社会；艺术上，如何加强民族化；此外，故事比较单调且公式化。周巍峙特别强调要重视情节、角色的典型意义和独创性。我认为，这些的确是原稿中的缺陷。看完这些材料后，我心中也顾虑重重——这是舞蹈，不是电影、小说。如何用舞剧的形式展现历史的巨大变迁，是必须解决好的重大课题。

为此，我到图书馆去做了些功课，翻阅了不少资料，以了解彝族、奴隶社会、有关历史以及长征时期红军经过彝族地区的史料。

几天后，唐亥同志叫我去，询问我的意见。我向他谈了看过这些材料后的想法，并表示领导决定大家先去凉山深入生活，我一定能够通过深入调查和思考，产生新的感悟和发现，这样才能提出有现实意义的修改意见。不过，我当时还是预先提出了要注意艺术形式的特点问题："如果要求'巨变'体现的主题是在中国——一个社会主义国家中，由党领导的奴隶解放，必然是直接飞跃到社会主义这样一个'巨变'；而且，要将党的这一政策表现清楚，那么舞剧这一艺术形式的局限性，决定了它可能是不太'称职'的；因此，我们下去体验生活时也必须要着重考虑舞剧这一形式所善于表现的独具特色的生活素材，以及内涵丰富的典型历史细节。"

唐亥同志对我的这些看法看来是理解的。他说："民委已决定我们到凉山深入生活，我们到下边再继续考虑如何修改的问题。你不要放松，能修改的地方还是可以动，可以包括你所考虑的问题，但不是最终的决定。"

## 二、去凉山体验生活

1964年4月，唐亥主任带领我们出发了。同行的有舞剧编导赵自铎，作曲老师夏忠汤、田联韬、吕绍恩和搞美术设计的张嘉言老师，主要演员慈仁桑姆、金沈淑、马跃、李毓珊、池福子、董丽馨、方云琴、宝向新等，还有管弦乐队的队长丁宗亮、支部书记李昌云、乐队首席金淑子和马炳山以及赵敏、倪振春等乐队同学共三十多人。

我是第一次真正深入少数民族地区，近距离地和彝族兄弟交往。我被安排在当地一个最会唱民歌的老婆婆家，有个会汉话的村干部做翻译陪同我。这位老婆婆已经很老了，据说她可以连续唱三天三夜"苦歌"。那时我们还没有便携式录音机。她每唱完一首歌，总是不好意思地摇着手说："唉，忘啰、忘啰……"但老婆婆的歌声慢慢引领我穿越到彝族历史那久远的、悲惨的时空。

昭觉县领导带我们参观了当地一所类似历史陈列馆的大院"教养馆"，院内四周一圈走廊，除了房里陈列着过去奴隶主奢侈荒淫的生活用品外，就全是奴隶娃子悲惨生活的各种照片、图片、实物（如破烂的察尔瓦、发霉的糌粑、谷粒等），走廊里还陈列着奴隶的各式劳动工具以及奴隶主用来惩治奴隶娃子的野蛮刑具，如单人站立的囚牢、竹笼、鞭打奴隶的皮鞭、带刺的棘条和砍刀、铁链、木鞋……行刑时留下的血渍已变成乌黑色，看了真触目惊心，让参观者义愤填膺。听着讲解员的介绍，一路看下来，好些同学流着泪啜泣起来。

当晚，很多人都没入睡，没有人谈话，静静地一直憋抑着。第二天的座谈会上，州委的同志代表自治州和彝族同胞感谢中央民民族学院的老师同学不辞辛苦，从首都北京到凉山来创作表现奴隶解放斗争的舞剧《凉山巨变》。他真挚的感情和朴实的语言使大家一直压抑的情绪转为热情和信心，都下决心一定要使《凉山巨变》的创作和演出获得巨大成功。

后几天我们都是深入彝族群众的家中和地头与他们谈心，感情很融洽，有时还会传来说笑——这种笑声飘荡在凉山的山谷间，令人仿佛看到一种新鲜的生活亮色。

在和过去的“奴隶娃子”们的真诚交往中，我们能逐渐感到，他们的思想感情并没有完全如我们想象的那样，在中华人民共和国成立后因获得了自由而一下子变得开朗轻松。他们的愁苦是深埋在心底、流动在血脉中的。世世代代长时间浸淫，心灵似乎已经不再那么敏锐，也许还不自觉地存有余悸或警觉。对奴隶主，他们心中是恨与怕、逆反和屈从交织着的。必须要一个相当长的时期，才能彻底摧毁和逐渐荡尽奴隶制度给他们心中留下的沉重历史阴影，使他们在精神上变得明朗起来。我好像悟到一点儿“巨变”的精神内涵和脉搏，这对于舞剧人物情感的掌控和情结、细节的设置将是极为重要的。

在凉山的时间并不长，但它留给我的印象特别深。大小凉山都很美，不是峨眉山那种青翠秀丽，也不像我去过的南岳衡山那样巍伟。它的美是一种特殊的原始苍莽的魅力，像版画或是巨幅油画，而不是水墨山水画。拿色彩来比拟，我觉得它是深浅不同的赭色，像是掺有火焰的红色性格。它缺少柔和明快的绿、欢乐的红。我想，这些独特的自然景观都应该成为这部舞剧的美术和音乐基本色调吧。

我们回程的车队在山谷里蜿蜒曲折地行驶了很久，路两侧的山坡上面种植着小树苗——啊，这就是未来的绿和红了！我突然那么迫切地想要推荐给大家一幅绝美的凉山画面——清晨，黎明时分，或是黄昏，日落时刻；人站在山崖，远眺山谷间的田头小路；天边的霞光衬出剪影般的一列逶迤而行的彝族姑娘。她们一手扶着头顶上的竹篓，头颈微仰，挺着矫健的上身；那直垂到脚背的黑色长裙，底沿的一圈褶边，随着整齐划一的步履，轻荡在谐调均匀的节奏中……姑娘们前行的身影，让人深切地感到一种天然的高贵——对，是高贵，这真是一种难言的美！我沉醉在这幅画面中，决心要让这种高贵、美好的生活画卷和旋律呈现在舞台上。

回到北京，大家立刻开始对《凉山巨变》剧本进行讨论和修改，剧本结构作了相当大的改变：增删了人物，主题集中了，形式有新意，故事情节比较动人，特别是女主人公阿果的命运。总体来看，剧本与以前相比有了脱胎换骨般的变化。当然，这一切都要归功于去凉山的生活体验。

最后，唐亥同志决定交由我执笔写出舞剧的文学脚本。在舞剧音乐上，我开始着手根据新的感受作曲，并保留了一些过去的精彩段落。编舞导演表示，根据现在的情况，肯定可以按时圆满完成创作任务。当时每个人都信心十足，对成功充满期待。而我则完全进入一种创作和排练的亢奋状态。

## 三、形势突变“剪洋毛”

没想到正当舞剧《凉山巨变》的编创进入修改阶段时，国际政治形势发生急剧变化 —— 自赫鲁晓夫上台之后，中苏关系从友好渐变为交恶。中国对苏联的态度从过去的“一边倒”，变成站在“反修防修”的前列。中苏矛盾和斗争持续，必然扩展到意识形态领域的各个方面，而文化艺术舞台自然首当其冲。我们从四川凉山返回北京时，恰逢这一突变高潮。

在中苏关系突变的形势背景下，各高等院校的艺术专业教学大多产生了教材使用问题。以各音乐院校为例：作曲专业教材几乎全是苏联的“和声学”，百分之九十是苏联的“斯波索宾”，诸如曲式学、作品分析、管弦乐配器法等几乎都是斯波索宾、瓦西连科、阿拉波夫等人的。那时音乐专业师生留苏感觉像是去“朝圣”，有人还戏称中国的音乐学院是莫斯科音乐学院的“分院”等。

当年在国内开展的“反修防修”运动，是一场延续持久、涉及面很广的政治斗争，而各高校的有关专业都要联系这一实际进行“整改”。因此，在文化艺术创作中，“批判崇洋媚外”“突破洋框框”“拔白旗”“弘扬民族文化”等，就成为大势所趋下的必然需求。

唐亥主任从民委开会回来，立即召开全体会议，要求《凉山巨变》的创作要紧跟“反修防修”的政治形势，要联系实际、结合创作实践开展批判，尤其在音乐方面必须主动“剪洋毛”！可怜我们这支为舞剧《凉山巨变》建立起来的管弦乐队，首先变成了被“剪洋毛”的“羊”——小提琴改为高胡、二胡，中提琴改为中胡，大提琴用“革胡”；低音提琴无替代物，就只能留着它了。至于PICC（短笛）和Flute（长笛）呢？好办，就用梆笛、竹笛替代，OB（双簧管）换成管子，铜管乐器换成大小唢呐，打击乐就是清一色的中国锣鼓，加上彝族乐器“马布”和月琴，再伴以琵琶、大阮和扬琴，一支有“民族风格”的乐队就这样组合成了。问题是这些乐器混在一起，乐谱配器便显得杂乱无章。作曲的也很伤脑筋，要把原写的管弦乐总谱与这新编制一一“对号入座”很难，因为无论是音域、音量平衡、音色谐调等都无章可循。从专业角度说，西洋管弦乐队与民族乐队在艺术风格上是两回事，是无法互相取代的。其实这样一改，最大的难题是学西洋乐器的学生主科都变了，要从头学——原主科老师不知所措。从实际效果上看，这样改变也不尽如人意。例如，原为管弦乐写的一首《薹裙舞曲》本是很优美的，演员和乐队都喜欢，但乐器替换和谱子调整后，大家都觉得失望，各种意见也就多起来了。

伴随着批判、检讨和调整，乐队队员整整学了两个礼拜，试奏效果仍存在不少问题。这时，唐亥主任也有点急了，便命我指挥了一下乐队，想听听新改乐器、乐谱的实际效果。听后，他心里开始打鼓了（我猜），犹疑片刻后问我道：“这样行吗？”此刻，坐在下面的舞蹈演员和编导都一声不吭，这更使他心里犯嘀咕。让他尤为光火的是新改的《薹裙舞曲》在试奏中有乐队队员憋不住笑，这笑声像传染病一样引得大家都笑起来了。现场只有我一人不敢笑。

## 四、行或不行都不妥

唐亥主任转身走时，一脸不快地对我喊道：“金正平你来一下！”我随他进了办公室，关上门。他再次问我："这样行吗？"态度十分严肃。我想了想，觉得说"行"或"不行"都不妥，便建议："还是找作曲的和导演一起来研究一下，听听大家的意见。"

大家都来了，而且意见都很接近。最后，唐亥主任做了总结："这样吧——金正平你是负责乐队的，去想办法调整一下，把方案定下来。乐队定下来了，作曲才好进行。"这时，我的主要思路是：必须保留必要的西洋乐器，使中西乐器较好地糅合起来，要在乐曲风格和效果上突出民族特色！

一切重新开始。

乐队经整顿后出现一派新气象！应该说，这支由音乐专业本科及专修班同学为基础、有部分民乐专业同学加入组成的乐队，是中央民族学院第一代具有一定实力的"中西混合乐队"。乐队队长是丁宗亮（学大提琴的学生），支部书记是深孚众望的李昌云同学（学单簧管的学生，毕业后曾任延边歌舞团副团长）。当时在乐队中起核心作用的队员有金淑子（毕业后任吉林省歌舞剧院的小提琴首席）、马柄山（学大提琴的学生，毕业后曾任云南歌舞剧院交响乐团团长）、马慈恩、彭青、普成贵、陈立身等同学。

为实现舞剧《凉山巨变》的成功上演，为使这部舞剧的音乐色彩更突出地体现民族风格，我按乐队音响平衡和谐的规律重新调配了中西乐器，特别是在民族乐器使用上下了一番工夫，不仅充分发挥了扬琴、琵琶等弹拨乐器的重要作用，也为彝族特色乐器"马布"和月琴的特殊表现找到了最佳亮点。后来舞剧《凉山巨变》的演出实践证明，我们乐队的这种中西糅合、调配是很成功的。就其意义而言，这也是一次可贵的艺术创新吧！

## 五、齐心合力结硕果

截至1965年3月下旬，在不到一年的时间里，几经跌宕和磨难，突破重重难关的舞剧《凉山巨变》作曲配乐，终于在一批专业水平有限、缺乏舞台经验的师生手中编创成功了！

令我万分感慨和至今难忘的是，在这支乐队里站立着拉低音提琴者中，有一位是队里岁数最大、身材魁伟的“声乐老师”—— 时任艺术系声乐教研室主任的宋承宪先生。他说话嗓音共鸣大，工作热情更高。他之所以成为乐队里拉低音提琴者之一，是因为他曾听到我的一句抱怨：“这乐队低音太少、太薄了，是个大缺憾！”时隔半个多世纪，我仍记得当年我俩的一段简短对话：

“不是还有乐器吗？我看到还有。”他追问以求证实。

“但是没有人了呀，两个学生都上了。”我随口回应并告知难处。

“我来！早年学过点儿，练练。”他毛遂自荐且颇有信心。

“那太好了！”我夸了他一句，但并未把他的话当真。

出乎我的意料！没过几天，我就看到乐池角落里出现一个抱着低音提琴埋头苦练的高大身影 —— 宋承宪老师。别的队员都休息了，他还在练琴。见到我发现了他，他抬头笑起来。那笑声依旧洪亮，透着满满自信……

舞剧《凉山巨变》终于在全体编创和排演师生的齐心合力、日夜奋战下，做好了全部预演准备，并在学校大礼堂举行了面向国家民委、学院领导和师生观众的首次正式带妆彩排。当全剧落幕时，全场爆发出雷鸣般的掌声和欢呼声。谢幕后，许多观众一齐涌向舞台、乐池，向舞蹈演员和乐队成员道贺，现场的欢呼声浪一遍遍冲击着我的心头，耳边不时听到有人在喊：“金老师辛苦了！”作为这部舞剧的音乐主创人员和乐队指挥，为掩饰自己的激动心情，我一直故意低着头收拾一页页的总谱，其实热泪早已充盈了我的双眼……

## 六、公演印证“了不得”

舞剧《凉山巨变》在学校大礼堂的彩排演出获得成功，民委领导、学校领导以及师生观众都一致给予高度评价。次月，这部舞剧搬上了北京民族文化宫剧场的舞台，向社会公演。多场演出，场场爆满，这让参加演出的全体演职人员无比激动和兴奋。

1965年4月，是舞剧《凉山巨变》演出盛况持续之月。有一天，解放军总参谋长罗瑞卿率领几十位将军来看这部舞剧，使这次演出被称为“将军专场”。更令大家感到无上光荣和自豪的一次，是这部舞剧应邀到人民大会堂小礼堂为中央领导演出——朱德委员长、陈毅副总理等中央领导都莅临观看我们的创演成果了！演出开始前，李先念同志在大厅里见到当年在新四军五师任职的老部下唐亥，高兴地问：“老唐，你现在在哪里？干什么呢？”唐亥主任说：“我在中央民族学院工作。这个舞剧就是我们搞的，请你多提提意见哦……”

这部舞剧的公演引发巨大社会反响，不仅获得首都广大观众的高度评价，也引起新闻媒体和专家学者们的持续关注。有专家评价这部舞剧是“奴隶革命的史诗，勇于革新的舞剧”，是“用舞剧的形式把彝族人民的革命史，集中而鲜明地再现于舞台上”，是“中国舞剧史和少数民族艺术发展史上的创举”。

有位参加过长征并曾亲眼见过凉山彝族人民苦难的老红军说：“看了中央民族学院艺术系演出的《凉山巨变》舞剧，心里久久萦绕，放不下去。中华人民共和国成立后，我曾希望再回到凉山去看一看，但由于工作的关系，始终没能去成。这次有机会从舞剧中了解凉山的历史巨变，心里很感慰藉。我祝贺中央民族学院艺术系同学们的演出成功！”有位彝族观众说：“舞剧是凉山历史变革的缩影。我是大凉山人，祖辈曾经世代为奴隶。奴隶制度下的凉山，就像剧中表现的那样既野蛮又落后。在奴隶主眼里，娃子（奴隶）是会说话、会劳动的牲畜，被任意锁上、买卖和打杀。我从小给奴隶主放猪，中华人民共和国成立后才进了昭觉民族小学学习。对过去奴隶制度下的落后与痛苦、新社会的变化和幸福，我都亲眼看到、亲身经历过。观看这个舞剧，真是别有一番滋味在心头！”

4月19日，中央人民广播电台录制了舞剧《凉山巨变》全剧音乐，还为全剧配以解说词向全国播放，并将其灌制成唱片向全国发行。当年，这部舞剧的节目录音与资料不仅作为中央台的重要保留节目入库，还被发放给全国各地方台。谈及这一情况，在广播电台做音乐编辑的校友宋友权同志说："这在广播系统已属于最高待遇了。"

舞剧《凉山巨变》每次演出成功，全体舞蹈演员和乐队队员都相拥庆贺、欢欣鼓舞；也不知有多少回，剧终落幕，乐池中放下指挥棒的我泪水一下冲开了情感的堤坝……每个人都那么高兴，这是因为我们用无数的艰辛付出，共同印证了唐亥主任一年前的预言：《凉山巨变》搞好了"了不得"！

唐亥主任因在"文革"中蒙受许多不白之冤而过早去世了。我清楚地记得"文革"之前，他在回顾与总结这部舞剧的编创和公演成功时曾动情地说："《凉山巨变》的创作、排练和演出，对我们从事教学和学习的师生们来说，是一个由理论到实践的宝贵锻炼过程……"

谨以此文纪念曾呕心沥血地领导我们完成《凉山巨变》舞剧和舞剧音乐编创的系主任唐亥同志！

# 壮心不已六十载的梁庭望教授

林雪娜

由著名少数民族文化研究学者、壮文化研究专家梁庭望主编的《骆越方国研究》与读者见面了。该书论述了骆越文化对岭南和南海领域的重要影响及其历史贡献，并成为他庆贺广西壮族自治区成立60周年的个人献礼。

## 山歌引领人生路

夏日的马山县古寨乡古今村岽竹屯，草木葱茏，绿树成荫。时隔多年，梁庭望又回到生长于斯的故乡。家乡的一草一木、一山一水，常不经意间闯入他的梦境。好几次，他在梦里走进故乡的大山，耳畔萦绕的是那熟悉而悠扬的山歌。

仰望着故乡的山，年过八旬的梁庭望深有感触地说："我走上这条壮文化研究之路，这里，便是源头……"

抗战爆发那年，梁庭望出生于一个壮族农民家庭。祖先辗转迁移定居的这个小山村，尽管土地贫瘠，偏僻荒凉，却是盛产岭南壮族三声部民歌的地方。

在梁庭望的记忆里，古老悠远的山歌是童年最美好的记忆。小时候，一放学，他就把羊赶到山上去。山上有各种野花，夏秋时节，还能吃上各种野果子。累了，他就躺在荒草地上听鸟儿叫，看果子狸窜。偶尔，羊会“咩咩”几声过来舔他一口。有时，山籁俱静，树影晃动，此起彼伏的山歌不知从哪个山头传来，驱逐他幼小心灵的恐惧，渗入他纯美的心田……

悠扬的山歌埋下兴趣的种子。梁庭望后来发现，村里流行的一种“传扬歌”，是有着悠久历史的壮族伦理道德长诗，是“寨老”教导大家做人讲理的“法宝”。给大商户做挑夫的父亲，是半个“寨老”，更像是一本“传扬歌”教科书，常为村民调解纠纷。

有一次，父亲调解村里的妯娌矛盾，梁庭望好奇地尾随。只见父亲用“传扬歌”劝道：“相伴两妯娌，欢笑同一路。人人通情理，融洽相照顾。拌嘴莫记仇，一笑好如初。”几番唱教劝导，妯娌竟握手言和了。风趣有理的“传扬歌”如春风般吹进梁庭望幼小的心灵，让他在歌声中领悟为人处世的道理。

山上飞扬的山歌，村里育人的“传扬歌”，悠久淳朴的壮文化如阳光般滋养着梁庭望，也让他对本民族文化萌生浓厚兴趣。在高考填志愿时，他毫不犹豫填上了“中央民族学院壮语言文学专业”。

## 志向拓宽新视野

从南国边陲踏入中央民族学院校门的梁庭望，掩饰不住内心的澎湃之情。有多民族同学的校园像一个民族文化百花园地，让他感到既新鲜又激动。

置身于多民族大家庭里，梁庭望越来越感受到壮族文化研究的意义与责任。当年，不少蒙古族、满族同学对本民族文化十分熟悉。梁庭望钦佩之余，觉得自己对本民族历史文化知之甚少。

“作为人口最多的少数民族，却没见几人研究。”一种强烈的责任感在梁庭望心头油然而生。他想：“每个民族都在挖掘整理其文化，壮族也不能落伍。”

他开始如饥似渴地汲取知识，从中华民族文化大视野审视本民族文化，从壮族文化视角解读壮族文学。其间，他多次回乡做调研，奔走于壮族聚居的村寨，收集当地民族风情、民歌、民间故事传说，从采撷的民间素材中探索壮族文化历史的根源和内涵。毕业留校任教后，他将壮族文化研究融入壮族文学教学，使教学内容厚实而开阔。

20世纪60年代，广西左江花山岩画主体形象引发了十多种揣测观点。一些观点由于脱离壮族历史文化，不能很好地诠释岩画蛙形人像的文化内涵。梁庭望得知这一情况，立即投入对花山岩画的专题研究之中。他运用历史文化、自然科学、经济模式、民俗等七八种学科方法进行综合研究，揭示出壮族祖先敬蛙神的文化心理，解开争论了几十年的花山岩画主体形象之谜。他认为：岩画上的人身蛙形是壮民族的保护神蛙神，各岩画点是壮族祖先各部落祭祀蛙神的圣地。这一研究成果，迅速得到学术界的普遍赞同。

随着对“蛙神说”研究的深入，梁庭望对壮族稻作文化也有了更深的认识。1995年，湖南道县雁寿镇发掘出18000—22000年前的人工栽培稻碳化物，列当年“十大考古新闻”之首。梁庭望经过调研发现，雁寿镇古代属于壮族祖先的苍梧部。1998年，梁庭望在《栽培稻起源研究新证》一文中提出：道县发掘表明，壮族祖先是中国乃至世界上最早发明水稻人工栽培的民族之一。

文章迅速引发学术界的强烈反响。新华社将该文编为专稿在中央人民广播电台播出，并发往海外分社。2004年，联合国粮农组织与中国农科院联合在湖南怀化召开世界粮食安全会议，梁庭望被邀请去做专题报告，200多名中外农业史专家对他的论证给予高度评价。袁隆平曾风趣地对他说：“我只懂得研究杂交水稻，你才懂得研究水稻历史文化！”

## 不懈探源增自信

多年以来，梁庭望一直想在家乡寻找一个能展示我国稻作文化的基地。当听说一个5000多年前的古骆越文化大石铲遗址群现身广西隆安时，他欣喜不已。经过多次现场考察后，他提出：隆安稻神山祭祀遗址群是古骆越最大的稻作文化祭祀遗址群。该文化祭祀遗址群的考古发现，证明隆安是世界重要的稻作文化发源地之一。

在研究民族文化过程中，梁庭望越来越深刻地感觉到，壮族作为中华民族大家庭的成员，所做的贡献弥足珍贵。他将一项项研究成果编为专著，并对壮族文化进行仔细梳理，先后出版了《壮族文化概论》《壮族风俗志》《壮族文学概要》《壮族文学艺术概论》《中国壮族》《壮族伦理道德长诗传扬歌译注》《中国民族百科全书》（第10、第11卷）等壮族文化研究的奠基之作，为壮族文化研究创建了理论体系。

退休后的梁庭望并没有停下深入研究壮民族文化的脚步。2005年，南宁市为开发大明山建立专家组，邀请梁庭望担任专家组顾问。在大明山文化开发过程中，专家组在大明山下发现了骆越方国都城，梁庭望与专家组成员花费多年心血进行田野调查、考古研究，经论证得出结论：早在商周时期，我国壮侗语族民族的共同祖先骆越人已建立骆越方国，并根据中央王朝的指令开发和管理岭南和南海。

这一研究论证表明，先秦时期岭南便是商周中央王朝的领土，纠正了秦军南下后岭南才加入中国版图的观点；同时指出，南海群岛和相关岛礁、海域自古便是中国领土、领海不可分割的部分，在历史佐证方面有了越来越充实的科学根据，突破了国内有关南海研究集中在秦汉以后的局限。这一重要发现，得到国家有关部门的高度重视。骆越方国研究被列入“十三五国家重点出版物出版规划项目”和国家哲学社会科学规划重点项目。

在梁庭望的主导下，经过长达八年的不断调研、论证，一部140多万字的《骆越方国研究》终于问世，不仅给南海历史文化研究注入“强心剂”，也让属于古代中华文明的骆越文化占领了制高点，使壮族先民与古代海上丝绸之路文化有了更加紧密的关联。他满怀激情地说：“我们壮族从来都是开放包容的民族，是中华民族重要的组成部分，对灿烂的中华文明做出了文化贡献。”

恰逢广西壮族自治区成立60周年（2018年，编者注），梁庭望对民族文化自信有了更强烈的认识。他说："我们应该重树壮族文化自信。广西文化要发展，民族文化是法宝，要以世界眼光、站在中华文明角度思考文化发展。要将古今串联，把传统与现代相接，用开放包容的历史理念孕育新的文化因子。"

矢志不渝六十载，"壮"志情怀立心间。梁庭望这位壮族文化的继承者、挖掘者、整理者、开拓者，正以矍铄的精神状态奔走在壮乡热土上。他感觉时间相当宝贵，自己想要做的还有很多很多……

原载《广西日报》2018年7月2日"花山"副刊

# 远逝的岁月

孟尊贤

中华人民共和国成立初期，中央民族学院语文系在马学良教授的全力筹划下，开办了我国多个西南少数民族语文班，“德宏傣语文班”就是其中之一。

当时云南德宏傣族的“老傣文”正处于如何改进的酝酿讨论过程中，改进的最后方案还没有确定下来，我们就先设计一套用拉丁字母分别对应傣语的声、韵、调方案进行过渡教学，效果还不错。

1953年，经过一年的课堂教学，学生们初步掌握了傣语的基础知识，遂于1954年的三月初启程南下，前往滇西德宏芒市傣族农村进行语言实习调查。与傣语文班同一批次去云南实习的还有景颇语班、载瓦语班、纳西语班、傈僳语班、佤语班等，云南以外的有贵州的布依语班、黔东苗语班、湖南的湘西苗语班、广西的武鸣壮语班、都安瑶语班、西藏的拉萨藏语班和安多藏语班等。

当年，一百多人的实习师生队伍，被集中统一安置在一列南下火车的两节相邻卧铺车厢里。这是一大批要去到边疆少数民族地区学习和研究少数民族语言文字的汉族大学生（时值中华人民共和国成立初期，还无少数民族大学生）。当时许多少数民族只有语言而无文字，还有待于为之创制文字。学生将来学成后，就要为当地少数民族服务，因此这次实习任务相当重大和艰巨，上级有关领导对此极为重视。

当时全国刚解放不久，国弱民穷、物质匮乏、百废待兴，宽阔浩瀚的中国第一大河——长江上，还没架起连通南北两岸的大桥，南下的列车只能抵达长江北岸的汉口，要到南方就得乘船过江，到了南岸的武昌再乘火车南行。唯有我们中央民族学院实习队伍集体乘坐的两节相连的车厢，经由有关上级领导部门特殊批示，启动专门的车厢轮渡，可以从北岸汉口渡到南岸的武昌，编入从武昌南下的客运列车组继续向南行进，因而大大解除了师生们上下转换车厢、搬移行李的麻烦。

列车经过几个昼夜的行驶，一些班级的师生分别在不同的站点下了车，改乘其他车辆前往各自的目的地。最后下车的一批师生是去往滇、黔、桂的。广西金城江是当时的铁路终点，我们去往云南的就在此换乘敞篷卡车（当时尚无长途客车）。我们把所有的行李顺着车厢两边各一排、中间一排码起来，人员或半坐或斜倚在行李上，一路颠簸而去，经由麻尾、独山、都匀、贵定等地，晓行暮宿，五天到贵阳，小憩一日又继续西行，经安顺、关岭、晴隆、普安、盘县进入云南平彝（今易名为富源县）、沾益，又五天到达昆明，入住云南民族学院（现云南民族大学本部）。大家休整数日，又向滇西方向行进，住旅社、歇客栈，历时六天到芒市，一路敞篷颠簸震荡，一个个蓬头垢面、灰头土脸，风尘仆仆地下车来，身体稍一抖动尘土飞扬，脸几乎看不出原貌。与前来接洽的人员寒暄几句过后，我等被安置在“御丰园”（解放前的一座土司花园别墅）里住下。一看日历，我们出京已经二十八天了！

经请示报告当地领导，潞西县委书记王泽民、县长多英培、副县长蒋家杰和蔡雪松（广东人）等很重视我们的实习任务，研究决定让我们去法帕（一乡级行政村）一带扎点。法帕是一个大村寨，我们分散入住群众家中。辅导员翁林（泰国华侨，广东人，北京大学东方语言文学系毕业）将产后不满半岁的孩子托与家人照料，便跟随全班来到云南边疆。我与方伯龙老师入住傣族小伙子殷建德家的堂屋。小殷家里只有一位老祖母，祖孙二人相依为命。老祖母虽已年迈，但还很健康，也很健谈。我们很快就互相熟悉了，亲如一家。我们都亲切地称呼她“雅”（“雅”读阴平调，傣族语“祖母”之意），把她当作自己的祖母。“雅”熟读老傣文，知道很多佛教经典方面的知识和掌故。我们师生听她讲故事听得出神入迷、津津有味，学生们边听边记录。我们从“雅”那里学会很多东西，知道不少傣族经典名著，如《比大嘎撒木光》《汉塔阿把》《坦玛煞谷》《威列》《阿鸾》等。

约莫个把月后，“雅”的孙子小殷要“结亲”了，我与方伯龙老师就从他家中堂移到他家牛圈上的小阁楼上。小殷是农村青年积极分子，工作认真负责，对人诚挚友善。婚礼那天，我们全体实习师生都应邀参加了。婚礼热闹而隆重，酒席摆在村寨中空旷的场地里，猜拳劝酒之声此起彼伏，响彻夜空（1955年殷建德被保送北京中央团校学习，后回当地参加工作，最后从盈江县武装部政委的工作岗位上退休）。

大约五月中下旬，“法帕”这个行政村要成立“田亢”（乡）一级政府——法帕田亢政府。我们实习队积极配合当地中心工作，与当地干部搭配组合，分散到那老、那赛、那雅、那印、那闷、遮晏、户允等村寨，驻村搞宣传、发动群众和传达上级指示精神，经过半个多月的努力工作，获得预期效果。法帕田亢政府宣告成立不久，我们转移到法破、那掌、蛮蚌等村寨，我住在法破村干部刀俊侯家的木楼上。刀俊侯比我小几岁，生性灵巧活泼，很是热情。那时，每天晚上村村寨寨召开社员大会，由村社干部总结各项生产经验，布置生产任务。晚饭后的掌灯时分，村里的“姐列碰”（乡村文书）手里提个铜锣，漫步穿行村寨中，边走边敲铜锣，并高声喊大家去“总房”（佛寺）里开会。因此每晚鸣锣不断，响彻全村。

我们白天参加生产劳动，晚上参加社员大会，劳动休息时间或路上相遇时，就掏出随身携带的小本子向社员讨教，记录语言材料、歌词和故事等。在农村实习，特别强调与群众实行“三同”，即同吃、同住、同劳动，以便于学习语言、记录材料，这样做也确实印象深刻、记忆牢固。为了扩大接触面，更广泛结识当地群众，秋天时我们移出法破、那掌、蛮蚌，我也离开了刀俊侯家。我们迁往曼里、曼弄、曼浩、曼流那片“世外桃源”似的山边小寨，我住在山角落里一片树木覆盖下的曼浩村（“曼浩”，傣语意为“洁白干净的村庄”）金总瓦敖大叔家。村东南有一座果朗河水电站，曼浩村边的小河清澈见底，河里有几架“水碓”，交替着发出沉闷而有节律的舂米声。金大叔老两口育有四子一女，有一房儿媳，长子一直牢记他出生于“民国十七年”，二儿子金二方已去昆明学习。金大叔勤劳质朴、为人忠厚，具有典型的傣族农民气质。他经常给我们讲故事，给学生们猜谜语、说笑话，猜错了往往引起一场哄堂大笑。

八月间，潞西县召开县、区、乡三级干部会，我们全体实习师生也参加了会议。会议期间安排举行了一次“入团宣誓会”，一批申请入团的青年积极分子经历了一段时间的考验，获得上级团组织批准加入了团组织，我与殷建德也在其中。从那时起，我就成为一名光荣的“中国新民主主义青年团”团员了。

由于学生们分散在几个村寨里，所以每隔五六天，老师就要走村串寨去看他们，帮他们解决一些学习或生活上遇到的问题，修改或纠正他们记录得不准确的语言材料。当时，边疆刚解放不久，当地社会还不十分安宁平静，不时还有境外敌特或蒋帮散兵游勇越境潜入破坏作乱，常造谣蛊惑人心，妄图颠覆新生的人民政权。因而，我们到了实习地，当地政府就给我们每个小组配发了一支“三八”枪和子弹若干，以备不测。那时，我经常从住处曼浩村沿山脚羊肠小道过曼弄，经允金寨去漫流看望学生，了解他们的实习情况，为他们答疑解惑，随身都得带上步枪，以保证往返路程中的自身安全。

一次，从漫流回来时，在一处山脚小路上隐约见到一群孔雀正在林间觅食。孔雀听觉、视觉都十分灵敏，周遭稍有一点儿动静便立即四散逃逸，无影无踪。有一天下午，曼浩一村民告诉我，说后山坡上的苞谷地里有野猪破坏庄稼的嚼食痕迹，我急忙找来社干部商量并联系了小刀。一天晚饭后，趁着微弱的月光，我们五个人带着三支枪上了山，来到苞谷地边潜伏蹲守，但久久未见动静。约莫半个小时光景，只听见林中有踩踏枯枝干叶响动的沙沙声，我们心里突然紧张起来，手里的枪早已上了膛。在听到响声还未看清目标的情况下，小刀慌忙扣动扳机。枪一响，形迹模糊的一群野猪争先恐后、一溜烟儿逃入山林。大家相互对望着，感到十分遗憾。野猪受此惊吓，估计当晚是不会再来了。我们只得悻悻而返，回家入睡也不安稳。

次日一早，天刚蒙蒙亮，我们就又上了山，循路查看野猪的蹄印，并跟踪追迹很远。见到几处野猪滚过的泥水塘，树桩上蹭过的泥巴痕迹，就是见不到野猪的身影。时过中午，个个疲惫不堪、人困马乏、又累又饿，一直追到一个名叫“户帕”（傣语“山崖”之意）的“曼波弄”（傣语“波弄寨”即今德昂族寨子），向他们说明了情况，购得一些苞谷，在他们火塘上烧烤一阵，狼吞虎咽地吃下，只觉得这顿饭非比寻常，比什么丰盛大餐、珍馐美味都要香。

由于地处山边，曼浩村夜间不时有偷袭家畜的豹子出没。一次夜里，村里金委员家隔壁住户的一只半大猪崽又被豹子叼走了。天亮后，村里一干青壮年人进山寻觅，但是无功而返。

“十一”国庆节后，方伯龙老师被学校调回参加马列主义研究班学习，我与翁琳老师继续带领学生实习。12月中旬，我们实习期满，离开芒市返京。进入冬季，日短夜长，车行五天到昆明，已是12月25日。学生们归心似箭，我则眷恋故乡。经集体商议，大家决定去贵阳迎接1955年新年的到来。

这次回程一路乘坐长途客车，师生们颇为心满意足。进入贵州省境，经过一处叫“二十四拐”的蜿蜒曲折的山坡公路，弯连弯，拐接拐，行经这里的司机无不提心吊胆，谨慎入微，双手紧把方向盘，不敢稍有松懈。1954年的最后一天，我们抵达贵阳，受到贵州省民委的热情接待。那几天，有寒流来袭，天气十分阴冷，南方无暖气设备，我们个个冻得瑟瑟发抖。出了贵阳，我们朝北往遵义娄山关方向行进，沿途电杆上的电线被雨雪、寒流冻结，一条条粗如缆绳。木质电杆承受不住过大的重量，横七竖八地倒伏在公路旁边。我们的客车，前挡风玻璃时时被冻雨、薄冰糊住，遮挡司机视线使他无法开行，不得不沿途去附近人家要壶热水来浇烫。如此走走停停，拖延了不少时间。

车上到半山，司机告诉我们，今天要过“七十二拐”了。听此一言，车厢里躁动、活跃起来，或好奇，或惊悸，纷纷将目光投往车窗外。车环山而上，绕来拐去，弄得人晕头转向，许久，总算走完了这段险路。回顾车后，我们一路都是在云雾缭绕的山路上穿行。

某日下午，要过“娄山关”了。因一路寒流霜冻，还不时伴有雪花纷飞，路面坚硬湿滑，车轮不得不套上防滑链条，全体乘员下车步行。司机开着空车慢慢往下坡道上滑行，边滑行边踩刹车制动。人也难以直立而行，不得不臀部着地，从上往下滑行，不时有人倒地翻滚，引来一片笑声。当天下午，经桐梓，黄昏时分入松坎歇宿。

四周山上白雪皑皑，寒冷异常，我们师生夜晚大部分时间都在火塘边度过。次日，在綦江午餐后，我们乘轮渡过长江，进入山城重庆。我们抵渝引起当时西南行政委员会的重视，他们把我们安排在一处名叫“上清寺”的接待处下榻，热情款待了我们。西南行政委员会首长王维舟来到住处看望了我们这批实习师生，教导鼓励我们要好好学习，学好本领，全心全意为边疆少数民族服务。我们频频点头。

在重庆休息三天，一早从朝天门码头乘“民武”号客轮顺长江东去，先后在万县、宜昌、沙市港内停航夜宿。经过一处，岸上一大片橘园，橘叶大都已脱落，只见那黄里透红的橘子仍挂满枝头，像一把把满挂珠玑的金伞直立园中。我感到乘坐轮船很新鲜，经常站立船舷边，观望两岸风光，时不时地看见江面上跃出成群的江豚，此起彼落，溅起片片浪花。船终于抵达汉口。我们这批实习师生登岸歇宿，又乘火车北上，1955年元月中旬回到北京。

# 仰先篇

# 纪念熊寿祺同志诞辰110周年

白帆

熊寿祺，字“景昌”，号“唯知”，1906年12月4日生于四川省邻水县福兴（长滩）乡周家湾。2016年12月是他诞辰110周年。

熊寿祺早年参加革命，为中国的反帝反封建斗争、土地革命战争、抗日战争、人民解放战争、中华人民共和国的建设和民族教育事业做出了积极贡献。他曾经是毛泽东在井冈山时期的得力助手，当时是与林彪等地位相当的战友，为中国工农红军创建和发展做了不少有益的工作。

中华人民共和国成立后，熊寿祺在原中南地区工作。1952年、1953年，他相继兼任中南军政委员会委员和中南行政委员会政治法律委员会委员，1954年11月调任中央民族学院副院长，主管教学工作。其间，他为了提高教学质量，经常深入系科、教研室参加有关会议和指导工作，还安排时间到课堂听课，以了解教学情况。

1957年春，《人民日报》发表毛泽东诗词十八首，其中有《咏大柏地》（菩萨蛮）一首，触动了熊寿祺对大柏地战役的回忆。他按毛泽东原韵，挥毫填词两首：

东风隔岁催红紫，花开南国红旗舞，逐北浴寒阳，旋军夜色苍。起来闾巷急，欢动军前壁，冲击万重山，鹰扬从此看。

陇头麦浪翻金紫，高炉几处青烟舞，大柏映朝阳，弹痕陈迹苍。洪分江汉急，路拓天山壁。回首旧关山，愈来愈好看。

熊寿祺把这两首词寄给毛泽东。4月21日，毛泽东回信嘉勉说：“寿祺兄：来信收到，甚慰。大作写得很好。多久不见，待有时间，拟约一谈。”

1958年，熊寿祺当选为北京市第三届人民代表，并任中柬友好协会理事，在中央民族学院兼任党委统战部部长。

熊寿祺在从事民族教育、统战工作中，认真贯彻执行党和国家的方针政策。为了团结知识分子，专门为教授、副教授设立“茶馆”，办“交心”刊物，让大家自由地无拘无束地相互谈心、交心。

自1960年年底到1963年年初，熊寿祺以开“神仙会”的方式，对统战对象做工作。该“神仙会”坚持自己提出问题、自己分析问题、自己解决问题的“三自”方针，和不抓辫子、不打棍子、不戴帽子的“三不”方针。启发、引导知识分子自觉自愿地进行思想改造。

1962年春，熊寿祺代表院党委诚恳地对在“拔白旗”运动中受到冲击、批判的老教授赔礼道歉。由于他的政治工作经验丰富，熟悉知识分子的思想感情，工作效果很好。

在林彪、“四人帮”横行的岁月里，熊寿祺蒙受了不白之冤，遭到了残酷的迫害。有人逼他提供井冈山时期一些老同志的所谓“叛徒”材料和所谓“反毛主席的罪行”。1970年8月22日，熊寿祺给家属写信说，搞专案的人“日夜挤压，一定要在最近按他们的预定计划处理。我在敌牢里，从来没有承认自己是共产党员，从来没有暴露党的组织，从来没有出卖同志，问心无愧。你们自己努力吧，党有政策，好好努力，自有前途。”

熊寿祺在高压和逆境中，诬陷吓不倒他，折磨压不垮他。他始终坚持实事求是，坚信党和人民的力量，坚信共产主义的光明前途。由于遭受无休止的精神折磨和肉体摧残，他终不幸于1971年4月14日在北京含冤去世，终年六十五岁。

党的十一届三中全会以后，熊寿祺的冤案得到平反昭雪。党对他的一生做出了公正的评价。正如悼词中所肯定的：“熊寿祺同志是老一辈无产阶级革命战士，是我们党的好党员、好干部。他热爱党，热爱毛主席，热爱社会主义，他的一生是革命的一生。”

通过阅读《熊寿祺传》，我有两点感想：1.感谢张永君、何宗荣和方效功老师的有关调研，为我们提供了宝贵的历史资料。希望本文的发表能启发更多民大老人尽己所能，回忆为民大教育事业发展做过贡献的故人事迹，以丰富中央民族大学校史。2.老前辈熊寿祺同志的曲折历史经历启迪了后人。我们要学习熊寿祺等老前辈在任何困难条件下都始终坚持共产主义信念、忠于党和人民的高贵品格，要更加珍惜我们今天所享受的幸福生活，激励自己“老有所为”。

由此，我感谢方效功同志为我提供了一个缅怀先辈的方式，这也使我有机会来表达自己对熊寿祺同志的敬意。

20世纪50年代后期我在中央民族学院政治系学习时，曾在大礼堂听过一次何长工同志的报告。这个报告中提到熊寿祺同志当年在井冈山的革命斗争故事，使我从此对他产生由衷钦佩。有一次，我在大礼堂参加熊寿祺等院领导出席的大会，散会后我驻足于大礼堂正门外的台阶下，想近距离看看自己崇敬已久的熊副院长。不一会儿，只见穿着一套米黄色料子西服、身材高挺的他步态从容地沿台阶走下来。此刻他绝不会想到，有一名普通学子正在向他致以崇高的注目礼。

谨以此文纪念原中央民族学院副院长熊寿祺同志诞辰110周年！

# 吴文藻传略

林耀华　陈永龄　王庆仁

在中国民族学发展史上，吴文藻先生（1901 — 1985）做出了不可磨灭的贡献。他不仅在学术上留下了许多不朽的著作，而且更重要的是他在整个民族学事业的发展和培养人才上做出了巨大的贡献。我们认为把他的一生写出来，不仅是对他的一种纪念，而且对我们研究中国民族学史、鼓励民族学新秀为中国民族学的发展做出更大贡献也具有积极意义。

吴文藻先生出生于1901年4月12日，江苏省江阴县夏港镇人。据吴先生自己说，当时家境并不好，父亲是开小米店的商人，死后欠的几百元债，还是他工作以后还清的。

吴先生天资聪明，5岁时上了小学。尽管年龄幼小，但由于他刻苦攻读，高小毕业时名列榜首，考上了当时江苏省有名的南菁中学，一年后又考上了北京清华学堂。清华学堂是现清华大学的前身，当时是官办的留美预备学校，毕业以后可官费留美学习。

清华学堂的学制是8年制。前三年是初中，后三年是高中，最后两年相当于美国大学的二年级，课程和教材也与美国相仿，教师基本上都是美籍人或留美回国人员。吴先生入学后，插入初中二年级学习。由于清华学堂的课程和要求比地方上高许多，所以吴先生不得不更加发奋念书。由于该校的课程设置和教学内容都是仿照美国的，因此他开始接触到了与中国传统封建文化不同的西方资本主义文化，头脑逐渐产生了朦胧的资产阶级民主主义意识。

1919年，“五四”爱国运动的爆发，使吴先生的思想发生了很大的变化。帝国主义的侵略，中国军阀政府的腐败和卖国行径，使青年时代的吴先生十分愤慨，他怀着拯救中华民族危亡的激情，毅然投入了清华学生的游行队伍，并奋笔疾书，写了许多反帝爱国宣传品。

“五四”运动后，吴文藻先生不再是一个只顾埋头读书的书生，而是一个关心国家和民族命运的热血青年了。他对各种社会思想产生了浓厚的兴趣，把节省下来的钱全放在订阅反映新思想的杂志和书报上。据他自己回忆，当时订阅的就有《新青年》《少年中国》《醒狮》《新潮》《建设》《解放与改造》《公闻周报》等。通过这些杂志和书报，吴先生读到了孙中山、朱执信、廖仲恺、陈独秀、李大钊、梁启超、胡适等人的许多文章。在这些人中，吴先生最欣赏的是孙中山、朱执信和廖仲恺的资产阶级民主主义思想，并进而确立了学习西方振兴中华的思想。

1923年在清华学堂的学习期满，吴先生与同届学生一起坐上一艘邮轮赴美留学。由于在国内已对社会思想产生了浓厚兴趣，因此一到美国便选择了美国东部新罕布什尔州的达特默思学院社会学系本科三年级就学。在达特默思学院，吴先生开始直接接触大量西方社会政治思想史和学说，其中尤以史帝华讲授的英、美、法、德、意等西方国家的思想类型对他的影响最大。除了社会学专业课和有关的基础理论课外，吴先生还选修了逻辑学、社会伦理学、英国宪政史、美国政府、福利经济学、生物学和化学等课程。在此期间，他也接触到一些马克思主义的著作，如马克思的《资本论》、列宁的《帝国主义论》等，并听了美共领袖福斯特等人的讲演。但由于受资产阶级民主主义学说的影响较深，因此当时没有接受马克思主义的理论。

两年之后，吴先生以优异的成绩取得了学士学位并升入哥伦比亚大学研究生院攻读博士学位。在哥校，他又学习了“文明与社会”“西方社会思想史”“人口问题”“社会立法”“统计学”以及法文和德文等课程，还选修了“近代欧洲史”“心理学”“社会心理学”“经济思想史”“伦理学”等课程。

哥伦比亚大学是美国人类学历史学派的中心据点，该派的创始人博厄斯便是该系的主任，他的讲演当时吸引了很多学生。善于吸收各种学术思想的吴文藻先生自然也被吸引了进去。当他听了博厄斯及其女弟子本尼迪克特的讲演后，便对人类学发生了浓厚的兴趣。为了进一步了解人类学，他又到纽约社会研究新校上夜课，听能言善辩的著名人类学家戈登威煞讲解《人类学:〈原始文化〉导论》。他还多次到美国著名的自然历史博物馆人类学分馆参观，并参加该馆组织的讨论班。在哥校这段时间对人类学专业的学习和研究，对吴先生后来把人类学与社会学结合在一起进行研究的学术生涯产生了重大的影响。

1926年，正当吴先生在哥校学完第一年准备写硕士论文时，国内传来了大革命运动风起云涌、北伐战争节节胜利的消息。他得知后非常兴奋，便以《孙逸仙三民主义学说》为题撰写了硕士论文，一方面表达自己对国民革命运动的支持，另一方面宣传中国革命的伟大意义。

吴先生人在美国学习，但心一直在国内，一直在关心着祖国的命运问题。他用所学的知识和所能见到的资料对中国近代历史进行了大量的细致分析。鸦片战争便是他研究的重点。他在导师的指导和帮助下，撰写了以《英国舆论与行动中的中国鸦片问题》为题的博士论文。在写作过程中，他翻阅了大量有关资料，接触到一般人不容易接触到的，也是国外一般图书馆不曾收藏的英国议会政治史官方记录《汉萨德的不列颠巴力门辩论录》等材料。他的这篇论文对研究鸦片战争史和鸦片战争以来的中国社会问题，至今仍有极重要的参考价值。他的论文获得了论文答辩委员会的一致通过和较高评价。次年夏，正式获博士学位并获得哥伦比亚大学近十年最优秀外国留学生奖。

论文通过后，吴先生毫不留恋美国的生活，立即收拾行装，取道欧洲，经苏联，于1929年初回到了他日夜思念的祖国。

回国后，吴文藻先生原应回清华任教，因为在美国学习时，他曾接受清华社会学系主任陈达的邀请。但后来当燕京大学社会学系的创始人之一步济时邀他到燕大任教时，他改变了主意。原来，燕大是谢冰心的母校，她于1926年从美国学成回来后已回燕大任教，而吴先生与冰心在美国时就已建立了深厚的感情，因此，为了与冰心在一起工作，他决定到燕大工作。为了不负陈达的先邀之情，他以头二年在清华兼两门课为条件，取得了陈达的同意。从此，开始了他在燕大社会学系进行十年教学和科研活动的生涯。

吴先生初回国时，中国的民族学和社会学基本上还处在模仿或照搬西方模式的状态。当时虽有不少大学开设社会学和民族学课程，但讲的内容基本上照抄欧美模式，有的学校甚至教材和教员都是“洋”的。且不说没有中国自己特点的民族学和社会学，就连中国的社会和民族实际情况也很少有人结合在教学和科研中。吴先生对这种状况很是反感，他决定以自己的行动来改变这种状态。

他的行动首先表现在教学中。刚进燕大社会学系时，系主任许仕廉就分派他担任“西洋社会思想史”“家族社会学”“人类学”三门课程的教学工作。这三门课的教材原来都是脱离中国实际的英文本子，吴先生上任后不久便对这三门课进行了改造。他不仅为每门课都编写了一本汉文教材，而且对其内容也进行了修改。如“家族社会学”一课，原教材的内容是泛谈世界各民族（尤其是原始民族）的家族制度，很少涉及中国本身的家族制度。吴先生对此进行了大幅度的改编，他以中国宗法制度为中心，并以中国与印度的父系家长制比较为特点编写了汉文教材。

在改革教学的过程中，他悟出了一个思想，就是要想使中国民族学和社会学有较大的改观，就必须发动起广大民族学和社会学工作者，共同来创造出一种有中国自己特色的、结合中国国情的新式教学和研究方法。于是，他提出了民族学和社会学“中国化”的主张。

他首先对当时中国民族学和社会学全盘洋化的状况作了一针见血的揭露。他说，中国的民族学和社会学“始而由外人用外国文字介绍，例证多用外文资料；继而由国人用外国文字讲述，有多讲外国资料者”，“民族学和社会学在知识文化的市场上，仍不脱为一种变相的舶来物”；接着他又大声疾呼学术界同人们共同起来，寻找一种有效的理论构架，并把它与中国的国情结合起来进行研究，努力训练出中国“独立的科学人才，来进行独立的科学研究”，使中国式的民族学和社会学“植根于中国土壤之上”，从而实现民族学和社会学的“彻底中国化”。

吴先生的民族学和社会学“中国化”主张，实际上主要是三项工作：第一，寻找一种有效的理论构架；第二，用这种理论来指导对中国国情的研究；第三，培养出用这种理论研究中国国情的独立科学人才。这三项工作吴先生一项一项地落实了。

他首先做的是寻找理论构架。早在美国学习的时候，吴先生就已了解了不少当时较新的学术思潮，回国后他更是埋头查阅各种资料，对各种学术思潮进行了深入细致的分析研究。为了让学术界同人都了解这些学术思潮，以便大家共同来做鉴别和判断，他把自己的研究成果写成了多篇文章发表出来。其中有介绍法国社会学状况和主要学术思想的《现代法国社会学》（分上、下两篇，分别发表在《社会学刊》1932年第3卷第2期和1934年第4卷第2期）；有介绍美国社会学著名学派的《季亭史的社会学学说》（刊登在《社会学刊》第4卷第1期）；有介绍德国社会学的《德国系统社会学学派》（载《社会学界》1934年第8卷）和《冯维史的经验学派社会学》（载《社会研究》1935年第86期）；还有介绍英国社会人类学的《功能派社会人类学的由来与现状》（载《民族学研究集刊》1936年第1期）等。除了介绍上述学术思潮外，吴先生对当时欧美曾一度流行的民族学流派如美国历史学派和德奥播化学派也都做过深入的研究。

吴文藻先生在对这些学派做反复比较并深思熟虑之后，终于选择了英国功能学派的理论。他在一篇文章中谈了他的这一选择：“近两年来自己常常感到国内社会科学材料内容的空虚，颇想利用此派的观点和方法，来尝试现代社区的实地研究”，因为“功能学派是社会人类学中最先进，而亦是现今学术界上最有力的一个学派”。他认为，“现代社区的核心为文化，文化的单位为制度，制度的运用为功能”，而“功能的观点，简单地说，就是先认清社区是一个‘整体’，就在这个整体的立足点上来考察它的全部生活，并且认清这与社会生活的各个方面是密切相关的，是一个统一体系的各部分。要想在社会生活的任何一方面求得正确的了解，必须就这一方面与其他一切方面的关系上来探索研究”。因此，用功能学派的理论来研究中国的国情就能取得一种“新的综合”，创造出具有中国特色的新研究路子。

为了宣传和推广功能学派的学说，吴先生专门写了《功能派社会人类学的由来与现状》一文，对功能学派做了系统的介绍。同时，他还邀请了功能学派的创始人之一拉得克利夫·布朗到燕大社会学系讲学三个月，并把由他主持的《社会学界》第9卷作为纪念布朗来华讲学的专号出版，其中有吴先生本人写的《布朗教授的思想背景与其在学术上的贡献》和他与李有义、左景媛等人翻译的布朗的《对于中国乡村生活社会调查的建议》，有燕大法学院院长杨开道的《布朗教授的安达曼岛人研究》和林耀华的《从人类学的观点考察中国宗族乡村》等文章。为了比较全面和深入地了解功能学派，吴先生还专程去伦敦与马凌诺斯基交谈，参加他举办的“席敏纳尔”讨论班。后来他还把马凌诺斯基赠送的手稿《文化论》交费孝通等人译出，并在该书中文译本后附上了他亲自撰写的《论文化表格说明》。找到了理论构架后，吴先生就开始着手组织对中国国情的研究了。

吴先生十分清楚，中国是一个地广人众的大国，在以前没有什么研究的基础上，要想全面铺开对中国国情的研究是不可能的。因此，他提出进行社区研究的方案。所谓社区研究，按照他自己的说法，就是“大家用同一区位或文化的观点和方法，来分头进行各种地域不同的社区研究”，“民族学家考察边疆的部落社区或殖民社区；农村社会学家则考察内地的农村社区或移民区；都市社会学家则考察沿海或沿江的都市社区。或专门做模型调查，即静态的社区研究，以了解社会结构；或专门做变异调查，即动态的社区研究，以了解社会历程；或对于静态与动态两种状况，双方兼顾，同时并进，以了解社会组织与变迁的整体”。

为了让大家了解社区研究是什么，吴先生一连写了数篇文章进行介绍，其中主要有:《现代社区研究的意义和功用》(载北平《晨报》1935年1月9日),《西方社区研究的近今趋势》(载北平《晨报》1935年4月17

日),《中国社区研究的西洋影响与国内近状》(载《社会研究》第101、第102期),《社区的意义与社区研究的近今趋势》(载《社会学刊》第5卷第1期),《中国社区研究计划的商榷》(载《社会学刊》第5卷第2期)等。

此时,吴先生已担任燕大社会学系主任。为了使社区研究得以实现,他从系里先后派出一些研究生和助教到国内一些地区进行实地调查,使社区研究蔚然成风。如派徐雍舜到北平附近的滁县调查乡村领袖冲突问题;派林耀华到福州附近的义序调查宗族组织问题;派费孝通考察江苏省江村的农村经济问题;派黄华节到定县调查礼俗和社会组织问题;派黄迪到清河调查村镇结构问题;派郑安仑到福建调查侨民问题;派李有义到山西徐沟调查社会组织等。他们的调查研究成果,后来在吴先生的大力支持和帮助下都陆续得到了发表。这些成果对当时的民族学和社会学中国化起了很大的促进作用,对今日的民族学和社会学研究也仍然有一定的参考价值。

民族学和社会学要真正中国化,还必须要有具有中国特有研究风格的"独立的科学人才",吴先生对此尤为重视,他把最大的精力和心思花在培养学生和专业人才上。

他不仅在教学中采取各种方法使学生掌握更多扎实的基础知识,而且还注意培养学生独立进行学术研究的能力。他在具备一定专业和基础知识的本科三四年级中以讨论班的方式开设了"先秦社会政治思想史"和"近现代社会政治思想史"两门课程。他先让学生在这两个范围内自选某一专题进行准备,然后进行个别指导,最后让他们各自在讨论班上讲解自己的研究成果并组织大家讨论。通过这一形式,学生们不仅锻炼了进行学术研究的能力,而且还出了成果。如林耀华当时写的"严复社会思想"就得到了吴先生的赞赏,后来发表在《社会学界》第7卷上。

为了培养出一批干练的人才,吴先生还对一些在本科学习时比较突出的学生进行了重点培养。由于当时国内大学的学术条件还不好,因此他决定安排学生到学术条件较好的欧美国家深造。他对派哪个学生到哪个国家,到哪个学校和以谁为导师都作了周密的筹划。例如,安排李安宅先到美国西部加利福尼亚大学伯克莱学院人类学系，跟美国历史学派创始人博阿斯的两位大弟子克娄伯和罗维学习，后又到美国东部的耶鲁大学人类学系，跟著名人类学家兼语言学家萨皮尔学习；派林耀华到美国一流的哈佛大学人类学系攻读博士学位；把费孝通引荐给英国伦敦经济学院人类学系的功能学派大师马凌诺斯基当学生；送黄迪到美国芝加哥大学深造；把瞿同祖和冯家升推荐给著名学者魏特福等。这些学生学成回来后大都成了民族学和社会学教学和研究的骨干力量，他们的学术成就不仅在国内具有很大影响，而且在国际上也有一定的影响，如费孝通的《中国农民生活》和林耀华的《金翼》等。

为了使培养重点学生的做法制度化，吴先生还利用1937年出国访问的机会专程到英国牛津大学了解导师制的做法。他与该校副校长、巴里奥学院的院长老林叟协商，请他们帮助燕大社会学系推行“社会科学荣誉学位导师制”。这种导师制的做法是从大学本科三四年级学生中挑选成绩优秀的学生予以个别指导，毕业后授予荣誉学位。老林叟已答应来年派他儿子小林叟和戴德华来华指导。但是由于“七七卢沟桥事变”爆发，日寇侵占了北平，局势突变，使这一计划未能实现。

日寇对中国的全面侵略，不仅中断了吴先生的导师制计划，而且也中断了吴先生在燕京大学的教学和学术研究生涯，使吴先生极力倡导的民族学和社会学中国化主张受到了严重的破坏。国家都要亡了，哪还有什么“中国化”问题可言呢？吴先生深知，在日寇的铁蹄下，民族学和社会学中国化的计划已成为泡影了。面对日本帝国主义的侵略行径和残害中国人民的法西斯暴行，吴先生再也忍无可忍，他连一天亡国奴的日子也不愿意过下去了。1938年夏，他不顾当时燕大校长司徒雷登的再三挽留，坚决辞掉了燕大社会学系主任和法学院院长的职务，与志同道合的贤妻、著名爱国作家谢冰心先生率家南下，投入抗日行列。

南下以后，吴文藻先生先是在昆明云南大学任社会人类学讲座教授，并筹建云大社会学系，云大社会学系成立后他又就任系主任和文学院院长。为了把民族学和社会学中国化的事业继续下去和为同行们创造研究条件，他又筹建了燕大与云大合作的实地调查工作站，并和其他同行一起成立云南人类学会。

本来，吴先生对实地工作站抱有很大的希望，但是由于国民党政府机构中有人暗中拆台，使他处于非常困难的境地，从而使实地工作站很难维持下去。在清华老同学的劝告下，为了摆脱困境，1940年年底，吴先生不得不到设在重庆的国民党政府国防最高委员会参事室担任参事。

尽管人已开始进入官场，但是吴先生并没有忘记中国民族学和社会学的发展事业。由于他负责研究边疆的民族、宗教和教育问题并提出处理意见，又兼任蒙藏委员会顾问和边政学会的常务理事，客观上有助于他继续关心民族学和社会学中国化的事业。在这期间他又参与筹建燕京大学成都分校并推荐林耀华为社会学系代主任；参与发起和领导“边政学会”和主持《边政公论》的编辑和发行工作，并写了著名的《边政学发凡》一文（载《边政公论》1942年第1卷第5–6合期）；推荐陈永龄、李镇去新疆教书和搞研究；推荐李有义到拉萨研究西藏的政教合一制度问题；去印度考察民族和宗教冲突问题；去新疆考察西北民族问题；利用去美国参加太平洋学会年会的机会了解美国社会学、人类学和心理学发展的状况等。吴先生的这些工作和活动，对中国的民族学和社会学得以在抗战的烽火下继续发展起了相当大的作用。

抗日战争胜利后，吴先生的经历发生了较大的变化。1946年，他被委任为中国驻日代表团政治外交组（第二组）公使衔组长和出席盟国对日委员会的中国代表顾问。从此直到1951年回到中华人民共和国的这段时间内，他与中国的民族学和社会学算是真正脱离了关系。

在日本任职期间，他除了日常公务外，主要负责了解美军总部对日管制的政策和措施执行的情况；了解战后日本的政局和战后重建的情况，如天皇制、日本新宪法、政党、财阀、工人运动、战后经济复兴计划等。

也就是在日本任职期间，由于一方面他看到美国实行扶持曾是侵略者的日本政策后，很是不满；另一方面，他对国民党政府的腐败无能和达官贵人鱼肉人民的丑恶行径也早就反感，因此，当他得知中华人民共和国成立的消息后，他的思想发生了根本的转变。他开始追求新生活。当他通过各种渠道打听到中华人民共和国欣欣向荣的消息之后，他下了与国民党政府彻底决裂的决心。在取得谢冰心的赞成和支持以后，1950年他毅然辞掉了驻日代表团的一切职务，退出了代表团，脱离了国民党政府。他以新加坡《星槟日报》驻日记者的身份在东京留居一年后，乘美国耶鲁大学邀他去任教的机会，绕道香港，于1951年秋回到了中华人民共和国的怀抱。在从日本到香港的海路上，他把所有国民党政府给他的奖章都抛进了大海。

回到中华人民共和国后，吴先生受到了党和政府的热烈欢迎和热情关怀。前两年（1951 — 1953），他主要是学习和参观，为接受新工作做准备。在这期间，他被委任为全国政协委员，周总理和邓颖超同志还专门接见了他们夫妇俩，勉励他们为中华人民共和国建设做出贡献。这对吴先生是极大的鼓舞，他决心把毕生的精力全部贡献给新中国。

从1953年起，吴先生一直在中央民族学院工作。在他担任民族研究部“国内少数民族情况”教研室主任和历史系“民族志”教研室主任期间，他为中国民族学的教学和科研工作的发展制定了许多战略设想。但是，由于“左倾”思潮的影响，他的设想未能付诸实现。

更为遗憾的是，1957年他被错划为右派，使他的才华被压抑了二十多年。直到十一届三中全会后，他的右派问题才得到改正。这是中国民族学和社会学事业的一大损失。

即使在这二十多年的逆境中，吴先生尽管感到委屈和心情沉闷，但他从未动摇过对党对社会主义的信念，他始终坚信这是暂时的情况，形势一定会好起来的，党的政策终有一天会得到落实。因此他仍然一如既往地勤勤恳恳、踏踏实实地做了大量具体而又很有价值的工作，如校订几种少数民族史志和民族自治地方概况（即“三套丛书”）；为中宣部提供西方社会学新书名作的评价和资料摘编；审阅和修订《辞海》第一版民族类词目；多次为外交部提供有关边界问题的资料和意见；校订《不要再有战争》和《中印边境》等译稿；参加翻译并校订《六次危机》《世界史》《世界史纲》

等书。

1979年，当吴先生的右派问题得到彻底改正时，他已是近八十岁高龄的老人了。但是，他并没有因年老而意志消沉，而是仍然精神抖擞地工作。他在担任中国社会学会、中国民族学会、中国世界民族学会、中国人类学会顾问期间，为这些学科的发展提出了许多宝贵的建设性意见，受到了大家的普遍称颂。

对党的十一届三中全会以来的方针、路线和政策，吴先生非常拥护，对邓小平同志提出的建设有中国特色的社会主义现代化国家的主张，吴先生更是极为赞成。在参加重建社会学的座谈会前，他挥笔写了《社会学与现代化》的发言稿，明确提出要建立为祖国"四化"服务的、具有中国特色的马克思主义社会学体系和民族学体系的主张。

为了让国内学术界了解国外民族学和社会学发展的最新情况，他不顾自己患有白内障眼疾和有心脏病的身体，也不顾医生和家人的劝阻，拼命地阅读和摘录大量中外文资料，在助手的协助下写成了《英国功能学派人类学今昔》《战后西方民族学的变化》《新进化论》等有分量的论文，受到学术界的一致推崇。

晚年，他仍然非常重视新生力量的培养工作。从1979年开始，他参加了两届民族学研究生的指导工作。他极其认真地辅导学生看书和写论文，并常常把学生招到家中单独面授。如王庆仁在读研究生阶段，几乎每周都要被他叫到家中一次。他把从国外得来的最新材料毫无保留地交给王庆仁阅读，有时还对某些重点章节和主要论点进行讲授。

1985年春，吴先生的身体已经很虚弱了。但当他接到第二届民族学专业研究生的毕业论文时，居然精神起来，昼夜不停地把四篇共约几十万字的论文从头至尾仔仔细细地做了审阅，并写下了非常详细的评语和修改意见。为了对学生负责到底，他还强扶拐杖参加了论文答辩会。可是，就在参加完最后一个学生的论文答辩会几天之后，他老人家倒下了，连续昏迷了50天，没能同家人、学生和朋友们说上一句话，就闭上眼睛与世长辞了。他为中国民族学和社会学事业的发展耗尽了最后一滴心血。

吴文藻先生去世后，谢冰心先生根据吴先生的遗嘱，把他们平时节省下来的3万元人民币捐献给中央民族学院民族研究所，作为民族学专业研究生的奖学基金，同时还把珍藏了多年的几百册图书捐献给国家，为中国民族学和社会学事业贡献了最后一份光和热。

吴文藻先生虽然已经离开了我们，可是他那慈祥的音容笑貌仍然活在我们心中。他对中国民族学和社会学事业所做的巨大贡献，将永远载入民族学和社会学的史册！

# 怀念冰心：一段难忘记忆

陶立璠

浏览网络博客，偶然看到刘增人先生的《初见冰心》，说的是1979年的事。时光荏苒，转眼已是30多年过去了。当时刘先生到北京，为了抢救劫后余存的新文学史料，前来中央民族学院拜见冰心。当他言明想要编写冰心著译系年的打算时，老人挥挥手，轻轻一笑说："时间太长久了，恐怕我也记不清多少年前写过什么东西了。我的书，这些年有许多是书店自己印的，并不让我知道。这系年目录，编起来恐怕很费力气吧？"见刘先生有点儿窘，老人又说："这么办吧——你就和我们民族学院的小朋友陶立璠联系一下，他也在做这件事情。我想起来的一些线索，都已经告诉他了。你们一起来做，可能要节省些时间，可以多做些更有意义的事情。"

作者文章中提到的"小朋友"就是我。其实我当时已到了不惑之年，但在冰心老人眼里，我自然是小朋友辈的人了。那时我的住处离冰心的寓所近在咫尺，经常见面，因为很熟识，冰心老人总是这样称呼我，我也觉得倍感亲切。如今我已到了古稀之年，回忆年轻时候和冰心老人的交往，仍然觉得有一种甜蜜在心中。

我认识冰心老人是在"文革"中。记得1965年我从北京师范大学中文系毕业后，分配到中央民族学院任教。教了一年越南留学生汉语，"文化大革命"就开始了。1966年8月，"革命风暴"风起云涌，当时我正陪同越南学生到东北参观。在哈尔滨逗留的一天，我突然看到学生们打着"革命无罪，造反有理"的标语在街上游行，说这是毛主席的指示。我赶紧拿来毛选四卷检索，却找不到这样的词句。从哈尔滨回北京时已是天下大乱，回京的火车里挤了个水泄不通，中途用餐要下站台绕行方能到达餐车车厢。

当年红卫兵刮起的“破四旧”风暴势不可挡。使我震惊的是，一夜之间抄家之风席卷民院，冰心、吴文藻、费孝通、潘光旦等一大批知名专家学者都变成“反动学术权威”“牛鬼蛇神”，被抄家自然首当其冲，不能幸免。抄家的“收获”被红卫兵拿去在学院的文物室举办展览，琳琅满目的“冰心展台”上，展示的是她平时或礼仪场合穿戴的衣物，已成为其资产阶级生活方式的罪证。之后，这些“学术权威”无一例外被关进牛棚，有人监督着实行劳动改造。不久，许多人又被送往位于湖北沙洋的“五七干校”劳动改造，冰心同吴文藻先生也在其中。

到了1971年“文革”中期，大概是因为外事工作的需要吧（他们太有名气了），冰心、吴文藻、费孝通等先后回到北京，在民院二号楼的一个房间里从事翻译工作，据说是翻译西方领袖的传略。此时的我在学院政工组，主要任务是宣传工作。那时，外事活动渐渐多了起来，经常有一些包括国家元首在内的外宾被安排到民族学院参观访问。如杨振宁第一次访问中国时就前来中央民族学院参观，由冰心接待，而我则是被安排随行摄影的“土记者”。也就在这期间，我与冰心、吴文藻先生才有缘相识。其时，我家就在冰心家附近——我住的是平房，冰心夫妇住在“和平楼”的二楼。每天上下班时，我都会看到两位老人一前一后——冰心在前，文藻先生殿后，不即不离，两人相距大约有五米的距离——绕过一座土山从我家门口经过，天天均是如此。在当时的民院家属院，这也是我眼中的一道“风景线”。

“文革”中的冰心老人几乎不与外界联系，每天除了到二号楼上班做翻译或偶尔接待一下外宾，空余时间都过着普通平民的生活。那时，我想到她家去串门是再容易不过的事情。记得那时在整个家属院，只有冰心家有一台14英寸的彩色电视机。在娱乐生活贫乏而又单调的岁月里，晚饭后想看电视了，我就带着孩子到冰心家。冰心夫妇总是显得特别高兴，热情地招待我们。

1975年是我教学生涯的转折点，我终于回到阔别已久的讲台，讲授《文学概论》课程，并在授课之余关注中国现代文学发展史的研究。记得当时重新注释新版《鲁迅全集》，民族学院承担了《且介亭杂文》和末编的注释任务。冰心先生是中国新文学发展的见证人，我自然与她谈些注释方面的信息。1997年春天，为了完成有关注释工作，我曾遍访仍在世的20世纪30年代的文学老人。我同几位工人师傅南下考察时（当时还是工军宣队治校），曾到杭州访问过许钦文、黄源先生，也到过上海访问丁景唐和巴金先生。冰心先生听说我要去上海，就托我给巴金先生捎信。通过上海市文联了解到巴金的住址后，我们前去拜访。当时巴金住在一座单独小楼里——那是他的私产。据说他是中国唯一不拿国家工资的作家，完全靠稿费养活自己。那时他已年近八十，虽经历了“文革”磨难，但精神矍铄。听到我带冰心的信来，巴金显得十分喜悦。见面时，我向他述说了冰心与文藻先生的情况，老人感到十分欣慰。这次与巴金见面谈话并不多，内容也与《鲁迅全集》注释问题无关，完成冰心所托后就匆匆与他告别了。回到北京后，我将见到巴金的情况告诉冰心时，方知“文革”使他们久未通信，“四人帮”倒台后才恢复联系。我是1979年3月10日拜访巴金的，11日巴金就给冰心写回信，开头一句便是：“昨天陶同志来，交给我您的信”，又说“算起来11年了！这中间也常常想到您。可是在‘四人帮’的严密控制下，我也不便写信，也不愿给别人、也给自己带来麻烦。‘四人帮’中的张、姚两个坏蛋千方百计整我，想把我赶出文艺界。我能活到今天也不容易。但是我有信心要看他们的垮台，我果然看到了”。4月5日冰心给巴金回信，第一句话就是“反正‘四人帮’一揪出来，抬头都看见天了”，又说“你的信是收到了，陶立璠回来也见着了，知道了你的详细生活近况，我很高兴。陶同志说你身体不错，头发也不比以前白多少”。从中可见“四人帮”被打倒之后两位老人的喜悦心情。

上文提到冰心对刘增人先生说：“我的书，有许多是书店自己印的，并不让我知道。”这是冰心先生对“四人帮”破坏并践踏著作权的愤怒。

记得是1978年吧，我为编写《文学理论》教材，到内蒙古呼和浩特开会，临行前告知冰心老人。她对我说，她收到内蒙古教育出版社的来信，说即将由该出版社出版的中学教材，收录了她的作品，但做了不少修改。冰心先生让我带口信给出版社，不同意修改自己的作品，并说了一句“我还活着”，以此来表达自己的不满。“文革”中这样的事情并不鲜见，但既然“四人帮”倒台了，冰心先生认为应该尊重作者的权益。到呼和浩特后，我特拜访了内蒙古教育出版社的编辑并转达了冰心先生的意见，但出版社负责人表现得很冷漠，这使我感到十分失望和意外。

粉碎“四人帮”之后，冰心老人逐渐恢复文学活动，也经常有人拜访她。记得《人民文学》杂志社的周明就是经常来访者之一。各地的杂志社也开始刊登冰心的文章，并想更多了解冰心的文学经历。当时冰心年事已高，身边又没有助手，所以她将自己能想到的事告诉我，让我整理她的著作系年并写成《冰心传略》，以供他人之所需。

1977年恢复高考之后，中央民族学院迎来了“文革”后的首届新生。当时的“文学青年”多为“老三届”，不仅喜欢冰心的作品，也十分崇拜冰心的人品。他们组织了文学社开展活动，听说冰心就住在学校的家属院，就求我请冰心为他们的油印文学刊物题写刊名。为此，我曾直接带领他们拜访冰心，同时请冰心给他们讲讲如何写作。冰心先生听说是“文学青年”的要求，都一一满足了。后来，我转向从事少数民族民间文学和民俗学的教学与研究，与冰心夫妇见面时的话题就逐渐转为向吴文藻先生请教。吴先生是我国著名的社会学家，当时同样年事已高，在谈话中曾感叹过自己学术生涯中的遗憾。

此后很长一段时间里，由于我的专业方向已偏离了文学，加之冰心老人的外事、内事活动很多，不便再去打扰她。只是有一次钟敬文先生想拜访冰心，我便与冰心老人联系，她痛快地答应了。两位老人见面后谈笑风生，颇为开心。如今，两位老人都已驾鹤归西，但我的案头上仍然置放着他们相见的合影。钟敬文与冰心都是大爱无边的长者和令人崇敬的诗人、作家、学者。我想，他们留给后人的是享用不尽的精神财富。

# 谢老忆絮

杨静茹

当年我与谢老（冰心）虽然都在中央民族学院宿舍院内居住，但却从未谋面。我与谢老及其家人真正相识和交往是在“文革”期间。可以说，我们之间的特殊“缘分”就始于1966年那个“动荡之秋”。

那时，谢老与其丈夫吴文藻先生都是被“无产阶级专政”的“资产阶级知识分子”，属于“黑五类”，而我则是身为“革命教师”“军人家属”的“红色种子”。所以，驻校工宣队队长就“分配”我一家三口与谢老一家同住一个单元房，意在“监督”谢老一家。当得知领导这一决定时，我踌躇了半天，因为想象中的“冰心”是位著名女作家，想必“架子很大，凡人不理”。我觉得，自己肯定难以与傲气大的人相处，但领导的“命令”又不敢推诿，最后我还是选择了服从。

当我携儿（飞虹）带女（立群）挤进谢老家时，发现连她家的保姆和两个外孙儿（丹丹、刚刚）算在内，两家共有八口人。两家同住三间小屋（我们住其中一间），共用一个小厨房和一个厕所，早晨洗漱、如厕都要先打招呼后排队，四个小孩又都不太懂事，可想而知双方家庭生活中所面对的困难和尴尬！但在朝夕相处的两年时间里，自己所担心的各种隔阂全部被化解。其间，我不仅没有发现谢老有什么“不轨言行”，反而被她“严于律己，宽以待人”的襟怀所深深影响和感动。为此，时任系党支部书记的某领导曾指责我说：“整个‘文化大革命’，你就没写出一份像样的大字报！”这话当然是指我没有对谢老进行“揭发批判”。而我并不后悔和自责，因为我绝不说假话——扪心自问，良心还在。

记得第一天推门进入谢家时，我真是忧心忡忡、不知所措，连语言都像是被堵塞住了，而谢老、吴老和他家保姆却笑着迎上前来表示欢迎。谢老诚恳地对我说：“今后大家住在一起，孩子多了，热闹！咱们大家都互相谅解、互相帮助，就让孩子们（指我的孩子）和丹丹、刚刚一样叫我们吧！”看似简单的几句话，说得自然、亲切，未显一丝无奈或怨气。从此以后，“吴爷爷、谢姥姥”以及“大姨、二姨”（谢老之女）就成了我的孩子一直延续至今的称呼。一度“二姨”吴青晨练时，还常带着我的女儿跑步哪！事情虽已过去五十年，但回想起来，许多当时的情景仍历历在目。

谢老不仅是著名的儿童文学作家，而且也是名副其实的教育家，她的教育方法很有特点。记得我们刚搬进她家不久，她家保姆买来几只小鸡放在阳台上的大纸箱里，黑白黄各色都有，手一摸，毛茸茸的非常可爱，四个孩子十分高兴地围观。听到小鸡叽叽喳喳地叫，有的孩子就说小鸡们是在唱歌。这时，谢老的小外孙丹丹见其中一只小黑鸡不合群也不张嘴，便很生气，抓起来就从二层楼上往下扔。小黑鸡在空中翻滚落地摔个半死，鸡腿还不时蹬扎几下，孩子们见状都惊呆了。我女儿立群赶紧跑回屋里向“谢姥姥”告状。谢老随后出来往楼下看了一眼，对孩子没打也没骂，只是严肃地让丹丹下楼把小鸡捡回来。

这时丹丹已意识到自己错了，赶紧下楼把小鸡捡回来交到姥姥手里。只见谢老爱怜地抚摸着小鸡说：“小黑多可怜、多疼呀！它妈妈一定很伤心，小伙伴们会很想念她的……”此时，丹丹的眼泪像脱线的串珠一样滴在衣袖上，嘴里咕哝着“姥姥，我错了……”现场寂静片刻，谢老轻轻地抚摸着丹丹的头，轻声说道：“犯错不怕，改了就好。”这种没有一句训斥的教育方式，使所有的孩子都明辨了是非，也使来到现场的我感悟良久。

谢老很会给孩子们讲故事。她讲故事生动幽默、引人入胜，很有教育效果。有一次，我听到她给孩子们讲“匹诺曹”因为撒了谎，鼻子长得很长……受这个故事的影响，直到很久以后，我的两个孩子在指责对方说谎时还常说：“你的鼻子已经长长了！”

1968年的夏天非常炎热。白天，我参加黑白颠倒的“文革”活动 —— 大批判、写大字报，实在很累，有时心情也很压抑，只有晚上回到家里，才会感到一种精神上莫名的轻松。后来我忽然意识到，这种轻松的感觉源于谢老对孩子们的关爱和影响。因为几个孩子每晚洗完澡后，便都自觉地坐在小板凳上唱儿歌：“水妞儿、水妞儿，前出了犄角后出头 …… ”这歌声几乎成了让“谢姥姥”讲故事的暗号。有一天晚上睡前，我儿子飞虹担心地问我：“妈妈，明天谢姥姥还有新故事吗？”我不假思索地答道：“有！谢姥姥的故事用船载，永远也讲不完！”孩子得到满意的答复，一会儿便高兴地睡着了。

在与谢老一家同住的这段日子里，不仅孩子们受到良好的教育启蒙，我也受益匪浅，学到不少书本外的知识和道理。但好景不长 —— 不久后，我们和谢家二老都去了远在湖北沙洋的“五七干校”。

根据当年的“政治身份”划分，谢家二老属于必须通过劳动改造思想的“资产阶级知识分子”。我们的“五七干校”所在地原来是一个劳改农场。这里的宿舍特点是窗子很小，而且离地很高，所以光线极差；宿舍门窗都是铁质的，稍微一动就稀里哗啦乱响。我们当时猜想：“这可能是防止犯人逃跑吧！”宿舍的房顶也漏，上面长满了荒草，当外面下大雨时，屋里便下小雨。在这里，我与谢家二老自然成为“街坊”。

在“五七干校”期间，我们的伙食主要是玉米面窝窝头和咸菜。当时物资极端匮乏，也没有自由市场，几乎什么东西都要凭票凭证买。但去大田劳动时，偶尔也能碰到当地农民用自家种的黄豆做成豆腐卖。由于同住久了，我心中早已不把谢家二老当外人，所以每当遇到有豆腐可买，我便多买两块，让女儿端着送给谢家二老。没想到的是，这点儿小事，却被谢老记在心中。有一次，我走在路上恰好碰上谢老送客。互相打招呼后，她风趣地对客人介绍说：“这是我的干女儿，干校生活中她常照顾我们 …… ”

其实，我并没有为谢老做过多少事儿，却得到了她以“干女儿”相称。

我内心更感念的是谢老对我的另一个中肯评价：“话到静茹那儿就扎了口袋……”是的，做人就应该将心比心！而在那个年代，“将心比心”往往被认为是丧失了“政治立场”。

在与谢老相处的岁月里，我深深感受了她对人的真诚热情，对事儿的认真负责。她学问渊博却平易近人，对任何人也不摆架子，因而更令大家敬重。曾有传说谢冰心人高傲、生活奢侈，光高跟鞋就有上百双……据我所知，事实正相反！谢老从不爱穿高跟鞋，连皮便鞋都很少穿，平时只穿那种最普通的布鞋——布面塑料底的，俗称“懒汉鞋”。说到鞋，我倒想起一件事：有一次谢老在客厅里试穿新鞋，试罢，对站在旁边看的我女儿立群说：“我穿着紧点儿，给你吧！”立群犹豫之中怯生生地说：“妈妈不让我要别人的东西……”谢老一听这话，乐道：“傻孩子，姥姥是别人吗？你先穿，等你把这鞋撑大了再给我。”

我记得谢老说话有时也很有风趣，与人交流很容易拉近思想距离。据说当年有一次她去访友，在友人所在单位传达室登记时，看门工友见她是个衣着朴素的老太太，便随意地问道：“您会写字吗？”谢老微笑着说：“还能写自己的名字！”当“谢冰心”三个字映入对方眼帘时，对方惊异片刻，涨红着脸连声说：“对不起、对不起……”而谢老却很体谅地安慰对方：“没关系，没关系！我们这么大年纪的妇女，不识字的人很多——那时不兴女人读书。我不过是比她们多认几个字……”

这就是谢老的待人处事！这个故事直到今天仍被许多人提及，并成为我一生向谢老学习的自觉对照。

# 记我的艺术人生启蒙者和引路人

## ——陈振铎先生

宋友权

### 初识先　进入学习二胡殿堂

和先生相识，是1961年9月中旬的事。8月下旬，接到中央民族学院艺术系的《录取通知书》，我这大山里的藏族娃儿（17岁，初中毕业），怀着激动与忐忑的心情从老家——四川省阿坝州金川县河东乡达尔确（甲）寨子出发，9月8日赶到学校。分专业时领导让我学二胡，并告之老师是陈振铎教授。这是我第一次听到先生的名字。

按系里约定的时间和提供的地址，我提着二胡来到学校家属院，找到写有“陈振铎”三个字的门，就上前怯怯地敲门，一位花白头发的长者为我开门。这是我第一次见到先生。

过去听说过“教授”这个词，但没见过人。现在教授一对一、面对面给我授课，令我非常紧张和拘谨。先生就“哪里人，什么民族，多大年龄，喜不喜欢音乐，喜不喜欢二胡……”和我聊起来。他慈祥的面容，和善的眼神，亲切的话语，委婉的语气，使我的紧张和拘谨缓解了许多。

我从未摸过二胡，先生只得手把手从基础教起。他边讲解边示范，拉出的音很美。我学先生的样子，把琴放在腿上，浑身的不自在，马尾在琴弦上摩擦出的声音是那样的刺耳，难听。先生说：“这是个过程，不着急，慢慢练。”

在先生的悉心教授下，第一学期我学会了音阶、乐曲片段和《田园春色》《良宵》等一些技巧不难的曲子。第二学期学会了《病中吟》《雨后春光》《光明行》等一些难度较大的作品。二三年级学会了《赶集》《豫北叙事曲》《空山鸟语》和《三门峡畅想曲》这些当时高难度的二胡曲，每次考试成绩都是优。就这样，先生有条不紊地将我带入二胡艺术的殿堂。

## 苦练《病中吟》 领悟二胡艺术

三年级第二学期，我正信心满满地准备继续攻《豫北叙事曲》和《三门峡畅想曲》这些作品时，先生要我再练《病中吟》。

《病中吟》技巧不难，我已拿下了，成绩是优哇。现在让我再练，是何意？先生不说，我又不敢问。

哎，让我练，我就练吧。

我每天先用两小时练基本功：长弓、快弓、音阶和各种乐曲的片段。然后再用4个多小时练《病中吟》。练一段时间后觉得乏味了。上课时给先生说了这一状态，先生说：“这是在进步，说明你对自己现在的水平不满意了。再继续练，相信就会有新的发现和新的体会。”

什么“新的发现”“新的体会”？先生没说。

按先生的要求，经过一段时间的练习后，真有两个“新发现”：一是每天非常投入地练到五六个小时之后，发现我的手像演奏家的手那样极为灵活，演奏得心应手，出现“熟能生巧，巧中有妙”的感觉。真是“功到自然成”啊！二是发现二胡曲的每个音都有多种拉法，像长音就有近十种不同的拉法。究竟用哪种拉法来表现作品内涵，全靠自己用心研究、仔细琢磨、反复比较之后再确定。这些细节体现了演奏者的功力。这时，我的演奏上了一个台阶。上课时先生高兴地说：“现在听你的演奏就有味道了。”

再往后的练习中我又有了两点“新的体会”：一是二胡作为民族乐器

中极具代表性的拉弦乐器，它独特的音色和优美的旋律所表达的思想和情感，在深深地吸引你，打动你。如旋律时而委婉细腻、娓娓道来，似涓涓细流沁人心脾；时而在节奏的律动中弱音缠绵，意境深邃，给人无尽遐想；时而昂扬欢畅激情四射，给人鼓舞和力量。加上弓法和力度的无穷变化，使二胡艺术独具特色，绽放异彩；二是只有经过刻苦练习后，才能对二胡艺术的魅力有所感受。即，从苦苦探索到尽情享受，是成为演奏家必走的艰苦而漫长之路。

这时，我对先生要我练《病中吟》的良苦用心也有所理解了——就是要我克服心浮气躁的毛病，沉下心，潜心探求二胡艺术的魅力。

1963年春，全国首届二胡比赛在上海举行，先生带我去观摩北京赛区的比赛。我觉得选手们对《空山鸟语》《三门峡畅想曲》这些高难度的作品非常重视，演奏娴熟流畅，而《病中吟》这种技巧不难、慢速度的曲子，有些选手则琢磨不够，缺乏意境和深度。给先生谈了我的感受，他肯定我的看法，说："这个作品内涵深，要准确表达不易。"又说："学艺，首先功底要扎实。长弓、快弓、音阶和乐曲中高难度的片段，每天都要用足够的时间来练。所谓'一天不练自己知道，两天不练旁人知道，三天不练观众知道'说的就是这个理。即使成了演奏家，基本功、技巧的练习一天也不能放松。只有扎实的基本功和娴熟的技巧，才能准确表达作品的思想情感和展示其艺术魅力。"

先生授课，从不用填鸭式的灌输法,而是先让学生自己悉心琢磨，有了一定的体会后，再以商讨的口吻和你交流。他画龙点睛、言简意赅的话，让人终生难忘。如，当我练《病中吟》两个月后，先生提出《病中吟》表达的是什么样的思想和情感的问题。由此他指导我认识《病中吟》不是对生理疾病的呻吟，而是在表达旧中国知识分子忧国忧民的思想和情怀。他说："乐曲从低沉、缓慢的诉说开始，然后徘徊--愤懑--呐喊--抗争，最后终因个人无力回天，在悲愤与痛苦的呐喊和抗争中结束全曲。乐曲最后的长音意味深长，它不是悲观的叹息，而是抗争中的呐喊。所以，拉好这个长音，非常重要！"

我正对自己练《病中吟》取得的进步有些沾沾自喜，听先生如此说，让我深感要真正掌握《病中吟》，路还很长很长……

先生的传授和教诲，不仅限于二胡艺术。他要我在学好主课二胡的同时，要学好副课钢琴和音乐理论等专业课，还要多听各种音乐，中国的、外国的，古代的、现代的，独奏、重奏，合奏和交响乐等等。还要我重视文学和艺术的修养。他说："我们培养的不是只掌握技巧的民间艺人，而是知识全面的音乐家和有艺术修养的艺术家。""看书，在有重点的基础上要博览群书，知识才会有广度和深度。音乐也是一样，在广泛接触各种风格各种类型作品的基础上，要娴熟掌握一些极具代表性的作品。"

先生自己在几十年的艺术生涯中，不仅潜心研究二胡艺术，还研究戏曲艺术、绘画艺术和书法艺术，这使他的二胡艺术进入很高的境界。1982年6月8日，已是77岁高龄的先生在北京民族文化宫剧场音乐会上演奏《汉宫秋月》，让我深切感受到先生对二胡艺术的感悟和诠释已达到炉火纯青的境界。音乐评论家曹正教授在评价先生这次演奏时说："从陈老表现音乐的深厚气质和宽广神韵中，可窥见其艺术修养之功力。"这时，我对先生常强调的"演奏家最终拼的不是技巧而是艺术修养，技术技巧相对较好掌握，艺术修养得用一辈子的功夫"有了深切体会。

就这样，先生用"不着急，慢慢练"的方法，用不到三年的时间，把我这个音乐白丁领进了音乐艺术的殿堂。

## 行为见品德　指引我前行

先生行事低调，但他的言行彰显的品和德，深深地感染着我，教育着我。

**和农民交朋友向民间学习**

1965年8月，中央民族学院派出400多名师生，到广西三江侗族自治县参加"四清"工作。先生和我们一起来到黄排公社。当时，我20岁，先生已61岁高龄。

当时条件艰苦，住的是四面透风的木板房，吃的是半干的稀饭，菜少且单一。在同吃、同住、同劳动中要解决农民生产生活中的各种困难。这种苦，不少人受不了。我这个在农村长大的人，也很不适应。先生也是吃这种饭菜，白天下地干活，晚上带农民开会学习。一个长期生活在大都市的高级知识分子，其不适应和遇到的困难可想而知。我怕他的身体受不了，问他有什么困难？他爽快地说："没什么，这些困难能克服。"

农民们听说他是全国有名的音乐家、老教授，相处中颇为紧张和拘谨。但先生待人平易谦和，和他们聊家常、摆农事，演奏二胡给他们听，还向他们学习民间音乐，很快就与他们成了朋友。先生模范遵守纪律，以身作则、身体力行的行为，对我们这些年轻人影响很大，得到大家的赞扬，也受到领导的多次表扬。

**先生送我一盆花**

我在中央人民广播电台工作，家住中央民族大学家属院，所以常去先生家串门，聊工作，聊学习，聊生活。

有一天，我去他家，先生说要送我一盆花。他说："养花、赏花，能修身养性。"先生送我的是金边吊兰，叶子细长，顶部尖，外部金黄色，内部深绿，刚长出的叶子，嫩嫩的、油油的，甚是可爱。文人讲究养花、赏花、写花，以修身养性，提高品位。先生送我花，我能感受到他的用意。

**先生送我一幅字**

和先生相处，话题很广泛。有次我们聊看书。我说："我看到《荀子·天论》中有这样一段话：'天行有道，不为尧存，不为桀亡，应之以治则吉，应之以乱则凶。'我很喜欢这话，想请您把这段话写给我。"先生说，他也喜欢这句话。他说："这话是告诉我们，万事万物都有其特定的规律。做人做事，要尊重规律、敬畏规律。"他欣然将这段话写下来送给我。这幅字成了我的珍藏品，并一直谨记先生"天行有道"的教诲。

## 驾鹤远行　风范长存

1999年11月7日下午，有同学打来电话说："先生病了，在阜外医院，赶快去看。"我放下电话，骑上自行车直奔医院。到医院，先生让我把床摇高些，摇起来后他觉得不舒服，我又往下摇了点。这时师母来电话，说请专门负责先生的医疗专家来给先生瞧病。专家赶到，仔细做了检查后告诉我，医生们的处置是得当的。等先生的呼吸平稳后，我和专家一道骑自行车离开医院。专家告诉我："先生的心脏膜非常薄了，难过此关，要做最坏的准备。"听专家如此说，我默默为先生祈祷，期望出现奇迹。

第二天早上，我从家赶到医院，看到呼吸机和心脏检测仪都在正常工作，先生平静地躺着。上午11点，我又从单位赶到医院，看到先生的情况还好。大约12点，先生的呼吸突然急促起来，心电图出现波动，情况急转直下。医生们赶来抢救，做心肺复苏按压，满头大汗地抢救了近30分钟，心电图呈现一条直线。这时先生的亲人中，只有一个女儿在场。医生对她说："看来不行了，怎么办？"女儿哀求医生别放弃。医生又继续做心肺复苏的努力，但毫无结果，心电图一直是平直状态。医生们已无力回天了……

哎，无奈呀！先生的女儿沉痛地向医生们深深鞠躬，含泪说："谢谢你们了！"

我不相信眼前所发生的一切。看到先生还有呼吸，希望有奇迹发生。医生告诉我："这是呼吸机在工作，本人早已没有呼吸了。"果然，拔掉呼吸机后，先生一点呼吸迹象都没有了。医生们收拾好床铺，盖上白布单。先生静静地躺着，我和先生的女儿默默伫立在旁。

面对人人都恐惧的死亡，先生是那样的平静，那样的坦然。可走得又是那样的快，快得让人无法接受……

在八宝山公墓告别厅里，音乐界，特别是二胡界的音乐家们纷纷赶来，向陈振铎先生做最后的告别。时任中共中央总书记、国家主席、中央军委主席江泽民同志送的花圈摆放在显要的位置。告别厅里回荡着先生创作并演奏、由中央人民广播电台录制的二胡曲《雨后春光》的录音。

音乐伴随了先生一生，并成就了他的艺术和他的情操。现在，音乐又伴随他远行。这位把自己的一生完全托付给二胡艺术的大师，乘着《雨后春光》的乐曲，消失在茫茫天际深处……大师驾鹤远行，风范长存人间。

## 无尽思念　恩德难忘

多少年来，我一直想为先生写篇文章，又深恐写不好，轻慢、亵渎了先生和他的艺术。现在，我把发自肺腑的话说出来，与先生做一次时空对话：音乐，我不是因爱而选择了它；而是先选择了，而后深深地爱上了它，并为其勤勤恳恳地奉献了几十年。其原因，您是我的启蒙者和引路人。

人生没有重来的“如果”。但这里，我偏要说说这个“如果”：

如果，没有先生您独具匠心的教学方法；如果，您不强调提高整体修养的重要性；如果，您不让我涉猎其他艺术门类；如果，学校没有业务强、教学认真的教师团队（您的同事们）的倾心教学；如果，学校没有浓浓的学习氛围，和高低年级同学之间互教互学的良好风气……我这个音乐白丁，16岁才开始接触二胡的人，怎能学了近三年就能参加乐队，并参加在北京民族文化宫和人民大会堂小礼堂为中央领导和首都各界群众演出的大型民族舞剧《凉山巨变》？怎能成为国家广播电台的音乐编辑（中央人民广播电台的编辑需具有良好的政治素质、坚实的专业知识、很高的鉴赏水平、熟练的编辑业务和文字表达能力），并有60多部作品在国内外评比中获奖，专业职称达到正高？怎能成为中央人民广播电台20世纪80年代后期到90年代初，所有拟播出的中国音乐家创作和表演的音乐作品的把关人之一，和中国音乐节目的总监制者？怎能成为国家广播电视总局、中央人民广播电台和中央电视台的节目监审专家？成为中央宣传部的新闻阅评专家呢？

人们说，学生是老师教学水平、教学理念和教学成果的见证者和体现者。我的经历，足以见证先生不凡的教学水平和教学理念。

先生的魅力，不仅表现在艺术成就上，还表现在他的道德风范中。您的教学用“润物细无声”来总结最合适；您的作风和为人，用“上善若水”来形容更为恰当。境界像水，避高趋下的谦逊，刚柔并济的品行，滴水穿石的毅力，泽惠众人的奉献……您顺不骄、逆不馁。“文革”中，无端遭到抄家、批斗，您坦然面对；被指派去打扫教学楼的厕所，您扫得干干净净；不让您教学去搞资料，您做得井井有条。

《先生还在身边——民大名师纪念文集》是中央民族大学为纪念本校名师编纂的一部文集，书中介绍了先生您和翦伯赞、潘光旦、于道泉、费孝通等教授们的成就。看到书中对先生功绩的介绍，我深感对您的了解还是太少，便不由得想看看“百度”是怎样介绍和评价您的。于是在电脑键盘上敲了“陈振铎”三个字，屏幕上出现的文字是这样介绍您的：

“陈振铎(1904.11.28 ~ 1999.11.8)，中国著名音乐家、二胡教育家、演奏家、作曲家、民族器乐革新家、当代民族音乐奠基人之一。中央民族大学音乐学院教授、中国音乐家协会二胡学会名誉会长、中国管弦乐协会名誉顾问、中央音乐学院学位评定委员会委员、中央民族大学学术委员会委员、国务院学术评定委员会委员等。是继刘天华之后的当代民乐大师、二胡泰斗。”“陈振铎先生从事二胡艺术教育六十余载，培养的学生已形成一支二胡艺术大军。其中，著名的二胡演奏家张锐、张绍、陈朝儒、闵惠芬、王国潼等已是我国二胡艺术界的精英……”

至此，我胸中自然涌出“缅怀先生——思念无尽——恩德永记”这十二个字，就用作此文的结束语吧。

# 厚德堪载物　桃李必芬芳

## ——记我国少数民族音乐学科带头人田联韬教授

于晓菲

中国少数民族音乐研究作为一门学科初始于20世纪50年代，发展至今已有六十余年。随着学科的日益完善和师资队伍的不断壮大，越来越多的学者将关注点投放于少数民族音乐研究领域这片沃土并进行深入研究，成果如雨后春笋般应运而生。田联韬教授是我国著名的民族音乐学家、教育家、作曲家。作为一位音乐家，他不仅是中国少数民族音乐研究这一学科的拓荒者和带头人，为学科建设和发展倾注了毕生的心血，而且为国家和民族地区培养了大批优秀的少数民族音乐人才。本文综观田联韬教授一生的音乐之路，对他在中国少数民族音乐学科建设发展中所做的贡献做简要的介绍。

### 一、苗岭结缘　乐海扬帆

田联韬教授祖籍河南项城，1930年出生在天津一个官宦世家。祖父田作霖曾任北伐军中将，外祖父刘镇华曾任安徽省主席，祖母出身于书香门第，文化程度较高，曾在漯河开办培德小学，是当时漯河建立的第一所正规学校。那时候，田联韬才四五岁，经常在学校里听老师教学生唱歌，也跟着咿咿呀呀哼几句调调，日后回想，也许这便是对他幼年时的音乐启蒙。抗日战争年间，田联韬跟随父母辗转数座城市，生活的磨难带给少年的他丰富的人生阅历。儿时常被家中手摇唱机里的音乐熏陶，也曾让他拥有过充实的童年。到了高中时期，他在武汉的琴行里用12个银圆买了一把日本产的只有18个贝斯的二手手风琴，在当时已经显得弥足珍贵。对这架手风琴，他爱不释手，没有教材，靠自己摸索，每天空闲时间他便跟着学习钢琴的妹妹一起练习指法，慢慢地也会弹奏一些小曲子。正是这架手风琴，使他后来投笔从戎，离开了中央大学工学院航空工程系，走上了一生漫漫音乐长路。

1949年，19岁的田联韬加入中国人民解放军第二野战军政治部文工团，进军大西南，并在次年参加中央访问团前往贵州慰问各族群众。在黔西北地区，他惊讶于同在一个国度竟有这样的贫瘠之地，人们生活食不果腹，民不聊生。自这时起，他便满怀深情，盼望少数民族同胞早日过上富裕的生活。也正是这一时期，田联韬接触和了解到贵州的民族音乐，对少数民族音乐产生了浓厚的兴趣，并开始尝试创作少数民族歌曲。具有浓郁贵州风格的歌曲《家家户户运粮忙》在1952年第一届全国群众歌曲评选中荣获二等奖，也是在这一年，他发表了第一篇学术论文《贵州苗族音乐的初步介绍》，在学术界引起较大反响，当时他年仅22岁。经过贵州之行，田联韬彻底放弃了父母赋予他当航空工程师的梦想，决定为少数民族音乐事业的发展贡献自己的力量。

凭着对音乐的热爱与追求，田联韬在1955年顺利考入中央音乐学院作曲系，1960年毕业后被分配到中央民族学院文艺系工作，担任作曲主科及音乐作品分析等课程的教学任务。在中央民族学院工作的24年间，本着培养少数民族音乐人才的办学宗旨，田联韬先后培养了约40名作曲专业学生，大部分学生均为少数民族，其中以藏族学生居多。这40名学生毕业后均分配到各民族地区的文艺团体和艺术院校，他们大都成为本地区本民族的业务骨干，许多人后来成为作曲家、教授、音乐学家等。如侗族的杨秀昭是广西民大艺术学院教授，曾任中国民族音乐学会副会长；朝鲜族的崔义光是吉林省一级作曲家；侗族的张中笑是贵州省音协领导兼

《贵州音乐》主编；朝鲜族的方夏灿是中央民大音乐学院的教授；作曲家白智运曾任中央电视台制作部音乐编辑、中广学会电视音乐研究会副会长兼秘书长；作曲家聂春吾是湖南省衡阳市音协主席；藏族白登朗杰曾任中国音协理事、西藏音协分会副主席、中国民歌集成编委会成员；扎西达杰曾任玉树歌舞团团长；回族的马阿鲁曾任西藏大学艺术系副教授；蒙古族的斯仁·那达米德曾任中央民族大学音乐学院作曲系主任；来自贵州的师职军旅作曲家杜兴成是八一电影制片厂的音乐组组长；傣族的岩宰曾任云南省西双版纳傣族自治州民族歌舞团团长；藏族一级作曲家洛桑三旦曾任西藏自治区音协副主席；彝族一级作曲家吉古夫铁是凉山彝族自治州歌舞团的党委书记等……他们都为推动本民族和本地区的音乐发展做出了重要贡献。

在中央民族学院任教期间，田联韬还创作了大量脍炙人口的音乐作品，如舞蹈音乐《送粮路上》（合作）、《黄河之水天上来》《茶花朵朵》《织氆氇》；电影音乐《火娃》《孔雀公主》《第三女神》《爬满青藤的木屋》；电视音乐《非洲纪行》；电视剧音乐《红岩》；舞剧音乐《凉山巨变》（合作）；钢琴曲《塔吉克舞曲》《天山的节日》；小提琴曲《帕米尔随想》；大提琴曲《红河的孩子》（合作）等以及数十首歌曲。其中《孔雀公主》被北京电影制片厂评为1983年度最佳电影音乐。他曾先后13次到云南、贵州、西藏、四川、青海等少数民族地区调查研究，收集整理当地丰富的民族音乐资料，为后来从事少数民族音乐研究与教学工作打下了深厚的基础。读万卷书，行万里路，田联韬的工作经历充分诠释了书本上的知识和田野获得的资料同样重要的道理，其亲自调研所获取的一手资料尤为珍贵。

因工作的需要和对少数民族音乐研究的执着追求，田联韬于1984年从中央民族学院调到自己的母校中央音乐学院音乐研究所工作。在中央音乐学院工作期间，他又先后8次到甘肃、西藏、新疆等地进行深入调研，继续对少数民族音乐展开更为全面的研究。他将田野调查与研究工作紧密结合，完成了《中国少数民族传统音乐》（主编）、《走向边疆：田联韬民族音乐文论集》《走向雪域高原，青藏高原音乐考察研究》等三部专著，先后发表了《藏族音乐的地域性特征与音乐色彩研究》《藏族传统音乐形态特征研究》等百余篇学术论文。与此同时，他在中央音乐学院建立了培养少数民族人才的基地。虽然中央音乐学院也曾培养少数民族学生，但没有开设系统研究少数民族音乐的专业。田联韬教授深深感到，民族音乐专业要发展繁荣，靠少数人是不行的，必须花大力气培养后继人才。他将中央民族学院对少数民族学生的培养方针和办学模式带到了中央音乐学院，1985年开始组织筹划招收少数民族音乐研究方向的硕士，招生对象主要是少数民族学生以及研究少数民族音乐的汉族学生，目的是培养出一批研究少数民族音乐的高层次人才，教学和科研内容重点是少数民族传统音乐，于是“中国少数民族音乐研究”作为音乐领域的一个研究方向在我国诞生了。自1986年招收第一名硕士杨民康（白族）、1996年招收第一名博士和云峰（纳西族），直至2016年最后一位博士张鹤（汉族）毕业，田联韬在中央音乐学院工作期间，担任少数民族音乐研究方向的硕士生导师及博士生导师，先后培养了7名硕士生、21名博士生，学生成分包括白族、藏族、纳西族、蒙古族等12个民族。这21名博士大部分已返回民族地区承担教学与研究工作，已有8位被评为教授，7位被评为副教授，并有14位担任硕士生或博士生导师。他们分布于中央音乐学院、中国音乐学院、中央民族大学、西藏大学、新疆艺术学院、广西民族大学、贵州民族大学等全国各地高校，其中，杨民康（白族）是中央音乐学院研究员、博士生导师，兼任中国少数民族音乐学会副会长。我是一名在读博士，我的导师包爱军教授现任中央民族大学音乐学院副院长，他就是出自田联韬教授门下的一位优秀的蒙古族博士，兼任中国少数民族音乐学会副会长和秘书长。在中央民族大学音乐学院任教的嘉雍群培教授（藏族，已故）、王华教授也是田联韬教授的博士生。

## 二、亦师亦友 循循善诱

综观田联韬的教学历程，最值得骄傲的是他有关中国少数民族音乐的研究成果，但最值得自豪的却是对少数民族音乐人才的培养。国家对少数民族的人才培养一向比较重视，教育部自2007年开始启动“少数民族地区高层次人才培养计划”，对少数民族地区的人才培养给予政策性倾斜。这对田联韬建立少数民族音乐研究方向、大力培养少数民族高层次音乐理论人才是极大的支持。但是由于民族地区与内地的音乐教育水平存在较大的差距，来自民族地区的少数民族考生难以达到中央音乐学院博士生录取的要求。田联韬对于来自民族地区的考生总是尽力给予全面的帮助，使他们在较短时间得到较大的提高。二十多年来，田联韬先后招收的博士生中，除少数几位之外，几乎全是来自西部民族地区的学生，而且绝大部分是少数民族学生。

“因材施教”是田联韬突出的教学理念，“亦师亦友”则是他与学生和谐相处的制胜法宝。由于学生来自全国各地不同民族，在师生相处的过程中，田联韬不只是重视学生在学习上的基础与才能，更特别注意不同民族学生身上的民族性格。他从学生的实际情况出发，有的放矢地按学生的不同性格进行指导和帮助，帮助的目的是让学生提高自信，更加奋发图强。例如，有些学生信心不足，他便会对学生取得的点滴进展给予表扬和鼓励，增强学生的自信心；有些学生过于自信，他便会给学生泼一些凉水，提醒学生要谦虚谨慎，继续努力。田联韬是学生们的良师益友，杨民康称他为“少数民族学生的朋友和知心人”；和云峰感慨：“行人楷模人称德，青松岁久叶常妍”；岩宰说他是“引我走进音乐殿堂的领路人”…… 面对学生们的赞誉，田联韬则表示：“做任何事情都要讲求方法，作为老师要总结教学经验，不能只图批评的痛快而伤害学生的自尊心。教师应该像朋友一样尊重学生，无论学生年纪大小，学识是否渊博，都应该既有严格要求又要给予尊重。”

田联韬一向将学生写作的学位论文当作自己写论文一样，和学生一起深入研究的课题里去。每当学生在调研或写作中遇到问题，特别是论文写作进入中后期阶段，他总是停下手头所有的工作，全力以赴地帮助学生去解决问题。这样的做法既保证了学生的论文质量，也提高了教师自己对新的领域的认识。他用“教学相长”四个字概括了他56年的教学工作。他表示，作为老师，教学工作的过程，并不只是在“教”，同时也是一个向学生和课题学习的过程。博士研究生论文的选题丰富多样，不同的民族有着不同的艺术类别，虽然身为研究生导师，也不可能将全国56个民族的艺术类别全部掌握。为了解决学生写作中出现的问题，就需要教师和学生一起深入课题中去，掌握课题的核心内容，在学生研究与写作的过程中，师生互动，共同学习，相互交流、相互启发。田联韬认为，教师只有全面、深入地研究了学生的课题，才有可能帮助学生发现问题，解决问题，找出课题研究中的创新点，帮助学生比较圆满地完成论文写作。

## 三、成果斐然　桃李争妍

总结田联韬的学术理念和教学特点，可以用“兼收并蓄，为我所用”来概括。田联韬认为，一切合理的理论都产生于人们的实践。我国少数民族音乐研究工作，是在1949年中华人民共和国成立之后发展起来的。1949年之前，仅有两三个工作孤例。1949年之后发展迅速，到了20世纪80年代，我国音乐家已经在少数民族音乐的考察、研究方面，积累了比较丰富的工作经验，收获了不少学术成果。

20世纪80年代中期，田联韬教授开始担任中央音乐学院的硕士生导师，这时正是西方民族音乐学的理论方法开始直接对中国音乐界产生影响的时候。1980年，中国学者在南京举办了第一届民族音乐学学术会议。田联韬观察到西方民族音乐学的基本理论方法，与中华人民共和国成立以来数十年我国少数民族音乐的考察、研究工作之间，并无根本的差别。西方音乐学术界经百余年的实践，在理论方法和考察研究成果方面，积累了比较丰富的经验，对我国的工作有可资借鉴之处。

田联韬没有门户之见，他支持学生深入地学习国外民族音乐学的理论与成果，并推荐学生前往香港中文大学求学。对于西方民族音乐学和音乐人类学，他的基本看法和态度是："我们应该虚心地、客观地学习、吸收一切外来的、有益的学术成果，为我所用，但不需要盲目崇拜，更不必妄自菲薄。"

与田联韬教授前期主要从事作曲专业的教学与创作活动有关，他在指导学生写作民族音乐研究的学位论文时，更倾向于指导学生选择音乐材料比较丰富的课题来进行探究。因为无论哪个民族的音乐，都有自己独到的形态特征，而这种独特性更明显地体现在音乐本体中。田联韬要求学生在写作中，既重视选题的文化背景与文化分析，也重视音乐本体分析，在每篇学生论文里，都在音乐本体分析方面投入比较大的精力和时间，以求获得比较深入的研究成果。这两方面的要求，在田联韬所指导的格桑曲杰、银卓玛与王慧三位同学的优秀博士论文以及其他同学的博士论文中，都有比较鲜明的体现。

在教学工作中，田联韬非常注重学生知识掌握的全面性，要求学生有开阔的视野与全面的修养。中国少数民族音乐研究作为一门新兴的、综合性的学科，本身就是音乐学与民族学（文化人类学）的交叉学科，学生需要掌握的知识，不仅限于音乐专业的课程，他要求学生去兄弟院校攻读民族学、民族史、民俗学、语言学等相关课程，去完善自己的知识结构。

田联韬培养的学生逐渐成熟，他们在中央音乐学院音乐学系与田联韬共同组成了教学集体，除主科教学之外，逐步开设了多种有关本专业方向的课程。已经毕业任教于各地院校的学生，也都在教学中积累了丰富的经验，发挥着积极的作用。

有些音院的老师说，少数民族音乐研究方向，是田联韬教授单枪匹马打出来的。但田联韬教授说，独木不能成林，学科建设必须群策群力，充分发挥集体的力量，方能逐步壮大，持续发展。

田联韬教授既是民族音乐学界的拓荒者和带头人，也是少数民族音乐人才培养的一代良师。藏族音乐家格桑曲杰说道："虽然田老师在学习上对我们很严厉，但我非常感激田老师对我的关心和厚爱。他既是严师，又像慈父，不仅在学习上，更是在事业上、生活上给予我莫大的激励，他是我的榜样。每次看到耄耋之年的田老师仍旧与我们探讨学术，为我们的论文专著出版作序，我就非常感动。也正是田老师的这种勤奋钻研孜孜不倦的学术精神让我一直奋勇向前。”正是因为这种不断的鼓励、支持和鞭策，田联韬教授的学生们已经蔚然成军，枝繁叶茂，他们遍布各地多所音乐院校，也培养了为数众多的本科生、硕士生和博士生，并出版了大量有较高水平的研究论文和学术专著。

2010年恰逢田联韬教授八十华诞，来自全国各地的他的弟子们和首都音乐界的专家学者齐聚一堂，举行了一系列学术研讨活动为田先生庆生。原中国少数民族音乐学会名誉会长冯光钰先生曾对田联韬教授做过如下中肯的评价：“田联韬教授长期任教于中央民族学院和中央音乐学院，为我国音乐事业培养了许多后继人才，并且在音乐创作和音乐研究方面硕果累累，成绩斐然，可谓乐坛常青树。特别是在音乐学领域更是贡献卓著，其研究范围之广泛、选题之多样、思想之深邃、观点之犀利、见解之新颖，一直为音乐学界所称道。”

中国有55个少数民族，广袤的中华大地孕育出各种各样丰富多彩的音乐形式，随着社会的迅猛发展和各种文化之间的交融，许多民族音乐面临消失或变异，这是不以人们意志为转移的客观现实。抢救性的考察、研究工作亟待我们年轻一代的音乐学者去承担，去完善。路漫漫其修远兮，吾将上下而求索。中国少数民族音乐研究工作蓬勃发展，学科建设方兴未艾，未来还有很长的路要走。作为晚辈及学生，我们既要继承田老师的教学理念，也要发展田老师的研究思想，相信中国少数民族音乐的研究与教学工作，将会是一片繁荣的景象。

# 怀念老书记王克同志

刘晓

1958年8月，中央民族学院历史系新任党总支书记王克同志来了。她到系里时正赶上“鼓足干劲，力争上游，多快好省地建设社会主义”的总路线颁布和要在全国范围内开展少数民族社会历史调查工作。这是中华人民共和国成立以来民族工作的一项重大举措，上千人被动员参加。根据中央有关部署，中央民族学院全力投入其中。当时，我们历史系只有两个本科生班和一个研究生班，总共不到200名学生，被要求全部参加。系里老师除了个别有病者外，也都和学生一起分赴全国16个省（区）的民族地区，开始了这场史无前例的“民族大调查”。

王克书记从民院附中调至我们历史系时还不到40岁，个子不高，但腿脚灵便、精力充沛。当时，同学中有些人不太了解去边疆少数民族地区搞调查的意义，各方面顾虑较多，王克书记就深入这些同学中去谈心，积极做他们的思想工作，说话时脸上总是挂着和善的笑容，让对方感到十分亲切。经过思想动员，根据大家填报的志愿，系里分配好了去各省（区）的人员名单。临行时，王克书记一批一批地欢送大家，嘱咐同学们到了民族地区以后，一定要注意安全、搞好团结和努力工作，圆满完成任务回来。

王克书记是参加过两万五千里长征的红军女战士，年仅12岁就参加了红军。她经历爬雪山、过草地的长征，出生入死的严酷考验磨炼了她的坚强意志。在历史系工作的四年多时间里，她从不摆老干部的架子，与系里两位副主任林耀华、傅乐焕教授在工作上配合默契，体贴关心本系教职工的生活疾苦，经常深入同志们家中问寒问暖；对待学生，即使犯了错误的学生，也从未厉声训斥发脾气。她的平易近人、勤奋工作和朴实无华的工作作风，在系里是有口皆碑的。

20世纪60年代初的三年困难时期，由于粮食紧张、物资匮乏，同学们在下边搞民族调查常常吃不饱肚子，许多人得了浮肿病。王克书记等系领导知道后反映到院里，决定让同学们回校休养生息一段，并借此机会补补基础课再下去调查。她对返校的同学反复说："一定要注意劳逸结合，不能老顾工作累坏了身子。你们将来可是国家的栋梁之材呀！"

当年我有幸在王克书记的领导下工作，有两件事特别让我难以忘怀。一件是我在1960年冬天，因为生孩子难产大出血，住院二十多天。我爱人当时在云南调查回不来，没人照顾我。为此，她多次亲自到医院看望我，对我体贴备至。她工作忙时又派我的同事杨光楣每天到医院照料我。我出院后，由于身体虚弱奶水不足，孩子哇哇哭个不停。当时国家困难，除了粮、油、蛋凭证票定量供应外，没有更多的物资供应，奶制营养品有钱也买不到，只对高级知识分子有特殊照顾，供给他们每天一磅牛奶。王克书记知道后，就去找系里的老教授求助，最后找到了徐宗元先生家。徐先生和徐师母二话不说，马上让出半磅奶救急，解决了我的孩子嗷嗷待哺的问题。这件事使我至今铭记在心。

另一件事是我到历史系工作以后，住在家属院一间不到12平方米的简陋平房里。我二哥早年离家参加红军，一别几十年没有音讯。他转战南北，20世纪60年代已成为解放军的一名将军，总想找到我。后来听说我在中央民族学院工作，他就到校园里转圈四处打听。我们兄妹阔别几十年，他走时我还是个娃娃，他只知道我的乳名。我参加工作后的名字他根本不知道，怎么找呀？有人告诉他到民院家属院碰碰运气也许能找到。当时正值初冬，家属院内全是土路，风起尘扬，我哥哥冒着风寒到处打听，正巧遇上了王克书记。她看到一位军人干部着急的样子，便问他到家属院来有什么事。二哥说："找妹妹，几十年不见了，临别时她还是个孩子，只知乳名，不知道现在叫啥。我姓刘，是江苏人。”王克书记思索了一下，想到可能找的是我，就带着我哥哥到我家来了。忽然见到几十年没有音信的哥哥，我惊喜万分，哥哥也十分激动。当时，我们一再向她致谢。我向二哥介绍说：“这是我们系的党总支书记王克同志，她也是一位长征干部。”哥哥听后马上立正，举手向她行个军礼，并说：“我向您学习，致敬！您这样熟悉自己的部下，心里装着每个同志的‘档案’，真是位好领导！若不是今天您领我来，我就会白跑一趟，我们兄妹也难以相见了。”王克书记微笑着答道：“一位解放军干部到我们学校，满院子转找妹妹。我能领个路、助把力是完全应该的。”他们两人都是红军老战士，没有更多的客套，虽然过去不曾相识，但朴素的话语透出真诚的革命同志情谊。我在一旁不知道说什么好，只是再三感谢王克书记，请她到屋里坐。她说：“不用了，哥哥已经找到妹妹了，二十多年没有见面了，今天能相见不容易呀！”说完转身就走了。

1963年4月，王克书记从历史系调到院组织部工作。我们虽然不在一个单位了，可是每逢在院子里见面，她总要问问历史系的情况和我的家庭生活情况。她的家常话体贴入微，总让我感到亲切温暖。

1982年年底，老书记王克同志办了离休手续。但她退而不休，仍然关心中央民族学院的建设和发展。她多次给学校的各族师生做报告，用长征精神来鼓励和教育后人。她是一位受人爱戴的红军老战士，我永远怀念她！

2016年8月

# 缅怀春霖同志

冀殿义

6月13日，是我校前党委副书记李春霖同志逝世25周年纪念日。她去世前，我曾陪同前校党委书记周兴健同志及其他校领导多次前往慰问；她去世后，我特为她撰写了“伊忠于职守、清正廉洁、克己奉公，尽显高风亮节，千古流芳；斯勤奋敬业、埋头苦干、以身作则，终生党员楷模，永垂不朽”的挽联，并以悲痛心情写悼念文章发表于校刊。25年后的今天，我仍然怀着无限敬仰的心情缅怀她。

李春霖出生于沈阳一个资产阶级家庭，日本鬼子侵略东北后，就读于北京师范大学（1931—1935）的她，积极参加抗日救亡运动。1937年，她随平津流亡学生到烟台、济南、徐州等地进行抗日宣传活动，后经西安转赴革命圣地延安，献身于抗日战争边区的教育事业。此间，她结识了评剧《刘巧儿》中所赞颂的“马专员”原型——马锡五，并与之结为革命伴侣。在解放战争期间和中华人民共和国成立初期，她先后担任延安地区和西北行政区妇女联合会的领导工作，1955年随夫调京，任最高法院督导员和司法行政厅副司长等职，后于1961年调任中央民族学院任党委副书记，主要负责党务、纪检、组织人事等工作。

在中央民族学院工作的三十余年中，她除尽心尽责完成本职工作外，还出色完成了一系列较繁重和艰难的政治任务。“文革”前，她曾承担纠正“整风反右”后遗症、甄别冤假错案、落实知识分子政策的工作；“文革”后，她又承担拨乱反正、平反冤假错案、继续落实党的知识分子政策和整党、党建工作，为学校的重建做出了积极奉献。她的一生是忠于党、忠于人民、忠于党的教育事业、恪尽职守和勤奋工作的一生，是大公无私、克己奉公、无私奉献和清正廉洁的一生，这是全校老教职员工们所共知共赞的。

1964年秋，我从原政治系政治经济学教研室调出，参加了由各系、各部门抽调的教职工和学生组成的广西“四清”工作团。该团以李春霖为负责人，大队人马乘火车到桂林转乘汽车去三江地区。行程中，大家都希望能在桂林停留几天，游览一下被誉为“甲天下”的山水美景。但春霖同志考虑到时间紧、任务重，不宜中途停留，便耐心说服大家以工作为重，及时前往目的地。她在三江县“四清”工作团中任职副团长，在认真把握有关方针政策、有效推进“四清”工作正常开展中发挥了重要作用。“四清”一年里，她不辞辛苦，先后到当地两户贫下中农家中“蹲点”，与他们同吃、同住、同劳动，因而深受当地群众的爱戴和敬仰。

次年夏天，春霖同志返校汇报工作，并请示上级再延长数月到半年时间，以求善始善终地完成当地的“四清”工作任务。孰料“文革”爆发，“造反派”到三江县煽风点火，当地局面失控。我陪同春霖同志急忙乘飞机到长沙再转乘火车到柳州，又换汽车赶往三江县。但此后“四清”工作部署被打乱，全体“四清”工作队员集中在县城古宜镇党校内，开始批斗“走资派”，而春霖同志则被扣上“黑帮”“走资派”的大帽子被批斗，我和一些同志也被扣上“黑爪牙”的罪名，被拉上“陪斗”。10月初，参加“四清”的中央民族学院全部人员返回学校。此后半年多，春霖同志与其他校领导一起在校园里多次被批斗和强迫“劳改”，直到工、军宣传队进校领导整改，才被逐渐解除“管制”。后来，春霖同志作为中央民族学院首批被“解放”的领导干部，成为由工、军宣传队主导的“三结合”的校“革命委员会”成员，仍负责党务、党建和思政工作。她不计前嫌、不发牢骚，一如既往地继续做好本职工作。

党的十一届三中全会后，春霖同志真正获得了精神上的解放。她不顾年高体弱，继续以忘我无私的奋斗精神，在学校的建设与发展中全心全意地贯彻落实党的路线、方针和政策。群众评价她是“一向公而忘私、克己奉公，只求奉献，不求索取；总是勇挑重担，见困难就上，见荣誉就让”。

春霖同志曾长期主管学校人事工作，但她从不以权谋私，从未安排过其子女或亲属来校工作，可谓“一身正气，两袖清风”。其女儿在黑龙江生产建设兵团劳动八年，调回北京后又两年多无工作，但她还是拒绝安排其女儿在校工作。根据有关政策，学校为其写报告“请批享受副部级待遇”，她却拦阻说：“党给我的东西太多了，而自己工作太少，不要申请，我够用了。”根据她的级别和生活情况，学校准备给她“补差”两间校内住房，她毅然拒绝说：“学校住房很紧张，不少同志还没有住房，等大家都解决了再考虑我吧！”

在党组织生活中，春霖同志组织观念强，从不以领导自居，能自觉坚持参加党委和党支部双重组织生活，从未缺席党支部组织生活会。即使是在外地休养，她仍然会给支部写信汇报思想。按规定，她可以享受学校派车接送往返参加组织活动的待遇，但她常常乘公共汽车悄然而来，又悄然而去。有一次，她顶着大风沙，出人意料地乘公共汽车来参加支部生活会，使其他与会同志深受感动。

1982年，春霖同志退职离休。虽然身体虚弱、耳聋眼花，但她仍然关心着党和国家大事，并积极主动地做力所能及的工作。虽然家住校外，但她不论风天雨天，总是准时乘公共汽车到校参加规定活动。在整党期间，她以高度政治热情认真学习文件，并时时对照党员标准严格要求自己。她常说：“离休不是离党，人离休了思想不能离休，关心党的事业是党员的职责。”

春霖同志严于律己、宽以待人、谦虚坦诚，从不居功自傲。例如，在南京看望老战友时，她都自己乘公共汽车，拒绝公车接送；1983年学校组织离休干部旅游时，她曾主动把火车软卧票和轮船一等舱票转让给身体不好的老同志。她团结同志，助人为乐，关心他人总是胜过关心自己。她亲近群众、关心群众疾苦，善于同群众打成一片。例如，她在职时，经常积极主动参加义务劳动，不但自己打扫办公室，还经常打扫楼道和厕所的公共卫生。当年学校曾要求师生员工在每周六下午最后两小时参加“爱国卫生义务大扫除劳动”，她都准时参加。她还能在经常走访老同志和下级中，认真了解对方的困难和需求，并设法加以解决。

1966年夏，我母亲带着5岁的孙儿从东北农村老家来京探亲，同我一起住在三号楼的一间房内，与春霖同志的办公室兼宿舍属同一楼层。身为高级干部的春霖同志对身为农村老妇的我母亲十分尊重，并常把自己从家中带来的小菜、糖果等零食分给我们品尝。她比我母亲小三岁，就称我母亲为“老姐姐”，两人感情相投，从此结下了深厚友情。我母亲返回家乡多年后，两人仍然通过我的探亲之行互致问候，直到我母亲1989年辞世。这件事让我终生难忘！

1986年，经中央民族学院广大党员一致推荐和校党委申报，中共北京市委授予李春霖同志“北京市优秀共产党员”的荣誉称号。她在无职无权的离休期间获此殊荣，充分证明了她在全校干部群众中的口碑。

今天，我们缅怀李春霖同志，就是要学习她清正廉洁、克己奉公、任劳任怨、唯求奉献的优秀品质，就是要以她为榜样，努力做合格的共产党员，为新时代中国特色社会主义建设事业奋斗不息！

# 奉献篇

# 陈兆复教授与中国岩画

王车之

陈兆复教授（1933 — ），中国美术家协会会员，中央民族大学教授，博士生导师，中国岩画研究中心首任主任、名誉主任，国务院政府特殊津贴获得者；祖籍浙江瑞安，出身于教育世家。祖父陈怀在蔡元培时代曾任北大教授，所著《中国近百年史》是中国近代史研究领域的开拓性著作。父亲陈谧曾任燕京大学教授，抗日战争时期回乡任中学校长。陈兆复自幼受到家庭的熏陶，对中国传统文化有浓厚的兴趣。中学毕业后，他考取了浙江美术学院国画系，师从国画大师潘天寿。1957年他大学三年级时，《美术研究》杂志发表了他撰写的《关于顾恺之的画论》，曾引起过国内美术界的关注。

1959年，陈兆复毕业被分配到中央民族学院工作，在刚刚成立的文艺系美术专业任教。他很快就融入这个多民族的大家庭中，满腔热情地投入培养少数民族美术人才的工作中去，所涉猎的方面包括技法、创作、史论以至原始艺术、岩画学等与民族学有关的多个领域，先后培养过本科生、硕士生和博士生，历经了长达半个多世纪的教学生涯。

他从教伊始，正值我国民族院校美术专业刚刚创办之时，对如何建立少数民族美术教育体系并无经验。虽然学生们大都来自边疆各少数民族地区，但教员们却几乎全部来自内地各美术院校，对我国少数民族的情况知之甚少，更谈不上对少数民族美术的研究了。所以美术专业开办之初，教学课程的设置、教学计划的安排乃至教材内容等全部照搬内地美术学院的一套。陈兆复在教学实践中，在深入少数民族地区考察中，在与少数民族学生的接触中，深深地感到民族院校的美术专业应有自己的民族特点，应不同于内地一般的美术院校。

如何在教学中突出少数民族特点，如何建立民族院校美术教学体系，陈兆复认为要从发掘和发扬少数民族美术传统开始。中华民族的文化是由我国各民族共同创造的，各民族都有自己优秀的美术传统。本着教学与科研相结合的原则，他立即从尘封已久、濒临被历史湮没的少数民族美术史料中开始挖掘，再经他悉心整理研究，开拓出少数民族美术教育事业的新领域。可惜的是，在20世纪60年代，中国美术界由于片面强调学习苏联，而忽视了对少数民族美术传统的发掘和研究。在这种风气影响下，以他个人的微薄之力，要想排除干扰、走发扬少数民族美术传统之路谈何容易！他不得不承受着经费捉襟见肘和人们非议的压力，艰难地利用带领学生到少数民族地区实习的机会，挤出业余时间，搜集记录有关少数民族美术的文史资料。返校后，在完成教学任务之余，他一头扎进民族资料比较丰富的本院图书馆，并在节假日到校外各大图书馆和博物馆查阅相关资料，对原作实物进行临摹。

陈兆复研究了我国北方草原画派的艺术风格、西藏宗教艺术的表现形式和新疆西域画的技法特点。在教学中，他以西藏木刻画作为白描课的教材，用新疆洞窟画作为重彩画的教材，在研究生教学阶段设置中国少数民族美术史论课等，逐步把少数民族传统艺术引入美术专业教学中来。20世纪七八十年代，他撰写了一系列关于少数民族美术史论的文章，开拓了少数民族美术教学的广度和深度，也为日后他转入岩画研究打下了初步基础。他所写的《剑川石窟》《丽江壁画》《云南十塞山的青铜艺术》《藏族艺术》《试论西域画》《新疆的石窟》《契丹绘画与草原画派》《高句丽壁画》等有关少数民族传统艺术的论著陆续发表于报纸杂志后，在美术界引起很大反响，并终于在这块未被开垦的处女地上耕耘出了一片沃土。

陈兆复教授为我国少数民族美术教育事业做出了巨大贡献，他的专著《中国古代少数民族岩画》（1991）和《中国少数民族美术史》（2002）则是对少数民族美术传统研究的总结。这两部著作现已成为美术专业硕士生和博士生教材，并被列为必读书目。他认为，少数民族美术是中国美术与世界美术的联结点，是中西方文化交流的奇葩，应把研究中国少数民族美术史放在世界范围内加以观察。这是一种视野开阔富有远见的选择，也是难度很大的学术工程。他凭着对事业不断进取的精神、对学科创新的不懈追求，义无反顾地勇敢向上攀登着，也在逐步收获着。

岩画是远古人类涂绘或凿刻在岩石上的图画，其分布遍及五大洲，现已成为美术领域世界性的热门课题。现在全球约有120个国家都发现了岩画，且数量巨大。在世界范围内，岩画这种艺术反映了早期人类经济活动和社会生活的各个方面，体现了远古人类抽象、综合和想象的才能，也代表着人类早期的艺术创造力。早在文字发明之前，岩画就成为人类文化遗产中最有普遍意义的方面，体现了人类文明的根。而我国的岩画主要发现在边疆少数民族地区，既是少数民族文化的宝贵遗产，又蕴藏着我国少数民族美术传统的根。

为了寻找失落的文明，也为了寻找少数民族美术传统的根，陈兆复教授花了四年多时间，行程四万多公里，踏访了有岩画遗存的边远省份和自治区——从北方浩瀚的内蒙古大草原到秀丽的宝岛台湾，从东海之滨的连云港到西部边陲的天山南北。也正是这时候，一向关心国际学术动向的他，在美国《考古学》杂志上读到国际岩画委员会主席阿纳蒂的文章。此文所附的世界岩画分布图上，中国竟是一片空白，没有一个岩画点。

这片空白引起了陈兆复深沉的思考：该是结束中国岩画学研究“封闭”状态的时候了。他立即奋笔疾书，告知国际岩画委员会主席，中国不仅有丰富的岩画遗存，而且早在一千五百年前中国北魏时代的地理学家郦道元就曾记录了岩画。1985年意大利卡莫诺史前研究中心的学术刊物《BCSP》刊登了被国际岩画委员会主席阿纳蒂形容为“来自中国学者陈兆复先生愤愤不平的来信”和他撰写的介绍中国岩画的论文。随后作为访问学者，他应邀赴意大利卡莫诺史前研究中心从事岩画研究。该中心所在地梵尔卡莫尼卡在阿尔卑斯山南麓，是世界著名的岩画点，而陈兆复教授是这里唯一来自遥远东方的中国人。

在长达一年半的时间里，他远离城市喧嚣，全身心地沉浸于史前艺术中，潜心研究岩画学，全然不觉孤独寂寞为何物。就在那时，他完成了《中国史前岩画》这部图文并茂的英文专著，并被译成意大利文、法文、德文等多种文字，先后在米兰、巴黎、苏黎世等地出版。正是他的这些论文和专著使中国岩画学跨出国界，也使国际岩画学界见识了丰富多彩、历史跨度很大的中国岩画。自1987年起，他被推选为联合国教科文组织所属国际岩画委员会执行委员，也是委员中唯一的一位亚洲人。从那时算起，在之后十几年的时间里，他发挥了中国岩画学与国际岩画学相互联系的媒介与纽带的作用。

由于陈兆复在世界岩画界的影响与任职，他连年被邀请出席在国外召开的岩画艺术研讨会，踏访过南欧、北欧、西欧、澳大利亚、印度等诸多岩画点，有幸亲眼看见有史前艺术博物馆之称的西班牙阿尔塔米拉洞窟与法国的拉斯克洞窟，亲临其境观摩史前人类的绘画作品，感受到原始绘画的磅礴气势，惊叹其写实技巧的高超。这些使他不得不重新审视世界美术史，发现其源头竟然是这般汹涌澎湃！这使他不由得联想到1897年，当西班牙阿尔塔米拉洞窟崖壁画被考古学家索图拉侯爵发现并断代为新石器晚期时，随之而来的是遭受了长达数十年的不公正评价。他似乎觉得那是可以理解的了，因为那些崖壁画实在太过于“现代”了！

陈兆复教授以促进中国与国际岩画界的交流为己任，在国内外举办过多次中国与外国岩画展览，由他倡导并举办了两次“宁夏国际岩画研讨会”，在全国岩画学者中发展国际岩画委员会会员，在中央民族大学创建中国岩画研究中心，介绍年轻学者出国深造等。其间，他发表的有关岩画著作有:《中国岩画考察记》(英文，1991)、《中国岩画发现史》(1991)、《外国岩画发现史》(与邢琏合著，1993)、《原始艺术史》(与邢琏合著，1998)、《岩画手册》(英文合著，2001)、《古代岩画》(2002)等，并被指定为卷帙浩繁的《中国美术分类全集》中的五卷本《中国岩画全集》的主编。此外，他还致力于翻译国外的岩画著作，亲手建立了中英文两种文字的“陈兆复岩画网”（2002），使之成为国际岩画组织工作的连接网站，为国际岩画界建立起方便快捷的联系平台。

岩画学作为一门新兴的学科，有着广阔的发展前景。是陈兆复教授首次把“岩画学”引入中国高等院校的教学体系中，开始在中央民族大学招收硕士生，后来又招收博士生。目前，中国岩画学人才仍旧匮乏，亟须创建一个培养岩画学高级人才的基地，这对中国岩画学的发展十分重要。建立中国岩画学科并与国际岩画学界接轨，使中国岩画在世界岩画宝库中占有一席之地，这无疑是现已85岁高龄的陈兆复教授五十年教学科研生涯中的重要贡献之一，也是他人生的最大希望所在。

# 我与女书

陈其光

1983年,《中南民族学院学报》上发表了一篇署名“宫哲兵”的调查报告，说湖南江永县上江圩一带存在一种只有女子使用而男子不用的文字，并说使用这种文字的就是当地的瑶族人。我是研究苗瑶语文的，我的研究生毛振林也是瑶族，这使我由此开始关注“女书”。

1986年，中南民族学院的几位教师和来自清华大学的一个在读女博士生赵丽明去江永县调查“女书”。得知这一消息，我带着毛振林也赶到江永，设法把一位会写女书、名叫义年华的老人请到江永县城住了一个星期，让她教我们师生俩学认“女书”。其间获悉，本县以前有位名叫周硕沂的干部会讲这里的土话，也认识“女书”，还能把“女书”译成汉文。于是，我们又前往拜访了周硕沂，并从他那里了解了更多的“女书”使用情况。

1990年，我去九嶷山学院讲学同时调查五岭方言，后专程到江永的铜山岭农场会见了周硕沂和正在那里搞“女书”调研的赵丽明。他们虽然收集了许多“女书”，但是二人都不会国际音标，因而不能注出“女书”的读音。于是，我用了几天时间归纳当地方言音系，教会他们使用国际音标，以“白水音”去标注“女书”的读音，并由此开始了我们对于“女书”研究的三人合作。

后来，我们三人收集的“女书”资料越来越多，经商议决定合编一部内容较齐全的“女书”资料专集。这时候，赵丽明已毕业并分配在清华大学工作。为了出这部专集，她向清华大学申请了四万元资金，并让周硕沂来京住在她家参加对书稿内容的翻译和注音。根据分工要求，赵每隔两三天就把周的译稿送到我家，由我审核修改后再交到清华大学出版社。

1992年3月，这部由赵丽明主编、周硕沂和我译注校订的“女书”资料专集终于出版了，书名为《中国女书集成——一种奇特的女性文字资料总汇》。该书内容分为十集，收录了写在布面、扇面、布帕、纸片等载体上的江永地区各类“女书”数百篇，其中有“贺三朝书”82种、“自传诉苦歌”36种、“结交老同书”22种、“传说叙事歌”32种、祭祀歌7种、婚嫁歌56种、民歌87种、谜语47种、译作29种和书信30种。

20世纪90年代初，我先后几次出席了在江永当地和北京召开的有多国专家学者参加的“女书”研讨会，也在中央民族学院多次接待过外国记者，并回答他们对“女书”提出的一些问题。这些问题的焦点是：为什么这种文字只有女子使用，男子不用？它是何时产生、何人创造的？

“女书”是世界上唯一一种女性专用文字，流传在中国五岭地区的江永、道县及江华一带。自20世纪80年代媒体报道“女书”以后，国内外许多学者都对它产生了很大兴趣，并纷纷前往当地调研和收集资料。与此同时，有关“女书”的学术研讨活动、研究论文也逐步增多。虽然对“女书”的结构特点、起源族属、文化内涵和历史价值等方面的学术研究不断深入，但结论却是五花八门。我觉得，其中有些看法和观点缺乏足够依据或失之偏颇。

有关历史记载和考古发现告诉我们：早在先秦时代，源自中原地区的苗瑶先人部落就在不断南迁；至唐朝后期，瑶人已广布于五岭地区；其中“过山瑶”继续游耕西迁，而另一部则定居汉化成为“平地瑶”。我认为，“女书”是元明时期经瑶人改造汉字而形成的。作为一种自创文字，“女书”早期是男女都用的。宋以后，由于封建王朝赋税差役加重，引发湘南农民的起义反抗，其中就有不少瑶人参加了义军。因为瑶人有用改造的汉字抄录祖传诗歌《盘王大歌》的传统，所以为了满足作战文书的保密需求，义军便常以瑶人这种改造的汉字来传递重要军情。1851年太平天国起义反清，参加起义的瑶民甚至把他们这种自创文字铸上了钱币。如太平天国发行的“雕母钱”，一面是汉字“天国圣宝”，另一面是瑶人的自创文字“天下妇女姊妹一家”。

但为什么瑶人这种自创文字后期会变为女性专用的“女书”呢？我认为主要原因有三：一是朝廷的敌视和严禁。如乾隆五年，清政府就下令“其从前捏造篆字，即行销毁，永禁使用；如有故违，不行首报，牌内一家有犯，连坐九家，治寨长失察之罪”。因而主要参加社会活动的瑶人男性自然不敢使用。二是封建时代瑶家女孩不能上学，而瑶家女性之间的文化交流需求使她们只能学习这种内部密传的文字。三是汉字的读音与五岭方言的差别较大，而“女书”读音则与当地方言发音一致，易于学习和掌握。于是，瑶人这种原本两性共用的自创文字，渐渐地变成了女性专用的“女书”。

从1986年开始，我在调查五岭方言的同时，认真向“女书”传人学习“女书”写法、读音和意义，并从所能收集到的大量“女书”原件、复印件、摹写件中完成了对三千四百多个“女字”的摘录、编排、比较、注音、分析和字源寻找。经过长达18年的努力，我独立编写了共计87万字的《女汉字典》，逐一阐明了这些“女字”的字源、字形、字音和字义。

这部《女汉字典》2006年出版以后，我把自己所收集到的“女书”原件全部捐献给了“中国妇女儿童博物馆”。

# 抢救史诗《玛纳斯》忆昨

胡振华

柯尔克孜族历史悠久，民间文学丰富多彩，特别是千百年来流传在民间的英雄史诗《玛纳斯》，与藏族的《格萨尔》、蒙古族的《江格尔》一起被称为中国的“三大史诗”，也成为人类文化宝库的重要组成部分。演唱《玛纳斯》的民间歌手在柯尔克孜人民中间被称作“玛纳斯奇”，在民间也受到群众的欢迎和尊重。今年（2018年，编者注）是著名“玛纳斯奇”朱素普·玛玛依一百周年诞辰，我特写这篇文章表示怀念。

1953年我提前从中央民族学院语文系维吾尔语专业毕业，当年冬天只身一人被派往新疆柯尔克孜族地区学习、调查柯尔克孜语言和民俗，并参加为柯尔克孜族人民创制文字的工作。此行我在天山南北和帕米尔高原生活长达一年，圆满完成了任务。1955年、1956年，国家又派我两次带组到新疆柯尔克孜地区开展语言调查。在这三次调查中，我深入牧场和牧民的毡房，亲身参加了牧民的各种活动。勤劳勇敢、憨厚朴实、热情好客的柯尔克孜牧民和他们丰富多彩的民间文学深深地感染了我，其中那些“玛纳斯奇”演唱的史诗《玛纳斯》更像吸铁石一样深深吸引着我。

1960年夏天，我和柯尔克孜族沙坎·吾买尔老师带中央民学院语文系柯尔克孜语专业三年级学生一起去新疆克孜勒苏柯尔克孜自治州进行语言实习。我们在乌恰县搜集、记录、翻译了“玛纳斯奇”铁木尔演唱的第二部《赛麦台依》的一部分，并将其发表在《天山》（汉文）和《塔里木》（维吾尔文）刊物上，引起了全国民族文艺界的重视。从1960年底到1961

年上半年，新疆文联派三位同志下到克孜勒苏柯尔克孜自治州，与我们中央民族学院的师生和自治州的同志合作进行了《玛纳斯》的调查、搜集、记录、翻译工作，共记录了全州七八十位“玛纳斯奇”演唱的《玛纳斯》各部的不同变体。其中最著名的“玛纳斯奇”是阿合奇县的朱素普·玛玛依和乌恰县的艾什玛特·玛姆别特朱素普。

1961年暑假，我们的学生都回到北京，自治州把我和沙坎老师留下继续合作。限于时间和人力，我们六个人分三组先翻译了朱素普·玛玛依演唱的第一、第二、第三、第四、第五部，其中第一部汉文译稿由新疆文联印成上、下两册资料本。“文革”后，新疆人民出版社出版的《玛纳斯》第一部，就是根据这个铅印资料本整理的。而我就是在这一年，与“国宝”朱素普·玛玛依成了好朋友。

1964年，中国民间文艺研究会、新疆文联、克孜勒苏柯尔克孜自治州与中央民族学院再次组成《玛纳斯》工作组，又对全自治州的“玛纳斯奇”进行了访问，记录了朱素普·玛玛依新演唱的第六部，并校对了1960—1961年的译稿。1966年“文革”开始,《玛纳斯》工作被迫中断。除第二部译稿被新疆文联同志保存外，其他部资料包括译稿，均被中国民间文艺研究会参加《玛纳斯》工作的同志带回北京保存。

1976年“文革”结束，中国民间文艺研究会的工作逐渐开始恢复。第二年我被借调在中国民间文艺研究会筹备组办公室工作，听说乌恰县的“玛纳斯奇”艾什玛特·玛姆别特朱素普已在“文革”期间故去，阿合奇县的“玛纳斯奇”朱素普·玛玛依在“文革”中也备受迫害，身心受到严重摧残，而且还没有落实政策平反。当时我内心非常难过和着急，便把上述情况向中国民间文艺研究会筹备组做了汇报，还回中央民族学院向有关领导汇报，并建议把朱素普·玛玛依接到北京住在中央民族学院，以继续抢救《玛纳斯》。但朱素普·玛玛依来京前须先解决四个问题：一、请当地政府尽快给朱素普·玛玛依落实政策平反；二、提供朱素普·玛玛依来京后的生活费用及确定住处；三、商调新的抢救《玛纳斯》工作组成员来京及确定来京后的住处；四、以上三个问题都需要中国民间文艺研究会筹备组、中央民族学院与新疆克孜勒苏柯尔克孜自治州、新疆文联做好协商。

经过近半年多方面的联系和细致工作，各合作单位同意成立一个“《玛纳斯》抢救工作领导小组”，组长为中国民间文艺研究会筹备组负责人贾芝，副组长为新疆文联负责人刘萧无、中央民族学院语文系主任马学良，领导小组成员有新疆克孜勒苏柯尔克孜自治州州长塔依尔、中央民族学院党委副书记兼副院长宗群等。经商议决定：中国民间文艺研究会筹备组提供朱素普·玛玛依来京后的生活费用和抢救工作中的打字、印刷费用，参加合作的各单位人员的工资由各自单位负责。但我感到特别为难的是抢救《玛纳斯》工作组设在中央民族学院的问题。我需要逐个向学校各有关部门的领导、工作人员去解释《玛纳斯》是“国宝”、抢救《玛纳斯》的重要意义以及讲清这是学校对国家的贡献等。经努力，我得到了校领导和各有关部门的大力支持——学校同意把原来医务所的好几间房子腾出让《玛纳斯》工作组成员使用，同意朱素普·玛玛依有外出活动时给派车，同意《玛纳斯》工作组成员在校内食堂用餐等。

在扎实的准备工作基础上，1978年夏天我通过中国民间文艺研究会筹备组办公室主任杨亮才和筹备组秘书长程远上交了一份抢救《玛纳斯》的建议报告，并由筹备组领导贾芝、马学良向中央有关单位上报了我的建议。该建议被批准后，筹备组派我于1978年11月赴新疆，将朱素普·玛玛依接来北京共同进行抢救《玛纳斯》工作。

到了新疆后，我了解到“文革”中给朱素普·玛玛依乱扣的好几顶“帽子”还没有摘掉，便与阿合奇县的县委书记傅斌商议，请当地尽快为他落实政策平反。此外我还与新疆文联及克孜勒苏柯尔克孜自治州联系借调几位同志前往北京参加抢救《玛纳斯》事宜，其中包括请自治州选派一位女同志到北京负责照顾朱素普·玛玛依老人的生活。在新疆各有关单位的大力支持下，这些问题都顺利地一一得到了解决。

1978年11月24日，我陪着年届六十的朱素普·玛玛依从乌鲁木齐机场登机，当天晚上抵达北京首都机场。中央民族学院派人到机场迎接了我们。那天北京的气候已经很凉，在寒风中，比朱素普·玛玛依年龄还长的语文系主任、具体负责领导《玛纳斯》抢救工作的马学良教授，早年参加革命的延安老干部、也上了年纪的学院科研处处长王萍（女）等同志都站在东校门旁，热情迎接朱素普·玛玛依到校。此后，参加《玛纳斯》抢救工作的其他新疆同志沙坎、肉孜阿洪、胡加什、刘发俊、尚锡静（女）、帕丽达（女）等，也陆续乘火车来到北京，我们都去接了站。侯尔瑞同志抵达北京较早。

参加《玛纳斯》抢救工作的同志基本到齐后，曾任中国民间文艺研究会主席、我国民俗学和民间文学的泰斗、当年已经七十多岁的北京师范大学钟敬文教授，研究会筹备组负责人、著名民间文学专家贾芝，筹备组秘书长程远和筹备组办公室主任杨亮才，中央民族学院党政领导宗群、张养吾及科研处副处长朱桂元等，都先后前来看望和慰问了朱素普·玛玛依。中央民族学院已把原来校医务所的四间房间和2号楼的两间房间让给参加抢救《玛纳斯》工作的人员使用，并安排大家在学校清真餐厅用餐。此外，学校还专门购置了煤油炉子和炊具等，由帕丽达同志为朱素普·玛玛依老人煮奶、炖肉和烧茶。

全体人员生活安排好后,《玛纳斯》工作领导小组副组长、中央民族学院语文系主任马学良教授召集大家开会，代表领导小组宣布胡振华为《玛纳斯》工作组组长，把《玛纳斯》抢救工作的时间暂定为一年，要求将“文革”期间遗失的《玛纳斯》记录及翻译材料尽快找到和补记全。

当年北京市民每人每月只有半斤肉票、半斤油票，牛奶也不容易订。而参加《玛纳斯》抢救工作的同志多为外地户口，无肉票和油票，好在大家都在中央民族学院食堂吃饭。问题是要满足朱素普·玛玛依老人的生活习惯和身体健康需求。为此，我不时去我熟悉的海淀区一个供应清真肉食的单位买点儿带肉的腔骨给老人补补营养。我夫人是中央民族学院附属小学的校长，很支持我们的工作，常将我家的肉票、油票及牛奶等节省出来贴补老人（我家有四个孩子，共计有六口人的肉油供应）。因此，朱素普·玛玛依成了我们家的常客，也成了孩子们熟悉的“老爷爷”。时间久了，孩子们也跟他学会了哼唱几句《玛纳斯》。

围绕《玛纳斯》的抢救工作，有许多问题需要妥善解决，需要耐心和责任感。例如，为朱素普・玛玛依演唱录音，要先镶好他的牙，而给他镶牙的事也是相当麻烦的。镶牙是要去好多次。当时中央民族学院没有几辆小车，每次朱素普・玛玛依去看牙都要由我为他找车和当随行翻译。另外，参加《玛纳斯》抢救工作的同志来京后不久，就陆续有人提出一些家庭实际困难：有的要把孩子接来北京照看，有的要把夫人接来北京等。其中刘发俊、尚锡静同志的小孩接到北京后都要上学，我夫人就帮助安排孩子们到中央民族学院附属小学就读，"六一"儿童节时还给孩子们买了新衣服。但也有"助力"因素——沙坎同志的夫人阿勒同原在中央民族学院打字室工作过，她的加入就增添了《玛纳斯》抢救工作的力量。

在正式开始记录、翻译《玛纳斯》之前，中国民间文艺研究会筹备组的同志对我们说，因担心《玛纳斯》资料"文革"中毁掉，1966年从新疆回来的同志把在克孜勒苏柯尔克孜自治州搜集、记录、翻译的除第二部以外的《玛纳斯》资料都带回北京藏起来了，让我们可去一些仓库寻找，省得我们再记录和翻译。于是我和侯尔瑞同志到一些仓库里翻箱倒柜数日寻找，结果毫无发现。最后《玛纳斯》工作组开会决定，"一切从头开始"！我们从头一部一部地记录，一部一部地翻译。在记录、翻译的同时，我们借助中央民族学院录音室，对朱素普・玛玛依的演唱进行了录音。在此期间，沙坎同志主要负责记录；肉孜阿洪同志汉语很好，就由他帮助不熟悉柯尔克孜语但通晓维吾尔语的刘发俊同志一起担任翻译；尚锡静、侯尔瑞和我都会柯尔克孜语，就都自己翻译，不懂的地方便请教沙坎同志、胡加什同志和朱素普・玛玛依老人；阿勒同同志则负责打字。

我们《玛纳斯》工作组就这样工作了一年整。在整个抢救过程中，朱素普・玛玛依深深感动于我们的周到照顾。他对我说："过去我有保留，没有演唱第七、第八部。这次接我来首都，感到国家和你们这么重视和关照我，我要毫无保留地全部演唱出来。"

这一年里，我们补记了"文革"期间丢失的第一、第三、第四、第五、

第六部全部资料，新记录了过去没有记录过的第七部14800行、第八部12325行资料，使朱素普·玛玛依演唱的《玛纳斯》长达232165行，成为世界上唯一包括八部的变体——《玛纳斯》《赛麦台依》《赛依台克》《凯耐尼木》《赛依特》《阿克巴恰—别克巴恰》《索姆比莱克》《奇格台依》。此外，我们还翻译了第一部的一大部分，并油印了《玛纳斯》第一部（柯尔克孜文，四册），赠送柯尔克孜族地区征求意见。后来，由新疆人民出版社出版的柯尔克孜文二十多万行的史诗《玛纳斯》依据的原始材料（除第二部外），都是在中央民族学院记录下来的。我认为，我们为抢救《玛纳斯》所做出的努力奉献，是《玛纳斯》研究史中不应忘记和不能忽略的重要一页！

1979年春天，著名民俗学家、辽宁大学乌丙安教授曾带着他指导的日本女留学生乾寻来中央民族学院学习《玛纳斯》，并受到了朱素普·玛玛依老人的接见。其间，我给她讲授了《玛纳斯》的内容及特色。后来，她在日本《丝绸之路》刊物上发表了我们过去记录、翻译的铁木尔演唱的《玛纳斯》第二部《赛麦台依》片段和朱素普·玛玛依演唱的第四部《凯耐尼木》片段的日语译文。这是我国《玛纳斯》第一次在国外被介绍。这期间，沙坎同志撰写的文章和《玛纳斯》片段在新疆民族文字刊物上发表，我写的文章也被刊登在《民族画报》和阿拉伯文的《人民画报》上，其中介绍了柯尔克孜族英雄史诗《玛纳斯》和演唱大师朱素普·玛玛依。从此，我国柯尔克孜族的英雄史诗《玛纳斯》和演唱大师朱素普·玛玛依的名字传向了世界！我们希望研究《玛纳斯》的专家学者一定要把朱素普·玛玛依在京抢救《玛纳斯》这一重要内容写进《玛纳斯》研究史！

1979年夏天，北京市天气比较热，为了让朱素普·玛玛依休息好，《玛纳斯》工作组的侯尔瑞同志陪同朱素普·玛玛依到河北省承德市避暑山庄短期休息。1979年11月，全国文联在北京人民大会堂举行第四次代表大会，朱素普·玛玛依被选入大会主席团成员，在主席台就座，许多与会领导、作家、诗人、艺术家都与他握手表示祝贺。我和沙坎、刘发俊都不是正式代表，但也被通知出席了大会。

党和政府非常重视《玛纳斯》的抢救工作，国家领导人胡耀邦、赛福鼎·艾则孜、包尔汉·沙希迪及文艺界领导人周扬都在京先后接见了朱素普·玛玛依。钟敬文教授、贾芝和程远等同志多次到中央民族学院看望朱素普·玛玛依。国家民委、文化部的领导，新疆人大领导阿曼吐尔、新疆生产建设兵团领导夏尔西别克、新疆文联著名作家刘霄无和王玉胡、中央民族学院领导宗群、马学良教授及克孜勒苏柯尔克孜自治州的历届领导赵子和、塔依尔、苏莱依曼、尼萨汗等同志都亲切关怀着《玛纳斯》抢救工作，并给予指导与支持。朱素普·玛玛依在京抢救《玛纳斯》，得到了国家从上到下各方面的关心与支持，充分体现了党和国家对保护民族文化遗产的重视。我们接朱素普·玛玛依来京抢救《玛纳斯》本身，就是落实我国民族政策的一个生动范例！

1979年秋天，从新疆借调来京参加《玛纳斯》工作组的个别同志提出，希望帮助他们解决调至北京工作的问题。当时不要说调来北京工作，就是借调来京也是比较麻烦的。《玛纳斯》工作领导小组经研究决定，在京工作满一年完成《玛纳斯》各部的记录工作后，他们应返回新疆各自单位，《玛纳斯》翻译工作将改在新疆进行。后来，中央民族学院把在京抢救的全部资料都转交给了新疆文联。

1979年冬天，我与肉孜阿洪同志陪同朱素普·玛玛依乘飞机返回新疆，一直把他送回他的家乡——阿合奇县。我们在乌鲁木齐市、克孜勒苏柯尔克孜自治州的阿图什、乌恰、阿克陶、阿合奇各县，分别向当地政府和柯尔克孜族人民汇报了朱素普·玛玛依为抢救《玛纳斯》所做出的重大贡献，并分赠了在北京油印出的柯尔克孜文《玛纳斯》（第一部，四册）征求意见。

邀请演唱大师朱素普·玛玛依来京参加《玛纳斯》抢救的工作圆满地结束了。当年关心《玛纳斯》抢救工作的不少领导同志、专家学者和演唱大师朱素普·玛玛依、沙坎、刘发俊、尚锡静等同志已经故去，我满怀悲痛的心情怀念他们。我感到，我没有辜负柯尔克孜人民对我的培养和期望！现在我还健在，有义务把当年在京抢救《玛纳斯》的情况告诉后人。

我也深信，各族人民会永远记住他们的功绩。

在此，我要向过去关心和支持《玛纳斯》抢救工作的领导及有关单位表示诚挚的谢意！多年来，我校一直重视、关心和支持有关《玛纳斯》的调查、翻译、研究工作，而且善于同有关单位合作。学校也因此荣获国家民委和文化部颁发的为抢救《玛纳斯》做出突出贡献的“先进单位”奖，我也荣获了国家民委和文化部颁发的“先进个人”奖，还荣获了新疆文联颁发的《玛纳斯》翻译工作二等奖和吉尔吉斯斯坦国总统亲自颁发的《玛纳斯》三级勋章。

20世纪80年代初，我在学校接待了来自日本的《玛纳斯》研究学者西胁隆夫、来自法国的《玛纳斯》研究学者格·依玛尔特、来自德国的《玛纳斯》研究学者卡·莱舍尔及德国著名突厥学家冯·加班等，并进行了有关学术交流。我在国内也发表了一批有关《玛纳斯》及“玛纳斯奇”的研究论文，并应邀为《中国大百科全书》(中国文学卷)撰写了介绍《玛纳斯》和《玛纳斯》演唱大师朱素普·玛玛依的词条。1983年、1985年、1986年、1989年，我先后应邀赴法国、日本、土耳其及苏联讲学，在出席有关国际学术研讨会期间向国外介绍了流传在我国的《玛纳斯》和演唱大师朱素普·玛玛依，并在法国、日本、土耳其和吉尔吉斯斯坦的报刊上发表了介绍我国《玛纳斯》研究的论文。这是我国《玛纳斯》研究成果首次在世界范围传播。

# 哈经雄教授与民大往事

## （左治国同志访谈录）

常永才　程冬冬　郭国燕

哈经雄教授从1992年3月至2000年1月任职中央民族大学校长，作为我校民族教育学科带头人和全国教育科学规划民族教育学科专家组的召集人，多年来为该学科领域培养了众多专业骨干和人才。为了解哈校长任期内为我校发展和建设做了哪些主要贡献，我们采访了原校办主任左治国同志。以下访谈对话双方分别简称为“我”“左”。

我：左主任您好！首先，非常感谢您牺牲休息时间接受我们的采访。

左：不客气。

我：我们知道，您是原校办的老领导，今天想要向您请教和了解的是，哈经雄教授任民大校长期间为学校发展建设所做的主要贡献及有关具体情况。我们听说，哈校长是“强行”把您调到校办的，可能这也反映了他的“用人观”。您能否讲讲当时的情况？

左：我1966年毕业于历史系并留校工作，先后在历史系、艺术系、科研处、音乐舞蹈系、电教中心和校工会从事党政管理工作，也承担一些教学任务。我在校工会担任常务副主席一年多的时间里，工会活动开展得比较活跃。可能是哈校长了解到我有一定的组织协调和办事能力，又有较好的群众基础，便决定调我到校办工作。起初北京市教育工会是不同意的（工会常务副主席是经会员代表大会选举产生的，不能随意换人），后经校党委书记周兴健同志亲自出面与市教育工会领导协商才获得准许。这样，从1993年8月到2001年12月，我在校办主任的岗位上工作了八年多，直到退休。

我：左主任，您的工作经历令人敬佩！因哈经雄教授任校长期间您是校办负责人，我们想先请您谈谈1993年我校更名为中央民族大学的有关情况。

左：好的。我到校办一个多月后，在清理国务院系统的文件时，发现了国家教委（现教育部）1993年4月下发的《关于普通高等学校更名问题的通知》。我一看日期，才知道该文件已经在保险柜里存放了五个多月未作处理，感到此事非同小可，立即向哈校长作了汇报。哈校长认为，这是关系到我校发展的一件大事，必须抓紧准备申报材料。同时分别向国家民委和北京市教委请示汇报，得到两委领导的全力支持。为此，哈校长召集紧急会议，布置申报材料的准备工作，组成由教务、科研、宣传等部门有关人员参加的起草小组，并责成分管教学的梁庭望副校长具体负责此项工作。就在材料准备过程中，我们得知，国家教委几天后将在武汉开会审核年内最后一批高校更名申请，事情变得非常紧迫！起草小组加班加点，终于在武汉会议召开前一天完成了材料的审阅、修改及定稿打印工作。次日上午派校办王海云同志携材料赶赴机场递交给了即将登机飞赴武汉的国家教委领导。幸运的是，武汉会议审核通过了我们的申请，1993年11月30日，国家教委发文正式批准我校更名为中央民族大学。当年国家教委对高校更名申请的审批是很严格的，事先还要通过专家评审。其他几所隶属国家民委的院校都是进入21世纪后才陆续得以更名为大学。

我：在学校更名这件事情上原来还有这么曲折紧张的过程！是经过哈校长、各位校领导及有关工作人员包括您的不懈努力。必须说，最终更名申报成功值得庆幸，而哈校长和您的敏锐眼光、富有远见的责任心在其中起了非常关键的作用。学校完成更名的确是大喜事。请您谈谈有关庆典的事情好吗？

左：是这样的，在接到国家教委关于批准我校更名为中央民族大学的文件不久，国家民委即发文重新任命了哈经雄为校长、周兴健为党委书记的新一届校领导班子。校领导随即研究决定：一、聘请时任国家民委主任司马义·艾买提同志和德高望重的费孝通教授为我校名誉校长；二、请国家主席江泽民同志为我校题写校名；三、请其他中央领导同志和老一辈革命家为我校题词；四、明年春天适当时候举行更名庆典。上述各项决定经向国家民委请示均获批准。

我校更名是民族高等教育事业发展中的一件大事，所以受到党和国家领导人及北京市委、国家教委、国家民委等各级领导的高度关注和支持。从1993年12月到1994年3月短短几个月内，我们陆续收到了江泽民主席题写的横竖两幅校名和李鹏、李岚清、薄一波、布赫、赛福鼎·艾则孜、费孝通、阿沛·阿旺晋美、程思远、司马义·艾买提等领导同志及冰心老人的题词。哈校长亲自前往费老和司马义主任家拜访，两位均欣然接受了担任我校名誉校长的聘请。1994年3月20日，我校在大礼堂举行了更名庆祝大会，李岚清副总理等党和国家领导人，北京市委、国家教委、国家民委的领导及兄弟院校负责人应邀出席了大会。李岚清副总理为中央民族大学新校名揭牌。会上展示了党和国家领导人的题词。大会由周书记主持，哈校长代表全校师生员工发表了热情洋溢的讲话。市委、教委、民委领导及兄弟院校代表致了贺词。大会还收到近百份来自各民族地区、兄弟院校、文化教育单位和企业的贺电、贺信。大会开得隆重热烈，充满了喜庆气氛。

我：庆祝大会开得很成功！会前筹备工作一定很紧张很辛苦吧？

左：是呀，为了开好这次大会，哈校长和周书记召开多次党政领导联席会或校长办公会研究布置、检查督促筹备工作。校领导分工负责，各当一面。职能部门各司其职，具体任务落实到人。至于校办，其职能就是参谋、协调、服务，而行文、办事、会务则是它的日常本职工作，当然是责无旁贷。这里，我要特别提到《民族教育研究》编辑部的同志们。我感谢他们在筹备过程中付出了艰苦的努力，诸如邀请领导题词、组织学校老领导和专家学者撰写回忆文章、介绍我校名师和优势学科专业等。会后，《民族教育研究》编辑出版了学校更名的“专号”，完整记录和保留了我校更名的全部资料。二十多年过去了，今天看来，这本“专号”显得更加珍贵。

我：左主任，听说庆祝大会后还有一个小插曲是怎么回事？

左：是有这么回事，但这件事不是偶然发生的，而是哈校长有意为之。事情是这样的：庆祝大会后，李岚清副总理到原校文物室（现已拆迁至原图书馆旧楼，更名为“民族博物馆”）前与师生合影。在去往图书馆参观校史展的路上，哈校长对李岚清副总理说：“岚清同志，展览的当然是最好的东西，但现在我想请你看看我们这里最差、最不能看的地方，可以吗？”李岚清副总理马上回答：“好呀，我就是要看最不能看的地方。”于是，哈校长临时改变参观路线，陪同李岚清拐进了通往“小东院”的小路。大家都知道，所谓“小东院”是指20世纪50年代初建校时搭建的一片简易工棚，供建筑工人临时居住。校舍竣工后，这片简易工棚没有拆除。随着民院教职工人数逐年增加，学校西门外的家属区已经不敷居住，后来的教职工不得不住进这些工棚里。四十多年来，住户换了一批又一批，许多老民大人都曾在这里居住过。我也两度在这里居住。这些工棚夏天如蒸笼，冬天似冰窖。几十户人家共用一个露天水龙头和一个简易卫生间，其困难程度可想而知！学校苦于经费不足，虽然在家属区陆续盖了一批宿舍楼，仍满足不了教职工的居住需求。这成了哈校长和所有校领导的一块心病。当李岚清副总理在哈校长陪同下走进这片棚户区时，几乎所有住户都涌出家门，纷纷诉说着种种困难。李副总理看在眼里，记在心上，对住户们的处境深表同情。当时李岚清副总理在中央分管教育口，其中一项重要工作就是着力解决高校教职工的住房问题。他在谈到高校教职工住房问题时，就把我校“小东院”的情况作为典型事例，并向有关部门呼吁给予解决。果然，不久后我校就收到一笔下拨基建经费，用于修建青年公寓，棚户区“小东院”终于被拆除。

我：这件事充分体现了哈校长处处为学校着想和善于把握时机。陪中央领导参观路上的灵机一动，便带来了意想不到的效果，为学校解决了一大难题。左主任，下面请您谈谈我校申报“211”这件大事的有关情况好吗？

左：早在1993年11月下旬，哈校长就召集专门会议研究决定，成立“211”申报工作领导小组，着手准备申报材料。1994年5月国家教委开始启动“211”工程部门预审，到1996年底预审结束，马上要公布入选学校名单。这时，国家教委民族教育司司长韦鹏飞对哈校长说：“教委最初设想的‘211’名单里是有中央民族大学的。奇怪，怎么没见你们学校申请呢？”哈校长马上前往国家民委询问才得知，由于两部委之间信息沟通存在误解等原因，我校的申报材料根本没送交国家教委。于是，哈校长向国家民委分管教育的图道多吉副主任紧急请示。图道多吉副主任说：“民委党组本来是同意的呀，现在司马义·艾买提和陈虹等领导不在北京。这样，你们先去找国家教委主任吧。”第二天一早，哈校长带着我和余梓东赶到国家教委。教委主任朱开轩正在开会，我们就在楼道里等着。正巧分管民族教育的王明达副主任路过看到我们，听哈校长说明来意后，王副主任说朱开轩主任上午还有一个会，让我们到他的办公室里等。我们给民委图道多吉副主任和沈昌荣司长打电话，请他们到教委来（事先已约好等我们电话）。过了一会儿，朱开轩主任出来上卫生间，哈校长随即跟了进去，向朱主任简要说明了来意，并请他到我们所在的办公室。图道多吉副主任对朱开轩主任表态说：“我们国家民委党组是支持中央民族大学申报‘211’的。”朱开轩主任说：“我支持你们。李岚清同志正在国务院主持会议研究‘211’工程申报扫尾工作，你们要抓紧找教委分管‘211’的韦钰副主任。”我们又去找韦钰副主任，发现她不在。我们走出教委大门时，哈校长提出要不要去中南海？我说去吧。因为国务院秘书四局是管高教的，该局李局长常来我们学校参加活动，周处长又是我校校友。虽然已到中午下班时间，但为了学校能进“211”，我们也顾不得那么多了。来到中南海西门，余梓东在门卫处打通了李局长的电话。李局长听说是哈校长紧急来访，赶忙派周处长到门口接我们。在一间小会议室里，哈校长诚恳地对李局长说："听说'211'高校的名单已经决定，马上就要公布了。中央民族大学是民族院校的龙头老大，国家教委本来准备给我们一个指标，您看我们能不能用这个指标申报'211'?"李局长说，这个会我没参加，我是让袁局长参加的，我请他过来。袁局长进来后，李局长向他介绍说，中央民族大学想申报"211"。袁局长说，"211"的会今天上午刚刚开完，国务院办公厅过两天就要发文，你们申报已经来不及了。这时，只见汗水马上从哈校长的头上流下来。他非常严肃地说："鉴于我们学校这样的地位，这样的重要影响，是应该进入'211'的。"见袁局长没有表态，哈校长又说："局长，如果我们学校是由于申报工作的原因而进不了'211'，我提出辞职。当时两部委调我来京，是要我把民族大学搞好。现在在这个关键问题上，结果是这样一个状况，我无颜见江东父老。"听到这话，袁局长表示很同情我校，马上说道："哈校长，您别着急，看看还有没有什么别的办法能解决这个问题?可不可以这样，你们以学校的名义再报个材料，我负责把材料送给岚清副总理。"哈校长表示感谢后，带我们赶回学校，立即布置抓紧重新整合材料，并于1996年12月31日派余梓东同志把材料送到秘书四局。

1997年8月，国家教委终于专门发文，同意国家民委开展我校的"211"工程部门预审工作。1997年10月，以中国人民大学校长李文海教授为组长的专家组经过严格认真的考察审核，全票通过了对我校的部门预审。1999年年底，国家发改委正式同意中央民族大学进入"211"工程。

我：好事多磨，真是太不容易了！左主任，除了更名和"211"工程两件大事以外，哈校长还在哪些方面对学校做出了贡献?

左：哈校长任职期间，在党委领导下，全面主持学校的教学、行政工作。他带领学校领导班子，克服各种困难，在各方面都做了大量工作，为我校进入21世纪后的发展打下了良好的基础。为增加学校的学位授予点，哈校长和我利用周末休息时间亲自前往北航拜访国家教委学位办主任赵沁平同志，陈述民大的学科优势和办学需求。校办是行政职能部门，这里我仅就行政管理工作介绍一些情况。首先是建立健全各项规章制度，如校长办公会议事规则及流程，规定每周一为校长办公会例会。会前由校办汇总各单位提交的议题并进行梳理，将分管校领导能够决定的事项转送分管校领导，需办公会集体讨论决定的事项按轻重缓急拟出议题，请示校长同意后方可上会，必要时通知有关单位负责人列席会议。凡是校长办公会做出事关全校的决定，校办则以会议纪要或通知的形式印发全校或有关单位。这项制度一直坚持多年，效果很好。

又如印章管理使用制度。鉴于过去有人拿着学校法人章签盖校外办班或公司贸易合同，发生事故或债务官司，学校成了被告，有的官司持续多年不能结案，给学校造成了经济损失和人力物力的浪费的情况，哈校长到任后开始要求对印章严加管理，由校办指定专人保管印章，规定凡需用章者，必须有主管领导和经办人签字登记。再如教职工考勤制度，由人事处每月汇总各单位考勤登记表予以公布，对严重违反考勤制度者给予相应的处分。还有出早操、上晚自习、课堂点名等制度。大家都记得，20世纪90年代，每天早晨六点学生起床后必须到大操场做早操、跑步，各单位负责人悉数到场督促检查。晚自习时间，职能部门和各院系工作人员轮流到教室值班，检查出勤情况并做记录。上午第一节课时，教务处和各院系都派人到教学楼检查学生出勤情况。教务处和学生处经常召集院系负责人开会，对执行纪律情况进行讲评，有表扬，有批评。

在执行上述制度过程中，哈校长总是身先士卒，事必躬亲。不管是早上在大操场，还是晚上在教学楼，人们每天都能看到他的身影。作为一位花甲老人，多年坚持如一日，实在是不容易！正是由于制定了一系列规章制度并坚持实行，对形成我校良好的学风校风起到了积极的作用。

另外，哈校长任职期间，学校的办学经费十分困难。一年全校的总经费不过四千多万元，按国家民委领导的话说，就是“人头财政、吃饭财政”。除去按月足额发给教职工工资外，用于教学科研的经费少得可怜。面对这种困难局面，哈校长千方百计筹措办学经费，向各方求援。当时计算机系机房的电脑，其中相当一部分是日本、韩国和我国香港地区友人通过合作办学或慈善助学方式捐赠的。办公用的电脑也只在校办、党办才有，到后期才给每位校领导配备了一台。

还有一点，就是哈校长对在京的各族前辈领导，对学校的老领导、老教授和专家学者以及老职工十分尊重。每逢年节，他和其他校领导都要分头看望慰问那些关心我校建设和发展并做出贡献的老前辈。我就曾多次陪哈校长及其他校领导看望过名誉校长费孝通教授、名誉校长司马义·艾买提以及布赫、赛福鼎·艾则孜、阿沛·阿旺晋美、程思远、杨静仁、刘春、陈虹、李力、李德洙、图道多吉等老领导。在校内，每到元旦春节，哈校长和其他校领导都要分头带领有关部门负责人到老教授、老领导家拜年，并深入锅炉房、食堂、配电室、校卫队等处，慰问在岗值班的员工。他任职校长8年多，这已经成为惯例。

在对外交流方面，哈校长任职8年中，我校与日本、韩国、美国、俄罗斯等国家50多所高校建立了校际合作关系，其间互派留学生、互派访问学者、相互参观考察、交流办学经验等，增进了解和友谊，扩大了我校在国际上的影响。

至于在学科建设、院系调整、人才培养、教学科研等方面所做的工作和取得的成绩，你们是专门研究民族教育发展的，肯定比我了解得多，今天我就不谈了。

总之，哈校长任职8年多，面对各种困难和压力，坚持不懈地为我校的发展和建设尽了最大的努力，做出了自己的贡献。他为人谦虚、作风民主、尊重他人、用人不疑，不辞辛劳，这些都是很可贵的。当然，在那8年中，我校的发展建设所取得的成就是与上级领导的关心与支持、学校全体党政领导和广大教职工的共同努力分不开的。但哈校长作为主要负责人在其中发挥了重要作用，是应该肯定和赞誉的。

我：感谢左主任给我们介绍了许多关于哈校长不为人知的故事，并对哈校长的主要成绩和贡献做出了中肯、客观的评价。再次感谢您接受我们的采访！

访谈时间：2016年9月6日

# 披绿荒沙为报恩

## ——离休干部奇琳华回乡记

楚文

奇琳华，女，蒙古族，1930年12月出生，16岁到北京蒙藏学校读书；1949年4月参加革命工作，中华人民共和国成立后曾担任伊盟郡王旗卫生科科长、卫生院院长，1957年7月加入中国共产党，同年考入中央民族学院马列主义研究班学习，毕业后回到内蒙古建筑学院工作；1978年调到中央民族学院教务处工作，任教务处副处长，1985年离休。

在离休后的生活工作中，奇琳华同志一直用党员的标准要求自己，率先垂范。她关心家乡人民群众生产生活，关心祖国生态环境建设和发展，于1988年前往内蒙古自治区伊克昭盟伊金霍洛旗，并决心献身当地的沙漠植树造林事业。在其后漫长的艰苦创业和不懈追求中，奇琳华同志无私奉献并取得了巨大业绩，2004年10月被中共中央组织部授予“全国老干部先进个人”荣誉称号，2005年6月被中共北京市委教育工作委员会评为“北京高校优秀共产党员”，2004年6月被国家民族事务委员会授予“国家民委系统离退休干部先进个人”荣誉称号。

奇琳华是一位已有61年党龄的离休干部，离休后毅然回到了阔别多年的故乡内蒙古鄂托克前旗，立志治理那里的毛乌素沙漠，把自己的全部时间、精力、财力和物力都投入家乡的发展建设和治理沙漠事业中。经过十多年的奋斗，她开辟了一条方式独特的、具有可持续发展能力的“科学治沙”之路。

1985年，奇琳华的五个儿女怕母亲寂寞，在经济上给予她较多支持，希望她多出去玩玩，并为她雇请了保姆。但安逸的生活并没有给奇琳华带来多少快乐，因为她是一个事业心极强的人。

1988年，奇琳华带着对故乡无比怀念的心情回到了阔别多年的内蒙古自治区伊克昭盟伊金霍洛旗新庙乡刀老岱村。令奇琳华心痛的是，这里与48年前自己离开的时候没什么两样——还是那么贫穷落后，还是那么交通不便，周边没有一条像样的道路，要步行六七里路才能走进村里，特别是家乡草原的大面积沙化使奇琳华的心灵受到很大震撼。回到北京之后，她天天想着那些生活依然贫苦的老乡，常常彻夜难眠。她想：我是家乡解放前仅有的三名女大学生之一，我应该利用离休后较宽裕的时间和精力为家乡做点儿事，以回报父母的养育之恩、党的培养之情，不辜负父老乡亲对自己的期望。她认为，目前危及家乡人民生存的最大敌人就是风沙灾害，所以必须从治沙入手，通过治沙为群众办点儿实事，为祖国的大西北增添一片绿色，为改善我国的生态环境做些力所能及的贡献。

为了实现这一夙愿，奇琳华拿出自己仅有的五万元积蓄，一边做沙生植物的育苗和种植试验，一边亲自跑人畜饮水工程、照明用电工程和交通电信工程的联系接洽。其间，她调动个人的一切关系上下疏通，用了两年多的时间，终于建成家乡人畜饮水工程，使输电线路架到了家乡，公路、电信等工程均取得了明显进展。另外，奇琳华的育苗和种草治沙试验也大获成功。但她觉得这种散兵式的治沙行为并非长远之计，治理的进度和效果还不理想，因此她下决心要走出一条可持续发展的治沙道路。

1996年，奇琳华与原伊旗政协副主席王文光等志同道合的离退休老年朋友，以股份形式集资52万元，成立了“内蒙古湖色绿实业有限责任公司”，并由奇琳华担任该公司的董事长。该公司制定了“以治沙改善生态环境为目的，开展沙产业并利用沙产品提高经济效益，建立生态经济型治沙示范基地；以示范辐射周边地区生态建设和经济发展，带动周边牧区牧民致富奔小康”的发展宗旨和目标。经过多方考察和论证，该公司确定以种植耐干旱、抗寒冷、固沙力强、经济价值极高的沙生药用植物——麻黄草为主，以补养造林治沙、适度发展养殖业和农副产品加工业等项目。

1997年春天，公司将治沙的分支机构设在伊克昭盟土地资源极为丰富的毛乌素沙漠腹地——鄂托克前旗，正式开辟了治沙基地，当年就承包了850亩土地种植树苗，而奇琳华老人则在这片土地上倾注了自己全部心血。抱着治理沙漠、改善生态环境的强烈愿望，她和同伴们在资金不足、条件艰苦的情况下，凭着赤诚之心和奉献精神，不怕苦、不怕累，奋斗不息，“在困境中求生存，在希望中求发展”。

到2002年，奇琳华个人筹资或从国家贷款，先后投入资金150万元经营沙地5000亩，以种植有固沙防沙作用的中药材麻黄草为再生经济资源，支持治沙业的发展，形成了治理沙漠和开发沙漠并举的良性循环模式。其中，种植沙生中药材麻黄草2000亩，种植优质牧草2000亩作养殖业的草场，育树苗300多亩，种植饲料作物300亩，造防护林达300多亩（约40000株）；养羊300只，飞播各种沙生草种15000亩，建造开发了七十眼地下水电力深井喷灌系统，为3000亩种植沙地安装了喷灌设施，辅架高压电线6公里、低压电线10公里，田间作业和饲料加工都基本实现了机械化。在数千亩麻黄草种植区周围，已种上了井字形防护林，树种有新疆杨、沙柳、垂柳、杜梨子、榆树、樟子松、杨柴、沙枣、沙棘等，大部分都已有六七米高，由于水分充足，长势非常喜人，就像一个个高大的忠实卫士守护在绿洲的四面八方。在白云蓝天下，具有现代气息的电力深井喷灌设备，尽情地为数千亩林草和粮地喷洒着雨露，随风飘来的是湿润的空气和绿色的清香；数千亩优质草种的草场全部围上铁丝网护栏，秋季收割后可供圈养的牛羊作过冬的饲料，生态效益、经济效益、社会效益已初见成效。在大漠深处，基地的一片片绿洲和一道道绿色屏障，已形成了“林成网、地成方”，林、田、路、水、电“五配套”的具有现代意识的绿色生态经济示范区。基地的经济效益可观，仅麻黄草一项年产量就约50万公斤，产值可达80万元；苗木约120万株，产值可达30万元。社会效益更为显著，每年前来打工者约500个工日，发放工资约8万元，基地已成为下岗工人就业的场所。

奇琳华的治沙业绩得到了内蒙古自治区林业部门的肯定，2001年她被自治区林业厅评为治沙造林先进模范。《北京日报》2000年6月25日以《大漠里的北京杨》为题报道了奇琳华的治沙事迹，《中国民族报》2002年7月2日以《向沙漠宣战的北京额吉》为题报道奇琳华的治沙事迹，中央电视台《夕阳红》栏目不仅对奇琳华治沙事迹做了报道，并且与鄂托克前旗人民政府和奇琳华的“湖色绿实业有限公司”在毛乌素沙漠奇琳华的治沙基地合作开启了“夕阳红林”治沙工程。此项工程引发国内外老年人的关注和支持，纷纷前来毛乌素沙漠“夕阳红林”参加治沙基地义务治沙造林。还有人给奇琳华寄钱，表示对“夕阳红林”治沙工程的支持。目前，北京、天津、山东、广西、宁夏等地前往义务植树治沙者达数百人次。在茫茫的毛乌素沙漠上，由于“夕阳红林”工程的带动，兴办起的治沙工程还有“北京林”“天津林”“少年林”“子孙后代林”等。

2002年8月16日，国家民委老干局和中央民族大学、西北第二民族学院等单位联合组织人员去看望慰问了奇琳华同志。为了支持奇琳华的治沙事业，同时也为西部治沙事业做一点贡献，各单位共同集资在毛乌素沙漠建造了一片“民族林”。奇琳华在“民族林”工程植树活动仪式上说：“治沙的任务还很重，还要有长期作战的思想准备。我们公司近几年有点经济实力，每年都请飞机进行飞播，一年在5000亩左右，飞播沙生植物面积现已达15000多亩。如果公司效益再好一点，我准备一年飞播10000亩，让绿草丛林早日覆盖沙漠，以防沙尘暴危害首都北京。”奇琳华表示，建设家乡、报效家乡是自己的第一个念头，而党中央“植树造林、治理荒山荒漠，绿化祖国”的号召和时任总书记江泽民同志“再造秀美山川”的指示，则是自己立志走治沙之路的动力。时年72岁的她还表示：“作为一位离休干部，照理说我应该休息了，然而我还是一位共产党员，我决心在这没有硝烟的‘沙场’再战8年，80岁再找接班人。”

2007年7月8日，内蒙古防沙治沙管沙用沙研讨会在乌审召镇召开，

77 岁的奇琳华从一百多公里外的鄂托克前旗独自一人乘坐长途汽车赶去参会。十余年来，奇琳华总共投入220 多万元人民币用于治沙及相关配套工程。如今，在她名下虽然拥有上万株树苗、800 多亩麻黄草和上千亩荒漠，但她仍然是个“穷人”，因为她每个月的离休费几乎全部都贴入“治沙”事业中了。对此，她从未有过丝毫动摇或后悔。

奇琳华同志现已年近九旬，但仍不忘“治沙”初心。这位耄耋老人以自己的勇敢践行、展示了共产党员的本色，展示了一种自强不息、老有所为的高尚品质，展示了一名老同志为党的事业努力增添正能量的自觉精神。

（资料提供：中央民族大学离退休工作处）

# 帕米尔的歌声

刘源清

翻开地图，在我国西部的天山和昆仑山之间，有一座古称“葱岭”的地方，那便是帕米尔高原。她，离北京有万里之遥。

20世纪60年代初，刚大学毕业的我，在“迎着晨风，迎着朝阳，跋山涉水到边疆，伟大祖国天宽地广，中华儿女志在四方……”的歌声号召下，走进了连接云天的帕米尔高原。当年，我作为一名边城小报的记者，徜徉于此近三十个春秋。在她的怀抱中，我年复一年地触摸着她的肌肤——高原的山山水水，结识了她的子女——世代居住在这里的柯尔克孜族、塔吉克族、维吾尔族等各族同胞，直至我也变成了她的儿女。

20世纪80年代末，我返回母校中央民族学院任教。在适应环境变化的过程中，我时时回想起在帕米尔高原的工作和生活，尤其让我难以忘怀的就是那里最令人陶醉的歌声。

由于我懂一点柯尔克孜语，在高原上的采访工作面相对宽一些，结识的柯尔克孜朋友也更多些，对柯尔克孜文化的了解也更深些。柯尔克孜族大约有14万多人。他们绝大部分都聚居在新疆帕米尔高原上的克孜勒苏柯尔克孜自治州境内。在古老的柯尔克孜族绚丽多彩的民间文学艺术中，给人留下最深刻印象的当数他们的诗和歌。一位柯尔克孜诗人这样形容过：

草原上有多少棵草，
柯尔克孜就有多少首诗。
天空中有多少颗星，
柯尔克孜就有多少支歌。

提起诗，许多人马上会想起柯尔克孜的英雄史诗《玛纳斯》。这部恢宏的史诗共有八部，据说至今搜集到的大约有五十多万行。它和藏族史诗《格萨尔》、蒙古族史诗《江格尔》并列，被誉为我国民族民间文学中的“三大史诗”。玛纳斯是一位古代柯尔克孜族的民族英雄，全诗叙述的是玛纳斯及其子孙带领柯尔克孜人民反抗外族侵略、压迫的战争历史以及柯尔克孜社会生活的方方面面。这部史诗在传唱过程中不断被充实、丰富和发展，可以称之为柯尔克孜的百科全书。正如一位著名学者说的那样，“不了解玛纳斯，就不能很好地了解柯尔克孜人民”。柯尔克孜族视《玛纳斯》为“民族魂”。柯尔克孜地区有大大小小能演唱《玛纳斯》的歌手，他们被称为“玛纳斯奇”，备受柯尔克孜族群众的尊重和欢迎。在帕米尔高原上的柯尔克孜族聚居地区，随处都能见到这些歌手演唱史诗的身影，听到他们的歌声。其中较著名的大“玛纳斯奇”有出生在新疆乌恰县的艾什玛特·玛木别特玉素甫老人，他能演唱两三部《玛纳斯》，可惜老人在“文革”中去世了。比艾什玛特老人年轻并更有名气的另一位大“玛纳斯奇”要数出生在新疆阿合奇县的居素甫·玛玛依，他一人能演唱八部《玛纳斯》，曾任新疆维吾尔自治区文联副主席。

除史诗和长篇叙事诗之外，柯尔克孜民歌也是这个民族的一枝绚丽的艺术之花。柯尔克孜人大都能吟诗唱歌，他们喜欢用诗和歌的形式来传递心意和表达情感，这些诗和歌无不折射出柯尔克孜人民丰富多彩的精神世界。在广袤的帕米尔高原上，无论是在寥寥数人的转牧途中，还是在人群汇聚的集会上，随处可以听到他们吟唱诗歌和弹奏库木孜琴（柯尔克孜族的一种木制三弦琴）声。

有一年仲夏，我到帕米尔高原上著名的牧场玉奇塔什草原上采访，正赶上一次盛大的“阿肯”（歌手）弹唱会要在这里举行。这次盛会使我久久沉浸在诗和歌的海洋里，真正领略到帕米尔高原的真谛。

玉奇塔什草原海拔3000多米，方圆约有120多平方公里。柯尔克孜语“玉奇塔什”的意思是“三块石头”，牧场也因其坐落在三座雪山之间而得名。这里坡缓开阔，水足草茂，是一片天然的放牧宝地，每年夏季都有成百上千的柯尔克孜牧民云集到这里。

那次，我同多位来宾乘车穿过高原上的群山峡谷，跨越湍急的克孜勒苏河，经过几天长途跋涉，终于到达“玉奇塔什草原”。在这里，我们现场观看了数百户柯尔克孜牧民为迎客而举行的别具风情的“刁羊”比赛活动。“刁羊”比赛一结束，一位长者便在乡亲们的簇拥下迎面走来，一个年轻人则牵着一匹灰色的马驹尾随其后。当走到客人们面前时，这位长者捋捋胡须，以传统曲调高声诵唱道：

尊贵的客人来到我们草原，
山山水水扬起欢乐的波澜；
像百灵鸟落在羊背上，
贵客使我们的草原更加富饶。
……
乡亲们从马群里选出这匹灰马驹，
为了表示我们的心意，
把它献在客人面前……

宰杀马驹为远方而来的客人接风洗尘，是柯尔克孜族千百年来的特有风俗。宰杀马驹前，一定要把它牵到客人面前，让客人亲自过目，以期得到客人的嘉许和祝福。这时，客人中的一位长者也即兴赋诗并唱道：

请接受我们的祝福，
玉奇塔什草原；

请接受我们的祝福，
好客的柯尔克孜父老乡亲。
……
愿你们的牲畜布满山岗，
愿你们的草原更加美好，
愿乡亲们手上有更多的蜂蜜和油脂，
愿乡亲们长命百岁，
愿长者得到更多的尊敬，
愿年轻人掌握更多的知识，
紧紧握住草原的缰绳！

接着，牧民们把客人迎进自家的毡房。这时，主人已支起了大锅，点燃松枝，炖煮起迎客的马肉。

清晨，我到草原上的泉水边梳洗，忽然看到对面雪山后呈现出一片扇形的红霞。啊，我恍然大悟——雪山要吐出红日了！在这空旷的草原上，我情不自禁地站起来，欣喜地迎接那渐渐升起的朝阳。很快，阳光就给碧绿的草原涂抹上了一层金色。我远望草原，正在游走吃草的牛羊像撒在绿毯上的珍珠一般缓缓移动。

在这里，我们还实地观看了同样富有特色的柯尔克孜族“弹唱会”。第一天，这里大约聚集上千名柯尔克孜族男女老少，柯族妇女喜欢穿红色衣裙、戴红色头巾，男子则戴白色毡帽。从远处向弹唱会场望去，现场好似一片红色波浪上泛荡着一只只白色小船。

几天里，登台演唱弹唱者大约有五六十人，其中年纪最大的有七八十岁，最小的才十来岁，他们当中有大“玛纳斯奇”，有演奏库木孜琴的能手“库木孜奇”，有善讲故事笑话的“交莫克奇”。他们弹唱的节目有史诗、叙事诗、诙谐诗、民歌以及库木孜古乐等，还有新歌曲。弹唱会上，表演者和观众的情绪都异常热烈，掌声、笑声此起彼伏，激荡着整个草原。

一日午后，在离弹唱会场较远的草坪上，一群荡秋千的柯尔克孜年轻人的喝彩声把我和一些客人吸引过去。只见身着鲜艳衣裙、戴着各种饰物的柯尔克孜少年、少妇们在秋千上如彩蝶飞舞，若云雀翱翔。另有一群小伙子和姑娘们在秋千下或呐喊助威，或唱歌助兴。年轻男女唱的一首新民歌《荡秋千》使我久久难忘——

姑娘们唱：六根木棍支起的秋千架，荡啊荡，像月亮穿行在云里一样。

小伙子们唱：把你送到月亮日头上，高高兴兴地逛一趟。

姑娘们唱：七根木棍支起的秋千架，荡啊荡，像轻轻吹拂的春风一样。

小伙子们唱：把你送到遥远的蓝天上，和那北斗七星排成行。

……

早已过了不惑之年的我，在这群活泼可爱的年轻人的热情邀请和帮助下，也登上秋千荡了起来。

傍晚，山风拂面，远处的雪峰、山峦、丛林、草滩，近处的毡房、牲畜群、炊烟，都笼罩在摇曳不定的雨丝之中。一阵悠扬的库木孜琴声传来，把我引进了一座毡房。哦，原来这里已经坐满了男女听众，大家正围着一位名叫齐娜尔的牧民女歌手入神地聆听着。她的丈夫抱着他们的小女儿向我介绍说：齐娜尔自幼习弹库木孜，至今已有二十多年了。平时，只要她的手一触琴弦，人就如痴如醉，停不下来，可以连着弹唱数小时。此刻，齐娜尔正半眯着眼睛，手指灵巧地弹奏着。她的弹唱颇具高原牧场风情，她的琴声与歌声似骑马放牧从远至近、由低到高，而后又自高而低、渐行渐远……

当晚，雨不知何时已经停了。我不知不觉地走出毡房，走进茫茫原野的夜色中。牧草挂着晶莹的雨珠，飘散出嫩绿的清香；齐娜尔袅袅的歌声在我周身、在我心间久久萦绕。望着浩茫夜空里几颗闪亮的星星，我回忆起在高原牧场上与柯尔克孜牧民相处的许多日日夜夜——转牧途中，水流湍急，牧民们用他们最好的坐骑送我过河；高原群山间，牧民们曾教我骑马、射猎、打野兔、捕旱獭；在燃烧的篝火旁，我同牧民和他们的孩子们一起唱歌游戏；在漏雨的毡房里，我们曾一起用铁罐和木盒接雨水；寒夜，女房东把家中最好最暖的被子盖在我身上；冰雹袭击后的牧场上，红色野玫瑰依旧盛开……

帕米尔高原上的柯尔克孜牧民和他们美妙而纯净的歌声，使我深深感悟到这里是洗涤心灵之地。

# 怀念“跟着共产党走，为教育事业奉献一生”的母亲李宜绚

崔新成　崔新四

我们的母亲李宜绚1921年4月出生在山东济南的一个爱国民主人士家庭。她的父亲李兰斋是山东省莱阳人士，中国第一批完整接受西方教育的知识分子，是京师大学堂的首届毕业生，老同盟会成员，曾任济南女子师范校长和山东省督学，抗日民主政府胶东公署的教育专员，是教育救国论的积极鼓吹者和实践者。中华人民共和国成立后，曾任山东省图书馆馆长和山东省政府参事。

幼年时我们的母亲深受她父亲的影响，立志做一名优秀教师，教育救国、教育强国。她从小刻苦读书，学习成绩从来都是班上的第一名。1937年母亲从济南女中毕业，同年，日本人占领了济南。日本侵略者威逼我们的姥爷做伪教育厅的厅长，姥爷就带着全家连夜跑到山东临沂。我母亲在临沂中学读完了三年高中。1941年，母亲全家回到家乡山东省莱阳，母亲在莱阳山前店镇小学当老师。当时，这个地方是国民党和日伪还有共产党三方争夺的游击区。由于母亲痛恨日本侵略者，赞同共产党抗日救国的主张，1943年2月，母亲参加了革命工作，同年加入了中国共产党，并在根据地的抗日小学担任校长。当时，日伪反复对抗日根据地进行扫荡和清剿，学校的学习条件异常艰苦，白天根本不能正常学习，母亲就带领教

师晚上到学生的家里点着油灯给学生上课，一晚上转三四个村庄，有时教完书，天都亮了。学生在这样艰苦的条件下完成了学业。因此，母亲被抗日民主政府授予一级英模。中华人民共和国成立后，以母亲所在学校的事迹为主要素材的小说《冲破黎明前的黑暗》讲述了抗日根据地小学生们在战争中刻苦学习的动人故事。这篇小说的部分章节被教育部收入小学生教材中。

1945年抗战胜利后，母亲被调入刚成立的南海革命烈士子弟中学担任教务主任。这个学校的学生大多是抗日烈士的子弟。由于初创期师资力量极其缺乏，尤其优秀有经验的老师更是难找，我母亲想到她父亲那一代的老教育工作者，她写信或者登门拜访诚邀这些人到解放区来，到学校来。而他们多是德高望重有所成就的专家学者，很多曾是大学教授或中学校长。她用亲身感受告诉他们："在旧政府腐败黑暗的统治下，个人本事再大，也是不可能实现教育救国的理想的。在中国只有共产党才能救中国。只有跟着共产党走，你们才能施展个人才华，建设光明富强的中华人民共和国。"因为母亲的邀请，很多人放弃了原来优厚的待遇，来到解放区，来到学校，参加了革命工作。正是由于这些专家学者担负起主要教学任务，因此这个学校的教育质量特别高，为中华人民共和国培养了一大批优秀的学生。后来这个学校的学生全部投入解放战争的洪流中。

1985年，这个学校成立40周年的纪念会上，母亲作为唯一的教师代表出席了大会。据当时统计，该校学生中，担任军级、部级干部70多人，师级、司局级的有200多人。

1950年，母亲随父亲调入北京，中组部分配工作的时候曾安排我母亲留在中组部，负责辅导工农干部文化学习，她主动要求调到正在筹建的中央民族学院工作。大学初建时，她负责人事工作，工作特别繁忙，两周才回家一次，经常是早上五点上班，晚上十点才下班。哪里工作最辛苦，她就出现在哪里。她筹建小学，担任小学校长；她筹建幼儿园，担任幼儿园园长；她筹建家属委员会，担任家属委员会主任。另外，还担任藏族干部培训班的老师，教政治课，晚上还要备课。1956年调整工资时，当时人大常委会副委员长、民族事务委员会主任、中央民族学院首任院长乌兰夫在调整工资的名单上我母亲的名下写：“该同志应该长三级。”

2011年，中央民族大学建校六十周年，学校给我母亲送了一份表彰函，函中写道：“李宜绚同志从事教育六十余年，是学校的夯基人和拓荒人。为学校的建立和发展做出了重大的贡献。”

1984年，母亲从民族大学退休了，退休后她依然关注国家大事，关注着学校的发展。母亲回到家后，积极支持和帮助我们的父亲崔子范的绘画事业，母亲不但料理好家务不让父亲分心，还亲自处理来自祖国四面八方的大量信件，父亲笑称，母亲是她最好的秘书长和后勤部长。1989年初，父亲和母亲商量，想立个遗嘱，把家中珍藏的国宝级藏画和父亲自己的代表作品全部捐给国家。母亲听后表示全力支持，她和孩子们讲，我和你们父亲都是老党员，我们的一切都是党和人民给的，我们用这种方式回报党，回报人民。20世纪90年代初，母亲和父亲分别向中国美术馆和青岛市人民政府捐赠了父亲的精品代表作和家中的藏画。时任中共中央常委、全国人大常委会委员长乔石同志和时任青岛市委书记俞正声同志出席了捐赠仪式，并对我们父母亲的这种高尚情操给予了高度赞扬和肯定。

我母亲一生的最大遗憾，是由于战争没有读过大学。她最大的幸福就是这一辈子当过幼儿园老师、小学老师、中学老师、大学老师。

而我们最大的遗憾是，我们小时候由于母亲忙于工作，我们很少见到她，等我们长大了，母亲依然很忙，连节假日都不休息，甚至我们所有孩子的婚礼她都没有出席过。如果说母亲不近人情，那就大错了，母亲几乎参加了民大幼儿园所有青年教师的婚礼，而且还是主婚人。民大幼儿园初建时，年轻的女教师从祖国四面八方来到北京，母亲不但在工作上帮助她们，在生活上也非常关心她们。当她们到了谈婚论嫁的年龄，母亲亲自为她们物色对象，还以组织的名义，到男方单位去了解男方的人品和性格。如果男方人品好，母亲就大力支持，亲自为新人操办婚事，如果发现男方人品上有问题，母亲就会公开反对。为了这事，有的男方还到校领导那里去告状，说母亲是封建家长，包办婚姻。记得幼儿园有一位非常漂亮的小吴老师，找了一位大学刚毕业在中央人民广播电台工作的男友，结婚后才知道丈夫是中央台的实习生，后被分配到他的家乡辽宁丹东。小吴老师不愿离开北京，她认为受骗了，要离婚。母亲把男女双方叫到一起，她先批评了男方，说有些事不能隐瞒，男方也做了解释，并保证要对小吴老师一辈子好。母亲又劝小吴老师说，你既然爱他，这个人人品也不错，不论他遇到什么困难，你都应该在他身边，不离不弃。小吴老师听从母亲的意见，决定去丹东工作。母亲怕东北冷，亲手为她做了一套棉衣棉裤。临行前的晚上，母亲一夜未眠，为小吴老师打点行装，拉着她的手，千叮咛万嘱咐。

还有一件事，我们孩子们也很感慨。母亲曾经做过小学老师、中学老师，可我们孩子上学时，母亲从来没有问过我们的学习情况。母亲年龄大了，家中从家乡和延安请来了家庭服务员，照顾母亲起居，这些从老区请来的小姑娘，文化水平不高，母亲就鼓励她们努力学习文化知识，努力学习一技之长，告诉她们，只有知识能够改变命运。母亲亲自帮她们联系职业培训班，监督辅导她们学习，几年后，当她们离开母亲时，基本掌握了一两门手艺和技术，回到家乡后都找到了合适自己的工作。她们中有人已经成为著名服装厂的高管人员了。母亲逝世时，这些曾在母亲身边工作的服务员们，从外地赶到北京参加母亲的追悼会，仪式结束后，我们到殡仪公司结账时，发现她们已经把账结清了。我们坚持要把钱给她们，她们却说，我们同样是李宜绚老人的孩子。

2015年10月11日，母亲永远离开了我们，她为我们孩子留下了巨大的精神财富，同时实现了自己“跟着共产党走，为教育事业奉献一生”的诺言和理想。

# 中华民族共同体意识的厚植者

## ——记班班多杰教授

王卫平

中央民族大学哲学与宗教学学院教授班班多杰坚持致力于藏传佛教研究工作40余年，获得了开创性的研究成果，为建立藏传佛教思想史的现代学科体系发挥了引领作用。他以维护祖国统一、加强民族团结、反对民族分裂为己任，把中华民族共同体意识厚植于教学科研之中，引领学生打牢中华民族共同体意识的情感、思想、文化、理论基础。

### 潜移默化，“民族团结一家亲”种子埋入心灵

班班多杰出生在青海省河湟地区一个汉藏共居的村庄。村子不大，汉、藏村民共同生产生活，相处得像一家人一样。虽然两个民族生活习惯与行为方式稍有差别，但并没有妨碍他们之间的友爱。上学后，学校里汉族和藏族学生们在一起学习，藏汉双语互通交流让孩子们其乐融融，建立了深厚的友谊。汉藏民族友好的种子，埋在了他的心灵深处。

小学毕业后，班班多杰来到青海民族中学读书。在这里，他结识了蒙古、回、撒拉、土等不同民族的师生。尽管大家有着各自民族的风俗习惯，但大家用国家通用语言交流互动，在日复一日间互助互爱，情同手足。点滴生活，让班班多杰认识到“民族团结一家亲”的道理。

后来，班班多杰又到北京中央民族学院（现中央民族大学）学习，接触到56个民族的师生，真正融入了一个多彩和睦的大家庭。他说，这就叫作“同无妨异，异不害同，同中之异，异中之同”，用哲学的语言讲，就是“具体的共相”。

不探其源，则不明其流。班班多杰在经历了求学以及民族宗教研究后，深有感触地说：“中国自古以来就是统一的多民族国家，这一多元一体的大家庭是自古以来自然形成的。秦汉统一中国，实现‘大一统’。这就是《礼记》中说的‘以天下为一家，以中国为一人’的大同社会、天下观念。”

从《礼记》的大一统思想到现在习近平总书记提出“促进各民族交往交流交融，铸牢中华民族共同体意识”，班班多杰认为，这是一以贯之的思想脊脉延续、学理主干传承，需要认真挖掘研究，为铸牢中华民族共同体意识提供历史根据。

## 感同身受，以“中华民族共同体意识”引领教研

大学毕业后，班班多杰留在中央民族大学工作。从小培养起来的对中国统一多民族国家的感性认知和亲身体验，促使他从理论与历史的角度去考察分析，并将这样一种感性和理性认识的交叉、历史和理论的结合融化在教学与科研之中。

在教学中，班班多杰重视通过课堂增强学生的“中华民族共同体”意识，并注重培养学生正确的价值观。鉴于大多数藏族本科生及硕士生来自藏传佛教氛围浓郁的成长环境，他对藏传佛教思想史的教学内容做了较大改革，重点以辩证唯物主义和科学无神论为指导，完整阐释藏传佛教思想史的历史传承、名词概念、思想教义、文化特色，并通过比较藏传佛教与汉地佛教之异同，阐明两者的互补性，体现两者的一体化和同一性。许多学生反映，他们在班班老师的指导下，从思想文化领域认识到汉藏互相离不开的历史事实，从而树立了中华民族多元一体的民族观、祖国观。也有同学说，通过比较藏传佛教与现代哲学之异同，自己梳理出藏传佛教思想

的合理内核与负面因素，认清了其精华与糟粕，从而树立起正确的人生观、价值观。他们认为，班班老师还十分注重比较藏传佛教思想与现代科技发展成果之异同，以此阐明如何用科学观点看待自然界和人类社会的发展，促使大家坚定树立了科学的世界观和宗教观。他对教学内容的改革，极大提高了学生的学习兴趣，教学效果突出，"教学效果评估"得分始终在90分以上。

其间，班班多杰还将研究兴趣投射到自己的家乡青海。通过对青海少数民族及不同文化系统的调查研究和深入思考，他在《中国社会科学》杂志发表了《和而不同：青海多民族文化和睦相处经验考察》一文。该文在学界引起很大影响，并已被翻译成英文发表。

班班多杰说："青海多民族及其文化之间和而不同、和谐相处的历史和现状，深刻地折射了我国是统一多民族国家的历史和现实。它是一个窗口和缩影，从中我们可以看到中华56个民族是怎样交往交流交融，如何共同铸牢中华民族共同体意识的。"他的这些观点在学界和学生中达成广泛共识。

通过十多年广拜名师、问难求教、资料积累和理论准备，20世纪90年代初以来，班班多杰开始发表论著。他在《中国社会科学》等多个权威杂志上发表关于藏传佛教与藏族文化方面的论文，其中很多被转载、摘录。他的专著《藏传佛教思想史纲》荣获国家民委社会科学奖一等奖，其论文《禅宗在藏传佛教前弘期的传播和对后弘期的影响》获得中国藏学研究珠峰奖汉文学术论文类一等奖，由其主讲的藏传佛教思想史课程于2009年被评为北京市精品课程……

## 言传身教，中国化方向理念贯穿始终

习近平总书记强调，要坚持我国宗教的中国化方向。班班多杰深以为然。他认为，研究藏传佛教必须要凸显藏传佛教的本土化、中国化特色，这样的研究才是真正意义上带有中国特色、西藏特点的藏传佛教研究。这也是他始终遵循的教学和研究宗旨。这样的理念和原则，不仅贯彻在班班多杰的藏传佛教科学研究当中，也始终贯穿于他的教学过程中。

班班多杰的授课对象主要是来自全国各地的少数民族学生。针对这一特点，他始终在中国佛教的框架体系内讲授藏传佛教史，即明确指出汉传佛教是藏传佛教的重要来源，藏传佛教是中国佛教的有机组成部分。特别是他自1999—2004年担任藏学研究院院长给藏族学生授课期间，始终贯穿这一教学原则。这对藏族学生增强国家认同、热爱祖国起到了决定性作用。

在近几年的授课中，班班多杰始终以中西诠释学的观点来探讨外来佛教的本土化，尤其是针对藏传佛教的本土化、中国化问题。他的研究成果不仅在学界引起很大反响，在学生中也产生了很好的教学效果。有学生说："班班老师不仅从个案与史料的角度，而且还从学理上阐明了外来佛教本土化、中国化的必然性和自然历史过程，让我们深受教益。"

2014年，由班班多杰主持的国家社会科学基金重大项目《藏传佛教思想史资料选编暨藏传佛教思想史论》获批。在这一课题的研究中，他特别强调要从理论和历史的角度考察藏传佛教的本土化和中国化问题。他说："外来佛教传到中国以后，在中国特有的思想文化的条件下发展、演变，最后形成中国佛教，是个自然历史过程。因而要从学理的角度去探讨这个问题，从而印证藏传佛教本土化、中国化的合理性和必然性。"

作为一名有着40多年党龄的老党员，班班多杰在维护祖国统一、加强民族团结、铸牢中华民族共同体意识方面率先垂范、身体力行，注重在教学和科研工作中始终贯彻这一主线、突出这一主题。他不仅从历史和学术角度、现实和政治层面教育各族学生我国是统一的多民族国家，还从哲学角度深刻分析"一"与"多"的辩证关系。他提出：中国各民族只有在历史形成的现有国家框架内，实行中国共产党制定的民族区域自治的基本政治制度，走中国特色的社会主义道路，才能促进各民族的交往、交流和交融，铸牢中华民族共同体意识，使中华民族屹立于世界民族之林，实现中华民族伟大复兴的中国梦。

# 亲历篇

# 我见证了中央民族学院筹建

黄思正

1950年10月下旬，我正在长沙市兑泽中学读高中，偶遇刚从北京参加国庆节观礼归来的湘西乾城县（现为吉首市）苗族同乡杨再森。畅谈中，他告知我北京正在筹建“中央民族学院”，问我是否愿意去学习？我当即表示愿意。于是，他就写信给在北京中央民族事务委员会工作的干部吴昌职，推荐了我和另一位同乡姚本杰到中央民族学院筹建期的“中央民族学院军政干部训练班”学习。就这样，我俩很快就乘火车北上了。

在吴昌职的关照下，我俩进京后住进中央民委招待所（先住六条胡同，后住裱褙胡同），前后住了五十天。其间听民委同志说：政务院任命了乌兰夫为中央民族学院院长，刘格平和刘春为副院长。当时，我也从《人民日报》的报道中知道了周恩来总理主持政务院第60次会议，通过和批准了《培养少数民族干部试行方案》和《筹建中央民族学院试行方案》，并领悟到成立中央民族学院是党的民族政策在培养民族干部工作上的具体体现。

我住招待所期间首先感觉生活条件挺好的——享受大灶待遇，每月发12元8角生活费（其中伙食费9元，3元8角为生活零用钱）；即将进入冬季时，又发了十五元用来购买御寒棉衣；看病也不花钱，有张条子就行了。对于这些，我打心里非常满意，从心底里感谢国家民委对少数民族青年的关心和照顾。

同年12月20日，我俩和同住在招待所的杨必振、孙桃英（女）四人经民委介绍，前往位于东城区国子监54号院的“中央民族学院筹备处”报到，并正式进入第一期“中央民族学院军政干部训练班”学习。我清楚记得，国子监54号院门口挂了一块写有“中央民族学院筹备处”的木牌子，院子比较大，一进门便看见一座凹字形的二层楼，楼前有一个较大的操场，对面是一座刚建好的小礼堂；后院是厨房、饭厅和浴室，还有数十间小平房，供当时在职人员办公和居住。还有一个小医务室（大夫是管全章），开设在54号院门口附近。我们十几名男学员被安排住在主楼一层的大房间内睡大通铺，生活和学习都在此屋。这个“军干班”分为两个小组，我被分在第一组。组长是姬达，副组长是吴天忠，学习辅导员是白静沅，教务处负责人是张志专（女，中央军委办公厅副主任朱早观之妻）。负责学员军训的是从部队转业来的干部杨世昆。

一入学，我们这些“军干班”学员每人发一张布制的胸章“校徽”，白底黑字写着“中央民族学院”。当时学习的主要教材有“任弼时代表党中央在团代会上的讲话”“中央民委有关同志关于民族政策的报告”“解放军建军史”等。记得“解放军建军史”课是由教务处负责人张志专讲授的。入学后，我们要接受的一项重要教育是“忠诚老实教育”，要求每个学员将个人的历史、家庭情况和社会关系等主动、如实地向组织说明，并通过思想总结来提高认识。

到了次年二三月间，“军干班”的住宿和伙食条件大有改善。我们的宿舍搬到离国子监不远的“下洼子”，一切都是全新的——新床、新被褥、新蚊帐，还发了一套新衣服和学习笔记本，而且男学员每月发一张“理发票”。全班学员自此都享受中灶待遇，感觉伙食好极了！

为了加快建校进程和充实学校干部队伍，1951年4月间，学校便从“军干班”抽调了一半以上的学员（大约有二十多人，我也在此列）留校直接参加工作。我们被分配到学校教务处、总务处、建委会、文工团、藏语班等多个部门或单位，其中分配到建委会工作的人数最多，其次是总务处。原因很简单：中央民族学院即将成立，西郊校舍（现校区）建设加快，无论基建工作还是后勤和管理都需要增加人手。记得分配到院建委会的有吴天忠、吴乘福、隆和德、龙俊峰等同志，分配到院总务处的有罗胜仁、艾照明、李青等同志，分配到院教务处的有姬达、马骋、吴秀全等同志，分配到院文工团的有杨必振、李秀蜀等同志，分配到藏语班的是格桑居勉等同志。

4月20日，我到院人事处报到。处长是胡嘉宾（长征干部，曾任中国工农红军第一军团地方工作部部长、瑞金县委书记等要职，离休前曾任国家民委副主任），毋樊是副处长，耿贞、王克时任人事科正、副科长。当我把教务处开具的介绍信递给王克同志时，她对我说："你去前院供给科找文科长分配你的工作。"又问："你现在住哪里？"我说住在下洼子宿舍。她便说道："那挺近的，今天就搬来住吧！"这样，我被分配到院总务处供给科工作，工作地点就在离国子监不远的分司厅胡同一个四合院内。

当时，总务处处长由院部主任刘冠英兼任，副处长是何健础（中共建党首批党员之一、烈士何孟雄的兄弟），供给科科长是文焕章。总务处辖总务科（科长海提智）、生产科（科长甘宁——党史上"左倾"代表人物王明的兄弟）和管理科（科长刘振海）。四合院的前院有副处长办公室、供给科和管理科以及厨房和门卫室，人事处和保卫科（科长周玉山）设在后院。

我刚到供给科工作不久，学校就开展了"审干运动"。我认为这对刚参加工作的新干部来说是必要的——通过接受组织审查，让组织更全面了解自己，同时也能在这一过程中自我检验个人是否对组织忠诚，从而在思想上提高对组织要忠诚的自觉性。

顺便提一下，成立于1951年1月的院"图书馆筹备小组"，是由万章宪、王玉珍两位同志负责的。当年供"军干班"学员学习利用的是一个图书阅览室，设在国子监54号院东侧楼二层的两间房里，室内陈放一些书籍、报刊，藏书量不过几百册。记得院"文工团"是稍后成立的，由任英同志（国家民委原副主任）负责。"文工团"人员却分为两处办公和居住：一处是在柴棒胡同（曾为"建委会"所在地，"建委会"后搬至西郊法华寺），另一部分人员在国子监54号院内。而"藏语班"则开办于当年5月，开办目的是为和平解放西藏培养所需藏语人才，教学地点在北海公园旁边的北长街。

1951年6月11日，大家迎来了中央民族学院成立盛典。我有幸参加了这个热烈而隆重的开学典礼，感到无上光荣并终生难忘！当天，党和国家领导人朱德、董必武、李济深、李维汉和教育部部长马叙伦等莅临典礼。我在现场聆听了时任中央人民政府副主席朱德同志的重要讲话，心情非常激动。中华人民共和国刚成立不久，国家就在首都北京创办了中央民族学院这所专门培养少数民族干部的高等教育学府，我觉得这充分说明党和国家是多么重视对少数民族干部的培养啊！

1952年的新年过后，全国范围开展“三反”“五反”运动，中央民族学院自然不能例外。为积极参加这场政治运动，副院长刘春做了动员报告。运动一开始，首当其冲被审查的部门和人都是管钱管物的。因此，“建委会”和总务处就成为这场运动的重点审查对象。当时有个说法是“山高林密必有虎”，“建委会”有几个人就在运动中被“关”了进去接受重点审查。我所在的总务处虽然没有人被“关”，但都被动员参加揭发检举和做深刻自我检查。

这场运动开展力度之大、要求之严超出自己想象！例如，管理科工作人员陈卓（罗荣桓元帅的女婿、我的入团介绍人）都被审查了；我有一次到某私营商家联系公事，商家老板曾给我倒过一杯茶水喝，为此我都作了交代和自我检查。运动过后，“建委会”被“关”的几个人终于被证明是清白的。我认为，尽管当年某些具体做法存在问题，但开展这场运动对每个年轻干部还是起到了教育和警示作用。

1952年上半年里，西郊校园建设已初具规模，中央民族学院一些部门和单位开始陆续迁往新校区，但我仍作为留守人员在分司厅胡同的四合院后院做一些生活管理和善后工作。至于前院，已被学校安排为研究部的工作用房。我清楚记得，研究部的“元老”级人员朱宁、吴恒就在前院居住和工作。直到5月份，我才被调往西郊新校区的图书馆工作（旧址为三号楼一层西头），并在组织的继续关怀、培养和指导下，成长为一名热爱图书馆事业和忠实于党的民族教育事业的专业干部。

从进入“军干班”学习、直接参加中央民族学院筹建工作到1996年自中央民族大学图书馆退休，我亲身经历并见证了学校筹建和发展的一段重要历程。能为建设这所民族高等学府奉献自己的全部青春和人生力量，我感到幸福，更感到骄傲和自豪！

# 难忘的记忆

杨诚

我在中央民族大学学习和工作了几十年，亲身经历和见证了中央民族大学（中央民族学院）六十多年来从建校初期发展到今天的全过程，其中有几个重要的历史时刻和重大活动是我亲自参加的，现在回忆起来仍历历在目，令人终生难忘。

1951年建校的中央民族学院是遵照毛主席的指示，由周总理亲自组织筹建的，建校伊始便一直受到党和国家领导人的高度重视和亲切关怀。从20世纪50年代开始，毛主席等老一辈无产阶级革命家先后14次接见我校师生，我有幸参加了4次。1956年5月，我因参与了政治系新疆班和全国少数民族参观团成员在中南海怀仁堂草坪受到毛主席等党和国家领导人亲切接见的活动而感到极大荣幸。对我而言，规模最大、印象最深的一次，是1957年6月28日毛主席等党和国家领导人接见我校师生。

我清楚地记得，那一年的5月27日上午，学校保卫部长范复俭同志对我说，党中央已批复学校关于请求毛主席接见师生的报告，中央办公厅已同意安排接见。范部长要我同他一起去中南海联系接见活动的具体事宜。我们先到中央统战部开了介绍信，然后从西门进入中南海怀仁堂。中央办公厅的一位负责人接待了我们，并对接见活动提出了四点注意事项：1.这次接见是重要的政治活动，要把学生队伍组织好；2.被接见的师生人数较多，到时不能争抢着同毛主席等领导人握手和谈话，要保持好秩序；3.要进行政治审查，表现不好和有严重政治问题的不能参加；4.要确保接见活动顺利进行，注意安全，不要出意外。随后，该负责人又带我们到怀仁堂附近的草坪察看了活动现场，并告知进出怀仁堂草坪的路线和出入口。回校后，我们向党委书记苏克勤等校领导做了汇报。

第二天上午十点左右，在全校师生动员大会上，苏克勤书记宣布了毛主席等党和国家领导人将接见全体师生的喜讯。顿时，会场沸腾了，许多人欢呼“毛主席万岁”“共产党万岁”！会后，大家立即开始了紧张的准备工作。师生们找出自己最好的民族服装，有人忙着去理发，女同学则对着镜子精心地梳洗打扮，每个人都想以最好的着装和最佳的精神状态去见毛主席。中午十二点半，范复俭同志和我先到府右街中南海西门与交通警察联系停车事宜。下午两点半，满载着全校师生的十余辆大轿车开进了府右街。下车后，师生们排着整齐的队伍秩序井然地进入中南海怀仁堂草坪，在摄影台上按指定位置站好，静静地等待那激动人心时刻的到来。

下午三点钟左右，毛主席、周总理、朱德、陈云等党和国家领导人面带微笑缓缓走进草坪，来到各族师生面前，并频频招手示意。毛主席慈祥的目光投向欢乐激动的人群。师生们使劲鼓掌，尽情欢呼：“毛主席万岁！”“共产党万岁！”毛主席等党和国家领导人入座和师生们合影后离开。这张合影照片成了每个人永久的珍藏。回校后，大家兴奋激动的心情久久不能平静，争相表达自己的感想，并纷纷给家里写信或发电报，与亲人们分享这份喜悦。

毛主席等中央领导在日理万机的情况下，能抽出时间集体接见一所大学的全体师生，这在共和国的历史上是绝无仅有的。这充分体现了党和国家对民族工作、对培养少数民族干部的高度重视和对各族人民群众的亲切关怀。这次接见的虽然是我校师生，但其辐射作用和在全国各族人民中产生的影响力是巨大的！我也为自己能参加这次接见活动并做了一些具体工作而倍感荣幸。

在我的记忆中，从20世纪50年代到60年代“文革”以前，每当五一劳动节和国庆节在人民大会堂举行国宴或宴请外宾时，国务院或外交部都会以周总理的名义发请柬邀请我校师生代表参加。一般情况下，每次宴请都会给中央民族学院留一桌位置（10—12人），以表达对各族师生的关心和重视。我自己就先后多次荣幸地参加过周总理在北京饭店和人民大会堂为欢迎巴基斯坦总理侯赛恩·沙希德·苏拉瓦底、印度尼西亚副总统穆罕默德·哈达、阿尔及利亚临时总理阿巴斯·费尔哈特等国领导人举行的宴会。另外，凡在人民大会堂、天安门广场举行各种重大活动，或在首都机场和钓鱼台国宾馆迎接重要外宾时，都有我校身着各民族服装的学生组队参加。实际上，身在首都的中央民族大学已成为向世界展示我国民族大团结的一个重要窗口。

忆往昔，看今朝，我为自己是民大人而深感荣耀和自豪！

# 我参加过国庆五周年庆典

赵宝珍

每年“十一”到来之际，我就会想起自己当年作为中央民族学院附属中学的少先队员参加国庆五周年庆典的荣幸经历。虽然已过去了整整66年的岁月，然而每当回忆当年的情景，我仍是心潮澎湃、激动不已。

民院附中当年位于北京西单小石虎胡同。1954年9月1日 —— 那时我是刚刚入学的初中一年级新生 —— 学校便得到了本校少先队员将要参加国庆五周年庆典活动天安门广场少先队队列的任务通知。消息传开，大家欣喜若狂，奔走相告，都热切地盼望这一天的到来。按照参加庆典活动的规定要求，每天下课后，由校团总支书记双龙老师组织我们在操场上进行列队队形的集中、分散等训练，基本要求是步伐整齐、迅速，着装统一。临近国庆节的前几天，我们还进行了多次彩排。大家的着装是白衬衫、蓝裤子和黑布鞋，长发的女同学还扎起了两个漂亮的蝴蝶结，并统一佩戴由学校发的崭新鲜艳的红领巾。在彩排中，我们步伐一致、列队整齐，个个精神焕发，充满了少先队员的青春活力和朝气，让现场观摩的校领导很满意，不断地鼓掌。

10月1日早晨，兴高采烈的我们吃过早饭，穿好服装，在老师的带领下排着整齐的队列，迎着朝阳，满怀豪情地迈着矫健的步伐，从学校走向天安门广场。我们少先队列位于天安门广场中央，隔着群众游行的长安街大道，正对着天安门前的金水桥。广场周边红旗迎风招展、花束如潮涌动，节日的喜悦气氛充满了天地空间。此时此刻，站在现场的我激动不已、感慨万千，无法描述心中是多么幸福、多么自豪！

大约是九点多钟，毛主席等党和国家领导人登上了天安门城楼，广场上顿时响起了海潮般的掌声和欢呼声，军乐队也奏起了欢乐的乐曲。十点钟开始，振奋人心的国歌响彻云霄，威武雄壮的阅兵开始了，受阅陆海空三军方队之后是骑兵、炮车和坦克等，天空还有隆隆飞过的战机。当五彩缤纷的群众游行队伍走过后，我们少先队员欢呼着涌向金水桥。在天安门城楼下，我亲眼看到敬爱的毛主席手里拿着帽子，从城楼中央先后走到东西两边，微笑着不断向我们致意。“毛主席万岁”的欢呼声此起彼伏，广场上一片沸腾。这激动人心的场景持续很长一段时间，直到毛主席等党和国家领导人离开了城楼。

在离开天安门广场返回学校的路上，同学们依然沉浸在幸福和激动中，我的心情久久不能平静，觉得自己是中华人民共和国最光荣的一代少年，并暗暗下决心一定要牢记毛主席“好好学习，天天向上”的教导，努力做一名优秀的革命接班人！

如今我已年近八旬了，回想参加国庆五周年庆典的往事，心情仍是激动不已，精神上仿佛又回到了自己的少女时代。抚今追昔，我同样庆幸自己亲身经历了中华人民共和国建设和发展的伟大历程，并亲眼看到了祖国改革开放所取得的辉煌成就。我坚信，在以习近平同志为核心的党中央的领导下，在新时代中国特色社会主义思想的指引下，实现中华民族伟大复兴的“中国梦”已为时不远了。

# 阿佤山实习纪行

李道勇

1954年3月1日上午，北京的天空细雨蒙蒙，还夹杂着小雪点。这时，在北京前门火车站的站台上，有一支中央民族学院赴云南贵州少数民族地区实习的学生队伍，正整装列队准备登车。而我就是其中一员。

## 一、离京

那天，站台上送行的人群中有宗群、葛殿玉、武耀芝、李春芳等院系领导和一些老师。当南行列车缓缓启动、渐渐地离开站台时，他们挥手向我们道别。此刻，回响于我们耳边的话语，仍然是师长们的关怀与叮嘱 —— 到了云南贵州，听当地党委和政府的安排，有事多向他们请示汇报。

火车驶出北京开始提速，奔驰在广袤的华北平原上。我们兴奋地透过车窗观看车外的景色，田野和村庄从眼前飞驰掠过。为了保证特快列车畅行，我们乘坐的车次常要在一些车站或地段中途停车，等特快通过后才能启动继续南行。

次日，火车到达武汉。我们须换乘渡轮过江到达彼岸，然后再次登上火车，继续南行。在汽笛声中，我们经过湖南、广西，窗外绿树葱葱，一派南国风光。火车到了柳州换车，我们上街观光，听叫卖“王老九”，不知它是何物，不敢冒昧品尝。后来听说，这是一种当地居民祖传的解暑凉茶。

随后上车，到了金城江，火车停驶。听列车员说，这里是南行列车的终点，铁路没有了，需要下车换乘汽车，方可继续上路。数日后，我们带上行李乘敞篷卡车。在崎岖山路上，清新空气扑面而来，车外美景，尽收眼底。途中有同学晕车呕吐，卡车停下休息。晕车的同学靠在路边的树上，因样子有些狼狈而被其他同学调侃。群起的笑声使晕车的同学也跟着笑了，大家的疲惫随之遁去。

一路颠簸，终于到达贵阳。我们受到省民委的热情接待，被安排住进八角岩招待所。此时，贵州实习队的同学算是到家了，而云南实习队的同学还要继续南行。在贵阳，省民委组织我们参观名胜古迹。我们在花溪公园拍下一张佧佤语班（本文以下统称“佤语班”）实习组的合影照片。

## 二、分道

几天后，我们佤语班实习组的同学乘坐老式客车，离开贵阳向昆明出发。途径黄果树大瀑布，我们下车休息，观赏瀑布。佤语班李培江老师给同学们拍照留念（可惜照片找不到了，只留下美好的回忆）。老式客车比敞篷卡车稍好一些，但密封性能很差，一路灰尘飞扬。朝发夕至 —— 我们途径安顺、晴隆、盘县、沾益等县最后到达昆明。

三月的昆明阳光明媚、山花烂漫，一派春城风光。我们受到云南省民委的热情接待，被安排住在翠湖宾馆。当地领导组织我们参观了西山龙门、滇池、大观楼等古迹名胜。其间，云南省副省长张冲来看望我们。他说：云南横断山脉，河流交错，素有“一山分四季，十里不同天”的气候特点；出门上路，要“晴带雨伞，饱带干粮”，才不会挨冻受饿等。他的话让我们受益匪浅。

其间，我们去拜访中国科学院语言研究所的傅懋勣先生。被他接见的有陈学明老师和李培江老师，学生是周植志、颜其香、罗之基、王敬骝、陈相木、黄同元、邱锷锋、聂锡珍、余静儿和我。傅先生说：“你们是第一批到阿佤山去的人，除学好口语外，还要做些调查研究。”他的话同样使我们受益匪浅。

4月初，我们乘坐一辆老式客车离开昆明，向阿佤山沧源出发。第一天歇脚朱家寨，那里只有一家饭店，几栋民房。饭店白天供旅客就餐，晚上收起餐桌铺上床板，便是大通铺客栈。经过数天的颠簸，我们终于到达滇南名城“普洱”。

普洱是滇南茶叶收售的集散地，通称为“普洱茶”。实际上普洱并不产茶。它的茶源，来自勐海南糯山、勐海布朗山、双江勐库、景洪大渡岗、澜沧景迈等地。那些山区的茶叶经过初加工，由人背马驮送到城镇深加工，再驮运到普洱，经过马帮转运带到省内外，或送上“茶马古道”销往国外。普洱是云南茶马古道的起点，也是内地马帮采购茶叶的集散地。

从普洱北上，乘敞篷卡车到景谷。夜里，有同学听到虎啸声。次日，听执勤的哨兵讲，在树木繁茂的城外听到虎叫不足为怪。

在景谷，我们坐马车进城观光，看见集市鸡蛋串起来卖，有幸目睹“云南十八怪”中的一怪——“鸡蛋串着卖”。经联系安排，我们要跟随一支马帮从景谷出发，踏上可能长达九天的艰苦行程。

## 三、随行

马帮熟悉当地的风土人情和山川河流，在“马站”为乡亲带出土特产，捎来日用百货。所以，马帮深受沿途乡亲的信任。马帮的头叫“马锅头”，拥有马队。“马锅头”接受任务后，便雇佣赶马人，组成马帮。他们随身带有炊事工具和生活用品。其中必不可少的是毡子，既能遮雨，又能御寒。马队中的头马，体型高大，头扎红绸，脖挂铜铃，走在最前，带领群马上路。马帮出发那天，“马锅头”举行祭山仪式，祈求沿途神灵保佑。

马帮旅途中有距离不等的“马站”。有时，走大半天就歇脚；有时，走到月亮升起才止步休息。我们跟随马帮前进，它走就走，它停就停。每天，跟随着马帮翻山越岭，行走在红松林里，穿行在山谷间。中午，马帮休息做饭，卸下马驮，放马于山林旷野，让马儿自由分开，快活地觅食。赶马人拿出铜锅，就地取来柴火、泉水做饭，而我们则躺在山地上休息，沐浴在大自然的怀抱中。午饭后，“马锅头”向山野吹出口哨，群马闻声从四方八面归来，驮上行李。头马识途，带领群马继续上路。

四月初的滇南天高气爽、山花烂漫，悠悠的马铃声伴随着我们前进，赶马人的即兴小曲不时回响于耳边。我们跟随着马帮从一处山坡走向另一处山坡，从一个马站走向下一个马站。沿途景象，处处生机勃勃。在赶马人的指点下，我们尝到坡地上的“黄泡果”，也尝到了山野中的“橄榄果”。野生黄泡果是多年生小灌木（属于蔷薇科植物）的果实，外观像蓝莓，成熟时呈红褐色，味酸甜。野生橄榄果是多年生小灌木（属于橄榄科植物）的果实，外观绿色、圆形，大如小板栗，其味先涩后甜，回味无穷。

我们跟随马帮走边疆的9天行程中，印象最深刻的经历莫过于以下几次：其一，第一天。清晨，跟随马帮从景谷启程路过傣寨时，看到一位背着小孩的少妇。只见她左手负着婴孩，右手拉着房梁上的绳套保持平衡，在竹楼的偏厦下舂米，令大家叹为观止。

当晚，我们住在一处寨边的羊圈，解开随身行李，铺睡在羊圈楼上。透过稀疏的屋顶，看见浮云在移动，月亮在浮云中穿行。看着月亮和浮云，很快就进入梦乡。半夜，突然被一阵骚乱惊醒。经询问才知道是马帮的食材里有一方腊肉散发出的香味，引来“不速之客”。直到“来客”被赶马人驱离，一场虚惊才得以解除。此时，天色已发白，我们索性起床，洗漱完毕后跟随马帮上路。

其二，路程最长的一天，是跟随马帮过了大磨刀河和小磨刀河。我们爬山下坡，直到傍晚月亮升起时才赶到下一个马站。接待我们的人是马站“勐嘎”村委会的主任——一位三十来岁的妇女干部。她一面和我们一一握手，一面说道：“肚子饿了吧？马上做饭，一会儿就得了。”

在灶火正旺的厨间，我们看见灶上炖了一大锅萝卜，里面还有一块腊肉。而灶前烧火的人，正是我们班的颜其香大姐。很快，饭菜做好。我们饱餐一顿，洗脸洗脚，铺床休息。第二天一早，大家又继续跟随马帮上路了。

其三，过了景谷南边的永平镇，我们开始进入双江县境内，随即下坡，到达小黑江边。江的对岸，是阿佤山区的边缘地带。

小黑江适逢旱季，河面虽然只有十来米宽，却没有桥，也看不见渡船，这让我们茫然不知所措。此时，只见伫立岸边的“马锅头”解下背上的长枪，向空中连放两枪。转瞬，对岸树丛中就有了动静——一架竹筏被推到江里。只见几位赤身裸体的汉子跳入水中，擎住竹筏，匍匐于水面，以双脚弹水推动竹筏向前，直达我们站立的岸边。我们惊讶地目睹此景，又感叹不已。

马帮把行李卸下装在竹筏上，汉子们便转身匍匐于水面，又双脚打水推动竹筏返回，到达对岸后卸下行李。如此反复多次，将马帮的行李全部运完。而后，我们分批走上竹筏，由他们照此方式将我们送到对岸。最后是“马锅头”赶马下水，群马游过小黑江到达对岸。当晚，我们和马帮就住在竹筏汉子的寨子里。从言谈中我们知道他们是布朗族。

次日清早，我们跟随马帮出发，一直在翻山越岭，当天终于到达实习目的地——沧源的岩帅。在这里，我们受到当地区委和区政府的热情接待。至此，我们从景谷跟随马帮的九天旅程顺利结束。

## 四、认知

岩帅，佤话叫“央帅”（yaongsoi），源于建寨人的名字。这里的民居为竹茅结构，分布于平缓的山梁。寨头有一片树林，据介绍是佤族祭祀、招魂和送鬼的场所，而他们崇拜的村寨保护神“木依其”（mouig）就住在那片树林里。

区委的同志在介绍此地时，特别说到一件趣事：中华人民共和国成立初，组织参观团去北京，有位来自本寨的代表问北京有多大？比岩帅大吗？参观回来后，这位代表见人就说北京非常大，比岩帅可大得好多好多！当日，他听说我们是从北京来的，态度热情，当即拿出自酿的水酒招待我们，表示非常欢迎。

我们的实习地点被安排在岩帅大寨旁一个叫“贺南”的佤寨里。“贺南”直译是“河水的源头”。这里的佤族居民仍保持着浓厚的原始宗教习俗。

佤族主要居住地被称为“阿佤山”，其中心区域主要是佤族中的拉佤人村落。我们听说那里还残存着“砍人头，祭旱谷”的陋习。阿佤山中心区向外延伸的边缘地区，是佤族中的佤人、布饶人村落，那里的经济、社会相对进步一些。我们实习的沧源岩帅佤寨属于佤族中的布饶人居住区。

进驻贺南的第一天，我们每个人就被当地佤族人逐一“取名”了。名字有nyi kuad，直译出来就是“名字叫庚的人”；有yeix ga，直译出来就是“名字叫癸的人”等。这标志着我们已被接纳为佤寨新居民。

关于佤族人名，包含三部分内容。

第一部分是性别词，男女分开，分别排列。男性排行从一到八，佤语分别叫“艾”（ai）、“尼”（nyi）、“三木”（sam）、“赛”（sai）、“奥”（ngaox）、“罗克”（loug）、“杰提”（jiad）、“贝提”（bied），当地汉语叫老大、老二、老三、老四、老五、老六、老七和老八。女性排行从一到八，佤语分别叫“叶”（yeix）、“依”（i）、“阿木”（am）、“欧克”（oug）、“依亚提”（iad）、“偶”（voux）、“依黑”（ih）、“吾”（u），当地汉语分别叫小一、小二、小三、小四、小五、小六、小七和小八。

第二部分来源于汉语的天干名序。汉语天干的“甲”佤语叫“嘎普”（gab），“乙”佤语叫“那普”（nab），“丙”佤语叫“热艾”（rai），“丁”佤语叫meng，“戊”佤语叫bleeg，“己”佤语叫gad，“庚”佤语叫kuad，“辛”佤语叫roung，“壬”佤语叫dao，“癸”佤语叫ga。这十个是固定的名字。天干名序用于人名，汉文史籍上早有记载。我们没有想到的是，现今云南佤族的人名，无论男女，仍然保持和流行着远古汉族以天干命名的习俗。

第三部分，即姓氏。岩帅佤族有几个姓氏，如：佤族姓“央弄”

（yaong rung），当地汉语称作姓李；佤族姓“央耕”（yaonggaeng），当地汉语称作姓田；佤族姓“赛索”（saiso），当地汉语称作姓赵；佤族姓“司古”（simgu），当地汉语称作姓陈；佤族姓“司内”（siniex），当地汉语称作姓肖。但在毗邻的澜沧佤族姓“司内”（siniex）的，当地汉语称作姓魏。澜沧佤族姓陈的，当地佤语称作“各恩饶”（gonrao），与沧源佤族姓“司古”（simgu）的不同。

佤族人给我们取的名字，如：“尼夸提”（nyikuad），直译出来是一个名字叫“庚”的男性，排行为老二；“叶嘎”（yega），直译出来是一个名字叫“癸”的女性，排行为小大。而我们的姓氏，则被他们通称为“北京”，如“尼夸提”北京、“叶嘎”北京等。

## 五、融入

沧源岩帅，地处亚热带雨林区，全年气候温和，雨量充沛。月明星稀的晚上，一堆篝火升起于寨子中心场地，三五人拉着手、围着篝火即兴起舞。随之，人越来越多，舞圈越来越大，其间有人领唱、众人相和。如领唱者高唱“月亮出来好跳舞，民族团结一家人”，众人则随之和唱。这样的活动我们也常参加其中，与他们共舞到夜深才散去。

但散舞后，佤族小伙子会三三两两去“公房”“串姑娘”。公房一般修建在村寨的边缘区，佤语叫nyiex ngrom，是小伙子和姑娘交朋友、谈心的地方。有个别寡妇家若自愿接纳成年的小伙子、姑娘聚会，也被称为“公房”。出于好奇，我们有同学偶去“公房”，便会受到热情接待，主人常以碳爆蚕豆或豌豆待客。去“公房”的同学都是稍坐一会儿便起身退出。这时，现场的佤族小伙子和姑娘总是热情地说：“有空再来串！”

岩帅地处阿佤山边缘，区委安排我们集体居住，选在寨子中间。内房住女同学，外房住男同学，兼用火塘炊事和开会学习。因为住房不大，抽出三位男同学借住在小学校内。全体同学统一参加活动。

这所小学有两位内地支边老师任教，分别担任从一年级到五年级的课程。那时候的佤族小孩大多不知道自己的年龄，入学时只得由老师来判断。老师判断的标准是，让孩子举起左手或右手，绕过头顶，去触摸另外一边的耳朵。摸得着的就让入学，摸不着的就让明年再来。这就是那时候流行在佤族地区的收录学生入学的规则。

我们同学轮流担任炊事员。在“轮炊”中，两位老师和四位女同学做饭口碑甚佳，但是六位男同学做饭却实在不敢恭维。其间，有位男同学做饭时自作主张，将肉切成12块煮进菜里，说是“一人一块”好分。大家对此只得一笑了之。

佤族取水的工具是葫芦和楠竹筒。如果一长楠竹筒装满水，我们是扛不动的。所以，老乡给我们制作的取水楠竹筒较短，大约1.2米左右。有人将“山中无长物，竹筒取水来”镌刻其上，诙谐生趣。

初入佤寨同老乡交往，由于我们发音不准，出了一些误会。比如，去借扫把，老乡抱出一个南瓜给我们。因为，扫把佤语叫nbih，南瓜佤语叫nbi。发音接近容易闹出这样的笑话。为练好口语，我们在实习中的方法有六：一是“见物问物”（这叫什么？那叫什么？）；二是“辨”，分辨语词的声韵母和松紧；三是“记”，使用国际音标记录；四是“学”，口耳相传，心领神会；五是“校”，不断练习，不断矫正；六是“用”，反复运用，牢固掌握。随着词汇量的增加，我们的口语能力不断提高。

佤族口头文学丰富多彩，其中关于人类起源的神话故事引起我们极大的兴趣。后来，邱锷锋、聂锡珍同学用国际音标系统记录了佤族关于人类起源的口头文献“司岗里（si ganglih）的故事”。它的内容涉及佤族的历史、迁徙、生活、生产、习俗、语言发生、火的利用、谷物起源等方方面面。

关于“司岗里”（siganglih），学术界有三种解释：其一，“司岗”是崖洞、石洞；其二，“司岗”是葫芦；其三，“司岗”是对女性生殖器的崇拜。而“里”（lih）则是“出来”之意，即人从“司岗”出来的故事。从语义学上分析，石洞和葫芦，应是民俗学上的雅语。“司岗”就其所言，无疑是对女性生殖器的崇拜。

## 六、考察

1954年12月，我们圆满完成了实习任务，与佤族乡亲们告别。他们依依不舍地把我们送到寨外，一直目送到我们的身影消失在远方的山路上。根据沧源县委安排，我们要先到县上集中，然后求得边防部队的支持，准备去中缅未定界地区的拉佤人村寨考察。

我们离开岩帅，途经贺勐佤寨下的小干河，须涉水到对岸。适逢旱季河水不深，清澈见底，河面也不宽，可以蹚水过去。于是，我们两三人一组，女同学在男同学中间，手拉着手过河。有位女同学身材较矮，走到深处，河水已漫到她的胸前，两侧的男同学反应迅速，赶快把她的身体架空起来，安全到达对岸。

到了沧源县城勐董，我们受到县委的热情接待。沧源县城勐董地处中缅边境，未定界区的拉佤人常来这里赶集。他们带来一些土特产，买回一些日用商品。在街上，有拉佤人背来黄果出售，一角钱一个。你右手给他一角钱，他左手从麻袋里拿出一个黄果给你，右手接过钱去，交易就算完成。如果你没有零钱，给他一张五角的钱币要买5个黄果，他就摇摇头，让你换成5张一角的钱给他，否则交易终止。

中缅未定界区是中缅两国边界的缓冲区，那里的主要居民是佤族中的拉佤人。如前所述，佤族分为拉佤人、佤人和布饶人三大支系，而拉佤人主要分布在中缅边境地区的中心及毗邻山区。中缅两国正式划定边界后，缓冲区才被解除。

当月中旬的一天，我们从县城出发，翻越城南大山，到达永和佤寨，当晚歇息在那里。第二天清早，我们跟随边防部队一指导员李中秀前往中缅未定界的央让前哨站。李指导员是河南人，大高个，腿长步快，我们几乎小跑才能跟上。中途经绍帕、黄果、莫斯美、勐班等村寨，当天下午我们到达央让前哨站，食宿都在部队里。

在前哨站，据李指导员介绍，央让的佤族部落含5个小寨，至今还残存着“砍人头，祭旱谷”的陋习。与它毗邻的木邦部落、完冷部落和山通部落，也残存这种陋习。部队有一位战士，与央让部落的佤族群众关系较好，被他们亲切称为“岩”（ai），即“老大”。他同意明天带我们下寨去看看。

次日，我们几位同学跟随战士“老大”去央让部落，一路心情多少有些紧张。从哨站出发，大约走了半个小时，我们到了央让大寨。寨里的头人见到陌生的客人，表情很凝重，也难解。他伸手从凉台旁的地里拔出两根甘蔗，挥刀砍去头尾开始占卜，以祈求神灵示凶吉。占卜的结果是蔗节显双数，说明来客是友好的，他的脸上开始展现笑容。于是，我们拿出事前准备的针和线表示一点心意。他欣然接受并拿出水酒招待我们。水酒是用谷物发酵和通过泉水稀释制成的，后劲较大，所以我们不敢贪杯。

当天晚上，我们听到远处传来低沉浑厚、节奏有快有慢的木鼓声。我们不解其意。李指导员告诉我们：佤族认为木鼓是人与神传递信息的使者，木鼓也是村寨之间信息互通的工具。今晚的木鼓声究竟传递的什么信息？只有部落里的人明白。

12月25日，我们有幸碰上中缅两国边防部队的巡逻致礼日，双方要吹号互致问候。为了方便现场观看，李指导员让我们都穿上军装参加。当天一早起床，早饭后发给每人两块压缩饼干和一壶水作为当天的午餐。据说这种被称为“坦克酥”的压缩饼干含有多种营养成分，同学们感到新鲜。有的同学吃了一块，还剩下一块，要留作纪念带回北京。

## 七、尾声

这次考察结束后，我们又在李指导员的带领下离开前哨站，经“莫思梅”、黄果、绍怕、永和等地返回沧源县城勐董。在县委的安排下，1955年元旦后，我们再次跟随马帮上路——这是踏上返程。我们经勐角、孟定坝子到双江，途经勐库到达临沧，从这里搭乘老式客车返回昆明。到昆明我们仍然住在翠湖宾馆，修整数日后，再次由老式客车换乘火车北上，回到北京时已经是元月下旬。

我到云南阿佤山的实习经历已过去了62年。众所周知，如今那里早已发生了翻天覆地的变化。若再前往当地，无论道路还是交通工具都可任选快捷。抚今追昔，那“山间铃响马帮来”的时代一去不复返了！常感叹当年跟随马帮踏上实习之路的我们佤语班10位同学中，现已有6位乘鹤西去，而在世者均已步入耄耋之年。应庆贺我们的老师陈学明今仍健在（李培江老师不幸在20世纪70年代唐山大地震后失联）。回首以往岁月，总有更多欣慰，因为大家都是为佤族语言文化研究做出应有奉献的一代人。

# 内蒙古牧区实习琐忆

何溥滢

在中央民族学院历史系四年级下学期时，我们一部分同学离开了校园，去内蒙古牧区实习。实习虽然仅有三个月，但对于我这个原来只出入于家门、校门的青年学生来说，这次经历是又新奇又有乐趣，但也有严酷的考验。此行既增加了我对兄弟民族的感情和了解，又加深了对所学民族史特别是对北方民族史的领悟。半个世纪过去了，实习的情景仍历历在目，深刻地留在我的记忆里。

## 一、去内蒙的路上

按照系里的教学计划安排，我们要到少数民族地区实习三个月左右。1964年4月中旬，我们班80名同学按专业方向，分赴内蒙古锡林郭勒盟牧区、四川阿坝藏族自治州、云南西双版纳傣族自治州和广西百色壮族地区四个民族地区实习。我是满族，侧重学习北方民族史，如愿分在了去内蒙古的实习分队。民族地区对我们内地的同学极具吸引力，出发前夕，我们都欣喜不已。历史系和学校很重视这次实习，为送我们四五年级下去实习，系里在4月12日还开了欢送晚会，学校和系里领导全来了。13日，我们还订了“实习公约”。

因为办理到内蒙古的边境通行证费些时日，我们比其他三组同学晚走了一星期，到4月22日才出发。当日晚9时，老师和低年级的同学们把我们送上校车，去永定门火车站。直到当晚11时50分，我们分队乘坐的这列开往张家口方向的慢车才缓缓开行。当时，北京已是春暖花开，我们早就脱下了冬装，换上了夹衣。而此时塞北仍然很冷，有经验的院系领导早给我们每人准备了一件黑布面的旧羊皮大衣。这旧羊皮大衣是公用的，供历届学生北方实习时穿用。

我们在张家口停住一天，又换乘长途汽车前往锡林浩特。其间因大雨，砂土公路的一些路段被冲坏，我们在宝昌镇耽误了三天。后来的行程都是在草原上，中间曾在一个叫那日图的地方过夜。这是一家条件简陋、卫生也差的"草原客栈"，但在寒夜里住得很温暖——长长的筒子炕，上面铺着已经看不清原色的羊毛毡；炕下开了好几个灶洞，铁制的灶门关得不严，灶门里跳动的火焰清楚可见。我以为烧的是煤块，后来才知道是牛粪块。

那晚在那日图吃的什么饭我早已忘了，但那客栈的温暖和极其特别的味道至今都留在我心里。那是一股青草的香气混杂着牛羊肉的膻气和旱烟草味，使人昏昏欲睡的味道。当晚我连行李也没打开，盖着羊皮大衣就睡下了。

也许这草原客栈就没有分男女客房，也许我们去晚了，给我们住的就只剩下这个没有间隔的大通铺。我班党支部书记兼领队郑成文（朝鲜族，调干生）很有办法——他叫男生年龄最大的睡在炕头，按年龄大小依次排向炕稍；女生则是年龄最小的睡在炕稍，按年龄小大依次往炕中间排。这样一来，男生中最小的杨伯文（回族）就和年龄较大的女同学哈斯格日勒（蒙古族）在炕中间挨着睡了。因坐长途汽车颠簸（当时公路还都是砂土路面）都很疲倦，大家在昏暗的煤油灯光里都和衣而睡，不一会儿就进入了梦乡。

次日一早天气晴朗，长途客车载着我们继续向锡林浩特进发。路上，草原一望无际，天空深远而湛蓝，远处还能不时看到羊群。我觉得草原真美、真大气，不由得想起当时很流行的一首歌："我们像双翼的神马，飞驰在草原上，啊啊啊，草原万里滚绿浪，草肥牛羊壮。"29日下午，汽车终于抵达锡盟政府所在地 —— 锡林浩特镇。

锡林浩特镇当时很小，人口也少，感觉有点荒凉。我们在这里住了几天，一是要听盟里干部介绍牧区情况，二是过“五一”劳动节休息，所以直到5月5日才下到阿巴哈纳尔旗的巴音宝力格公社。

在前往公社的途中，我看到了更多的雪白的羊群、更肥壮的牛群，还看到了彪悍的马群。除了牧羊人、牧马人，再也看不到闲人了，蒙古包好像也没看到。草原上的草并不像我原来想的那样长得很高，但偶尔可见一两片高草甸子，但那高草马牛羊都是不吃的。

巴音宝力格公社有几座土坯房，除办公室和宿舍外，还有一个供销社。供销社里货品较齐全，既有有米、面、油、盐、挂面、饼干、糖果、白糖、红糖、白酒、砖茶等食品，也有锅、碗、瓢、盆、煤油灯、蜡烛、火柴、皮靴、马鞭、马鞍等日常用品。当时我很不解，草原上人烟稀少，要这么多砖茶干什么？什么时候能喝完啊！还有，为什么面粉不多，而挂面较多呢？后来住到牧民家里，一切就都明白了。

公社没有院墙，房前有一口井，井水很凉。我们清晨起来洗脸，冰冷的井水把脸冰得木木的。用它刷牙漱口，牙龈有些刺痛，连舌头和口腔也都麻木了。

公社的社长姓白，是当地的蒙古族，曾在中央人民广播电台工作，汉语、蒙语说得都很标准，听说他也是中央民族学院毕业的。他负责将我们分到下面的各个“浩特”去。蒙语中的“浩特”就是居民点，自然村。

我们在公社住了一夜，第二天早早就打好行李，等待着各“浩特”来接我们的“勒勒车”。我等得有些困倦，就去行李堆处靠着休息，不知不觉竟然睡着了。等到我们“浩特”来人接的时候，叫我名字无应答，同学们去行李存放处才找到我。我是太能睡了，不论身在何处，躺下就会睡着。

## 二、我的房东奥登夫妇

我去的“浩特”由三户蒙古族牧民和一个“下夜的”（值班守夜者）汉人组成，有四个蒙古包。我所住的奥登夫妇家，只有老两口，无儿无女。另两户牧民中，一户是一对年长的夫妇和一个年轻的儿子；另一户有一个年轻漂亮的姑娘叫满来，其家庭成员有父母亲、哥哥及她常背在背上的小弟弟，共五人，是“浩特”里人口最多的一家。

当时我看奥登夫妇已经比较老了，因此以蒙古语称他们“阿爸”和“额吉”。草原上的风吹和较强的阳光照射，使他们脸上的皱纹很深。加上他们自幼骑马，腿都有些罗圈，走路一拐一拐的，显得格外苍老。但是当他们一跨上马背，立刻显得脊背挺拔、英姿飒爽起来，且动作迅捷，一点儿也不亚于年轻人。奥登不善言辞，整日沉默而忙碌。老额吉则很爱唠叨，整天说个不停。开初，我只听懂她说的“米尼乎很”（我的女儿），她也只明白我说的“额吉”（阿妈）。短短两个多月，我学会了一些常用的蒙古语，她也听懂了一些汉语，已能简单地交流了。

奥登的蒙古包很厚实，白白的毡包，有八成新，很漂亮。包内中央是锅灶，炉子是铸铁的，就是供销社常卖的那种，直接安置在地面上，炉筒从包顶伸出包外。炉子四周则架起了木板，离地几寸高，隔潮隔凉，上面铺着皮子，皮子上又铺一层毡子。包的门开在南面。包内，西北方供奉佛祖，是最神圣的地方。北面是主人奥登夫妇居住，他们身旁还安放一对红漆木箱，里面放着老夫妇的衣服、被褥以及粮票、油票、布票、钱币等，但从不上锁。我被安排在东边住。西边则空着，以备草原上经过的客人过夜。

这里地广人稀，当时的牧民还过着游牧生活，逐水草而居，漂泊不定。当他们外出赶不回家或在外遇到风雪，常会就近找蒙古包过夜或躲避。因此，对外来的陌生人，牧民也同样热情接待，提供饮食、住宿等方便。外人只要进了自己的蒙古包，都被当作尊贵的客人。这是蒙古族十分质朴的好客习俗。我的房东奥登夫妇就是这样，对我们来实习的学生非常好，刚到他家，就为我们杀了一只大绵羊，给我们煮手扒肉吃。

这是我生平第一次看杀羊。他将羊杀死后，先剥了皮，随后就是给羊开膛取出内脏，将羊肝、羊肾、羊心摘下放盆里先洗，再把羊胃摘下，仍放入洗羊肝的水中洗一遍。接下来是处理肠子——在肠子的一端塞进一块与肠子差不多粗的石头，用手撸向另一端，肠内的粪便就会挤出来。这样撸了两次，才往肠子里灌水冲洗一遍，再将肠子切段，放入盆中洗一遍。最后，把刚才洗过一遍的羊胃翻了过来，倒掉里面的草渣，放在水里洗一遍，捞出用盐揉搓。这样，内脏就算全处理好了。又把羊头、羊腿解下来，把羊身砍为三段。

因为一锅煮不下，这只羊是先后分为两锅煮的。我帮助烧锅，用火钳子夹干牛粪饼，不时地投入炉膛，保持火力旺盛。而额吉也几次拿走我的火钳子到锅里翻动羊肉。因为羊肠、羊胃都未认真清洗净，一些残余的青草渣这时就在锅里漂动了，看着锅里翻滚着的香喷喷的羊肉，我心里一时有些不适应。我心想，我就只吃羊肝吧！但等到吃饭时，我却没有找到羊肝，只好勉强吃了点羊肉，而眼前老是浮动着锅里的草沫子。

## 三、草原上的实习生活

草原上的实习生活，给了我一生难忘的全新感受和艰难磨炼。首先是饮食习惯上难以适应。我们以粮食和蔬菜为主，而牧民们则是以牛羊肉和奶制品为主，几乎没有蔬菜。他们一日两餐，早上喝奶茶，吃炒米，佐以干奶酪，晚餐多为奶粥、肉粥、牛奶面条。我的房东奥登家生活比较富裕，奶和奶制品很多，晚餐煮面条或小米粥都是用牛奶煮，不用水煮。我自幼不喝牛奶，这样的面条很难下咽，勉强吃下去也会呕吐出来。还有羊肉小米粥，如果是瘦肉粥，我还能吃一些；如果是肥羊肉，我也吃不了，一吃就吐。特别是绵羊尾做的粥，我就更吃不下去了——绵羊尾全是肥油，我咬到就会恶心呕吐。而呕吐又不想让房东看到（怕不礼貌），所以晚餐时，我只能少挑几根面条，小心翼翼地下咽。我一天的热量，主要靠早上的奶茶和炒米了。如果杀了羊，我还能勉强吃些瘦肉，那也是因为饿极了，因为我自小也不习惯吃羊肉。

1. 做奶茶、炒米和奶酪

烧奶茶、做奶酪，是牧区妇女的一项主要家务劳动。清晨起床后，主妇们首先要挤牛奶，然后就烧制奶茶。奶茶的做法是，先将锅里足量的水烧开，然后将黑褐色的砖茶砍下一块，放进锅里熬煮，煮好后捞出茶叶，再舀两勺子刚挤出的牛奶兑入茶锅里继续煮沸，并用勺子在锅内搅动，让奶茶开二至三个滚就算熬好了。将奶茶盛到碗里，放入适量的炒米，就可以食用了。

牧民的早餐就是喝奶茶、吃奶酪和肉干。早餐后，男人们去放牧了，女人们便开始一天的家务劳动——把早上挤出的鲜奶制成奶酪（俗称奶豆腐），拉水、捡牛粪和准备晚餐。我跟随额吉做这些活，每天都很忙碌，也挺快乐。

制作奶酪是先将鲜奶烧开，用细棍将上面的奶皮子挑出，以作奶油，然后用一个奶耙子反复搅打牛奶，直到牛奶中的水分与奶质分离。奶质渐渐结成絮状，再聚成块状，捞出，用纱布包好进行揉挤，把水分挤干就成了发甜的甜奶酪。甜奶酪发酵后就是酸奶酪，酸奶酪晒干就是干奶酪了。这几种奶酪都可以吃，只是干奶酪便于保存和携带，常作为外出放牧时的方便食品。

2. 挤牛奶、拾牛粪和拉水

这几件事，是我实习生活中每天都要做的。清晨，朝霞刚刚染红天际，小牛们就“哞哞”地叫了，那是要母牛喂奶的叫声，也是挤牛奶的时候了。我赶紧起身，同额吉一道，将母牛从牛圈中拉出，将小牛牵到牠身旁。我用力抱着小牛的脖颈，不让它钻到母牛身下吸奶。额吉则将牛奶桶放到母牛身下，蹲下身子，用双手挤撸母牛的乳头，牛奶汁便一股一股地被挤到奶桶里。这时小牛还是踏着蹄哞哞地叫，试图挣脱我。母牛听到小牛的叫声条件反射就出奶多，很快就会挤满一大桶。额吉并不将奶全挤出，她总是要给小牛留够吃的一份奶。额吉叫我可以松开小牛了，我一松手，小牛便立刻钻到母牛身下吃奶了。挤牛奶这项劳动我感觉很累，因为小牛想吃奶要努力挣脱我，用力很大，我必须用尽全力才能抱住它。

拾牛粪比较容易，但也不轻松。这也是天天都要干的活，原则上是去拾自家牛拉的粪。第一次捡牛粪，是额吉带我一起捡的。她将我带到前些时放牧牛群的地方，当时便出的牛粪已经晒干。我们用粪铲将干牛粪铲到粪筐里背回家，放到存放牛粪的地方，就完成了一次捡粪过程。如果牛粪很多，一天要往返多次。这块草场的牛粪要集中捡完，以免下雨将牛粪浇湿冲散。牛粪是牧民生活中必不可缺的燃料，煮饭、取暖全靠它，所以捡牛粪是牧区妇女必做之事。

拉水，也是我每天要做的事。草原缺水。我所在的"浩特"附近没有河流，只有一个水泡子。泡子水含硝量大，不能饮用，也不能洗衣洗脸。如果用它洗衣物，衣物会因腐蚀而破烂，皮肤也会溃烂。人畜的饮用水和日常生活用水，都要到近十里远的机井去取，那是政府专门为牧民打的井。

额吉带我去拉水，用的是"勒勒车"，车上放置水桶。只用一头犍牛拉车。额吉坐在车辕左侧，我坐在右侧。她手握一根藤条，边吆喝犍牛上路，边哼唱着牧歌。她声音虽然暗哑，但很悠扬抒情。我边听她歌唱，边欣赏沿途美景。草原的天空湛蓝湛蓝的，常缀着朵朵白云。车轮下是碧绿的原野，绿毯般伸向远方，盛开在草原上的黄的、紫的、红的、白的小花朵，像是织在绿毯上的各色图案，真是美极了！

突然，一阵犬吠声打破我的沉醉。原来我们经过一个"浩特"，一户牧民的狗见到生人便狂叫起来。额吉忙挥动手中的藤条，停止歌唱，喊着"闹害""闹害"，"毛毛的""毛毛的"。这时，蒙古包里走出一位蒙古族妇女，向额吉打招呼："赛音白努！"额吉也回说"赛音白努"。狗即刻停止了吠叫。我们又向前走了二里多路抵达井旁，装满车上的水桶就往回返了。

此后，我多次去拉水，额吉有时跟着，有时不跟着。有时是满来姑娘和我一道去。我很高兴和满来一起拉水，因为她懂汉语，我们能简单交谈。她问我北京的状况，问我家庭状况，我都一一告诉了她。我也问她的家庭状况，在哪学的汉语，她也能用简短和略显生硬的汉语来回答。很快我们成了好朋友，她常主动约我去拉水。

牧区缺水，节约用水成了牧民的习惯。他们平时用水很节省，我们来前并不是天天拉水。但我们来后，天天洗脸刷牙，还常洗衣服，用水量大增，所以拉水的任务基本由我承担起来。当我一个人去拉水时，就怕路过浩特时遇到狗。狗认生，见到不穿蒙古袍的人会追着你的水车叫，甚至会扑上来咬。所以我拉水每路遇蒙古包就胆战心惊，会条件反射般地将垂在车外的腿缩回车上，甚至会扶着水桶站在“勒勒”车上。每当这时，总有老额吉从包里出来为我解围。

因为缺水，我在实习的三个月里没洗过澡，身上难受极了，有一天就想到附近的一个水泡子里洗个澡。泡子周围长满了高草，很隐蔽，牧民很少去那里。那时，我并不知道泡子里不能洗澡。有一天，我在捡满一筐牛粪后，将粪筐放在泡子周围高草的外面。当我穿过高草走向泡子边时，忽然有些犹豫了。因为我不知泡子深浅，怕溺水。但又不甘心，就在泡子的水边徘徊并用手试水，鞋都被浸湿了。就在这时，满来姑娘骑马赶来了。她焦急地告诉我，这泡子里有硝，会使皮肤溃破，千万不能下去洗澡。她将我带上马，拎起粪筐和粪铲，她坐在我身后，扬鞭策马，只几分钟就回到了浩特。她叫我赶快脱鞋脱袜，并舀来清水。当时，她哥哥还在放牧，她额吉也到外浩特做客去了。我趁机用冷水擦了个澡，满来在包外为我守候。她本要烧点热水的，我怕耽误工夫，就没让她烧。水很凉，擦得我直哆嗦，但洗完后真的太舒服了！此后，我再也没机会擦澡，直到离开草原。我被浸湿的鞋子，干后泛起一层白霜。我的手也红了好多天。

事后我得知，满来在浩特里没见到我，我又没去拉水，捡牛粪也该回来送粪了，她怕我一个人迷路转向，就骑马出来找我，看到泡子外的牛粪筐，推测我可能洗澡了，吓得她够呛。此后，我和满来的友谊更深了。

3. 接羔、骟羊、剪羊毛

我们实习时，赶上了接羔期。奥登阿爸家属于富裕牧户，羊群很大，接羔工作量也大。如果白天生羊羔，还不算紧张，奥登夫妇两个人就能胜任。如果夜里产羔，就得再有人在旁边提灯、提水，协助完成。我因是女生，老额吉没让我插手，只让我在包里看护刚降生的小羊羔。乳臭未干的小小羊羔需要放在床铺上，用袍子或被子盖着，一天后才能站立和吃母乳，那时就要将它们抱到新生羊栏里，包内再迎来另一拨刚出生的羊羔。

新生的小公羊，除了留作种羊的，其他的当年就要骟了。这样，小羊长膘快，育肥时间短，缩短存栏时间，可减少成本和早日卖钱。骟羊的活，一般由浩特里的男人去做。奥登、下夜人及实习的男生去骟羊，他们将割下的羊睾丸洗净煮熟，就做下酒菜了。

夏季来临，绵羊毛会慢慢脱落。在羊毛脱落前，要给羊剪毛。要用特制的剪刀，贴着羊皮，将厚厚的羊毛剪掉，既不能伤到羊皮，也不能留过高的毛茬，这是个技术活。在剪羊毛的劳动中，额吉主要是让我抱住羊，由她来剪。有时也让我试试剪上几刀。

对于山羊则要“挠绒”。取山羊绒，要用特制的挠子，从山羊头起，慢慢挠到羊臀，动作要麻利而轻柔，这样才能把小绒毛挠下，而不伤山羊的肌肤。挠羊绒时，山羊可能挺舒服，一般都不动，你可以从容地将羊绒挠出。这项活，我干得挺多。一只较大的山羊，差不多只能挠出二两羊绒，所以非常珍贵。羊绒被称为软黄金，价格很高。额吉会将羊绒包好，藏在柜子里。

无论羊毛还是羊绒，当时只有公社供销社这一个收购渠道，价格也是国家统一定的。牛、马这些大牲畜一般也在公社销售，有时也有上级单位来购买。由于实习时间所限，我没见到奥登家如何出售羊只。

4. 圈羊和套马

每天暮色降临，牛群、羊群归来后，必须圈羊。圈羊，就是将羊群中的小羊与大羊分开，将小羊单独圈起来。可能是怕小羊挨挤吧！具体做法是：我们围着羊群，一圈一圈地驱赶羊只跑动，羊群在驱赶下向中间聚集；小羊受不了挤撞，就从大羊的缝隙里钻到了外面，我们马上把它抓出来。就这样，小羊一个个被抓出，之后，分别将大羊和小羊赶进各自的围栏里。这个活，不仅要一直奔跑，还要眼疾手快，因而比较累，往往要跑出一身汗。但边跑边喊边抓小羊，很有趣，很快乐。

在奥登家所在的“浩特”，我一直没看到过马群，听说马群都在很远的牧场。只有一次，我见到满来的哥哥和另一户青年牧民，将一群肥壮的马赶回到“浩特”附近的草场上，并用长长的套马杆套马。这是我第一次看套马。

在中学时代我在苏联电影中看过套马，镜头一瞬即逝，这次亲眼看见套马的全过程，真是惊心动魄！只见套马人手持长长的套马杆在马群中驰骋，他看准了一匹毛色亮泽、体魄健硕、鬃毛齐整的骏马，便迅疾扬起套马杆，准确地套在这匹马的脖子上，绳套不紧不松，刚好套牢，不会脱落。被套住的马狂奔起来，套马者也随之奔跑，速度与被套之马保持一致。快了，套马杆会放松，套住的马会挣脱出去。慢了，绳套会勒紧，套住的马有窒息的危险。因此，套马者骑术和套技都要很高，被套之马加速、转弯或骤停，都得随机应变，这要和自己的坐骑浑然一体才能做到。我看见套马者跟随被套之马狂奔，整个马群也一起狂奔，如同疾风骤雨。套马者时而前扑，时而后仰，时而左右抖动套马杆。不一会儿，烈马就被制服了，“咴咴”地打着响鼻，随着套马人小跑着回来了。一匹“生个子马”被带了回来，由其他牧人将这匹选中之马牵走；套马者又到马群中，选择下一个目标。套过几匹后，英武的年轻人已累得汗流浃背，这时就要换一个套马手，继续再套。

套马，真是力量、技巧、骑术的完美结合，是马背上的杂技、马背上的舞蹈，是劳动与美的升华，太震撼人心了。听说，这次所选之马是解放军需要的，需要百匹。在我们“浩特”，只选走了几十匹。

5. 草原上的狼与狗

狼与狗，在动物学的分类上同属一科，本不应该是天敌。但在草原上，它们却成了天敌。牧人养狗，为的是保护牛群、羊群，主要就是为了对付狼。狼为了生存，要吃羊，就必须过狗这一关，要战胜狗。狗要保护羊，就必须战胜狼。草原上的狗十分了得，它们强健凶猛、牙尖爪利，并不亚于狼。牧民指望它们保护羊群，给它们以极好的待遇，几乎是人吃什么，就喂它们什么，还经常爱惜地抚摸它们。狗与主人关系极好，叫站就站，叫卧就卧，夜间忠实地守卫着羊圈、牛圈，是“下夜人”的得力帮手。

由于狗吃得好、训练得好，与狼对峙起来，狼并无绝对的胜算，特别是那些饿得精瘦体弱的狼，更不是狗的对手。当饿狼来到“浩特”想要袭击羊群时，“下夜人”会指挥群狗将羊圈护住，不让狼靠近。如果来袭的狼不多，狼是突不破狗的防线的，只能远远地哀号。如果来袭的狼很多，狗寡不敌众，防线被突破，羊就会被咬死或拖走。但这种情况很少，在我实习时期还没有发生过。

有几次，狼群来到浩特附近，嗷嗷地叫，很是恐怖。狗们也汪汪地对着狂叫，狼终于没敢闯进来。还有一次，狼在夜间来袭，拖走了两只小羊，还有一只没来得及拖走，就被狗群赶跑了。第二天，奥登阿爸将被狼咬死的小羊煮熟作了晚餐。小羊肉非常嫩，肥肉极少，也不膻。那天，我吃得很饱。

为了对付狼群的袭击，公社组织牧民打狼，我们“浩特”满来的哥哥和另一个年轻人都参加了。他们回来时，还带回一只活狼，并把它拴养起来，目的是要用这只狼来训练“浩特”里的狗。

他们是这样驯狗的：把狼拉到附近的草地上，放开绳索，狼立刻向远处逃去，牧人们则吆喝自家的狗去追赶这只狼。一群狗飞快地追去，扑向逃跑的狼，扑倒狼后很快就将其拽回来，交给主人。主人再次将狼放走，等候片刻再吆喝群狗前去捕捉。先后数次，再放开狼时，狼已跑不动了。经过群狗的反复捕捉和撕咬，狼已遍体鳞伤，奄奄一息，倒在地上慢慢不动了，这一次驯狗就算结束了。

牧民的狗经过这样的多次驯练，已经不怕狼了。它们见到狼，会勇猛地扑上去撕咬，直到将狼咬死。由于“浩特”里的狗群非常厉害，草原上的狼大都不敢靠近“浩特”，只有成群的狼才敢来“浩特”叼羊。牧人们都有猎枪，如果狼群来袭，他们也会用猎枪打狼。牧人的枪法都是很准的。我在草原只看过这么一次用狼驯狗，没见过狼群袭击“浩特”的事件。

关于草原上的狗，还有一个小花絮。教我们蒙古史的贾敬颜先生，多次到过牧区，这次也来指导我们实习。一日，他去一个“浩特”看望学生，那“浩特”的狗见他是没穿蒙古袍的陌生人，便向贾先生扑来。慌乱中，贾先生竟跌坐到了包中间的饭锅里。幸亏主人及时搭救，狗才没有咬住他。这以后，同学们都不敢轻易去别的“浩特”了。我去拉水也更加小心，尽量约上满来一起去。

6. 来自组织和同学们的关怀

实习期间，我亲身体验了游牧民族的生产方式和生活方式，与蒙古族牧民增进了友好感情，同时也深刻地感受到了组织的关怀和同学的友爱。

我自幼不吃羊肉，不喝牛奶。父亲为了改变我偏食的毛病，增强我的体质，就在牛奶里加糖、加山楂水，以引诱我吃，但始终未能纠正我的偏食。见我喝奶就呕吐，父亲也就不再勉强我了。到牧区后由于不能喝奶吃肉，我常常饿肚子，造成营养严重不足。此外，我也觉得牧区的一些生活习惯，比如用夹牛粪的烧火钳到锅里翻肉块、餐前不洗手等都不卫生。因此，凡吃肉喝奶甚至手抓炒米时，由于心理作用总引起反胃，我就愈发不想吃东西。

尽管在牧区我劳动不太累，但因营养不足和饥饿，我体重下降了许多，血液也供应不足，导致经常头晕，在野外拾牛粪时几次出现短暂晕厥和虚脱。班级党支部、班委会干部得知情况后，很重视我的身体健康问题。支部书记郑成文、班长赵秉崑特意从外浩特来看望我，并从公社供销社买来二斤饼干，叫我饿时吃几块，还带我去了“下夜人”的家里，做没放牛奶的面条让我吃。

## 四、蒙古族女青年满来

满来是我们“浩特”的漂亮姑娘，大眼睛，浓眉毛，皮肤不算白，但很细腻，身材中等，很苗条。她能听懂汉语，只是口语差些。我们常接触，她给了我很多帮助。我们一起拉水时，她告诉我许多在草原上的生存常识。有空闲时，她还教我骑马。由于我胆子小，一直没学会，她就常将我带在她的马上，一起在牧场游逛。她的枣红马载着我俩迎着微风小跑着，真是十分舒服和快乐。劳动之余，我俩常用汉语加手势、加笔写进行交谈。年龄相仿，接触增多，使我们成了好朋友。

她对我讲述了她的故事。她有父母和一个哥哥，哥哥在锡林浩特读过书，她也在锡林浩特中学读过初中。她家中四个人都干活，因而家境比较富裕。她家还有一个正吃奶的小男孩。起初她告诉我，那是她的弟弟，叫曹克图。她经常背着那个男孩玩。那男孩正在咿呀学语，刚一岁多一点，长得挺好看，有一双大眼睛，忽闪忽闪的，很可爱。我也抱过这个孩子，这孩子不认生，不哭闹。当满来干活的时候，满来的母亲总是慈爱地背起曹克图，在包外的草地上一拐一拐地走，因她有点关节炎，腿疼。满来的哥哥也常抱曹克图。看得出，全家人都很爱这个孩子。

我多少有些疑惑：满来的母亲虽然没有我的房东“额吉”年龄大，但也应进入了不孕期，怎么会有这么小的一个儿子呢？再者，满来已年过二十，她下面没有其他弟妹，与这个小弟隔得也太远了。有一次，我还看见她给曹克图喂奶，就想，可能满来已经结婚并有了孩子，她是回娘家探亲，看母亲没有乳汁，是帮助喂喂弟弟吧。但过了好几天，也不见她回婆家，我觉得不对，她怎么不惦念自己的孩子呢？隔一段时间，还不见她离开“浩特”回自己的家。我联想到时常见一个高个子的年轻牧人来满来的父母家并在此过夜，满来又和这个青年十分亲热，每当这人到来，满来的脸上都洋溢着幸福的笑容。我起初以为这个青年是她的丈夫，但这人每次离去，满来并没有和他一同“回家”，也不见这青年在此长住，觉得很摸不着头脑。

在一次长谈中，满来对我讲了她和这个青年的关系。那天，我和满来去拾牛粪，边拾边闲聊。拾满一筐后，坐在草地上休息，我问她，曹克图是不是她的孩子，那个青年是不是她的爱人？她告诉了我实情，曹克图是她的儿子，那青年就是孩子的父亲，但他们并未结婚。因此，她未去青年人的家，而是带孩子住在父母家。我问她为什么不结婚，将来会与他结婚吗？她两眼迷茫地看着远方，沉默着，没有回答我，我也没有再问。

一次，我去另一同学所在的“浩特”，见到了这个青年牧民。同学说，这青年就是这个“浩特”的，他旁边那个高高的俊俏姑娘，就是他的妻子。这个姑娘和善地与我点头打招呼，青年也向我问好。我愣了一下，明白了当时满来沉默的原因。这个姑娘看起来比满来年轻，容颜也很姣好，想来夫妻二人感情也会不错，不可能离婚。我心里很为满来惋惜和不平。

再后来，我和满来聊天时，告诉她我见了那个“浩特”的姑娘，她平静地点了点头。我问她，曹克图长大些会交给他父亲吗？她说不，要留在自己身边。我问：将来你不结婚吗？她想了想，说遇到满意的会结婚。我问那孩子怎么办？她说留给他哥哥。我问：你未来的嫂子会同意吗？她说会的，并解释说：“我们家人口少，哥哥很喜欢曹克图，父母也喜欢。”

我们七月份结束草原实习，又到锡盟南部农区太仆寺旗搞“四清”运动，九月中旬回到学校。此后，我与满来未再联系，主要是我不懂蒙古文，她汉字也认识不多，两人通信有困难，当时更无电话可通。但我心里一直惦念她，有几次梦见她。我梦见美丽的满来身穿深绿色的蒙古袍，腰系淡绿色的绸带，脚登黑马靴，头上系着鹅黄色的头巾，骑在她的枣红马上，从远处向我奔来。她是那样的俊美，那样的飘逸，那样的英姿飒爽！我还梦见，同样装束的满来身背着曹克图，站在一望无际的草原上，遥望着天际，像是在等待着她的心上人到来，也像是在期待着更幸福的明天。

## 五、那达慕大会

我们在草原实习期间，还赶上了一年一度的牧民盛会——那达慕大会。“那达慕”，蒙古语是娱乐游戏的意思，每年农历六月初四举行，为期五天。现在也有在公历八九月举办的。这时，远近牧民云集于一处水草丰美的牧场，举行传统的体育竞赛和娱乐活动，兼庆祝丰收，同时进行物资交换。我想，当初系里制订实习计划时，应该是考虑到了与那达慕大会的衔接。

7月10日，我们全体师生都到锡林浩特附近的胜利公社，观看正在举行的那达慕大会。七月的草原，绿草如茵、野花遍地，美丽异常，大大小小的白色毡包鳞次栉比，炊烟从包顶的天窗上袅袅升起。包外，人声鼎沸，“赛音白努”的问好声不绝于耳。孩子们在各个包之间嬉戏打闹，大人们忙着交易各种土特产品。本来寂寥的草原，一下子沸腾起来了。

我记得有几个很大的蒙古包，里面搭放着很长的案桌，桌上摆满了各种奶制品。包内还有好几个大瓷缸，缸里盛着白白的马奶酒。我进了一个大蒙古包，他们热情地让我用茶，吃奶制品，喝马奶酒。我听说马奶发酵后制的马奶酒，营养价值很高，甚至能治肺病。在牧民殷勤劝说下，我喝了一小碗马奶酒，酸酸的，没有酒精的辣味，很好喝。我怕醉，没敢多喝。这是我平生第一次喝马奶酒，也是唯一的一次。马奶酒的味道，我回校以后乃至工作后一直念念不忘。前几年，曾在北京北苑一小超市见到一种马奶酒，玻璃瓶装，透明的，不是白色的，与草原上的不一样，我没买。

有的大包里，案桌上摆的是风干和熏制的牛肉干、刚刚煮熟的手扒羊肉。牧人们用随身携带的蒙古刀，边削边津津有味地品尝着。我因吃不了牛羊肉，谢绝了他们请我品尝的好意，看一看就退了出来。

蒙古包外，进行着传统的体育表演和竞赛，有蒙古式摔跤，有套马，有射箭，有赛马等，都非常精彩好看。选手们的技艺都十分精湛，不断赢得观看者的喝彩声和加油声。

我十分快乐地观看各种表演，并声嘶力竭地为参赛选手们鼓劲，不管他们是否听懂我的叫声。各种比赛中，最引人瞩目的是儿童赛马表演。小骑手们大的十多岁，小的只有四五岁，甚至还有光着屁股的。孩子们骑在没有马鞍的光板马背上，手抓马鬃，箭一般地飞驰而去。见状，我的心都提到了嗓子眼儿，几乎快要停止跳动，生怕他们从马上摔下来。然而，他们勇敢、自信、灵活，如同童话中的小精灵，又闪电般地轻松跑回来了。这些小孩，就像粘在马背上一样，无论马怎样狂奔他们纹丝不动，骑技与勇气令我十分惊奇和佩服——这就是马背民族呀！

## 六、告别草原

结束牧区的实习生活，告别"浩特"那天，额吉早早就起来为我烧奶茶。吃过早饭，奥登和额吉将事先准备的奶干、奶酪、奶油、肉干包好，叫我带上，又从箱子里拿出一些布票和粮票也要我带上。我比画着，说谢谢他们两个多月的关怀和照料，谢谢他们的礼物，并解释我们有纪律，不能收牧民的礼物，但额吉坚持要我拿上。正在推让时，满来背着曹克图来了。她手里也拿着一件给我的礼物，是她的一件新做的绿色蒙古长袍。我告诉她：我们的纪律是不能收老乡的任何礼物，她的心意我领了，我会永远记着我们的友谊，我会想念她、想念草原，衷心祝愿额吉和阿爸健康长寿，并请她把我的话再讲给额吉和奥登听。

我内心无比感谢额吉对我的关怀，是她教会了我挤奶、圈羊、剪羊毛和做奶酪。她拿我当她的女儿一样疼爱，我会永远记在心里，永远想念她，并希望有机会能再来草原看望他们。最后分别时，额吉的眼里噙着泪花，手捧着礼物，还是想让我带上，嘴里喃喃地说："米尼乎很，米尼乎很！"（我的女儿，我的女儿！）我对满来说：祝你幸福，祝你父母健康长寿，祝曹克图茁壮成长！满来的眼里也闪着泪光。我怕眼泪流出来，赶紧背过脸去，瞪大眼睛，不让眼泪落下。奥登和额吉骑马，送我们走了很远。满来背着曹克图，站在碧绿的草地上一直望着我们。她的身影深深地印在我心中，后来我梦中的她，就是那个样子。我心里很酸楚，其中也有对她未来的担心。

汽车载着我们向锡林浩特驶去，额吉的身影渐渐模糊，最后消失在地平线上。那群从"浩特"跟来的狗也随着汽车跑了一阵，最终也放缓步转回了。绿色的草原渐渐远去，我心里默念着"再见了草原，再见了额吉，再见了满来……"

汽车到了锡林浩特，男生被安排住到贝子庙，女生住庙外的旅店。安顿好行李，我就去逛街，想买点蔬菜吃吃，近三个月几乎没吃菜，真想吃点儿黄瓜、西红柿、菠菜什么的，但逛了半天也没发现能够生吃的蔬菜，最后只买了一把葱，准备吃饭时就着吃。

盟领导为我们设了“送别宴”，满桌好酒好菜。领导挨桌敬酒，热情劝酒，不喝不离开。同学们无论会喝不会喝都饮了不少，大部分同学都有些醉了，走起路来趔趔趄趄。有些女同学喝多了，吐了一地。喝了酒，大家都很兴奋，同学们便放声高歌起来。有的唱“我们像双翼的神马，飞驰在草原上”，有的唱“美丽的夜色多沉静，草原上留下我的琴声”，有的唱赞美蒙古族英雄的《嘎达梅林》。大家尽情地挥洒着自己的感情，有对草原的无比眷恋，有对未来的向往，也有对草原同胞的深深友情。

我因酒精过敏不敢喝，但又怕拂了主人的深情厚谊，便事先准备了手绢，喝后悄悄吐在手绢上，所以最终没有喝醉。但我陶醉于现场的热烈气氛，也跟着大家尽情欢歌，度过了这一永生难忘怀的时光。

7月14日，我们在仍未消退的亢奋中乘车离开了锡林浩特。牧区实习结束了，但这段“草原情”却从此留驻在心中。

# 浏泊淀纪事

## ——部队农场锻炼回忆剪辑

左治国

1968年8月12日，一辆军用解放牌敞篷大卡车载着我们这批1966年毕业留校和分配到国家民委所属单位的三十余人，连同行李，从中央民族学院出发前往位于天津塘沽的4635部队农场锻炼。这些同学有刘凤英、潘应玖、杨德勋、黄德玉、李美权、杨仁兴、陈耀群、刘瑞益、潘明诚、韦立斌、文明英、苏儒光、陈国轩、黄龙云、申京默、丁文楼、王会银、季永海、王煜、贺希格、那顺、巴图、金才、赵秉良、吕志超、张秀芳、方夏灿、倪振春、吴坤侠、李凤山、唐增烈、徐万邦、李定才、黄友福、左治国、王左力等（因记忆力减退及时间久远，如有遗漏或笔误，请谅解）。除民委系统的人以外，还有其他院校分配到国防科工委和中科院的理工科毕业生二十余人也来该农场锻炼，与我们组合成“大学生连”。

4635部队农场地处塘沽郊区一个叫浏泊淀的地方。该地因距海河入海口不远，海水倒灌带来大量盐分，从而形成一片人烟稀少的盐碱地。历史上，这里曾经是1860年英法联军和1900年八国联军从北塘、大沽登陆进犯北京的途经之地。战士们就是在这片留有“洋鬼子”足迹的盐碱地上，开垦出一块几百亩的水稻田并饲养了猪及家禽，以补充部队的后勤供给。我们在这里度过了为时一年半紧张而难忘的岁月。

## 老连长

4635部队农场为“大学生连”专门配备了精干的现役军人领导班子：老连长高良昌、指导员郝满园、副连长赵学德、副指导员姚有多，还有李宏升排长和夏排长。这其中，最令人尊敬和难忘的是老连长高良昌。高连长是一位参加过解放战争的老革命，在解放太原的战斗中，他作为机枪手奋勇杀敌立过战功。他四十出头的年纪，一米八几的大个子，健壮挺拔的身板，黝黑的脸庞，往人前一站，好似一座黑铁塔。虽然他的年龄和革命资历是团里最大、最老的，却只能当一名协理员，可能是因为文化水平低，难以得到提拔。高连长第一次在全连大会上给我们讲话时，就像一位农民老大哥一样诚恳实在，一点儿架子也没有。当时他具体讲了些什么我已记不清了，但他的讲话声声入耳，句句贴心。我们都为有这样一位保持革命军人和农民双重本色、宽厚善良的人当连长而感到庆幸，并认为这是我们的“福气”。此后的一年半时间里，老连长与我们朝夕相处，从政治思想、生活、劳动等各方面给了大家无微不至的关怀和照顾，一直陪伴着我们到锻炼岁月结束。多年后，每当提起在部队农场锻炼的往事，大家首先想到的就是这位可敬的老连长。

除老连长外，其他领导也各有分工、各司其职。在老连长的带动下，他们尽职尽责，很快就和同学们打成一片，形成团结融洽的“官兵关系”。

## 建营房

部队农场原有几十名干部战士，现在突然增加了六十多名大学生，首先面临的是住房问题，所以我们到农场后的第一件事就是盖营房。当年我们的年龄都在25—30岁上下，除女同学和个别体弱的男同学外，还都算是“壮劳力”。盖房劳动场面热火朝天，搬砖的、运沙子水泥的、和灰浆的、砌墙的，一派紧张繁忙景象。同学们个个精神饱满、干劲十足，干活或休息全听副连长的哨声指挥，真像打仗冲锋一样！砌墙过程中，有同学

“发明”了架杠杆往上送砖和灰浆的方法，既省力又快捷。但送砖前有一道工序格外费力，就是砖需用水先浸泡，方法是以粗铁丝编的砖托将红砖放到水池里，过一会儿后再提上来。这样，砖的重量自然增加了许多。如此连续几十、上百次地将砖放下去再提上来，即使戴着手套，不少人的手也都被铁丝勒出了水泡。在农场技术人员指导下，我们很短时间便盖起了一排砖瓦房，外加一座几百平方米的仓库兼会议室。由于农场原有的菜窖不够用，同学们又新挖了一个菜窖，可储存足够供大家冬天食用的大白菜、萝卜和土豆等。

营房盖好后，六个班的男同学每班住一间，分属各班的几位女同学集中住在一间，各间一律大通铺。

## “四不像”

来农场后，部队给我们每人发了一套四个兜的老式军官服，以解决参加军训时的统一着装问题。每当我们穿着无领章帽徽的军服列队出行时，便引起周围村庄老乡的关注和议论。他们觉得我们这些人好奇怪，“军不像军，民不像民，官不像官，兵不像兵”。有人猜测说，这些人大概是犯了错误的部队干部下放到这里接受“劳动改造”来了。从此，“四不像”一时成了当地群众对我们的称呼。当然，没过多久，他们就知道了我们的真实身份，原来是一群来锻炼的大学生！

据说在我们到来之前，附近村庄的一些农民经常趁战士们不注意，“顺手牵羊”地拿农场的生产工具。另外，当时塘沽有个顺口溜，叫作“塘沽三宗宝，臭鱼烂虾芦苇草”。每到秋收时节，村里人便三五成群地到农场水渠及农场所属周边湿地来捞鱼摸虾割芦苇，被战士们发现撵走后又回来。由于农场战士人数有限，且各有自己的岗位，分别在炊事班、饲养班、生产班、勤务班等当值，不可能天天盯着这些“不速之客”。而我们的到来，使农场人数一下子增加了一倍多，场区各个地方——无论是营房前后，还是田边地头，到处都能见到“大学生连”人员的身影。所以，再有人来“占农场的便宜”，便大多由我们出面制止了。来人见我们这些“四不像”敢管敢说敢吵，比战士们厉害得多，从此也就不敢再来了。

## 军训生活

“大学生连”自一成立，便过起了紧张严格的军营生活。严格的军事化管理首先从整理内务开始，如要求被子要叠成“豆腐块儿”，有棱有角；洗漱用具的摆放要求整齐划一；开班会时不能坐在铺位上，要统一坐在自己铺位前的马扎上等。同学们自带的被褥可谓五花八门，颜色、大小、厚薄不一，想要叠成“豆腐块儿”且有棱有角，颇费了一番工夫！在部队干部、战士的示范下，同学们有的用手掌，有的用小木板儿，又压又挤又抻又捏，总算把被子整成了大小高低不等的“豆腐块儿”。每天起床后，我们的第一件事便是整理内务叠“豆腐块儿”，时间一长，各自的被子也就慢慢成“型”了。队列训练、行进间训练是日常训练的主要内容，最令大家印象深刻的是夜间紧急集合和急行军。半夜三更，大家睡得正香，突然一阵急促的哨声响起，所有人闻声都一骨碌爬起来，摸着黑用最快的速度穿衣、打背包并迅速到室外集合，整个过程不许开灯、不许说话。集合完毕后听指挥员一声令下，全连便悄无声息地迅速向营区北面一片漆黑的原野奔去，一会儿疾走，一会儿小跑。脚下根本没有路，而是高低不平的荒野，若有人被绊倒了，无一不爬起来赶快跟上。其间若有“卧倒”口令下达，大家立刻就地卧倒，等一会儿听口令再爬起来继续前进，一路上真是既紧张又刺激！训练结束时天放亮了，大家互视而笑成一片，只见有人穿错了鞋子，有人穿反了裤子，更有个别人背包跑散了只好披着被子，真可谓“狼狈不堪”！

在农场锻炼期间正值“文革”形式主义风盛，我们除坚持每天“早请示，晚汇报”“狠斗私字一闪念”，还到离驻地不远的一个叫袁庄子的村里“访贫问苦”和吃“忆苦饭”（用米糠掺野菜蒸的窝窝头）。军训的最后一个项目是到附近的部队靶场进行实弹射击和手榴弹实弹投掷。

## 种水稻

我们在部队农场的主要生产劳动任务是种水稻。一年半中，从平整土地修田埂、放水冲碱、耙田、插秧、田间管理，到收割、脱粒、晾晒和入库，全过程我们都经历过了。这里因为是盐碱地，必须先放两遍水把盐碱冲走才能种。农家耙田都用牛拉耙，我们则用淘汰的军马。军马不像牛那样不紧不慢地拉着耙走，而是要么站着不动，要么撒腿就跑，吆喝急了还尥蹶子踢人。一天下来，参加耙田的人不知摔了多少跟头，浑身上下全是泥水，都看不清模样了！收工时，连人带马跳到水渠里洗过后才回营房。在种水稻的劳动中，我感觉插秧和收割是两项最累的活儿，既讲究技术、速度，又考验耐力。行家一埋下身就一直干下去，很少抬头或站起来；没干过的人则时不时地站起来歇口气儿，累得腰酸臂痛。我记得，杨德勋、潘应玖等同学割稻速度特别快，真正是行家里手。

水田离营区有几里路，收获的水稻都由我们挑着运回，其劳动强度可想而知！收割稻子期间，女同学和个别体弱的男同学只能安排一些轻活干，如一位姓何的男同学因腰有毛病不能直立，连里就让他负责放鸭子。下田劳动体力消耗大，大家的饭量也大增，有的同学二两一个的肉包子一顿能吃十多个。农忙时节，连首长对同学们的伙食格外关照，每个月杀一头猪，主食不限量。

## 篮球队和宣传队

参加军训或劳动之余，同学们有的看书学习，有的散步谈心，有的下棋打扑克，有的打篮球，有的洗衣服……“大学生连”文体活动的开展，也受到部队农场领导的重视。

为活跃大家在农场的业余生活，“大学生连”成立了篮球队和文艺宣传队。参加篮球队的有李美权、赵春生、黄德玉、潘应玖和我等同学，潘应玖是队长。开始是和农场的解放军干部战士比赛，老连长、指导员、副连长也常上场参赛，但每次比赛，获胜方都是“大学生连篮球队”。来自清华大学的赵春生是名体育特长生、国家二级运动员，跳高达到一米九二。黄德玉个头虽不高，但弹跳力特好，他的“蛙式起跳”堪称一绝。后来在郝指导员的带领下，“大学生连篮球队”与塘沽地区的驻军、工厂、农场、村庄等所属篮球队进行过多次友谊比赛，均获得胜利，号称“打遍塘沽无敌手”。

“大学生连”的文艺宣传队队长是方夏灿，副队长是我，队员有倪振春、吴坤侠、赵春生、汪惠珍、黄坚、章俊芬等同学。我们排演的节目有独唱、独奏、舞蹈、快板等，内容也很丰富。除在农场演出外，我们这支“文艺宣传队”还曾到袁庄子为农民群众演出。记得1969年国庆节农场举办联欢晚会，部队干部、战士和“大学生连”人员共约一百多人欢聚在大仓库兼会议室。当演出轮到老吴同学上台独唱时，只见他走到台中间，回头对为他手风琴伴奏的老方同学说：“给个B。”方按了一下B音键，只听他“啊、啊”两声，感到有点儿高，又对老方说：“给个A。”方又拉了个A音，吴又“啊、啊”两声。这时，台下一百多人正凝神屏息地盯着他等他开唱，就见我们这位老吴同学手摸喉咙，用他低沉的男中音突然冒出一句：“他妈的，今晚包子吃多了！”哗——台下立刻爆发出一阵哄堂大笑。观众笑得前仰后合，许多人甚至笑出了眼泪。老吴同学在一片笑声中下了台，歌虽没唱成，但他的一句率真的粗话却带来了如此搞笑的效果，并成为这场联欢会的一个特殊“亮点”！

## 荣当首位“新郎”

刚到农场时，连队首长向我们宣布了几条纪律：不准搞“四大”（大鸣、大放、大字报、大辩论），不准串联搞派性活动，不准谈恋爱、不准结婚等。对于前几条大家都能遵守，因为在学校时就已对“文革”中那些乱来的“政治争斗”感到厌烦了。至于后两条，同学们虽然表面上无异议，但内心都是有想法的：我们平均二十七八岁，按照当年标准已属晚婚年龄，况且许多人都有了未婚对象，家里老人又盼着子女早日成家。所以，在分班讨论时就有同学说："不让恋爱结婚，想还不行吗?"

1969年5月，我抱着试试看的想法给连里写了一份申请回家结婚的报告，报告交上去后便没了下文。记得是7月末的一天晚饭后，副指导员姚友多找我谈话。我们在营区的小路上边走边谈，他第一句话就是正式通知我："左治国同志，团里已批准你的结婚申请，婚假十五天，从后天算起，明天你就回家。"本来已不抱任何希望的我，听了副指导员的"通知"真是又惊又喜又突然。副指导员接着解释说："你的申请连里很重视，也很理解，认为这不仅是你一个人的问题，也是许多人都面临的实际问题。但纪律是团里规定的，连里无权批准，最后决定向团首长请示。今天团里电话通知，批准了你的申请。"对部队首长的这一"人性化"决定，我马上表示衷心感谢，回到班里立即把此事告诉给同学们，消息很快就传开了，我成了全连第一个"获准结婚"的人！第二天，我带着黄友福同学送我的一把暖壶、一张床单以及全班同学赠送的一幅金属材料印制的毛主席像，在塘沽车站买了5斤硬糖块便乘火车回家了。

当天下午到家，晚上我就去未婚妻单位告知她，部队农场领导批准我回家结婚啦！对我的不期而至，家人和未婚妻无不感到惊愕突然，当然更多的还是高兴。7月28日，我临时借用了弟弟只有七八平方米的小屋，与未婚妻一起忙着用报纸裱糊这间"新房"，并委托弟弟帮我们前往街道办事处办理了结婚登记手续。当晚，我又冒着瓢泼大雨把已回单位的"新娘"接回了"新房"完婚。这场婚礼没有任何仪式，没有请任何客人，也没办一桌酒席，但总算完成了自己的"终身大事"。由于婚假内诸事匆忙，我的结婚照还是两个多月后妻子来部队农场探亲时补照的。

我作为部队农场"大学生连"首位"新郎"的最大功绩，便是从此"大学生连"陆续有人结婚了，直到锻炼岁月结束。

## “大搬家”

1969年发生了“珍宝岛自卫反击战”，中苏边界形势紧张，双方剑拔弩张，大战几乎一触即发。为了备战，毛主席提出了“深挖洞，广积粮，不称霸”，林彪发布了全国大疏散的“一号命令”。其间，虽然党的“九大”已召开，但“文革”内乱仍在继续。当年底，4635部队由于多种原因决定放弃浏泊淀农场，转移到北京通县马驹桥公社次渠大队所在地建立新的农场。为此，我们“大学生连”人员与农场的解放军干部战士一起行动，将农场的全部家当，包括生产工具、炊具餐具、粮食、牲畜以及行李等分装上几节“闷罐车”，人也坐进了铺上稻草的“闷罐车”，“粮草与人马”共同启程了。“闷罐车”在铁路上走走停停，并不太远的距离竟走了一夜，次日凌晨才到达新场址附近，而后再用汽车将所有转移物品倒运到位于次渠的新农场。

这样，我们“大学生连”便从浏泊淀“转战”到次渠，继续投入训练和劳动锻炼，直到1970年1月才告结束。“大学生连”解散后，同学们大多返回了各自单位，只有中央民族学院的黄德玉同学和来自北京钢铁学院（现北科大）的杨进华同学被选留在部队成为现役军人。在4635部队农场为期一年半的锻炼生活不仅使我感受颇多，也成为自己终生难忘的经历。

谨以此文纪念那段难忘的人生岁月，并献给所有在世的“大学生连”老同学！

2020年中秋

# 磨炼记

文明英

本文记述的是当年我在中国人民解放军4635部队农场的一段劳动锻炼经历。

1968年8月，根据《关于大专院校毕业生来部队农场锻炼的教育提纲》（北京军区政治部）和国家民委的相关指示，中央民族学院组织一批毕业生到部队农场参加劳动锻炼。这样，我就成为这支队伍的一员，开始了为期近一年半的部队农场劳动生活（1968年8月至1970年1月）。劳动地点是两处：先在天津塘沽一年零四个月，后到通县次渠村（马驹桥附近）一个多月。

当年到4635部队农场锻炼的多院校应届毕业生分属不同部委系统，所以起步时间有别。中央民族学院毕业生先行一步，住在一处叫“浏泊淀”的旧营房里，后来国防科工委和中科院系统的大学生才分别到达。各路队伍在此住了一段时间后，便开始在旧营房以东另盖新房。来自不同系统学校的毕业生共同参与了盖房，体验了从打地基、砌墙、上梁到挂瓦等盖房的全过程，其中包括部分建筑材料的运输工作，如石灰就是我们到天津碱厂拉回来的。

房子盖好后，我们就搬进新居。安排住房时，部队领导有意把来自各校的学生混合编为六个班。有汉、蒙古、朝鲜、回、壮、苗、布衣、侗、黎等多民族成分的中央民族学院学生，均进入“混编”各班。我被编入第六班，任班党小组长。我们这个班共有16人，分别来自北京钢铁学院、浙江大学、中国科学院、清华大学18设计院、同济大学、武汉大学和中央民族学院等院校，其中民院同学有5人。

部队十分重视我们这些大学毕业生的到来。记得我们刚到农场时，北京军区某部特派一位主任来迎接我们，并在露天举行的欢迎大会上说："你们是国家的宝贵财富，国家现代化建设需要你们！你们到这里来锻炼机会难得。希望你们通过劳动实践接受再教育，磨炼意志和提高思想认识水平，将来能成为国家建设的栋梁人才……"

为了便于组织管理和相关指导，部队农场将我们纳入军事化编制，为我们配备了连长、副连长，指导员、副指导员，排长、班长以及司务长、炊事班长等，还发给我们每人一身军装、一支步枪和一个针线包。这使大家的荣誉感倍增，更为重视和珍惜这次难得的部队生活锻炼机会，更加自觉地接受和努力完成各项劳动与训练任务。

部队农场使我们一下子完成了由大学生到战士的身份转变。在这里，我们的主要任务就是两项：一是参加生产劳动，二参加军事训练。生产劳动主要是犁田、耙田、施肥、插秧、除草和种菜等。当年这个部队农场里犁田没有拖拉机，全靠马拉犁——由人扶犁完成。耙田也是如此，由马拉着耙子走在前头，人扶着耙柄跟在其后，在泥田里来回平耙，要求把泥土耙得平平烂烂的。在平耙泥土的过程中，若遇到耙齿被杂草缠绕，就要停下把草拽出来抛到田埂上，再继续催马前进。施肥也没有先进的工具，全靠人工抛撒，并用耙田方式使肥料和泥和匀。插秧是一门技术活儿：左手握着要播种的"秧把"，用右手拇指、食指和中指分出要插的秧苗，然后将秧苗插入泥水中，且倒退着"前进"。插秧劳作期间，由于腿脚长时间泡在秧田里，难免被吸血水蛭叮咬。但在海南长大的我有经验：一旦被水蛭咬到，抬起脚吐口唾沫往水蛭的两头摸一摸再拍一拍，它就慢慢地松开口脱落了下来。在秧田里除草也是靠"手功"割或拔。

在秧田劳作中也有乐趣，有时能在秧苗丛中摸到活鱼。我是率先在秧田里捉到鱼的人。那次，我捉到了一条鱼，高举着展示，大家看到后都兴奋起来，纷纷开始留心捉鱼，没过多久秧田里就不断传来"喜讯"，一会儿这个说“我捉到一条”！一会儿那个说“我也捉到一条”！捉到鱼的欢呼声此起彼伏，有个捉到一条大黑鱼的同学还高兴地蹦跳起来。随着大家捉鱼经验的增加，每次自水田里收工归来，每个人提兜中不是装着活鱼，就是装着螃蟹或小虾。

种菜也是部队农场一项重要任务。为了保证农场人员和我们“大学生连”的大量蔬菜供应，农场领导于次年春特派一名战士和两名大学生到附近的“刘庄村”专职种菜。部队的菜地投入高、品种多，长势也好，让当地的农民赞不绝口。除了在部队农场里劳动外，有时我们还被外派干活儿，如到“新袁庄”去帮助农民收割稻子、修河坝等，以密切军民关系。

农忙过后我们便开始“练兵”。每天早饭后，我们就集合队伍、背上步枪和水壶向训练场进发。行军路上，大家精神抖擞，步伐整齐，口号响亮，常常是边行军边唱歌，其中《中国人民解放军进行曲》《打靶归来》等军歌成为伴随我们军训生活的真正主旋律。

在军训科目中，射击和投弹是必练的基本功。其中“打靶”这个项目无论是趴在地上或站立，要点是姿势正确、握枪紧稳，注意枪托顶在右肩膀内侧的准确位置，瞄准时眼睛、准星和靶心要成为十分精确的“三点一线”，然后果断扣动扳机——这些说起来容易，要熟练做到就不容易了！投手榴弹更是要讲究方法，特别是在持枪匍匐前进中的投弹——左手持枪，右手肘和手撑贴地面侧身前进，快接近投掷目标时隐蔽好自己，然后右手将手榴弹的火帽使劲儿往硬物上一砸，迅即向目标投出；若手榴弹是带引火线的，则用左手使劲儿地拉断引火线，右手果断投掷。投弹操作切忌犹豫、慌张，否则容易偏离目标甚至误伤自己人。

我印象很深的一个军训科目就是以隐蔽为目的的“卧倒”。“卧倒”命令一下，无论自己跟前有什么难卧状况都不能另选他地；卧倒后有任何不适哪怕蚊叮虫咬也不能动，只允许双眼直视前方。值得一提的还有不定期的“夜行军”训练。这个训练科目一般都被选在天将亮前进行，因为此时人大多在熟睡。突然接到这种夜行军的“出发”命令，需要我们每个人马上清醒起床并迅速完成整装集合。在这一过程中，无论是穿衣、穿鞋袜还是打背包、整理枪支弹药，都不允许开灯或打手电，所有整装操作都要在黑暗中完成。这一训练，还真能治好人的一切懒散习惯。

“练兵”内容紧张而又辛苦，但与繁重的生产劳动相结合，极为充分地磨炼了我的人生意志和耐受力！

在部队农场锻炼期间，我们的文娱生活也很丰富和活跃。“学生连”里成立了文艺队，每周六晚上还组织文艺联欢活动。有一次联欢活动中，我高兴地跳起了舞蹈《好得很》。没想到我这么一跳，把连指导员逗得大笑不已。第二天早饭看见我时，他还咯咯笑着对我说：“你昨晚跳得真棒，逗得我一夜没睡好觉！”

部队农场有时也放映电影，并组织一些外出参观学习活动。记得我们曾集体前往天津碱厂、新华造船厂参观，觉得很开眼界。此外，部队农场领导还鼓励大家写东西向报社投稿。我和连队一位战友合作创作的一首诗歌《黎族人民心向北京飞》，就发表在1970年1月2日的《北京日报》上。这首诗歌后来收入中央民族学院选编的《颂歌声声飞北京——少数民族诗歌选》，于1972年9月由人民文学出版社出版。

至今我还觉得部队农场的伙食办得好。首先好在主食花样多，平时有馒头、米饭、包子等，每逢星期六还有饺子吃。说到饺子，值得一夸，因为这是大家“同工共享”的美食。每到这一天，各班都各自派人到食堂去领饺子面和馅儿，拿回班里大家一起包饺子。食堂有个明确规定：哪个班饺子包得快就先煮哪个班的饺子，饺子煮熟了自行端回班里吃。由于每周六都这样做，使得我们这些“学生兵”不管是南方人还是北方人，也不管是哪个民族的人，人人都学会了包饺子。

1970年初，难忘的部队农场锻炼生活按规定结束了。临别前，部队农场首长、战士与我们合影留念，并赠送大家每人一本写有赠言的精美笔记本。

# 凉山琐忆

郝磊

去年，习总书记深入凉山彝区视察扶贫工作，电视画面中展示的凉山新貌和彝族群众幸福的新生活，不禁使我回忆起55年前在凉山彝区的峥嵘岁月。今昔对比，真可谓“换了人间”！

回想大学五年，除了在老师的训导下在课堂里攻读专业，还曾先后赴云南西双版纳实习和去四川凉山彝族自治州喜德县。在西双版纳的四个月，有一种“田园牧歌”“诗情画意”感觉，而在凉山的八个月，则成为我人生中最刻骨铭心的一段经历，也可以说是我成长过程中一段“锻打淬火”般的磨砺。

凉山彝族自治州位于四川省西南部，是我国最大的彝族聚居区。我们去到的喜德县则在其中。彝族自东汉时期便形成了家长奴隶制，直到1956年进行民主改革之前，凉山彝区还比较完整地保存着奴隶主占有基本生产资料（土地）和生产者（奴隶）的社会制度。在这种制度下，整个社会成员被划分为“诺合”“曲诺”“阿加”“呷西”四个基本等级。“诺合”（黑彝）是统治阶级，享有各种特权，是土地的主要占有者，也是对“阿加”“呷西”的主要占有者。而“曲诺”（白彝）是占人口多数的自由民、老百姓，占有一定生产资料，有相对独立的经济，但必须受“诺合”管辖。个别的“曲诺”由于经济地位升降，或变为剥削者，或下降到“阿加”甚至“呷西”的境地。“阿加”又叫“安家娃子”，是业已结婚成家的劳动奴隶。他们既无人身权利，亦无择偶自婚权和子女属权 —— 主人不仅可抽其子女为“呷西”，而且有权将其子女赠送、出卖甚至处死。“呷西”又叫“锅庄娃子”，即单身的家内奴隶。他们处于社会的最底层，几乎一无所有，常年在主人的监督下从事繁重的家务和田间劳动，可以被主子随意赠送、买卖或杀死。成年“呷西”若经主人指婚成家（这绝非主人的仁慈，而只是为繁殖奴隶），便从主人家迁出成为“阿加”，但与原主人的隶属关系不变。

在奴隶制的束缚下，凉山彝区社会生产力水平低下，长期停滞不前。中华人民共和国成立初期，党和政府为团结彝族上层，并未贸然在彝区进行土改，直到1956年条件较成熟后，才以“赎买政策”推进民主改革（即政府付钱赎买奴隶主、富裕户的土地以及奴隶的人身自由）。不料这较宽松的政策却遭到奴隶主阶级的疯狂反抗，爆发了以大奴隶主罗洪木呷、罗洪古尔为首的武装暴乱。后经解放军全力围剿，大股叛匪多作鸟兽散。但直到“四清”前，叛匪头子罗洪木呷和罗洪古尔仍未缉拿归案，时不时还兴风作浪。1964年春天，两个叛匪头子纠集少数残匪在喜德县某乡政府所在地竟“公审”并枪杀了乡长和民兵队长，反革命气焰极其嚣张。

我参加的工作组进驻的贺波洛乡尔基村，仅有二十多户人家百十口人。白天，我们工作组几位同志与群众同吃、同劳动，夜晚则深入各家各户访贫问苦、扎根串联、培养骨干，或召开群众大会开展有关宣传教育。西南山村居住较分散，通往各家的羊肠小道旁长满酸枣与荆棘。为防备叛匪打黑枪，我们在伸手不见五指的夜晚也不敢抽烟、打手电。因此，我这个近视眼走夜路常常连摸带爬，双手曾被扎得鲜血淋漓、疼痛难忍。

真正的敌情考验说来就来。就在我们进村的第五天（1964年12月12日）上午9点左右，我们召集村民到村小学旁的场坝上开会，由组长老罗（凉山军分区中尉助理员）宣讲“四清”的任务与政策。谁知他刚讲了一段，翻译（军分区彝民团中士）正要开口翻译时，突然从东边的大山背后传来了清脆的枪声，紧接着炒豆子般的密集枪声和手榴弹的爆炸声在山间响成一片。我的心一下子提到了嗓子眼儿，从军校毕业且毫无作战经验的老罗也脸色煞白。看着场坝上乱成一团、议论纷纷的彝族村民，听不懂彝语的我竟猜疑他们：是否在商量着杀害我们以向叛匪邀功？但同组的彝族同志却表情平静，不断安抚群众保持安定。事后方明白，彝族村民们的议论内容是对叛匪的仇恨，是渴望工作团歼灭叛匪。枪声持续了约半小时，逐渐停歇下来。我们的步话机里传来了胜利的捷报：在与我们村仅一山之隔的两河口区（我们这里属向荣区），工作团在民兵配合下全歼叛匪头子罗洪木呷与罗洪古尔。

工作的推进逐渐驾轻就熟，但生活关却相当难过。尔基村地处高寒山区且土地贫瘠，村民农具简陋，耕作粗放，庄稼收成极差。家境稍好些的尚可吃上苞谷、洋芋、苦荞，其他大都"糠菜半年粮"。我"吃派饭"的房东来尔大婶家天天吃"圆根"（类似北方的蔓菁），日子过得都难以为继。她家房中央挖了个土坑，用三块石头支起口铁锅就是厨灶。她做饭时往锅内注满泉水，用柴火烧开，带着菜缨子、沾满泥土的圆根不加清洗直接倒入锅内煮熟。我们用长木勺将带叶的"圆根"捞起，一边在锅内稍稍涮洗，一边吹着热气，然后狼吞虎咽地充饥。因为人畜同居，猪羊总在一旁哼叫着，等着吃我们吃剩的菜缨子。要命的是她家连咸盐也买不起，以致我有十六天没尝过咸盐味（当地不少人因缺碘而脖颈肿大）的最长纪录。后来我借去县城出差的机会买回了几斤盐巴（当地熬制成块状的井盐）交给来尔大婶，希望她改善一下生活。没想到她舍不得吃，每次只是敲下一小块，用麻绳系上，吃"圆根"时将盐块在辣椒水里蘸一蘸，算是给我和罗组长的"特殊"待遇了。直到后来工作团发下了救济粮，我们才吃上了玉米面贴饼子。

当年彝民住的是"土墙木瓦房"。所谓"木瓦"，就是用砍刀把杉木劈成厚薄不均、长短不齐的木片（没有锯，无法锯成板材），然后铺到房梁檩条上，再用石块压住固定。由于房顶坡度大，雨水一般不会漏到屋内，但下雪时雪花却可以随风从"木瓦缝隙中"吹落下来，因而冬天被褥上常有融雪浸湿的痕迹。当地彝族普通人家都无床铺或土炕之类的睡卧设施，天暖时以地为床，天冷时泥地太凉不能躺卧，只能裹着"查尔瓦"

（用羊毛捻线织成的短斗篷）蹲坐在火塘边打盹休息。为避免患上风湿病，我们工作队员当然不敢席地而卧，但也没有蹲着睡觉的本事，于是我和罗组长就把屋内猪羊圈上方一米高处堆放柴草的竹笆当作床铺，每天夜里爬上去“高卧”，才免去了潮湿阴冷之苦。但代价是必须忍受猪羊粪尿的骚臭气味和不得不“欣赏”猪哼羊叫的催眠“小夜曲”。

生活艰苦自不必讳言，工作中的危险也是客观存在。但苦中作乐自有情趣，有时一场虚惊也会成为日后津津乐道的故事。回想当年，与村民一同干完繁重的农活后躺卧在谷草堆上，一边搜寻着棉衣内肥壮的虱子，一边放声高歌《南泥湾》，那种惬意恐怕是时下年轻人根本难以理解的。若将我们的“遇险”亲历改编成喜剧小品，说不定现在还很上座哪！事情的原委是这样的：有一天，罗组长、两位彝族战士（翻译）和我一同到山下稻田里帮村民插秧，干完活后大家的双腿都爬满了水蛭，便一通拍打，但被水蛭咬破的伤口极难愈合，仍血迹斑斑。两位彝族战士都是习以为常，满不在乎，他们把手枪套挎上肩，手提胶鞋抬腿就走。而我有点“臭讲究”——在水沟里清洗了血迹，穿上塑料凉鞋，再追赶他们。眼看就要赶上他们时，没料想走在最前边的罗组长突然一声惊叫，继而扭头往回跑，从我身边跑回了沟岸。就在我惊愕不已的一瞬间，两名彝族战士也一边惊呼一边回身跑。我不明所以，向前张望，发现就在我面前几米远的一棵枯树上，竟赫然盘绕着一条黑白花纹的大蟒蛇。只见它瞪着一双怪眼，吐着开叉的舌信子，嘴中似有白色黏液喷出……这突发一幕吓得我双腿僵硬，像被魔法定住了身，原地呆立与其对视了足有十多秒钟才反应过来，后续动作自然也是返身逃跑。跑回沟岸上，惊魂未定的四个人相互审视一阵，不禁为彼此的狼狈相大笑不止！只见组长老罗肩挎的手枪跑丢了，两个彝族战士手里提着的胶鞋也不知去向，只有跑在最后的我是“全身而退”。

这次“遇险”让他们三位“军爷”开始对我这个“秀才”另眼相看，认为我的“镇定自若”与他们的“丢盔御甲”似乎弄错了身份。而我当然不会说破，自己当时是被吓呆了。

中华人民共和国成立后，党和政府十分重视少数民族地区的教育工作，就连尔基村这样百十口人的小山村，也建有一所四年制的小学校，尽管基本设施很简陋。学校夯土为墙，稻草苫顶，一座茅屋隔作两间。里间是教师夫妇的居室，仅有一张简陋的木床，张挂着一顶半灰半白的旧蚊帐，床边一张未上油漆的破木桌既是老师的办公桌，又是两口子的餐桌，再加上两只摇摇晃晃的竹凳，便是全部家具。箱柜是没有的，几件换洗衣服搭放在吊挂自房梁的一根竹竿上。外间是教室，也是老师夫妇的厨房。炉灶旁的土墙用白泥抹平，再涂以锅底黑灰，便是上课用的黑板。教室没有课桌凳，上课时十来个学生席地而坐，手持小石板，学认彝文汉字，属“双语教学”。茅屋旁的场坝有半个篮球场大小，既晾晒谷物又当学校操场，也是我们工作组召开群众大会的地方。

经了解，这所学校的老师是西昌民族师范的毕业生，原籍在重庆农村，带着故乡农民妻子来这里教书已有三个寒暑。我问他每月不足三十元的工资是否够花？他说好在尚未生娃儿，这收入比起周围还未解决温饱的彝族群众好多了！我由衷敬佩这位山村教师，遂作诗赞曰：

敢为革命红心献，甘下基层求锻炼。
毕业中师赴彝寨，携妻落户大凉山。
土墙茅顶屋两间，教室灶台紧相连。
八九儿童席地坐，波泼莫佛喊一年。

在尔基村工作了一个多月，由于卫生条件差，我不幸患上了红白痢疾，每天便血便脓无数次，下坠得疼痛难忍。而工作队卫生员只有土霉素医治，致使病情越拖越重。领导上关心照顾，临时调我到县城附近的光明村工作组。这里是汉族聚居区，生活条件较好，能吃上久违的二米饭（大米和玉米糁混蒸）甚至白米饭，去县城医院治疗也方便。加上这个工作组内有赵展先生、严家骝先生以及孟绍芳同学的关照，我的病很快痊愈，并能参加修建小型水电站的劳动了。

转眼间1965年春节来临了。光明村新房东史学昭大哥（至今我仍对这位四川汉子感念不已）宰杀了他喂养的肥猪，除了卖掉一半，剩余部分做成腊肉、腊肠和炼成大油，准备过一个“肥年”，也让我病后多补补身子以早日康复。但是，当时工作队有一条铁的纪律：队员在老乡家不准吃鱼肉蛋！为遵守纪律，必须躲避史大哥夫妇的款待，于是，我决定前往向荣区分团拜访恩师徐宗元先生，并与挚友阿塔尔（春世曾）相聚。

向荣区政府驻地附近系河谷平地，居民中汉族居多。春节期间，这里张灯结彩，户户门贴大红春联，爆竹震耳欲聋，各村多搭建“秋千架”“磨悠架”等青年男女的娱乐设施，欢庆气氛丝毫不比内地逊色。但对凉山地区的彝族群众来说，最盛大的节日乃是“火把节”，春节庆祝活动似乎只在彝汉混居区出现。春节过后，我参加了在县城举办的集训，重点内容是学习贯彻《二十三条》。集训结束后，业已康复的我又调回贺波洛乡尔基村，继续参加“四清”工作。

当年“五一”国际劳动节到来，工作团为了慰问战斗在“四清”第一线的队员们，特意发给每名队员三斤“灰面”（当地人把白面叫作“灰面”）、一斤猪肉，让大家“打牙祭”，改善一下生活。但尔基村工作组的同志除我之外全是凉山当地人，都不会包饺子，因而我这个从未下过厨房的人只好“鸭子硬上架”—— 向小学老师借来菜刀、案板，将猪肉剁成肉馅，再把晒谷场四周生长的油菜籽苗洗净用洗脸盆烧水焯熟切碎，并佐以咸盐、嫩花椒叶、野韭菜拌成饺子馅。没有擀面杖，就以玻璃油瓶代替，擀成饺子皮。一个人忙了一整天，终于把十二斤白面、四斤猪肉与配料包成了二十多斤包子般大的“水饺”。为了同时煮熟聚餐，我们嫌小学老师家的铁锅太小，便用四个人既洗脸又洗脚的四个搪瓷盆同时架火烧煮。结果，煮出来的饺子半生不熟且破皮的居多。但吃到嘴里，却比吃过的“北京烤鸭”、山珍海味都美味百倍！我们四个人吃不完，便分送给小学老师和各自的房东，也被大家赞不绝口。这是我“厨艺”人生中最光辉灿烂的一页！

芳华曾为凉山驻，无悔青春乐老夫。凉山生活已过去五十五年了！经过那段艰苦卓绝的磨炼，我的思想渐趋成熟，在以后的人生中学会了处变不惊、坦然面对。前些时央视一频道播出的电视剧《索玛花开》展示了如今彝族人民居住在砖墙彩瓦的安居房里，吃得饱，穿得暖，正在脱贫致富奔小康的大道上迅跑，这让我这个曾与凉山彝族人民同甘共苦过的八旬老人感慨万分、欣慰至极！

# 忆西藏实习

白振声

1975年10月初，根据教学安排，我与其他13位教师带着140余名来自西藏的“工农兵学员”，踏上了前往西藏毕业实习的旅程。这批学员1971年初入学，全都在政治系学习，学制四年。根据当时中央民族学院与西藏自治区方面的协议，他们毕业后全部返回西藏，由自治区政府统一分配工作。按照教学安排，他们毕业前的实习环节必不可少，为期三个半月。

能够带学员实习再次进藏，我内心深感庆幸。这是我在一年多的时间里第二次赴藏了。第一次是一年前，赴西藏进行为时一个半月“教改调查”，但所到之处仅限于拉萨市及其临近的达孜县和较远的林芝县，调研对象为当地各类学校和政府教育部门。而这次则不同，实习地点拟定在农村或牧区，以“三同”（同吃、同住、同劳动）方式与当地农牧民一起生活。作为对西藏一直怀有浓厚兴趣的我，自然认为这是全面了解当地民族社会的一次极好机会。

10月里，我们的实习队伍乘火车从北京出发至兰州，再沿兰新铁路到甘肃河西走廊西端的柳园下车，在柳园小镇等待由西藏自治区政府派来的汽车接我们进藏。但这一等就是一个星期，我再次感到进藏的不易！

我们由柳园乘车到拉萨又走了六天，其间途经阿克塞荒漠草原、柴达木盆地、察尔汗盐湖、昆仑山口、唐古拉山口、藏北高原那曲等地，一路上每天午间用餐和晚间住宿都是沿途的“兵站”。这些“兵站”平时只为往来于这条路上的军车、民用各货车司机及不多的旅客提供食宿服务。而我们这只百余人队伍的突然到来，必然造成站内食宿的紧张和困难。因此，我们每天只吃两餐甚至一餐，部分同学晚上睡在车上也成为这六天路途的常态。

在一所“兵站”食堂厨房，我看到一种不同寻常的物件 —— 菜墩。说它不寻常，因它是一段高约70厘米左右、直径超过1米的巨大圆木。当时，有三位厨师正同时用它切菜，相互之间互不干扰！这样的菜墩在同一厨房竟有三个，试想做菜墩的这棵树该有多大呀！那么，它来自何处呢？经向厨师询问，才得知是来自西藏的林芝地区。这样的古树被砍伐用来做菜墩，我觉得实在是可惜。

行车到第四天中午，我们到达青海与西藏交界的唐古拉山口，司机师傅特意在此停车，让大家下来领略一下海拔5200米的青藏高原胜景。只见路边的山坡满是积雪，年轻活泼的藏族同学们下车后竞相追逐地打起了“雪仗”，终于回到家乡的喜乐心情溢于言表。而我却在下车后尚未走出多远，便突感心脏剧烈跳动，再难前移，自知这是“高原反应”。我听从司机师傅的劝告，立即回到车上安静坐下，状况方得缓解。其他几位老师一路也都有头疼、乏力等程度不同的高原反应，尤其是在唐古拉山口。好在到达拉萨后，这种高原反应皆已过去，大家的身体基本都适应了。

根据自治区政府的意见，我们的实习地点被安排到拉萨以东的林芝地区的工布江达县。该县地处一个由雅鲁藏布江支流尼洋河自西向东流经全境的狭长山谷地带，山上有连片的森林，山坡上也有小片零散的耕地，山下河谷两岸地势狭窄，平坝大都较小，耕地面积有限。一条由拉萨通往林芝的土石公路蜿蜒穿越于尼洋河南北两岸之间。这里的藏族农民大都以村落形式聚居，村落布局分散，村与村之间大都相隔数里乃至十数里不等，星罗棋布地点缀在尼洋河谷及其支流两岸的山坡上。实习队伍到达县城果林卡后，我们遵照县里的安排，把全部人员分成三大组和若干小组，每小组5 — 10人不等。就这样，这支150余人的实习队伍，便散布在由西向东100多公里长的尼洋河两岸峡谷地带的村落中。

实习生活是丰富多彩的。晚间，我们和村民一起开会——宣传学习时事政治以及党和政府的各项方针政策必不可少；另外，有部分同学到小学任代课教师，有的则帮村里办业余识字班，教村民学文化；大家更多的是白天与农牧民一起参加生产队的农牧业生产劳动，如兴修水利、积肥、放牧等。此外，我们还参加了由政府交办的重新丈量土地的工作。凡有学校的村落，几乎都安排同学任代课教师，因为懂藏汉双语文是学员们的一大优势，加之大家都认真、努力，因而他们的教学得到了当地学生、村民和干部们的一致好评。个别同学到北京读书前曾在家乡当过“赤脚医生”，懂得一些医药知识并会打针，所以他们更为村民们所欢迎。

因为是冬季农闲期，生产队这时的生产任务主要是平整土地和修水利。由于缺乏生产工具，所谓修水利主要是下到冬季半干涸的河床，搬石头垒起一道堤坝以抬高水位，引导河水流入河边地势较高的耕地，以实现农田的“冬灌”。这种劳动通常是早饭后出工，夕阳西下前收工，中午在田间用午餐。午餐是在空地上用三块石头支起一口铜锅，用柴草烧一锅热茶，以茶水拌吃个人自带的干粮。以往人们都是用茶水伴青稞面做的“糌粑”吃，但当时因政府倡导种植小麦，故人们大多吃的是小麦面烙饼。但值得关注的是，凡拿出的面饼，几乎全是碎片状，没有一张是完整的。农民们不习惯吃这种没有韧性的小麦面饼，但由于种的主要是小麦，很少种青稞，糌粑面少了，吃小麦面饼实出于无奈。之后经过继续观察和多方了解，我才有了一段与民族学知识相关的感悟。

众所周知，西藏是我国青藏高原的主体部分，平均海拔4000米以上，也是世界海拔最高的大高原，因而有“世界屋脊”之称。以横贯中部的冈底斯山和念青唐古拉山为界，又可将全境大体分为藏北和藏南两大部分。在藏北高原，经济活动基本上是畜牧业；藏南主要是以雅鲁藏布江流域为主的谷底，经济基本上是以农业为主，兼事畜牧业。从总体看，整个西藏由于地势高寒，冬季长夏季短甚至无夏，空气稀薄缺氧，故农作物主要以生长期短的青稞、豌豆以及油菜花为主，仅在东南部地势较低的河谷地带才有少量小麦和水稻种植。

面对特殊的自然地理环境，藏族人民千百年来已经形成了一套颇具特色的饮食习俗，即吃糌粑，饮酥油茶、奶茶，配以肉食和少量蔬菜。糌粑是将青稞、豌豆炒熟磨制的炒面，酥油茶是用砖茶熬成的茶水、酥油（从牛羊乳品中提炼的黄油）和少许盐在特制的酥油茶桶中捣制而成，肉食主要是牦牛肉和羊肉。这些食物所含有的丰富维生素及高蛋白、高热量是藏族群众适应当地高原环境的最佳饮食选择。然而，这种传统饮食习俗却在20世纪60年代末70年代初的“文化大革命”期间出现了暂时的危机。原因是当时的自治区政府在全国“以粮为纲”思想指导下，提出西藏也要实现粮食自给的口号。而要实现粮食自给，光靠西藏农区传统的青稞、豌豆这些低产作物种植是难以实现的。与青稞、豌豆这些生长期短的农作物相比，生长期长的小麦是高产作物。拉萨郊区一些国营农场经过实验，取得了小麦种植成功，于是区政府决定在全区农村推广。然而，事与愿违——经过几年的推广，其不良后果逐步展现。其一，小麦的产量与品质逐年下降，粮食自给仍难以实现。原因在于连年种植小麦，造成土地肥力迅速下降，而当地青稞、豌豆轮作种植，靠豆类根瘤菌提供土壤养分的藏区传统耕作制度遭到忽视或遗弃。与此同时，高海拔和几乎无夏季的自然气候条件，又使小麦的产量与质量每况愈下，无法达到期望的目标。其二，少种和不种青稞、豌豆，使藏族民众传统的主要食物“糌粑”成了稀缺食品，饮食习俗被迫改变。从长远来看，这是人们难以接受的。

强调并倡导大量种植相对高产作物的小麦，当地政府的愿望似可以理解，但此决策却是严重脱离实际、违背规律的。首先，它违背了自然生态规律，结果是没有增产反而减产；其次，是违背了当地藏族人民传统的饮食习俗，因而难以得到广大群众的赞同。有鉴于此，这项决策不久便被终止了。其实西藏农区传统耕作制度是藏族人民在千百年农业生产实践中总结出的一套适合当地高寒环境条件的科学耕作制度，是藏族人民优秀传统文化的组成部分，都是藏族人民生活智慧的结晶，应该受到应有的尊重。

参加丈量土地的工作也值得一提——这是当时县里的统一安排。由于是山区，耕地分布零碎、分散，且大部分是在山坡地，丈量工作十分辛苦。好在我们的学员都是年轻人，便成为当地干部开展这项工作的主要协助力量。工作中我们发现了一个问题，即不论是对平地还是山坡地的测量，计算方法完全一样，对山地的坡度未予关注。这样计算耕地面积能反映土地的实际情况吗？严格地说，耕地有无坡度或坡度大小关乎所种农作物株数的多寡和产量的高低。对此，我们向县有关领导做了反映，可惜未得到明确的解释和回应。

三个半月的实习生活到次年元月中旬结束，返回拉萨时仍然是自治区派客运车来接，一共四辆。我乘的这辆车在途中发生了一起事故，其惊险状况至今记忆犹新：

当时大约是刚过中午，车辆在尼洋河岸的山谷公路上由东往西行驶时，在一个近90度角的公路拐弯处，猛然从对面窜出一辆疾驰而来的货运大卡车。一边是高耸陡峭的石山，一边是悬崖之下的大河，近在咫尺的两辆车都已无法闪躲。为了避免迎头相撞的惨剧发生，我们的司机师傅在紧急刹车的同时，猛然右打方向盘，汽车遂向公路右边的河岸冲去，河岸边恰有一座约半人高的平板石堆。客车以巨大的惯性冲上石堆，在车头和一只前轮悬空于河面的状态下，终于戛然停下。右侧车门的一边紧靠深约数米的陡峭河岸，当司机打开车门，全车人随之一个个手把车门、车窗，踮着脚尖，小心翼翼地走了出来。这时，几位女同学因惊吓而互相拥抱在一起号啕大哭。人虽脱险，车危犹在，车头和一只前轮完全悬空于河面上的大客车，靠自身是无法走出险境的，只有求助于沿路往来车辆帮助。起先拦住的几辆车皆因各种实施拖拽的条件不具备而离去，之后还是靠后一辆客车到来才将我们的车拖出。幸好车辆尚未受到大的损伤，摆脱险境后我们继续登车上路，待回到拉萨已经是午夜两点多钟了。

回到拉萨，我们向自治区有关部门汇报了实习情况，并办理了这批毕业“工农兵学员”留藏的交接手续。此次赴藏实习任务至此顺利完成，我与随队的十余位教师一起，于1976年春节当天回到北京。

这次西藏之行收获颇多。它即是自己从教生涯中难以忘怀的一段经历，对往后的民族学教育教学工作而言也是一次难得的知识和经验积累。

# 喀什支教　心有所得

翁燕珩

我是民大国际教育学院的一名退休教师、中共党员，退休前在国际教育学院任教。作为一名普通教师，我常在思考：我的初心是什么、我的使命是什么？记得小时候父亲就曾不止一次地对我说："你一定要好好长本事，将来要做一个对国家、对社会、对人民有用的人，而绝不能做一个社会负担！"父亲的这句话，我记了一辈子，践行了一辈子。这可能就是我的初心和使命吧。

退休前，我在教学一线任教三十多年。在我的工作总结中从来没有一个形容词，有的只是工作量的记录，而每次总结的最后一句话总是"工作努力做，好坏由人说"。多年来，一些同事常说，"翁老师的运气总是特别好""最优秀的学生总是在他的班里"。但我心中更在意的是"党的重托、人民的希望和肩上的责任"。只要对得起这三样，其他一切都不重要，更不用去计较。

2016年9月我正式退休了。可以说我的社会责任尽完了，也该为家庭尽一点儿责任了。我儿子那时正上高二，距离高考还有两年时间。以前为了工作经常把孩子锁在家里，现在不用了。我用了两年时间，把孩子送入了大学。这时我又想起了自己的社会责任，于是便以个人名义联系了新疆喀什大学中语学院，寄去了我的简历和专长，表示愿意以个人名义、分文不取地去做一名志愿者支教。让我意外的是，对方真的回了我的信，并表示欢迎我去做三件事：第一，做几场学术报告；第二，帮助老师们科研；第三，听课——帮助老师们提高教学水平和教学质量。这些正是我愿意并且自信能做好的事情。于是，我在2018年8月29日把儿子送入大学后的第二天，8月31日便乘飞机到了喀什。书记亲自从机场把我接到了喀什大学中语学院，并把我简单地介绍给了该院全体教师。见面会上，我表示：我来到这里不是为了享受（北京比喀什的条件好），不是为了升官捞好处（我已经退休，一切对于我都没有吸引力），更不是为了“挣钱”——我是分文不取自愿来的。我要做的事情，就是帮助教师们改变教育教学观念、提高教学水平和质量，提高科研能力，帮助教师们解决困惑和教学中的问题的。

从9月1日正式上班到10月20日返京，我在那里整整工作了50天。在这期间如果按时间划分，我的工作可以分为三个阶段：9月1日到25日是第一阶段，主要工作是与教师们谈话、审阅科研项目申请报告和学术论文；第二阶段9月26日到10月3日，主要进行社会调查、了解当地的需求，争取能为改变当地社会落后面貌做点儿事情；第三阶段为10月4日到10月20日，主要任务是听课、反馈，帮助改进教学方法、提高教学质量。每个阶段的主要工作各有不同，各有特点，现汇报如下：

## 第一阶段——学院工作

每天上午10：00上班，下午2：00下班吃中午饭，下午4：00—8：00点上班，从未有过迟到、早退或者无故离岗的情况（工作特殊需要除外，比如书记向我请教问题、有些事情需要我去处理、体检或办理各种手续等）。

我在喀什大学中语学院的主要工作任务有三：一是转变老师们的教育教学理念和教学思路，二是帮助教师们提高科研能力、申请科研项目和发表科研论文，三是实际深入课堂听课，给老师们提出教学中的问题，以求实际改进教学、提高教学质量。

在前25天，我主要是坐在办公室接待教师们来访。每天都有老师要求来找我谈话，向我介绍他们的情况、谈他们的科研、项目申请、教学困惑，甚至他们的家庭困难以及孩子教育问题等。每一位至少要谈两三个小时，多者甚至五六个小时。跟教师们谈话把下班时间拖到晚上10点以后是经常的事情，食堂早已关门了。根据记录，25天里计有四十多人次找我谈过话。随着来访老师的增多，我明显能够感觉出来，他们已把我当成了他们中的一员，把我当成了他们的智库和依靠。

帮助老师们看他们的课题申请报告或科研论文。25天里共为他们阅读了二十多篇申请报告和十多篇科研论文。从选题、思路、研究方法、研究意义到撰写结构、错字白字乃至标点等，每一份我都要认真阅读、仔细修改，并提出我的意见和他们讨论。有的老师修改完了，还会让我看第二遍甚至第三遍！回京以后我才知道，他们中的10个申请报告已获得通过（包括国家级课题、自治区课题和校级课题），另有10篇左右的论文得以发表。对这一结果，我感到十分欣慰。

我为该院老师做了四次学术报告和三次示范课，以期帮助他们转变教学科研的观念，用科学的教育教学理论武装自己并指导实践，再从实践中总结出具有实际价值的经验。

我在第一次学术报告中，以“从教学中的问题看问题”为题做引导，以“研讨会”的形式让教师们充分发言，提出自己在教学中遇到的各种问题，然后由我进行归类、分析总结和引导，旨在让他们通过自己举出的案例明白：其实教学中的很多问题根源并不在于学生，而在于老师自己。通过这个“序幕”，我让大家冷静下来思考，认识到自己在教学中存在的问题并向我讨教下一步的改进办法。

接下来又为他们做了两次“第二语言教学法”的讲座和一次我自己的研究成果“对外汉语教学中的认同感”介绍。我的到来使教师们得到了不少新的信息，看到了理论研究与教学实践的密切关系。这对我今后能做更多的事情是一个非常好的奠基活动。

做学术报告期间，我为教师们上了三次公开课：一次是汉语综合课，一次语音教学课，一次汉字教学课。通过这三次课，我让教师们看到了一种不一样的语言教学方式与思路。他们惊叹：真是大开眼界，原来课还可以这样上呀！

在第一阶段的25天时间里，我意识到爱国主义教育在教学内容中的重要性和必要性，认识到搞科研、做项目不仅仅是任课教师们的事，做思想政治工作的老师同样可以也应该申请课题、做好科研。于是，我又为政工这边起草了“关于开发爱国主义教育视频教材的构想”，最终形成了一项《南疆地区爱国主义视频教材建设研究》的国家级课题。其间，我以伊拉克、利比亚、叙利亚、阿富汗等国家情况为例，把这些国家人民的悲惨境遇及现状编成视频，每次上课给学生们播放一段，然后引导学生谈体会，改变课堂上枯燥的说教做法，让学生们通过鲜活事例认识到国家统一的重要性，提升对祖国的热爱和反对分裂的自觉性。

## 第二阶段——社会调查

9月26日到10月3日，我在学院领导的协助安排下，到周边几个县进行了为期8天的社会调查，主要内容是塔吉克族的社会、人口、教育和经济发展状况。其间，我到过塔吉库尔干县（平均海拔4000米以上）、上过红其拉甫兵站（海拔5300米）、参观过莎车县的塔吉克村、住过塔吉克族老百姓的毡房，帮助塔吉克族群众摘过棉花，也与塔县领导班子成员进行过交谈。在交谈中，我得知目前最让他们头疼并急需解决的有两大难题：一是师资短缺问题——全县只有一所中学（因为是深圳援建的，所以叫深塔中学），包括初中和高中全校共有学生3000多人，但是经常发生没有老师上课的情况。原因是外面派来的老师留不住，本地的老师几乎没有，教育水平早已跟不上社会发展的需要，更不用说有多少学生能考进内地的大学了。二是医护人员奇缺——在塔县一共有三万多塔吉克族人口聚居，而且多数居住在大山里（那里平均海拔4000米以上，属于高寒地区），很多塔族族人居住在祖国边防线上，与边防军一起保卫着祖国的边疆。但是由于高海拔、居住分散、交通不便，他们绝大多数人都有“大心病”，高原心脑血管疾病得不到及时治疗。医护人员奇缺的原因和师资匮乏的原因一样，就是本地的培养不出来，派来的留不住。

针对这两种情况，我及时与教育部有关部门进行了沟通，希望他们能够针对这种情况采取特殊政策，从深塔中学选拔品学兼优的优秀毕业生，送到内地进行专门培养，毕业后发给国家承认的专科学历证书，要求他们服务于家乡的教育事业和医疗事业。名额为每年接受15人进入师范学校、15人进入医专。这件事情的完成让我感到如释重负，总算是实现了心愿。

除此之外，我还与教育部培训中心领导沟通，建议作为扶贫项目之一，给塔县主管县教科文卫的领导们开绿灯，只要他们提出申请（通过培训中心官网报名），这边就无条件接收。一是希望通过培训转变他们的思想、开阔他们的眼界和提高其教育管理的水平，二是希望通过培训让他们与内地干部交朋友，以便获取更多有利信息、争取更多的合作或帮扶项目。这件事情的完成也使我实现了“为需要帮助的人提供必要的帮助”的愿望。

## 第三阶段 —— 听课

自10月3日回到喀什大学后，我用了两个多星期深入各个教室去听不同老师的课。这是一个既费脑子又费体力的活儿 —— 对每位老师的每一节课，甚至每一个教学行为（每一个板书或每一句话），我都必须认真聆听、仔细观察，同时要认真记录！一般每天要听4 — 5个老师的课（有特殊情况不能听课除外）。听每位老师的课，我都有两套“听课记录”。一套是要交给学校领导的，在那里面当然尽量“说好话”；另一套则是交给教师本人的，里面有问题记录和建议。“听课记录”反馈给教师本人后，还要一一找他们谈话，共同探讨出现问题的原因、解决办法等。

当然，会有个别教师“不服气”，急着来找你“辩论”。对这样的情况，我并不着急或生气，而是安慰他们不要着急，有话慢慢儿说。有时候这种交流开始很难，对方会认为自己是很有经验的教师，自认为自己有道理。针对他们的问题、质询和疑惑，我会拿出教育部的有关教学要求标准、教学大纲或者相关的理论书籍，耐心细致地为他们讲解。结果他们往往转怒为喜——怒气冲冲而来，高高兴兴而去。这两周多的时间里，我大概听过将近40人次的课。有的老师回去认真思考后，会拿出自己的改进措施，并强烈要求我再次听课。

这段时间内，我还分别为该校研究生和本科生做了两次题为“立志、勤学、思考”的报告，并在互动中认真听取他们的想法和困惑，力求解答他们的问题。

在学校工作和社会调查工作以外，我得知有两位老师的子女将面临高考，孩子很焦虑，家长很无奈，以至于家长和孩子的关系也非常紧张。老师们希望我给他们解决一下这样的问题，我也毫不犹豫地答应下来。因为我从1982年开始，每年都指导备考生如何面对高考并提供相关咨询服务。37年来，我指导过的考生没有一个高考落榜的。我对这两位老师的孩子进行心理辅导后，他们的眉头舒展了，知道考前该做些什么和怎么做了。这样，孩子、家长都长舒了一口气，家庭紧张关系得到了缓解。

## 困难与困惑

我来到喀什后，从语言到生活一切都要适应。我上班的第一天就跟老师们说了:“我来，不是为了享受——如果要享受，我不如留在北京；不是为了名誉——我已经是退休人员了，一切名誉地位与我无关；也不是为了挣钱——我此行是分文不取来干活儿的。”我表示，我的想法很简单，就是想为大家做一点儿事情!

但是，我还是会面对许多“不如意”。比如，不能个人出校门、没有出入证和饭卡等。这些给我带来了一些不便。如果说建议我不要“擅自出校门”是出于对我的安全的考虑的话，那么没有饭卡则意味着我没有地方吃饭！虽然每天都有老师热情地“请我”吃饭，但这不免让我有些为难和尴尬。购买生活必需品也不方便。我到这里之初，在一位当地教师的陪同下去了学校门口的“大巴扎”，一次性买了2000多块钱的生活必需品，细看大多质量不佳。没办法，有的用品只好走北京快递。

反正不是来享受的！所以对于生活上的困难，我一有心理承受能力，二是可以克服。但到这里后思想困惑的消除和适应过程却并不容易！

冷眼旁观。起初他们不能理解，世界上哪儿有那么高尚的人？不为名誉、不为地位、不为金钱，也不是游山玩水，而是专门到这个地方来“支教”？没有人相信！有人说：这里接待过的“支教人员”多了去了（喀什大学是一所国家9省市援建的大学），见识的大专家也多了去了！一些人来做一两场“学术报告”，再游山玩水一番，“赚个腰包里有钱、脑袋上有光环”就走人了！所以我刚来时，老师们都以为我不过也是来“走个过场”而已，对我多采取“冷眼旁观”的态度，表面热情礼貌，实则敬而远之，让我工作起来有一种“很别扭”的感觉，特别是开始时与我配合的表现很消极。

不理解。我的第一场学术报告是“第二语言教学理论研究”，主要讲当前国际上对第二语言教学的认识和理论以及研究第二语言教学的思路和方法等。老师们虽然现场听得“很带劲儿”，感觉“耳目一新”，但其后有人就会很委婉地问：我们知道这些有什么用啊？又不能解决我们上课的问题。这使我感觉很惊愕。中语学院共有教师87人，其中高级职称33人，全部教师都具有高学历（博士或者硕士学位），而且其中很多来自民大、北大、北语、人大、武大、华东师大等名牌大学。他们怎么会问出这样的问题呢？我不仅困惑而且感到为难，大有不知接下来该如何跟他们沟通的感觉。

我给他们上了第一次示范课以后，在场的每一位教师都感觉这样上课他们想都没想过，认为很有启发。我当时也感觉效果很好。但是没想到，事后两位教研室主任对我说：“翁老师，老师们一致反映您的课上得好，堪称完美。但他们让我们问问您，能不能用他们用着的教材给他们上堂示范课呢？”听到这样的要求，我再次感到困惑：他们为什么会提出这样的要求呢？诸如此类的问题在开始阶段可谓层出不穷，而摆在我面前的难题是：我该怎么办？

为此，我冥思苦想，夜不能寐。为了解决相关问题并转变教师们的观念，我白天在办公室与他们谈话、修改文章或论证报告，晚上回到宿舍便反复思考，撰写一些文章发到“教师工作群”里给大家看，希望帮助大家认识到：搞科研不能是“迫于生计”的行为，科研是大家都需要做的事情，因为这是提高自身理论水平和教学实践质量的基础与保障。我写过的文章有《我们为什么需要理论》《示范课的作用》《语言材料的有效呈现》《教学环节的理论支撑》等。

用这种方法，真的解答了他们的问题。例如，《示范课的作用》一文让他们清楚了一个道理：如果有较强教育教学的理论支撑，上好任何一门课都是很正常、很自然的事情；如果没有相应理论做支撑，听再多的示范课也是“东施效颦”而已。明白了这个道理，他们请我“用他们的教材给他们上堂示范课”的要求，就变成了“请翁老师给我们推荐一些教育教学理论方面的书吧”。于是，我晚上的工作就由撰写“普及、说服”文章转向了推荐我所读过、用过的国外经典理论专著了。

## 收获与体会

1. 收获

在喀什大学50天，我没有休息一天（实际上休息对于我来说也是没有任何意义的，因为进出校门是一件很麻烦的事情），而且每天的工作很辛苦，不仅累心，体力消耗也很大（毕竟我是一名肝癌晚期术后的老者）。50天内除与教师数十人次谈话外，还审阅、修改了将近40篇科研论文和科研项目申请论证报告，做了8天的社会调查，并为塔县做成了几件大事情（见前述）。我为中语学院设计的两个国家级科研课题和两个学校教改课题，题目分别是《南疆地区国语使用与国语师资状况调查研究》《南疆地区爱国主义教育视频教材建设研究》《国语教育中的教学法研究》和《国语教育中的文化要素研究》等。这些成果得到了学院领导和全体师生的认同与好评。

2018年10月17日下午，我在喀什大学中语学院的主题党日活动中接受了他们给我颁发的“优秀志愿者”证书和献上的鲜花。我的工作能够得到全院教师和学生们的认可，是我莫大的骄傲和荣誉！

这次支教活动，我得到以下几点收获：第一，实现了我的愿望，老有所为，到祖国需要的地方去义务支教；第二，积累了经验，这对我今后继续做支教类的工作是一份宝贵的积累；第三，也是最重要的一点，通过这次支教，中语学院的87名教师都成了我的新朋友！

2. 体会

第一，喀什大学是南疆最重要的一所大学，在南疆享有很高的地位和影响。但即便是这样的大学，教师的教育理念和教学方法仍需要改变和提高，其他院校的教育教学状况肯定多有待提高之处。

第二，国内有许多学有建树、教学有方、经验丰富的退休教师，他们中一定也会有很多乐于公益事业者。如果国家有关部门能把这部分人的资源组织好、利用好，相信一定能为改变教育落后地区的面貌做出巨大贡献。

当前国务院有一个“银铃计划项目”，就是组织起退休教师志愿者到老少边穷地区去支教，但只是组织这些人去“教学”。我认为，这样没有做到“人尽其才”。如果能把着眼点和工作重点放在对当地师资的培训上，那将会对改变这些地区的教育落后面貌发挥更大的作用！

# 感怀篇

# 为生活在民族友爱大家庭里而庆幸

牟钟鉴

我从1987年底由中国社会科学院世界宗教研究所调入中央民族大学，至今已有28个年头，亲身经历了民大从探索道路、积蓄力量、积累经验到实现跨越式发展的过程。

中央民族大学是教育部重点大学，又有自身的特点，即它是56个民族集中相处的教育平台，是中华民族大家庭的缩影和象征，是一系列民族院校中的最高学府，其特殊的重要性是不言而喻的。

在中央关于建设世界一流民族大学指示的鼓舞和政府大力支持下，民大的教育经费大幅度增长，教学大楼、实验大楼、新图书馆拔地而起，学校面貌焕然一新。尤为重要的是，民大已先后进入国家“211”和“985”工程，学科建设在蓬勃发展；研究生教育空前增长；高层次的研究课题陆续进入；科研成果日益丰硕；学术活动呈现活跃状态；一批又一批各民族毕业生走上工作岗位，表现优良，受到社会普遍称赞。此外，民大与海外教育界的联系也大大加强。更使人欣慰的是，各民族师生长年和谐地生活在一起，亲如一家，为全国的民族团结做出了榜样。如今，民大以其在民族教育上的优异业绩迎来建校64周年校庆，我作为民大人，既高兴又自豪。

过去的这28年，是我人生历程中最重要的时期，有机会全身心投入崇高的教书育人的工作中，为民族团结进步事业做出了贡献，又能生活在民族友爱的大家庭里，接受着多元民族文化的熏陶，享受着真诚淳厚的各民族师生情谊。我庆幸自己能在民大工作和生活，很珍惜它，感谢中央民族大学给了我这样难得的机遇和空间，使我过得充实多彩，终生难忘。

当然，民大在前进的路上曾遇到过许多困难与曲折，目前也面临着进一步深化教育改革、转变管理方式、实现高水平可持续发展的艰巨任务，要实现建设世界一流大学的目标，尚任重而道远。

我来校时，哲学系从原政治系分离出来不久，是个小系，人手不够。系主任佟德富教授以博大的包容心广揽人才，使哲学各分支学科皆有专业水准较高的教师开课授业，又在关心民大事业的校外学者帮助下，开通了与中国社科院、北大、人大等单位的学术互动之路，并致力于特色课程——少数民族哲学的建设，使哲学系形成一支优秀的教师队伍，教学科研日渐活跃起来。接着，在校领导的支持下，由中国社会科学院吕大吉研究员直接参与，民大哲学系建立了宗教研究所，开设了宗教学课程，兴办了宗教学专业，成为全国较早引进宗教学学科的高等学校之一。尔后，宗教学专业相继设置了硕士点、博士点，形成完整的教学层次，哲学系升格为哲学与宗教学学院。2006年以来，在实施学校“985”二期工程的过程中，依托于哲学与宗教学学院的当代重大民族宗教问题研究中心（学校让我负责该中心的工作），以民大教师为骨干，组建面向西部的跨地区、跨学科的学术团队，前后有一百多位学者参与，实施并完成了六个研究方向的十大项目课题，初步建立起宗教学与民族学相交叉的新学科——民族宗教学，以“族教和谐，多元互补”为宗旨，提炼“多元通和”的中国宗教文化模式和中国经验，形成包括基础理论和若干分支的一系列标志性成果，出版了20多部相关著作，并与中央统战部、国家民委、国家宗教事务局、《中国民族报》社、宗教文化出版社、《中国宗教》杂志社及民族地区民族宗教事务部门、民族院校建立了密切的联系，使民族宗教学的学科建设为推进民族团结、宗教和睦、科学发展、社会和谐做出了贡献。研究中心的工作，受到学校领导的表扬，得到社会各界的肯定，也使民大的宗教学独具特色，在我国宗教学界占有一席之地。在此过程中，宗教学原理课成为国家级精品课程。

哲学与宗教学学院的教师队伍由汉、藏、蒙古、回、朝鲜、壮、白、达斡尔等多民族组成，向来是个团结和睦的学者群体，多次获先进集体荣誉。现在，中青年骨干已成长起来，呈朝气蓬勃之势；老师之间没有民族隔阂，能够互相关心，协调合作，共同致力于教学科研工作，形成良好的院风和学风。老师们指导研究生虽有分工，又不分彼此，全当成自己的学生加以关心。影响所及，师生团结，学生学习努力，关系亲和。历届院系领导对新老教师关怀备至，对就读同学亲如子弟；而师生亦爱院系，感觉是一个温暖的新家。一些外国留学生也对民大哲宗学院产生深厚感情，毕业后保持经常联系，不断回来“探亲”。老师发现同学生病，及时护理，关爱有加；见到同学生活有困难，便慷慨解囊，尽力相助，这样的事情不可计数。老师们深知，各民族的亲人把孩子送到民大来学习，是一种诚心的托付，我们要像家长关怀自己孩子一样爱护学生，使他们身心得到健康成长。

我在民大工作多年，为教学科研做出了一些成绩，学校相关部门给予了许多奖励。人应有自知之明，我认为社会给我的荣誉超出了自己对社会的贡献，心里实在不安，多次提出不再参与评奖，希望把奖励给予最需要提携的新生力量。再说，荣誉应归功于哲学与宗教学学院这个可爱的群体。没有中青年老师们的尽心支持和积极投入，民族宗教学是建立不起来的，更不会有现在这样可观的规模。其次，我没有忘记，当我家庭遇到灾病的时候，是领导与同事陪在我身边，关怀劝慰，为我排忧解难，使我增添了度过坎坷日子的力量。我也没有忘记，几次生病住院和在家休养的时候，领导与同事不断前来探视慰问，带来温情和友谊，使我更有信心战胜病魔，恢复健康。我在民大还享受了社会其他职业享受不到的师生情谊。民大的同学质朴而敬师，性情真挚，感情深厚。我教过的学生很多，有相当数量来自西部各民族，在教学互动中与我结成终生的友情，不论去到哪里工作，他们对于自己的老师始终念念不忘，“不是亲人，胜似亲人”，比亲生的孩子还亲，即在亲情之上又多了专业的共同语言。一年到头，或来信，或探访，或帮我做事，或接待陪同，或交流思想，或通报业绩，他们成为我生命的组成部分，使我感到无比幸福。我自己在生活中难免遇到不愉快的事情，但学生们爱的力量很快就会帮我化解。

近些年身体欠佳，过着退休养病的生活，精神稍好时做点自己喜欢的事，看点书，想点问题，写点小文章，无力再承担体制内项目课题及讲课之类，只是与民族博物馆志愿者中心有点来往。该中心指导老师马晓华曾在哲宗学院工作过，她热心公益事业，把志愿者中心办得有声有色，令我感动。2014年6月，该中心刊物《青园》出特刊，纪念中心创立10周年，我应邀为之写了一篇题为“青春如此美丽”的卷首语，以表达自己内心的真实感受。全文如下：

这不是一期普通刊物，这是中央民族大学民族博物馆志愿者中心成立十周年的特刊。它如同一幅绚丽多彩的画卷，又如同一曲优美动听的乐章，更如同一座百花盛开的雅苑，展示着中华民族多元一体的灿烂悠久而又常驻常新的文化，表现了志愿者们走过的不凡历程和充满青春气息的心灵世界，凝结着他们的理想、胸襟和智慧。在马晓华老师妈妈般的关怀和带动下，一批又一批经过严格选拔的民大各族学子进入志愿者中心，怀着火热般的真情，运用熟练的专业知识和生动的表述方式，为四面八方参观者义务讲解民族博物馆陈列的各民族缤纷多姿的文化珍品。这些珍品见证了五十六个民族的信仰、传统、美俗和创造力，吸引着两岸四地和海外众多游客的目光。民族博物馆还为本校新生以及众多高校、中小学师生提供推介民族文化知识与培育各族一家亲的第二课堂，成为全国民族团结进步教育基地。民大志愿者们经受了锻炼，迅速健康地成长。他们是光明的天使，在人间播撒爱的种子，在创造和践行一种新的生活：这种生活超出功利的计较，使人的身心在奉献大众的道德境界里享受着真正的快乐。在价值多元同时混乱失据的今天，志愿者精神代表着中华文明发展的方向，志愿者乃是中华民族复兴的希望。作为民大人，我经常被志愿者们所感动，并为他们而自豪。老师们和社会各界都可以从他们身上吸取纯真的品性和生命活力，同时也要关心他们的学习、生活、健康以及未来的发展，使美丽的青春延续得更为长久，辐射得更为辽远。

如今我虽已经退休五年，而我的心与民大人是永远在一起的。

# 难忘的师生情、同学情

## ——原中央民族学院艺术系71、72级同学母校聚会纪实

左治国

初夏的北京繁花似锦、绿树成荫。2018年5月25—30日，来自内蒙古、西藏、青海、新疆、广西、云南、四川、贵州、甘肃、湖北、吉林、北京等十二个省、市、自治区的原中央民族学院艺术系71、72级音乐、舞蹈专业的同学近90人（包括蒙古、回、藏、维吾尔、彝、壮、朝鲜、白、傣、哈尼、拉祜、佤、撒拉、仫佬、汉等15个民族成分）汇聚美丽的民大校园，共同纪念入学47周年、毕业43周年。这次聚会是该系同学迄今为止举办的规模最大、参加人数最多的一次聚会，并向健在的所有当年老师（包括专业课、文化课的任课教师和党政、管理及后勤服务人员）发出了邀请。这些老师中除少数人由于身体原因未能参加外，计有三十多人欣然接受了邀请。

5月26日上午，同学们早早就来到学校大礼堂前，急切地等待着老师们的到来。10时许，当这些已届耄耋和古稀之年的老师陆续来到现场时，同学们欢呼着拥上前去，与恩师们亲切握手和热烈拥抱，许多人喜极而泣。看着大家的一张张笑脸，有的老师还能依稀辨认出许多同学在校时的模样并叫出他们的名字，但对多数人却已经认不出是谁了，直到同学们自报姓名才恍然想起。因此，有的同学干脆举着手机上自己在校时的照片，见了老师先自报姓名，真可谓“对面相逢不相识”啊！当年这些同学毕业

时才十几岁，大一点儿的不过二十出头。四十多年过去，如今，他们多数都已过了花甲之年。虽说无情的岁月使他们的容貌不再年轻，但他们对母校、对老师那颗感恩之心，对同学那份思念之情，并未随着时间的推移而减弱。同样，老师们虽然年事已高，但他们也时常关注同学们的工作、学习、生活等各方面的情况，并为他们的成长进步而感到欣慰和自豪。

此刻，在久别重逢的现场，同学们簇拥在老师周围，有说不完的话，问候声、祝福声、欢笑声此起彼伏。在集体合影前，同学们向每位老师敬献了鲜花，表达深深的敬意。这洋溢着欢乐喜庆气氛的场景被摄影师定格在师生“全家福”照片中，成为大家永久的纪念！

26日下午4时开始，师生们在燕兰楼举办了本次聚会的又一重要活动项目：茶话会和晚宴。茶话会由北京筹备组的王力同学主持。他宣布茶话会开始，紧接着大声说道：“第一项，点名！”“哇！”全场立即活跃起来，大家都为这一出人意料的程序叫好。阿达来提和宝贵花两位当年的班长一个接一个点到音乐和舞蹈专业每一位与会同学的名字，“到”“有”“来了”“嗨，在这儿”“老师和同学们好”“大家好，扎西德勒”“我当爷爷啦”……各式各样响亮而不失幽默的回答声从四面八方响起，赢得大家一阵阵笑声和掌声。接下来，88岁的田联韬老师代表音乐专业老师、75岁的李毓珊老师代表舞蹈专业老师、77岁的我代表党政及后勤服务老师、杜兴成同学代表全体同学发表了热情洋溢的祝词。随后，在欢乐的乐曲声中，身穿多民族盛装的同学们按照传统礼仪，向所有老师敬献哈达及绣球等各民族特色小礼品，祝福声、感谢声、欢笑声、鼓掌声响彻宴会大厅。在这里，同学们还见到了专程从香港赶来的白莹老师和白天未及参加见面合影的沈嘉老师。在与会同学中，吉雅同学是从美国夏威夷专程赶来参加聚会的。晚宴开始后，同学们深情地唱着祝酒歌，捧着斟满杯的青稞酒，逐个向老师们敬酒。餐桌上，师生、同学们欢快地交谈，频频举杯庆祝重逢。现场舞台背景幕布上，播放着北京同学制作的视频，一张张老照片勾起了大家对过往岁月的美好回忆。身在加拿大的李才秀老师和赵自铎老师通过视频送来衷心祝福，方云琴老师从加拿大多伦多、乌萍同学从日本东京发来饱含深情厚谊的贺信。席间，一些同学表演了《送粮路上》[①] 等来京前就准备好的民族歌舞节目；年届八旬的沈嘉老师和几位声乐班同学演唱了《我爱你，中国》；我和尕杰同学演唱了《敖包相会》；卫明儒同学演唱了由他填词、夫铁作曲的祝福歌曲；哈斯同学和钢琴技师李京生也登台献唱；75岁的慈仁桑姆老师与舞蹈专业的女同学跳起了优美的藏族“弦子舞”；更多的同学则在大厅中央跳起豪迈奔放的藏族“锅庄舞”和蒙古族舞蹈；75岁的满苏荣老师也在同学们的围观下翩翩起舞，引来一片喝彩声；72岁的易国刚老师应大家的要求上台表演了他拿手的维吾尔族女子舞蹈动作，其举手投足、眼眸顾盼，惟妙惟肖，引来全场一阵阵笑声和掌声。近五个小时的欢聚，老师和同学们始终沉浸在浓浓的温馨、亲切、热烈的气氛中，宴会大厅变成了欢乐的海洋！

之后的两三天里，同学们或集体或单独分头看望慰问了田联韬、金在清、金艺华、吕绍恩、吴金德、倪振春、潘文英、马跃、帕夏、洪志超等老师和我。其间，同学们还按专业、年级、班级分别组织了多场小型聚会和联欢，畅叙同窗之谊。许多人还专门安排时间到天安门城楼前合影留念，并参观北京新市容。几天里，在母校校园里，原艺术系所在的十八号楼、居住过的宿舍楼、校门口、甬路上和树荫下，到处都留下同学们的足迹和身影。大家对母校的一草一木是那样熟悉和留恋，因为他们青年时代最美好的时光是在这里度过的。

5月29日晚，北京同学在学校教职工清真餐厅设自助餐为外地同学饯行。我是唯一受邀出席的老师，被同学们亲切地称为“孩子头”。席间，同学们的情感波澜再次掀起，大家互道珍重，互送祝福，依依惜别，并欣然接受阿达来提同学的提议和邀请，相约次年到新疆欢聚。

---

① 傣族景颇族舞蹈《送粮路上》是20世纪70年代初由方云琴老师编舞，夏中汤、田联韬、方夏灿等老师作曲，李耀宗老师作词而共同创作的优秀舞蹈作品。在当时全国只有“样板戏”的情况下，该舞蹈在首都舞台上一亮相，便令人耳目一新，大受好评，后成为我校艺术系的保留节目和舞蹈专业排练课的经典教材。71、72级学生毕业时，曾在分赴青海、广西等地汇报演出中多次表演这个舞蹈节目，并深受各民族群众的喜爱。《送粮路上》在首都公演后，各地艺术团体纷纷派人来学，使之很快在全国很多地方流传开来。

让我们记住参加本次聚会的每一位同学以及因故未能出席的同学：71级音乐专业的刘生财、尹熙洙、金河燮、美多、孙桂兰、扎堆、张淑恩、王春兰、群培、拉巴桑姆、索南曲珍、马明德、哈斯格日勒、赵玉莲、安莲实、姜素民、刀宝红、阿达来提、尕杰、扎永、贡觉玛、李贞姬、罗格央宗、多吉卓玛、泽嘎、洛桑三旦，72级音乐专业的公觉群培、悦品、乌兰高娃、王力、巴雅尔、巴特尔、马玉宝、朴长天、边宗、包布和、吴丽荣、夫铁、扎西达杰、卫明儒、杜兴成，71级舞蹈专业的索朗旺堆、仁桑次仁、格多、甘瑞忠、格桑洛珠、索南、向永清、尊珠桑姆、维色卓玛、次仁卓玛、宝贵花、卓玛才吉、马玉莲、昌荣、李措毛、李美秀、张彩仙、杨金玉、吉雅、泽仁拉姆、蒙晓燕、尼玛才仁、旦周多杰、普朗、加央登巴、马盛德，72级舞蹈专业的尼尼、李小平、李平、韩淑芳、牛青春、甘丹旺姆、章秀娥、李秀牡、梅恩、刘晓燕、王玉英、乜若春、金才、关却杰、洛娃、王恩文、罗再发、刘勇、杨月林、陶绍全、郑泰顺，以及72级美术专业的杨先谟。

同样，我们也要记住出席这次聚会活动和在家中接待同学看望慰问的老师们：音乐专业老师有金正平、田联韬、金在清、阮寿宁、夏中汤、吕绍恩、吴金德、吴坤侠、倪振春、潘文英、沈嘉、阿米娜、谢秀珍、赵婷、全贞子，舞蹈专业老师有叶明明、徐美茹、白莹、满苏荣、刘德华、慈仁桑姆、金艺华、李毓珊、马跃、池福子、田国庆、易国刚、何栋梁、帕夏、余明复，文化课老师有洪志超，党政管理和生活、教学服务的老师有左治国、杨阿榜、李京生、阎润萍、屈强。

这次同学聚会能如此顺利圆满，不仅得力于北京同学的热情发起、周密策划和精心组织，也得力于各地同学的热烈响应和积极配合。在此之前，同学们已于2014年、2015年和2016年分别在云南、西藏、青海举办了三次聚会。而这次聚会，则是为满足同学们重回母校并看望恩师的强烈愿望。从去年5月起，北京的同学就启动了聚会的筹备工作，由71、72级同学通过微信群向各地同学发出邀请并得到了大家的热烈响应。北京的同学随即组成了以王力、王玉英、乜若春等同学为主的“同学聚会北京筹备组”，并成立了由各省区牵头同学（小组长）组成的“同学聚会全国联络组”，大家合力完成了诸如核实参加聚会同学名单，确定聚会时间、日程、活动内容，制定聚会安全守则，经费筹集、食宿安排、节目准备、编发住地和聚会场所示意图、通报天气情况和穿衣提醒、安排茶话会晚宴师生座位、聘请摄影师、布置照相台、购买鲜花、向老师们逐个发出邀请以及聚会当天接送年老体弱的老师等一系列细致的工作，可想而知筹备组同学们的辛苦操劳程度！

特别需要提及的是，这次71、72级同学一起聚会，是因为这两个年级的同学关系特别亲密。缘由是当年在“文革”中，中央民族学院的艺术系专业还要不要办曾是老师们心中共同的疑问。1970年10月，学校组织了几个调查组前往民族地区征求意见。我参加了由16人组成的“艺术系教改调查组”到青海省黄南藏族自治州进行调查，以征求当地领导和广大农牧民的意见。三个月的调查，最后得出的一致结论是“艺术系一定要办”！ 1971年年初，学校决定当年即恢复招生。经过紧锣密鼓的准备之后，一方面派出老师分赴各民族地区招生，另一方面紧急将还在湖北干校劳动的老师们调回学校备课。71级同学（以青海、西藏籍的同学为主）于1971年年底入学，1972年初开学。紧接着又开始72级的招生工作。72级同学于当年9月入学。两个年级同年开课，同年毕业，间隔只有半年多。他们全部来自少数民族地区的农牧区。两个年级的同学年龄相仿，都非常朴实单纯且谦虚好学，对老师特别尊重。三年中，两个年级的同学“同吃同住同学习”，朝夕相处，情同手足。就像同学们自己说的：“我们是没有血缘关系的兄弟姐妹!”据了解，毕业后，他们的友谊仍在延续，直到近年，两个年级的同学之间也是“一人有难，八方支援”，不分民族、不分性别、不分地域，或慷慨解囊、或病房陪护甚至跨省驰援的感人故事屡见不鲜。当年我以教师身份参与了对他们的入学接待、日常管理服务、思想工作和党团员发展工作，一直到毕业送他们回家，其间也“吃在学生食堂，住在学生宿舍”，不仅亲眼见证了他们之间团结友爱、纯洁无私的感情，也和他们结下了深厚的情谊。这些同学毕业后，很快成为各民族地区艺术院校、艺术表演团体的业务骨干，其中许多人成长为卓有成就的民族音乐领域的专家、作曲家、乐队指挥、歌唱家、舞蹈家、器乐演奏家、优秀的专业课教师，或成为艺术团体和文化管理部门的党政领导，为发展和繁荣民族地区的文化事业做出了重要贡献。如今，他们虽然已退休了，但许多人仍在为培养青少年艺术人才发挥着余热。

这次北京聚会将成为珍贵而美好的记忆，永远留存在师生们心中！

# 跨国师生情

## ——追忆我和越南留学生相处的日子

索文清

1965年8月间，中央民族学院校园里来了200名越南留学生。从这些学生的面容和举止判断，他们大都是不到20岁的高中学生，其中有一半女生还穿着越南的传统民族服装，留着辫子和披肩长发。他们走进校园，对所看到的一切都感到陌生和新鲜。

### 一

20世纪60年代，美国发动了对越南的侵略战争，给越南人民带来了深重灾难，战争初期仅死亡人数就达到了160多万，越南的社会经济和文化教育均遭到严重破坏。其间，延及越南北方的战火直接影响到一代年轻学子的读书学习。危难之际，胡志明主席和越南共产党中央决定，把他们的子弟送到社会主义国家去培养，以便为越南战后的经济恢复和建设储备人才。中国是越南的近邻，是越南的可靠后方，因此，他们首先想到的就是把学生送到“同志加兄弟”的中国来培养深造。当年，北京部分大专院校承担了接纳越南学生的任务，分配来中央民族学院学习的越南学生计有200人，与其他院校接纳的学生数量大致相当。

中央民族学院领导对这批越南留学生的到来十分重视。按照上级要求，学校在半个月前就成立了留学生办公室（以下简称“留办”），并从各科系抽调出一批教职工（大约40余人）到“留办”工作。

为了使这批越南留学生在中央民族学院生活得安逸舒适，学校特将原12号楼腾出来供他们居住，规定每个房间仅住两人，室内的床铺、衣柜、桌椅和被褥全部是新置办的。入校后，他们穿的衣服、日常生活用品也都由学校统一分发，吃饭设有专门食堂；为方便他们课余时间开展文体活动和单独开会，学校还在12号楼西侧、靠近西校门的地方盖了一幢“留学生俱乐部”（现已拆掉），专供越南留学生使用。应该说，校方对这批越南留学生的关怀照顾，真是达到了体贴入微、无可挑剔的地步。

## 二

给这批越南留学生上课的教师，大部分是从当年语文系和汉语系调出来的教学业务骨干（少部分人来自历史系和预科），并有教授少数民族学生学习汉语的丰富经验。院领导在为越南学生挑选教师的时候，注意选拔年轻一些、普通话讲得标准一些的人。大概正是这个原因，我被从历史系调出来，参与了对越南留学生的教学工作。考虑到“留办”这个新单位的特殊性，学校还专门把时任历史系副主任、著名的社会学、民族学家林耀华先生调过来担任主任，党务和行政工作则由行政楼派来的陈启仁同志负责。

在“留办”里，教师们虽说分别来自不同单位，但大家都是为“抗美援越”这个崇高的目标走到一起来的，所以彼此很快熟悉，形成了一个和睦、团结、合作的集体。为了教学和接触同学方便，“留办”将新组建的教研室和行政办公室也都设在了12号楼内。200个越南留学生分为10个班，每个班定员20人，确定由三位老师包一个班的教学。我被分配到第八班，该班另两位老师都来自语文系。其中一位叫卢诒常，广西人，比我年长两岁，是位待人和善的老大姐；另一位叫刘新家，刚从语文系藏语班毕业，性格开朗，热情活跃。我们三个人在这个班相处得很融洽，教学工作也配合得很默契。

## 三

分到第八班的学生，男女生各占一半。他们有的来自越南南方，战争使他们失去了亲人，全由越南政府包管他们的一切；来自北方的学生一部分家在农村，一部分出生于城市的干部家庭。大家聚拢到一个班上课，开始相互之间还不太熟悉。他们会认部分汉字，都能听懂一点儿汉语，但不太会说。起初，教这样一个班的汉语课还是有些困难。我想，要把教学顺利搞好，首先得解决好与同学们的关系，要和他们交朋友，平等热情地关心对待他们，同时也让他们了解每个老师的性格特点。经过半个多月的努力，同学们对各位老师渐渐熟悉了，接触中不再紧张拘谨，跟老师交谈也随便自然多了。上课的时候，大家都主动举手，平时勤练汉语造句，愿意和老师对话。看到同学们自觉学习的热情与不断进步，我们都由衷感到高兴。

这里我要特别提到我们班年龄最大的班长吴文启同学。他是一个农村出身的工作干部，越共党员，初来时已26岁，也是这200名越南留学生的领队之一。他对班上的同学和老师们都十分热情，是同学中有威望的老大哥。在学习生活中不管是课堂还是课下，他都愿意找机会和我交谈，因而汉语也比别的学生讲得好些。他告诉我：他的家就在河内附近的农村，战争使他家乡的房屋和农业生产遭到严重破坏；领导把他从家乡农场调出来和这些高中学生一起送到中国来学习，计划让他们先学好汉语，然后再把他们输送到中国各地的理工科大学继续深造。他对我说，越南太缺少受过高等教育的后备科技人才了！越南政府希望能在中国的帮助下，解决人才匮乏问题。

## 四

时间过得很快。经过近三个月的教学实践，同学们的汉语水平有了明显的长进，师生感情也在不断加深。老师们每天的教学工作很辛苦——上午4节课，由我和卢诒常老师给他们上新课；下午两小时是辅导课，由刘新家老师去帮助他们复习上午学习的内容；晚上老师们还要去教室查看同学们完成作业的情况——一天时间排得满满的。据我了解，其他班的老师也和我们一样敬业，对教学工作十分认真，再辛苦也无怨无悔。因为我们知道，我们肩负的是国家的一项特殊政治任务，丝毫不能马虎。

老师们对这批越南学生的特别善待和耐心，也使学生们深受感动。他们把中国老师当成亲人，课后愿意接近老师聊天，甚至喜欢打听老师们的个人及工作、家庭生活状况。不知什么时候，班上的几位年龄较小的女同学（阮氏明慈、阮氏嫦、黎女越雄）知道了我女儿在上幼儿园，便在星期六下午休息时没有和我打招呼就私下跑到学校西门外的幼儿园，将我女儿接到她们的宿舍一起玩儿，让我女儿教她们说汉语、学唱中国歌。当年我女儿刚5岁，和她们一起又唱又跳，玩得很开心，混得越来越熟。后来，这几位女学生几乎每个星期六下午都跑去幼儿园把我女儿接出来玩儿，甚至在星期日，也求我把女儿送到12号楼和她们一起过。这样，我女儿成了我和这些越南学生感情联系的又一条纽带。

1965年下半年，这批越南留学生们进入学习紧张阶段。院里领导为了调剂好他们的课外生活，经常组织他们到校外参观游览和观看各种文艺演出。我记得他们先后去过故宫、天坛、北海、颐和园，还和老师一起爬过长城。通过这些活动，他们加深了对中国历史文化的了解和喜爱。他们感慨北京的名胜古迹真多、非常好看，都表示喜欢北京。很快，1966年的春节到了。春节也是越南的传统节日，这些同学为能在中国过春节都十分兴奋。同学们很早就写好了给老师们的贺年信，女同学还在洁白的手帕上用各色丝线绣上花卉和老师们的名字，装在精致的信封里，准备在春节联欢会上送给老师。那年的春节联欢会办得很成功，师生们欢声笑语一片，同学们边吃糖果边交谈在中央民族学院的学习生活感受。会上，同学们齐声高唱“越南中国，山连山，江连江……”等一些越南民歌。我和刘新家应邀献唱，为他们唱了一曲藏族民歌《北京的金山上》。

## 五

进入1966年春夏之交，上级主管部门通知，高等院校均已停课，在华留学生的学习无法保证，兹决定从某日起，将各国留学生送回所在国。这一通知传达后，越南留学生就开始集体打点行装，准备启程回国了。临行那天，各班老师都前往车站为他们送行。在站台上，八班同学围着我们三位老师不知该说些什么好，但最集中、最明确的语言表达，就是希望今后还能有机会来中国和老师见面。火车开动了，这批越南男女留学生都挤在车窗口，不断地向我们挥手告别。可以看到，几乎所有女同学眼里都噙着泪花。

1969年10月，“留办”建制正式被取消。

虽然“留办”在中央民族学院存在的时间不到两年，但是我和越南留学生相处的那段经历却令人难以忘怀。转眼半个多世纪的时光过去了，当年在“留办”任教的老师大都步入晚年，有的已经离世。有一天，忽然刘新家（这时他已是民大老干部处的处长）跑来跟我说，一位在外事部门工作的张同志打来电话，说有位和他一起参加中越边界勘测工作的越南同志叫“吴有河”，曾在中央民族学院学习过，是第八班的学生，托他打听当年教他的三位老师是否还健在？如果在，一定把住址、电话打听到告诉他。就这样，我们和越南学生中断了半个多世纪的联系恢复了。

大约过了一年半的时间，吴有河来到北京，打电话来约我见面。我如约去了他下榻的宾馆，一进大堂，就见到一对老年夫妇端坐在那里等人。其中一位老人见到我进来，便站起身走向我，拉起我的手说：“老师，您不认识我了？我是吴有河。”我惊异地看着面前这位已秃顶的老人，想不到他就是我当年教过的那个爱说笑的小伙子吴有河，真是岁月催人老啊！

随后，他微笑着向我介绍他的夫人。我们坐下来畅叙久别之情，他告诉我第八班同学中现在还有9个人在河内工作和生活。据他讲，他们这批同学回国后，经过长时间的学习、培训和战争磨炼，有的成了部队中的高级军官，有的做了大学教授，还有的成为国家公职人员或知名的高级医师。他特别提到他们的班长吴文启回到了家乡的农场，曾带领家乡群众发展生产，在和平环境中日子过得越来越好，现已退休养老，并说班里的同学们听说中国的老师们还健在，正计划着组织专程来北京看望哪！听到这样的消息，确实让我兴奋不已。临别时，他送我一件越南老人常穿的白色布衣，说："老师您穿上它，就会想起我们越南学生。"与吴有河的这次见面，成了我与这批越南学生重新联系的开始。

## 六

2009年6月，班长吴文启率领原八班同学吴有河、黎志乡、阮氏明慈、严氏明秋等人来北京"省亲"。他们与我见面时表示，这次来北京主要是看望多年不见的三位老师，顺便看看北京的变化，并说每个人都给老师带来了礼物。但他们没想到，刘家新老师几年前已过世，因而感到非常遗憾和悲伤。感伤中，他们把带给刘老师的礼物托我转交给刘老师的家属，并向其家人转达他们的哀思和慰问。

当晚，我安排这些同学在中协宾馆住下。第二天，我和卢诒常老师一起陪他们参观了已更名为"中央民族大学"的校园。校园里几十年的变化，处处让他们感到惊奇和振奋。他们在曾住过的12号楼前拍照留影，又去了专接收外国留学生学习的国际教育学院参观。该学院院长吴应辉听说他们是20世纪60年代在本校留学的越南学生，十分热情地接待了他们，并亲自带领他们参观了现在外国留学生就读的教学设施。为表示母校对返校越南校友的欢迎，时任中央民族大学副校长马文喜同志还出面在校园的"民族苑"宴请了他们。席间，这些越南同学纷纷感叹学校的变化真是太大了——校园内高楼林立，他们住过的12号楼都快找不到了！他们真情表示：正是由于当年中央民族学院的教育培养、中国老师的辛勤付出和无微不至的关怀，才有了他们成长和成才。因此，他们永远不会忘记在中央民族学院学习和生活的日子，永远不会忘记中国母校之恩。宴会后，这些越南校友向母校赠送了礼品，以表达他们的深深谢意。

## 七

这些越南同学在北京待了五天，并去了一些故地游览。他们临回国的前夜，我和老伴前往中协宾馆与他们话别。他们依依不舍地围坐在我周围，再次深切表达他们对中国老师的感激之情。他们每个人都留下了自己在河内的电话和地址，一再要求我来年秋天一定去河内看看。在此后大半年的时间里，他们几乎是轮番打电话催问我什么时候去河内？办好出国手续没有？盛情难却之下，我和老伴于2010年12月中旬登上了飞往越南河内的班机。

前来河内机场迎接我们的有吴文启、吴有河、阮氏明慈和她的儿子。他们手捧鲜花在机场大厅已等候了一个多小时，一见到我俩出关就都跑过来献花拥抱，脸上露出的兴奋和喜悦，让我俩一时感动不已。他们把我俩先送到酒店休息。吴有河对我说，明天在河内的同学都要来看望老师，要给老师接风洗尘。第二天一大早，同学们果然来了不少，除了在北京见过的吴文启等五人外，又增加了阮如庆、武文惠、张氏红烟三人。记得阮如庆是当时班上年龄最小的学生，聪明伶俐，学习成绩好，如今已是越南军队的高级干部、少将军衔；武文惠是河内某大学的教授，现在仍在校任教；张氏红烟是越军某部的高级医师，现为越南某省省长夫人。相别40多年，这三位同学是初次见到我，显得格外激动。同学们都要求我，这次来河内一定要到每个同学家去看看。我答应了他们的请求，并在接下来的八天内一一走访了他们的家庭。我和老伴儿每到一家，都受到了极为热情的接待。他们向我和老伴儿介绍自己的家人，并拿出越南最有特色的食品和水果招待我俩。走访中给我留下最深的印象是：每家的住房都宽敞明亮，多是二三层的小楼，室内收拾得干净整洁；家家专辟有一室来供奉神龛和祖先牌位，表明越南人至今仍然保持着敬神拜祖的传统习俗。

## 八

河内是一座美丽清新的城市，街市很繁华。同学们带我和老伴儿去逛商场、看花市时，我注意到街上保有许多庙宇或宗祠，一些庙堂中供奉着玉皇大帝、王母娘娘、关公等神像，香火很旺，前来朝拜的善男信女络绎不绝。这些庙宇或宗祠内都悬挂着用汉文书写的各类楹联和匾额，看罢让我感觉自己仿佛置身于国内，而不是在越南。河内的“巴亭广场”是城市的中心，吴文启和吴有河专门陪我们到这里参观了胡志明主席纪念堂和他生前办公的地方。在庄严肃穆的纪念堂内，我们瞻仰了胡志明主席的遗容。我看到他生前的居室和办公的地方十分简朴，室内陈设的桌椅、书架、床铺等都是简单木质的，没有一件奢华的东西，令所有前来参观者都深受感动和教育。我感到胡志明主席不愧为越南人民最崇敬的领袖，他将世世代代受到越南人民的爱戴和敬仰，也为中国人民所永远怀念。

在我的这八位越南学生中，武文惠、阮氏明慈在河内郊区都有住房，希望我们再去农村看看。武文惠开车接我们去了他的家乡，沿途所见农舍是一片片的砖瓦平房，而且粉刷修缮得都很干净整齐。家家户户的庭院里都种有各类果树和花草，圈养着成群鸡鸭，显现出一派平和安详的景象。武文惠的亲属和邻居得知他的中国老师来了，都热情地出来迎接，并送来当地各种水果和熟番薯、玉米等招待我们，还邀请我们和他们一起吃饭。席间虽然语言不通，但越南老乡们表现出的热情友好令我和老伴儿十分感动。武文惠介绍说，越南近几年改革开放后，村里变化很大，有的外出青年带着技术回家乡来搞建设，帮助当地农民致富，因而大家的生活越来越好了，现在是不缺吃、不缺穿，家家还有积蓄。听到这些，我衷心祝福他们在致富道路上越走越顺畅！

出访时间过得很快，12月25日我和老伴儿就该启程回国了。同学们知道我们是乘火车回国，便备下了热带水果、咖啡、鱼露、绿豆粉等多种越南特产让我们带上。我说东西太多，每家只能收一件。临行那天，有五位同学前来送行。在站台上，我拉着他们的手，想起了40多年前在北京车站送他们回国时的情景，不胜感慨于岁月悠悠、如梦如醒。如今，这些越南学子都已成为建设自己国家的栋梁之材。他们是在战火中成长起来的、懂得感恩的一代人，身上同样具有中华民族尊师爱老的高尚品德。他们不忘中国母校和老师对他们的培养，我为此感到无比欣慰和自豪！我想，这种跨国的师生情感和友谊，不仅是永存于我脑海中的美好记忆，也是中越两国人民和平共处、睦邻友好的坚实历史基础。

2018年10月20日于 北京

# 茵陈大姐二三事

车如舜

我结识张茵陈教授是在20世纪50年代末，即1959年孟秋。1959年是我人生道路上最令我自豪的"闪光点"：那一年，是伟大的人民共和国诞生十周年；那一年的9月初，我经国家统一分配到中央民族学院工作，实现了多年到祖国首都工作和生活的梦想；同时，我又非常幸运地被安排到民语系汉语文教研室，与李慎言、田泽芝、张茵陈、刘正埮、郭殿勋、王立玉等资深学者以及刘善良、李云忠、汪新裕等青年才俊一起工作……真是喜事连连，令我豪情满怀、欢欣鼓舞！

张茵陈大姐在现代汉语领域的学养以及她善良、沉稳、谦和、宽厚的品德和惜言如金的性格，让我十分折服和敬仰。在其后长达半个多世纪的漫长时日里，我虽然无福与大姐始终在同一教学岗位，但我们之间纯真而深厚的姐弟情却与日俱增。

我曾撰文记述茵陈大姐平凡而光辉一生的夙愿，题为《九旬寿星茵陈老》。然而茵陈大姐长如画卷般的人生经历以及她阔如大海般的胸襟情怀，实在令我感到心有余而力不足，叹只叹我这支拙笨的笔头难以表述她闪亮的人生业绩于万一。而今大姐溘然辞世已届周年，反复斟酌，我决定采撷大姐生前与我交往的"二三事"诉诸纸墨，以寄托我对大姐真诚而深切的追思。

## 感激教诲忆谆谆

当年我与茵陈大姐初识后，由于所好相近，情谊日深。俗语说“君子之交淡如水”，“君子”之于茵陈大姐，堪称实至名归；而我离“君子”之实则相差甚远！不过，我和大姐之间的交往越多，我获益越多，使我在诸多方面提升不少。

茵陈大姐与我首次谋面，见我一身土气的学生模样，并无丝毫轻视、嫌弃，而是热情诚恳地对我说：“小车同志，你从贵州的穷山沟一步迈入天府之国深造，而后又一步进入万人向往的首都北京工作，这种人生跨越并不是一般人能轻易实现的。所以，你必须一辈子牢记党和人民对你的培育和厚爱，一辈子毫不动摇地、全身心地投入少数民族教育事业之中，以报答党和人民的深恩大德！”她的一席话，至今犹在我耳边回响！

茵陈大姐十分关注我的语言文学素养，她十分中肯地对我说：“作为教师，师德当然是第一位的。但是，为人民服务的看家本领就是过硬的专业功底和纯熟的教学艺术。这也是教师一辈子努力奋斗的目标。你的主攻方向虽然是古典文学，但却须臾离不开现代汉语的素养。只有在现代汉语领域包括语音、词汇、语法、修辞及纠误辨正方面不断探索奋进，才能在自身专攻的方向进入自由王国。”大姐的教诲和引导使我深受启发。从此，我不仅在教师品德和风范上坚持自觉修养，而且更为注重自己学术水平和治学能力的提高。

## 终身受益广华寺

十年之后的1969年岁末，中央民族学院大部分教职工已“下放”到湖北潜江“五七干校”劳动锻炼。为了保证被下放教职工的子女不致辍学，经干校领导与当地广华寺中学协商，决定将下放教职工的适龄子女安排到广华寺中学上课，同时指派耿予方、张茵陈、刘正埮、陆雁、黄凯和我去该校协助管理和教学工作。这样，我与茵陈大姐有了更多接触和交往。

在广华寺中学共事虽然只有短短一个学期，但茵陈大姐认认真真、踏踏实实、兢兢业业的工作态度和作风再度深深教育了我。她对待同事、对待学生的真诚、热情和关怀备至，感动和启发着与她交往的所有人。当时，到广华寺就读的民院教职工子女，多为十三四岁的孩子。这些孩子“背井离乡”千余公里，从首都来到湖北的江汉平原，所以情绪很不稳定。尤其女孩子，不仅私下里而且在公众场合也经常伤心抹泪。面对这一问题，茵陈大姐给予这些孩子更多关怀。她常深入女同学当中了解实际情况，并注重进行有针对性的思想开导、心理安慰和精神鼓励。她的教育和管理方法既无“高调”也无“强制”，而是“润物细无声”，因而收效十分明显，赢得了孩子们的信任和依赖。

茵陈大姐对身边的老师也十分关心。陆雁老师承担了所有班级的音乐课，工作十分繁忙，加上她身边还带着八九岁的女儿朱洁和六七岁的小儿子朱伟，很多时候照顾不过来。尽管自己也很忙，但茵陈大姐总是处处帮陆雁老师关照着小洁和小伟。

在广华寺中学，大姐仍不忘指导和帮助我学习现代汉语。我是南方人，发音时n、l不分，z、c、s，zh、ch、sh不分，en、eng不分，至于普通话中的“轻声”“儿化音”，更长期处于“盲区”。大姐不厌其烦地给我讲述其中的规律，并在对话中一点一滴地示范，一点一滴地纠错……使我在这些方面不断有所长进。同时大姐还在现代汉语的词汇、语法、修辞方面为我填补缺漏。总之，茵陈大姐是将我带入现代汉语殿堂的重要引路人。

茵陈大姐在生活上也特别关心我。当她得知我在干校每月的生活费只有11块钱（勉强维持最低伙食标准）时，每月都暗地里给我送来牙膏、香皂等日用必需品，还时不时给我一些糖果、小点心，令我感激万分。

## 与时俱进赞耄耋

茵陈大姐是学校首批光荣退休的老教工。在退休以后的三十余年间，这位典型的“空巢老人”生活得十分平静、充实，思想上也能“与时俱进”，是我校“时尚老人”的突出代表。

茵陈大姐的父亲张鸿诰，当年是周总理的同窗好友。周总理东渡日本求学时，曾将自己的诗作“大江歌罢掉头东”赠予鸿诰老先生。以前，大姐对这事绝口不提。大家还是在这件总理诗作手迹公开于世后才知道此事的。

茵陈大姐一生潜心于现代汉语的教学，对诗歌创作也情有独钟，早年曾与老伴卢念苏先生联袂发表诗作。对于诗歌，她不仅勤于创作，在理论研究上也有独到见解。她认为，诗歌与其他文学形式不尽相同，只能以“意境”取胜。如何通过精练的语言营造出发人深思、引人遐想的“意境”，是诗歌的第一要素。她不认同那些附庸风雅、浅薄浮躁、自作多情、矫揉造作、东拼西接或不知所云的诗歌创作，而是坚持“诗歌要感人，诗人先有魂”的观点，强调诗人必须追求真意、深意、新意，从而“出意境，显真情”。

茵陈大姐在90高龄时仍努力向学，坚持在耿富等同志的指导下学习使用电脑，并通过网络密切关注国内外的信息动态。她通过网络与“银发无忧”网站结识，特别欣赏该网站提供的“头戴放大镜”，让老人不用手持便能十分自如地阅读和写作。前年，我和李德君老师前往寓所探望她时，她还特意向我们推荐了这款“放大镜”。我们两人分别购买了一副，用起来特别方便称心。

去年，茵陈大姐因肝病腹水而住进人民医院。我感到自己平时亏欠大姐太多，觉得自己应当向长期以来一直关心和照顾大姐的黄保慧大哥和邵玉霜大姐以及保姆小黄学习。所以，我差不多每隔十天就前往医院探望一次茵陈大姐。每次去探望时，大姐见我如逢亲人，总愿与我交谈 —— 谈现在、谈过去、谈未来，精神头特大。

去年8月23日，我依惯例去人民医院急诊室留观病房，刚一迈进病房，猛地发现大姐的病床已空。这情形使我感到如雷轰顶，内心极为悲痛。回校后，黄保慧大哥和邵玉霜大姐告知我：茵陈大姐已于前日离世。

为了不惊动亲友同事，她要求丧事一切从简……

茵陈大姐平静安详地走完了她充实、平凡的一生，没有留下什么遗憾，只给我心中留下了她的光辉形象。

# 魅力之源

## ——恩师来先生素描

石晶

第一次见到来春刚先生时，我们一帮小丫头马上叽叽喳喳讨论起他的年龄，我们打赌先生不会超过55岁，而事实让我们大跌眼镜，先生竟然已经66岁“高龄”！从他亲切的充满活力的脸上实在看不出来，后来我们明白，先生的心是因为热爱文学而年轻。从那时起，我们跟随他一起追逐当代文学的飞快的脚步。

先生是那种典型的重内容不重形式型老师，上课没有点名制度、签到制度这些规矩，也就是说我们是可以“无法无天”的。但他的宽容并没有成为大家求之不得的漏洞，没有人把这当空子钻。相反，先生的课上座率出乎意料得高。每当听先生的课，大家就会突然变得兴奋起来，即使是早上8：00的早课，也有一大批同学提前到教室，为了抢占前几排的黄金座位，大家有时甚至暗中竞争。先生用精辟的见解、深入的分析和旁征博引，调足了我们的胃口。先生渊博的才学和广阔的人文视野，使我们的心真正为文学跳动起来。这样的好课错过任何一节都是遗憾，只有根本不爱文学的人才会逃课吧，而先生的魅力像魔法一般吸引着我们每一个人。

坐在先生的眼皮底下时，我就喜欢观察先生的一举一动，欣赏他丰富的表情。有一次，我坐在讲台正对面观察先生的讲义，那是我见过的最有历史感的讲义。它不是我们见惯了的快餐式的雪白复印件，纸张略微发黄发灰，薄薄的略带些许透明，纸边已经有些破损，磨得柔柔的，翻起来没什么声音。这本已经很旧的备课本，有一种被时间洗涤过的痕迹，里面沉淀的是先生多年的心血吧。每当先生翻过一页时，我就能看见那讲义上无比丰富的内容：有钢笔字，有圆珠笔字，用不同的颜色标注着；有的笔迹已经很旧，在纸上微微晕开，有的明显是新加的；有拉来拉去的箭头和增补符号；有正文旁边的注释，有工工整整地粘上去的剪报——几乎所有对讲解问题有帮助的材料，都可能在这个本子上出现。要积累出这样一本精华，先生到底付出了多少精力？

每每抬头看到这本讲义，我就会油然而生满满的崇敬感。先生在课堂上的每句话，都是他的研究成果吧，而我们是何其幸运，就这样接受了先生的心血。以前，我一直把老师的传道授业看成理所当然，现在我突然意识到，老师是多么无私，而我是多么迟钝。

先生也有严格的时候，他难得的严厉总是为了我们的功课。记得期中考试，先生按常规布置了论文，要求是在他给出的书目中，挑选一本阅读，写出2000字的故事梗概。将几十万字的长篇小说压缩成2000字，我们不由地在课堂上“啊”成一片。先生料准了似的，但笑而不语，丝毫不肯通融。我们按图索骥去找书时，才发现这些书都是刚刚出版的新书，书评和辅助读本还没有在各类媒体上出现。原来，先生早料到我们可能依赖参考资料，可能抄袭别人的研究成果，所以特意布置了只能靠自己独立完成的作业，我们不约而同地说，“这位老先生真是深谋远虑”！我们读了其中一本，发现很难概括；又找另外的，发现也很难；再找，结果发现都很难，于是互相打听，大家叫苦连天，抱怨不同的书有不同的难处。最后，大家几乎把书目上所有的书全看了一遍，斟酌比较良久才下笔。后来我想，先生的教学方法之高妙恐怕正在于此吧，要我们举棋不定，这山望着那山高，真正的目的是扩大了我们的阅读视野。因为全靠自己，这次没有参考书的作业，却是我做得最满意的一次。

先生虽是已经退休又返聘的老教授，但特别尽职尽责。他的课总是排在最早的两节，而他从不迟到。有一次，先生来晚了，讲课时还停顿了好几次，他连连对我们道歉，原来是为了研究生论文一夜没睡好。说着说着，他对着我们年轻人感叹起来，说有时他羡慕古代文学的那份从容，研究当代文学总是不停地追逐着作家们的创作脚步，有时觉得很累；可是一旦听说了好作品，又会扑过去。年纪大了，快跑不动了，看着我们的年轻，要多羡慕有多羡慕。先生说，他之所以退休了还来代课，就是因为他喜欢学生的朝气和活力，在学校里看着一张张求知的面孔，巴不得把自己所知道的全掏给他们，还觉得不够，为学生忙忙碌碌，好像自己也年轻起来了。虽然这不是什么煽情的话，可是却让我的心紧紧地抽动了一阵。年轻，曾经让我觉得自己不够稳重，巴望着赶快变得成熟起来。而面对长者的感叹，我才突然意识到年轻的时光有多么珍贵。这样宝贵的财富，独一无二,一生只能拥有一次，而我以前没有善待它。面对先生慈爱的眼神，那一刻，我明白了自己的定位,“学生”这个角色突然让我觉得幸福起来。

我常常想，先生到底具有什么奇特的魅力呢？让我们会这样乐意靠拢他，这样倾心聆听他，这样热切跟随他？我认为，他的魅力就在于他的学养，他的开阔，他的奉献，他的坚守，再加上他性格的率真和幽默。其实，我们背后都说，先生是个超级有个性超级可爱的老头，他的平易和宽容，不会让我们对他的尊敬有一丝一毫的折扣。大家都喜欢他，尊敬他。一个学期真是太短了，大一下半学期结束，我和先生的师徒缘分暂告一段落，后来也不常见面。有一天，在系办公楼遇到先生，我马上立定了问好，先生连连点头答应，他脚步匆匆与我擦肩而过。待先生走过身边，我没有马上离去，而是转身观察他的背影，他还是那么精神焕发。他手里提着一个布包，看起来平平整整的，应该是一叠论文吧，他一定又在为学生奔忙了。看着先生健步如飞跨上一级级楼梯，我忽然想大喊一声“谢谢”。是的，我从心底感谢先生，他没有跟我们说过什么感性的话，总是默默用行动表达他的关怀，然而我多想真诚地向他说声“谢谢”。我们这个年龄，正是毛毛躁躁、喜欢挑毛拣刺的时候，一个个头上都像长了犄角，颇以自己为中心，也容易为成绩自得。对我们这些孩子，先生就像深深的潭水，波澜不惊，用他的包容和深厚呵护我们、震撼我们，让我们看到自己的浅薄，为自己的年轻气盛惭愧起来。

对于他亲身经历过、而我们难以想象的中国当代文学走过的历史，他总是想告诉我们多一点，再多一点。听先生讲述文学创作的艰辛，永远包含着一种沧桑，也包含着一种希望。在他的课堂上，我们是有思想有见解的文学青年，而不是无知的需要灌输许多条条框框的书呆子，这种平等的尊重让我们的自尊心得到前所未有的满足。老师对我们的影响不仅是渊博的师长对学生的教诲，更是智慧的长者对青年的关爱。也许我们不善表达这样深情的谢意，但是在我们内心，对每一位关心我们的老师都感激备至。我们爱你们的严格要求，我们想要自由，也想要有人管束我们，我们始终爱着你们——尊敬的老师。

# 我们班的调干生

何溥滢

我们历史系60级这个80多人的大班，入学时有八名调干生。一学期后，除调干生阿不都拉因语言交流困难回新疆外，其余七名和我们同学五年，都于1965年顺利毕业。这七名调干生中有六人是党员，有五人分别担任我班的党支部书记、副书记、班长、副班长、生活委员。他们的年龄比我们大不少，有社会经验和工作能力，大都沉稳、练达，对班级建设起到了重要作用，因而是班级一道特殊的风景。

半个多世纪过去了，他们留给我的印象依然清晰。

## 陈秀芳

陈秀芳大姐是我班两名女调干生之一。她是汉族，生于1933年，原籍吉林，自北京市入学，当时已27岁。她高身材，大脸盘，大眼睛，梳两条辫子，常穿灰色和米色制服，夏日也穿连衣裙和短袖衫，多为浅灰、浅蓝色条纹，或白衫黑裙，一身庄重和素雅。她的性格也如她的穿著一样端庄严肃，不苟言笑。她一直担任我班党支部副书记，在同学中很有威望。

我感受最深的是陈大姐有强烈的求知欲。她有三个孩子，家庭条件优裕，如果没有强烈的求知欲是不会来上大学的。记得在第一学期，她曾请我们几个东北女生去她家做客。她丈夫是装甲兵部队的团职干部，家住复兴路的一个军队大院里，房子很大，有卧室、客厅、儿童房、厨房、卫生间等，是那时我见到的最好的住房。那天陈大姐的丈夫和三个孩子不在家，所以我们无拘无束、七嘴八舌地问她各种幼稚的问题。大姐简约地对我们说，她丈夫很支持她上大学，为此家里请了一个保姆做家务并接送孩子们去幼儿园和小学，以减轻她的负担。她不无遗憾地说："保姆有点滑，不实在，有些让人不放心。现在细粮供应少，我的粮食关系转到了学校，家里只有三个孩子的粮食供应，保姆的粮食关系却没转来。"她举例说明不放心的原因："细粮应该给孩子吃，大人可多吃点粗粮，但保姆表面吃粗粮，蒸馒头时竟在她吃的馒头外面包上一层玉米面，说自己吃的是粗粮。我们发现了也不好意思说破，只是孩子吃的细粮就少了。"她表示自己要是不上大学，哪能让孩子吃亏！

大姐还告诉我们，每逢周日晚饭后回校，孩子们都舍不得她走，小孩子会哭闹，她只能硬下心来离开孩子。她说自己回校后，心中久久酸楚，充满对孩子们的愧疚。孩子的事萦绕在脑海中，使自己难以入睡，星期日晚上常常会失眠。交谈中，她流露最多的是对我们能完整地读完中学、受到系统教育的羡慕。她说调干生有很多东西没学过，现在学起来很吃力，特别是外语和古汉语。这次登门造访，拉近了我们和陈大姐的感情距离。

后来听说陈大姐的三个孩子中，有两个是她姐姐留下的。她姐姐去世后，为照顾姐姐的两个幼小女儿，她便与姐夫组建了这个家庭。得知这一情况，我觉得陈大姐真是一个既有奉献精神又有理想追求，并很能坚持的人。不然，她怎么能放下优裕的家庭生活、带着对孩子们的牵挂，坚持和我们一起过同吃、同住、同学习并同往边远民族地区过清苦的实习生活呢？

陈大姐学习特别刻苦。她上课认真听讲，认真记笔记，课后还认真整理笔记。我们那时没有正式出版的教科书，课程内容主要靠老师发的讲义和老师指定的参考书，因而课堂笔记十分重要。若笔记漏掉重要的知识点，肯定会影响考试成绩的。所以大家课余很重视整理笔记。陈大姐是我们班里课堂笔记记得最认真、完整的同学之一。

陈大姐对自己基础差的外语、古文格外下力气，课后用很多时间来补习，还经常向外语、古文好的同学求教。经不懈努力，她的外语和古文成绩均有很大提高。

陈大姐从不缺课。大学五年里，我不记得她曾请过假。她争分夺秒、如饥似渴地学习，在女生宿舍中总是起得最早、睡得最晚，也是在教室自习时间最长的人。她的刻苦努力给自己带来了收获，在我们班的调干生里，她的成绩总是名列前茅。

陈大姐还是一个正直、正派、主持公道的人。作为班里的党支部副书记，她为人处事对班风的形成起着举足轻重的作用。由于她为人较严肃古板，不太好接近，所以不少同学心里都有些惧她——我也一样。但发生在我身上的一件小事，让我改变了自己对她的看法。大二的某一天，我因感冒，剧烈咳嗽，去校医院取药服下后，困倦难耐，感觉连睁眼都费力，只好请假回寝室休息。因第二天要考古文，陈大姐午后自习时间回寝室，让我帮她复习古文。我一面和她复习，一面咳个不停，等帮她复习完，我又迷糊糊地睡着了。不知是陈大姐来前还是走后，一位同学回过寝室，见我面朝窗背对门躺着，枕边还放着一本《远离莫斯科的地方》，就推断我在寝室看小说，并向党支部书记汇报我不上课，回宿舍看小说。书记还算慎重，与陈大姐商量看怎么批评教育我。陈大姐为我做了澄清，说我确实感冒挺重，是她叫醒我和她一起复习古文的，并证实其后我又睡着了，并非故意请假看小说。她就类似捕风捉影的“小汇报”向书记表示异议，认为应该纠正这种为了表现进步而随意打不实小报告的不正之风。从这件小事上，我见证了陈大姐身上的正气。

大三时发生的另一件事，让我更加敬佩陈大姐了。那时，同学间有了较多的了解，一些同学也开始谈恋爱了。我们女生内部诙谐地称男生写给女生的信为“申请书”，称围着女生转的男生为“人造卫星”，并常在宿舍里打趣接到“申请书”的女同学。但那时，学生谈恋爱也会承受一定舆论压力，似乎是谁谈恋爱谁就不够上进。有一天，我与M姐在阅览室温课，中间累了，我俩写小纸条消遣。M姐本是班里品学兼优的学生，无奈也遇到了恋爱苦闷。她给我写条说有同学给她白眼，甚至嘲笑她，她感到委屈气愤。我便写条安慰她，内容为就是“高举三面红旗的人”也有烦恼，只不过她们不说罢了。

我俩将标榜自己思想纯洁、不谈恋爱的某些人戏称为“高举三面红旗的人”，是不想写出具体人又想别出心裁地“拽”一下。当时在青年学生中，借用新名词来指代某人某事也很流行。我俩传纸条的举动被桌对面的副班长石志文发现了，他很好奇，想要看我们写了些什么。因为我们写的事与他无关，没有什么见不得人的地方，就把纸条给他看了，并以为是废纸一片，也没往回要。不料，几天后，陈大姐将我和M叫到宿舍走廊，问我们：你们在阅览室传什么条子了？我们如实讲了写条子的原委和字条的内容。陈大姐听后，非常严肃地批评我们说：“以后说什么就直截了当，不要瞎用名词。特别是政治名词，是不能随便用的，是要负政治责任的。”

在陈大姐的严厉批评和提醒下，我感到了问题的严重性，心里忐忑不安，不知组织上要怎么处理我们。出乎意料，陈大姐批评我们之后，将她得到的纸条还给了我们，也没有在班级公布此事，更没有处理我们。事后得知，我们的纸条被这位石班长递交到学校某部门，某部门也很当一回事，责成班级党支部认真调查处理。正是由于陈大姐爱护同学，能实事求是地看问题，不搞无限上纲，才使我俩化险为夷。由此我更深刻地体会到，在陈大姐古板、严肃的外表下，是一颗正直、正派和善良的心。她真是我们的好书记、好大姐！

毕业时，陈大姐被分配到北京市仪表厂。

## 米云

调干生米云大姐原来就在中央民族学院的院办工作，人长得较漂亮，中等身材，粗黑的发辫垂在腰间，一双又大又黑又亮的眼睛总含着笑意，声音清脆甜美。她的性格不同于陈大姐，而是爱说爱唱爱跳，热情开朗奔放。她是回族，父亲是回民支队的烈士。她生于1936年，比班里大多数同学大四五岁，我们入学时她已入党好几年了。

米大姐很关心同学，特别是对女同学们总是问寒问暖，乐与大家倾心交谈——从学习到生活，从兴趣爱好到思想特点无所不谈。跟她在一起，人人感到轻松自然，都愿意向她敞开心扉，就连最私密的感情问题也愿与她交谈。她从没有看不起谈恋爱的同学，甚至还给有的同学介绍过对象。在她的热心撮合下，一位蒙古族女同学还真与学校的一位青年干部订下了终身大事。

米云大姐对我也很好。第一学期的国庆节，她推荐我参加一次重要的国庆晚会，使我有幸当面回答陈毅副总理有关满语问题的询问，并促成了我校满文课的开设。参加这次晚会时，由于我没有新衣服，米大姐便把自己刚买来还没穿过的一件漂亮衣服借给我，她自己倒穿了一件八成新的制服与会。她看我很喜欢这件衣服，就表示要将衣服送给我。她是工资并不多的调干生，在我再三坚持下，她才接受了26元的购衣钱。她的割爱令我很感动。当然，为了这件心爱的衣裳，后来我好几个月都过得很节省。好在大学期间伙食是公费，我每月只有家里给的5元零花钱和学校发给少数民族学生的3元补贴。这件衣裳的支出超出了我三个月的“收入”。

米云大姐的最大特点是她虽然不是班干部，却自觉地为同学、为班级做了许多好事、许多工作，而且从不以事小而不为。例如，我们刚入学时准备参加天安门前的国庆大游行，学校提倡少数民族同学穿本民族的服装，本人若没有可向学校借。但许多同学刚入学，对学校的相关部门不熟悉，她就主动帮助同学去办理服装借用的手续。由于当时学校没有满族服装，她就为我借了一套我穿着很合身的苗族女装。出发前，她还帮我梳理了可戴苗族头饰的发型，使我快乐地参加了这次国庆大游行。

为满足班级开展文体活动所需，她积极去文艺系联系，使对方同意我班选人去学习民族舞蹈，以便回来教给其他同学。我就曾被选去学习彝族舞“阿细跳月”，遗憾没学会，就没教成同学们。她还和陈大姐一起推荐我去学校广播站做业余播音员，以锻炼我的播音能力。虽然米云大姐热心做的多为小事，但就是这些小事使同学们感受到一名党员的热心助人和积极奉献精神。她是大家心中的好党员！

我们毕业时，因米云大姐的丈夫已调到陕西省民委工作，她也就分配到了西安，据说在西安外语学院仍做党务工作。

20世纪90年代初，我去青海西宁参加“北方少数民族思想史研讨会”后，特意前往西安看望云大姐。当时正赶上她从单位分到了新房，但还未搬进去。她让我住进新房而不让我住旅馆，说晚上她过来同住方便长谈。白天，她忙于搬家等诸多杂事，我则独自游览了大雁塔、碑林等西安名胜古迹。时值八月，当地酷热，温度最高时达到摄氏四十二三度。由于新房的热水器还未安上，米云大姐怕我用冷水洗浴作病，就总在我游览回来之前从旧居烧热水提过来，让我洗上热水澡。其间，还带我到她家边的一个裁缝店，专为我做了一件碎花人造棉睡衣。我穿着它就寝，既凉爽又舒适。我们在西安见面，她还像在校时那样悉心照料我。在西安，米大姐与其丈夫还请我在老字号“白家羊肉泡馍”饭店吃了顿正宗的羊肉泡馍。我在米大姐家过得温馨而愉悦，感到她像早年一样，仍然是我们的知心姐姐。

## 郑成文

郑成文是我班的党支部书记，生于1934年，是来自黑龙江省绥化市的朝鲜族，入学前已成婚生子，原是志愿军战士。1950年抗美援朝战争爆发，年仅16岁的他为了保家卫国，毅然放弃学业报名参军，在志愿军部队里担任朝鲜语翻译。他的这段光荣经历，让大家十分羡慕和尊敬。

抗美援朝时，我在安东（今丹东）上小学，亲眼看见那场战争的残酷。美国飞机多次飞越国界轰炸安东，低飞扫射时低到我们甚至能看到驾驶舱里的美国飞行员。我就曾在上学途中数次被迫趴伏到路边沟里躲避扫射。敌机夜里轰炸时，照明弹能映亮半边天，使我们不得不躲进防空洞。我看到过被炸飞的人挂在树枝上，这些惨状使我在切齿痛恨美帝的同时，对与残暴敌人顽强战斗的英勇志愿军怀有无与伦比的崇敬，特别是当年我还代表安东市少先队员给志愿军战斗英雄郭中田献过红领巾。在我心中，志愿军的形象都是像英雄郭中田一样消瘦而坚毅、高大而严肃，但当过志愿军的郑成文平日喜欢和我们嘻嘻哈哈，与我心中的志愿军形象差距太大了，怎么也联系不到一起。直到高年级以后班里发生了许多事，其间郑成文所表现出的政治人格、政策水平彻底改变了我对他的认识。特别是我毕业参加工作以后，接触到不同的人和见到社会现象多了，思想也成熟了，想起郑成文来，才深深佩服他不愧为一位志愿军出身的干部。

1964年4月底，我们去锡林郭勒盟实习。郑成文是实习领队，一路关照着同学们的起居饮食和冷暖安全，细心又周到。当卡车将我们从公社送到大队部时，天色已晚。一路的颠簸，耗尽了大家的气力，在等待浩特长来接之时，我们个个都昏昏欲睡了。此时的锡盟草原，黄昏后是很冷的。郑成文怕大家睡着了感冒，一遍遍叮咛大家不要睡，要穿好学校给每人准备的羊皮大衣，耐心等待。可我还是倚在行李堆上睡着了。当被同学推醒时，我见郑成文生气地看着我，说：“不叫睡，不叫睡，你还是不听。感冒了，下到浩特，无医无药，怎么办?”来接我们的勒勒车到了，我边与同浩特的同学上勒勒车，边表示歉意地对郑成文笑了笑。当我们的勒勒车离开大队时，我听见郑成文又在车后大声喊：“天凉，车上别睡了!”

住到牧民家，我立刻遇到了生活上的第一个“难关”。牧民们是每日两餐，早餐一般是奶茶泡炒米，佐以奶干子。晚餐多为牛奶或羊肉汤、羊尾汤煮挂面。我从小不吃羊肉、不喝牛奶，早餐只能吃点炒米，喝点茶水。晚餐对我来说就更困难了：牛奶煮面，只能挑出面条吃；肉汤煮的面，吃了就能呕吐出来——又不敢或不便在牧民面前呕吐，只好少吃或不吃。因而我整天饿得头昏眼花，连一筐很轻的干牛粪也背不动，没多远的路程要歇好几回才能背到家。有时犯了低血糖，我还得在草地上坐好长一会儿，等缓过劲儿来，才能慢慢走回浩特。

郑成文知道我的情况后，在到各浩特看望同学时，给我带来了二斤饼干。饼干是从百里外的公社商店买的，来之不易，使我非常感动。这二斤饼干犹如雪中送炭，在我饿得快要坚持不住时吃上两块，不但缓解了我的痛苦，也保护了我的身体，并给了我一个十分重要的适应“缓冲期”，让我渐渐地过了牧区的“饮食关”。

郑成文走前，还去了浩特里“下夜人”的包。这些人多是来自河北、山西的汉人壮劳力，被牧民雇来在夜里守护归圈的牲畜。他请一位“下夜人”多照顾我些，在吃煮挂面和吃瘦羊肉时叫上我去吃点，并给了他些粮票和钱。对方答应了，他才走。此后，我去“下夜人”的包里吃过两次煮挂面和蘸酱油的瘦羊肉就不再去了。原因一是我有了饼干救急，二是我也还得努力适应牧民的饮食习惯呀！这次见到郑成文，我真是高兴。他给我带来了切切实实的帮助，使我觉得在这远离家人、远离学校的草原上，自己享受到了兄长般的关怀和照顾。这是我没想到的，也是我不能忘的。

1964年冬到1965年夏初，按上级部署，我们高年级师生又被派往四川凉山彝族地区。我在草原实习时营养跟不上，曾多次出现过低血糖症状。到凉山后，我吃是能吃饱了，但由于营养太差，加之每天砍柴爬山、背水爬山、种地爬山、开会也爬山的艰苦生活和繁重劳动，竟患了阑尾炎。初时一天打两次青、链霉素，没能控制住；后来化脓了，在喜德县医院动了手术。出院后，郑成文没再让我回位于半山腰的彝族“火把社”，而是把我接到了他所在的汉族“源泉社”。这里是山谷间的平坝，产稻米，也产菜蔬，主食是糙米饭，也有青菜吃。郑成文和杨再昌（布依族）同学为了让我早点儿恢复健康，不让我下田干活，还想法为我加强营养。杨再昌和一位彝族小伙子常下到河里叉鱼，回来煮鱼汤。鱼汤他们谁也不喝，只给我一个人喝，使我感动之中也真过意不去。

我在“源泉社”期间，还亲眼看见郑成文关心、爱护同学的另两件事：

一件是他听说在高山上的女同学哈斯格日勒（蒙古族）患上了“心动过速”，就安排她到喜德县医院诊治。因为山高路远、当天回不去，郑成文就安排她与我同住，并嘱咐我要多照顾她。其实，凡是从山上到城里看病或办事的同学，都把郑成文所在的“源泉社”当作能中途获助的“落脚点”。

另一件是郑成文某日派我到另一个工作队，给一女同学ZH某带话，叫她安心工作、不要怕，她的问题班级党支部会出面调查了解和如实向上级汇报，并劝她别胡思乱想、别跟工作组“对立”。当日我吃过早饭，就到谷底公路上拦车，顺利搭乘正修成昆铁路的铁道兵的一辆卡车到了那个工作队。我看到ZH同学的情绪很低落，便在屋外无人处转述了郑成文的话。果然，她的情绪慢慢稳定了，并将我送至返程的公路上。其实我接受“带话”任务时，也并不知ZH同学发生了什么事。后来得知好像她被卷入了工作组中地方干部之间的矛盾，对立的一方将她的一些生活小节之事“加油添醋”地汇报上去，给她造成很大的精神压力。历来关心同学的党支部书记郑成文知道后，十分重视这一问题的调查和解决，很快为她澄清了事实、解除了她的思想负担。

作为一名资历深、能力强、政治水平高的少数民族党员调干生，郑成文在全班同学中享有很高威信。毕业前，大家都认为他最有可能留京留校工作。可他看得开，毕业时主动选择回原籍绥化与爱人、孩子团聚。据说他后来做了绥化地区商业局局长、党委书记。20世纪80年代中期，他出差路过沈阳特意停留期会同学。我与爱人肇华喜出望外，专设家宴相迎，并约来在沈的马凤兰等同学一同畅叙别情。

## 赵秉崑

赵秉崑，满族，1936年生，辽宁省辽阳市东京陵人，可能是清皇室先祖陵园的守陵人后裔。他是党员，当过雷达兵，转业后在东京陵乡工作，继入历史系攻读，在班里担任生活委员。他工作认真负责，很有管理能力，为同学服务细致周到，如给同学发粮票、发少数民族补助金、购买假期回家火车票等，事无巨细从不厌烦、很少出错，就像一位管家兄长。

赵秉崑对同学们的日常生活和学习也很关心。记得有一次大家在16号楼教室上晚自习，一个高两级的男生来教室门口，小声地喊我班一名女生的名字，要约她出去。那位女生不愿搭理他，一声不应，只低头看书。但该男生就站在门口不走，一会儿叫一声，一会儿叫一声，很影响同学们的自习。赵秉崑气不过，猛然一声呵斥，叫那男生快离开，不要影响班里同学们自习。他这样做，既是在维护自习环境，也是在保护本班的女生。他的直言与勇气赢得了同学们的赞扬。后来听说那位男生是中直机关某杂志社干部之子。顺便说一下，那时高年级生往往自以为身份优越，找低年级女朋友者并非一例，但无一例成功。

我在喜德县医院做阑尾手术期间，赵秉崑因腰椎间盘突出也在那里住院并给了我很多照顾。术前，他安慰我不要紧张，说校医院的王院长特为我请了铁道兵医院的军医做这个手术。他还说该军医技术很高，而且手术时王院长也在，所以一定不会有问题。那时，喜德县各方面很落后，连医院也不通电，做手术还得用手电筒照明，因而手术出意外的可能性是存在的。他出于对同学的关心，在我手术时一直在外面等候着，直到护士把我推回病房，才放心回自己的病房休息。刚做完手术我不能打饭的，他弯着腰帮我打饭、买"豆花"（豆腐脑）。实际上，他的病也不轻，不久，他就提前回北京做治疗了。

赵秉崑突出的特点是管理能力极强。记得有一年同学们到北京十三陵库区附近参加割草劳动，需要自办伙食，他就充分地显示了自己这方面的才干。其间，他常赶着驴车下山买粮买菜，并给同学们换着花样做饭，如包菠菜鸡蛋馅包子等。我印象最深刻的事之一，是他千方百计用节省下来的油为大家炸了一顿油饼，每人限量三个（六两）。须知，在粮油紧缺的年代，能吃上一顿油饼，可是一种很奢侈的享受，何况又是在下乡劳动之时。这喷香的油饼让同学们都吃得快乐又满足，餐桌上、帐篷里一片欢声笑语。我一顿吃了三个油饼，以致下午劳动穿鞋时弯不下腰去，只能慢慢蹲下系上鞋带。我自嘲地说："真是太快乐又太痛苦了！"引得帐篷两侧的男女同学一阵哄堂大笑。

下乡劳动时大家共享赵秉崑办的伙食，一点儿也不比在学校食堂吃的差，感觉蔬菜还要更新鲜些，花样更多些，吃得也更饱些。

毕业时赵秉崑留校工作了。他是班里调干生中唯一留校的。据悉，他先是在留学生办公室工作，其间与留系任教的同班又同为辽宁籍的李桂枝同学结为伉俪。后来他也回到历史系任教，继而又当了系主任和党总支书记。

2020年3月

# 我的粉墨春秋

## ——中央民族学院业余话剧团活动追忆

郝磊

我自幼就热爱文艺活动，到初中时代更热衷于诗歌朗诵和话报剧。上高中时恰逢学校也搞教育革命、勤工俭学，课堂教学时断时续。当时安阳市文化局为推动群众文化活动的开展，举办了业余戏剧培训班。我出于喜爱，自然积极报名参加。

记得培训班的主讲人为河南豫剧院三团编导、名剧《朝阳沟》作者杨兰春先生。杨先生虽只上过四年初小，但才华横溢、知识广博，舞台艺术实践经验更为丰富。他的讲座言传身教，风趣引人。从他那里我获得了戏剧编、导、演的入门知识，并第一次听说"三大表演体系"（即苏联的斯坦尼体系、德国的布莱希特体系、中国以梅兰芳为领军人物的戏曲表演体系）以及它们的区别。斯坦尼体系强调现实主义原则，主张演员要沉浸在角色的情感之中，讲求演员与角色"合而为一"进入"无我之境"，通过逼真的、生活化的表演，在时空集中的舞台上再现生活。布莱希特体系则推崇"间离"方法，即要求演员与角色保持一定距离，不要融合为一，演员要高于角色、驾驭角色、表演角色。中国戏曲表演体系则是运用写意的表现方法，是"间离与共鸣"的统一，是程式化的体验与表演的结合，是载歌载舞、高度综合的舞台艺术；它在戏曲艺术中的体现，主要是突破时间、空间的限制，以虚拟的动作、虚拟的布景，营造一个与实际生活面目相去甚远的、但却富有意境美的舞台艺术世界。这三种不同的表演体系代表了三种不同的戏剧观和戏剧美学思想，反映了不同民族、不同时代的文化形态。

对这些理论知识，那时我只能是懵懵懂懂、略知皮毛，后来出于兴趣，看了一些专著，才逐渐加深了理解。那时学理论虽然较难，但看有人物、有故事的剧本却容易入迷。当年我看过的戏剧文学作品至今仍留有印象的，如俄国果戈理的《钦差大臣》、契诃夫的《万尼亚舅舅》和《三姊妹》，英国莎士比亚的《哈姆雷特》《奥赛罗》《罗密欧与朱丽叶》《李尔王》《第十二夜》等，法国小仲马的《茶花女》、博马舍的《费加罗的婚礼》、莫里哀的《悭吝人》。至于中国剧作家的作品则更多一些，如《曹禺剧作选》《郭沫若剧作选》《田汉剧作选》《欧阳予倩剧作选》《老舍剧作选》等。当然，以我当时的认知水平，这些阅读不过是囫囵吞枣、难以消化，但就算是“狗熊掰棒子”，也多少有些收获。最重要的是我通过阅读这些剧作，萌生了从事剧本创作的志向。

1960 年我高中毕业后的志向，本来是报考中央戏剧学院戏剧文学系，为此我特意将自己的考区转到北京（当时尚未严格限制），并提前到北京（住表哥家）参加艺术院校考试。由于艺术院校考试竞争过于激烈，我不幸名落孙山，不得已只好在准备不足的情况下参加全国统一高考，最终幸运地被中央民族学院历史系录取。我之所以填报这一志愿，一是中学时代除了戏剧，历史也是我的最爱；二是因为我姥姥家在云南，我父亲也曾在昆明工作，其挚友杨堃就是研究民族学、民族史的，耳濡目染使我对这一专业也充满好奇与向往。总之，想考中央戏剧学院是“有心栽花花不开”，被中央民族学院录取却是“无心插柳柳成荫”，这或许就是命运的安排吧！既然这样，我决心“干一行爱一行”，自此对所学民族史专业倾注了自己的全部热情。然而，戏剧就如同已经失恋的情人一样仍对我充满诱惑，于是我退而求其次，将她作为我的业余爱好。

在中央民族学院求学的五年间，得益于院学生会的支持，我与一些志同道合者组成了话剧团并由我担任导演，利用课余时间先后排演了多部话剧（甚至包括一部大型歌剧），有些剧目在全院师生中产生了较大影响。直到50多年后，每逢系庆、校庆老同学聚会，当年这些演出仍是大家津津乐道的话题。回想我执导的话剧，主要有独幕剧《三月三》—— 反映当年地下斗争的、多幕话剧《红岩》（选场）等。有必要说一说的是《红岩》剧中饰演地下党领导人许云峰的陈瑞清同学，后曾任内蒙古自治区人大常委会副主任。2001 年校庆聚会时他开玩笑说："郝导演真是慧眼识英雄，那么早就认定我要当大官！"在剧中饰演特务的唐增烈同学 2006 年以广西民族学院教授、太平天国史专家的身份参加系庆活动，谈起当年的演出仍是兴致盎然、感慨良多，可惜几年前他去世了。还有一部反映当年农村阶级斗争的多幕话剧《箭杆河边》，剧中饰演"二赖子"的同学演得十分出彩，其举手投足、音容笑貌至今令人难忘，以至于演出过后，同学们见到他都戏称他"二赖子"。可惜的是由于时隔多年，我怎么也想不起这位同学的尊姓大名了。在独幕话剧《三月三》中饰演匪兵甲、匪兵乙的是我们历史系61级的梁铭达和唐增烈 —— 一个身高一米九几，一个不到一米六，他俩一出场就引起台下一片笑声，形成强烈的喜剧效果，算是赢了个"满堂彩"。61级的左治国同学也是一位话剧爱好者，在话剧《红岩》片段中饰演监狱长"猫头鹰"，因话剧结缘而成为我的朋友。

我执导的话剧《最后一幕》令我十分满意。这是一部反映解放战争期间我党潜伏在国民党军队演剧队的地下工作者与敌人斗智斗勇的大型话剧。通过全体演职人员的努力，这部剧的演出极为成功。记得剧中演员都有出色表演，尤其是在剧中饰演地下党负责人应放的演员毕其格图同学演技最为突出，人物塑造得鲜活生动，令前来观摩演出的解放军艺术学院表演系两位老师大为赞赏。演完刚刚落幕，他们就跑到后台找我了解毕其格图的情况，随即找老毕面谈，动员老毕转学到军艺学表演。但老毕无意当职业演员，让二位老师失落而归。如今想来，如果老毕答应转学到军艺，也许演艺界会多出一位演艺明星，而出版界会少了一位好社长（老毕退休前任内蒙古文化出版社社长）。在排演《最后一幕》时，还有一事让我颇为得意 —— 当时因为没有经费，无法绘制繁复的布景景片，我便借鉴中国戏曲表演体系的写意手法，利用幕布的不同组合，辅以少量、必要的景片、道具，加上灯光的烘托，同样取得了很好的舞台效果。该剧演出过程中还有一个花絮值得一说，就是剧中有一龙套角色，是地下党交通员被敌宪兵追捕，被迫躲入演剧队的化妆间，后由同志们巧妙化妆掩护逃脱。虽是只有一句台词的龙套角色，但却比较关键，一时找不到合适人选，我只好亲自出马。上场时我穿一件白色长衫，戴一顶褐色礼帽。演出之后几天，巧遇恩师徐宗元先生，他说道："前天你出场好有一比。"我知道先生爱开玩笑，便问："比从何来?"徐先生说："你身材瘦长，上台穿件白长衫，就像一根冰糖葫芦的竹签子；头上戴顶褐色礼帽，活脱脱就像硕果仅存的一颗'山里红'。"惹得周围同学大笑。

此外，我的另一得意之作便是《远方青年》。这是一部描写新疆哈萨克牧民生活的多幕多场话剧。当时，中国青年艺术剧院正在北京公演此剧。此剧曾引起观众轰动，并成为街谈巷议的热门话题（该剧后来被摄制成电影《草原雄鹰》）。当时中央民族学院有关领导考虑到本校的特殊情况，出于对师生进行民族政策和民族团结教育的需要，指令我也排演《远方青年》。为了圆满地完成这一"政治任务"，我可说是殚精竭虑、耗尽心血——首先是从全院各系科挑选演员，主要演员除了我们历史系的毕其格图、阿塔尔、陈家才、乌尔希叶夫、郭翠琴、黄涛等同学外，还有政治系的李秀震、李云翔，民族语文系的沈薇、姚承勋、李红洋等同学（因事隔50多年，其他系科的同学即使看着当年的演出合影，也想不起他们的姓名，实在抱歉）。这些"台柱子"们的精彩表演，是这出戏能得以成功的决定性因素。由于这部剧是反映新疆民族风情的，习俗、服装、道具等都必须符合当地的实际（否则就会在校园各族师生这些内行观众面前穿帮、闹笑话），所以我特别聘请了我班的木乙丁同学做剧组的"民俗顾问"。木乙丁是维吾尔族，长期在北疆多民族杂居区生活，不仅通晓多种民族语言，了解当地各民族习俗，而且还曾在新疆大学历史系学习过四年，具有较深厚的知识功底。可以说他的加盟也成为该剧成功的要素之一。

另外,《远方青年》虽是话剧，但为了营造浓厚的民族风情氛围，我特别为全剧加上了背景音乐。为此，我利用几个周六晚上和周日到艺术系资料室借了大量新疆民族音乐唱片与磁带，通过试听选择最具当地民族特色的乐段，并重新编辑录制成符合各场景需要的背景音乐。不过，艺术系教学用的录放设备是不准外借的，我只好冒昧地去向民语系的于道泉先生求助。因为民语系同学告诉我，于先生去捷克参加国际世界语理事会会议，带回了一台便携式录音机，并说于先生一贯乐于助人，肯定借给。果然，于先生听我说明情况后，十分爽快地答应将录音机借给剧组使用。可以说,《远方青年》的成功演出也有语言大师于道泉先生的一份功劳。

当然，舞台艺术是综合艺术,《远方青年》的成功演出更离不开舞美、灯光、道具、音响效果等后台工作人员的辛勤付出。总之，通过大家的共同努力,《远方青年》按领导要求于 1964 年 3 月 15 日正式上演。记得当时，民院大礼堂内座无虚席，演出结束观众掌声雷动，我率主要演员接连谢幕三次。院长刘春等全体校领导登上舞台接见主要演职员，对演出成功表示祝贺，并当场拍板决定对礼堂幕布和灯光设备予以更新。演出后，院后勤处马处长特意指示伙房设盛宴招待全体演职人员。事隔两年多——1966 年 10 月，到凉山参加“四清”的我们这些学生演员奉命返校参加“文革”，食堂大师傅见到我们时仍兴奋地呼喊:“雄鹰飞回来了!”该剧在校内的影响由此可见一斑。

在民院就读五年，我只有最后一年因在凉山搞“四清”而无法排戏。除了执导上述话剧外，最有意思的是我这个连简谱都不懂的音乐盲，竟然还导演过一部大型歌剧《高原红日》。这部由艺术系作曲专业同学集体创作的多幕多场歌剧，反映了西藏民主改革与平叛斗争。由于我对歌剧是门外汉，只能按话剧的套路吃力地完成了这个任务。至于是否成功，那只有天知道了！我唯一印象深刻的是，为饰演剧中头号反派人物——叛匪头子、反动活佛，毕其格图同学为化妆伤透了脑筋。因为老毕一头黑发，总不能为一次业余演出就剃成光头吧！想来想去，我采用了一个土办法，就是用猪尿泡剪成头套罩在他头顶，两鬓与后脑勺的头发则用肥皂制的浓糊抿结遮掩，再涂以青色头皮状的油彩。远远望去，这光头还真可乱真！只是苦了老毕，因为演出时值隆冬，演完之后他的头上竟结了一层薄冰。

日月如梭，不知不觉中竟已50多年逝去。如今回忆这些陈年旧事，当年一起粉墨登场的“同学少年”全已进入耄耋之年，有的人业已驾鹤西去。思之念之，不胜唏嘘！当年《最后一幕》的女一号——比我低一年级的高淑芬同学，后来成为知名的藏学家，1996年系庆和2001年校庆我们还两次聚首、相谈甚欢，不料2011年猝然病逝。在《远方青年》中饰演重要角色的陈家才同学，琴棋书画皆精，是我班的才子，曾任《民族画报》副总编和国家民委文宣司副司长，2006年系庆时在西山中央民族干部学院聚会，我俩同住一室，终夜畅谈，大家一起乘车游览首都街景时他还曾引吭高歌《革命人永远是年轻》，不料也于2011年猝然离世。愿这些英年早逝的先行者们在天堂快乐！

目前依然健在的话剧团老友均已垂垂老矣——在《远方青年》中饰演主要角色的阿塔尔（春世曾）是我的挚友，一直来往密切，他在担任《民族画报》社长、总编辑和民族文化宫主任期间积劳成疾，如今靠拐杖方可出行。我去拜访他，分别时他拄杖到公交站送我，使我不禁想起“依杖柴门外，临风听暮蝉”的悲怆诗句。还有我们话剧团的台柱子毕其格图，当年那可是身材魁伟、体格壮硕的校篮球代表队队员，2006年系庆时依然精神抖擞，岂料今年也罹患脑梗，所幸尚无大碍。

在《远方青年》中饰演哈萨克老太太的郭翠琴同学后曾任西藏自治区文联副主席，2006年系庆聚会时，她说想筹拍一部自传体电影《活佛夫人》，并开玩笑说准备请我担任导演。谁料几年后，竟突发心梗而撒手人寰，真是令人惋惜！在《远方青年》中饰演主要角色的乌尔希叶夫，在20世纪70年代末曾借出差之便来看望过我，如今他已从内蒙古机电学院教授岗位退休。一别40年未再见面，想来也成垂垂老翁矣。

在《远方青年》中饰演重要角色的政治系同学李秀震，毕业后分配到贵州，后任黔西南州政协主席，曾托杨再昌同学转达他对我的问候。在《远方青年》中饰演另一重要角色的民语系同学姚承勋，毕业后成了专业话剧演员，后来担任新疆生产建设兵团话剧团团长。在《远方青年》中饰演“老太太”的民语系满语专业同学沈薇毕业后分配到沈阳，阿塔尔曾在出差时看望过她，如今当真成了老太太！

至于在《远方青年》中饰演小姑娘的黄涛，也早已从桂林某中学退休，昔日天真烂漫的少女如今肯定已是鬓发染霜的老妇人了……还有很多话剧团的伙伴们，毕业后天各一方，早已失联。其中有些人则因我年老失忆，连姓名都忘却，在本篇回忆中只得“阙如”了。

青春如昨，往事已矣！我关于当年粉墨生涯的回忆也就此打住吧！

2016 年写于邯郸寓所

# 我的舞蹈追梦人生

徐美茹

我自小就喜欢唱歌跳舞，而且在任何场合都不怵“表演”。也许正是这种天生外向和从不在乎他人评议的性格，决定了自己似乎没有错过一次人生“际遇”，以致后来与律动和激情相伴，走上了一条的舞蹈艺术之路。

## 一

1945年我九岁时，便和姐姐、母亲一起被早已参加革命的大哥从天津秘密接走，以“抗属”身份进入已成为解放区的河北河间地区生活。当年又经大哥推荐和安排，我进了八路军冀中军区的“火线剧社”，成为剧社中的几个小“群众演员”之一，其间还按剧社领导要求在驻地附近的“河间完小”读完了小学。由于能经常观看或参加戏剧排练和演出，我的高兴劲儿就别提了！也正是从这时起，我认识了自己一生所爱戴和敬仰的“火线剧社”社长——著名电影导演和表演艺术家崔嵬同志。崔社长叫我“徐小妹”，对我非常好，无论生活、工作还是学习都十分关照。记得有一次我患了一场疟疾，浑身时冷时热，连站都站不起来，是崔社长叫来两个民兵冒着雨用担架把我抬到医院救治。

我喜爱“火线剧社”的艺术氛围和演出生活，所以领导让我演啥干啥，我就演啥干啥，从来都是好心情加精力十足。记得那时我喜爱京戏，会唱《打渔杀家》《苏三起解》《捉放曹》等，因而常在放学后到当地的一家戏院里“蹭戏”和看演员练功，回来也有样学样地练习踢腿、搬腿、下腰、起霸、趟马等基本功。没想到，这种纯粹由兴趣主导的“练功”效果，不仅有益于自己在剧社排演中的角色表现，多年后还真成为自己考入舞蹈专业团体的“踏板”！

在剧社里，由于观看或学演内容更新的河北梆子《血泪仇》《王秀鸾》《兄妹开荒》《夫妻识字》《小放牛》《白毛女》等剧目并时常学唱革命歌曲，我不断加深了对共产党、毛主席和人民军队的了解，同时也懂得了许多革命道理和祖国解放事业的伟大，由此坚信“没有共产党就没有新中国”，并逐渐坚定了献身革命文艺、一生努力为人民服务的决心。

到了1947年，由于国民党军队加强了对解放区的进攻，“火线剧社”受命跟随战斗部队上前线，而我因为年龄小，被上级要求必须离开剧社。后经冀中军区政治部联系安排，我于1948年初前往直属政治部管理的“边区联中”上学。“联中”是“晋察冀边区联合中学”的简称，成立于1947年1月，设在石家庄地区的柏林庄，其前身系“张家口中学”，后与“行知中学”“育才中学”合并。中华人民共和国成立后，该校又被合并于北师大女附中，成为“女附中二部”，后与北师大附中合并为“北京101中学”。“边区联中”的学生多为革命干部及军烈属子女，入校学习等同“参加革命”，并享受供给制。

在“联中”初期的学习生活不仅艰苦，而且还要常躲避国民党飞机的轰炸，有时不得不进行转移行军。但师生们仍认真上课、努力学习，并始终保持着革命乐观主义精神。大家课余时间的文化生活十分活跃，几乎人人能跳爱唱，常自编自演一些文艺节目。这种特殊环境，自然为我充分发挥自己的文艺“特长”提供了客观条件。那时，我常常充当同学们早操后“扭秧歌”的领舞，并积极参与一些短剧的排演，如《白毛女》《兄妹开荒》等。有一次，我和一位名叫周密的同学代表本班表演了一段“现学现卖”的新疆舞《亚克西》，受到了“联中”师生的一致夸赞。

# 二

1949年北平和平解放，随着“联中”落户北京先农坛，我终以较好学习成绩完成了初中的全部课程。1951年初中毕业时，学校老师看我擅长舞蹈而且临场胆子大，便建议我报考正在向社会公开招收舞蹈演员的“中国青年艺术剧院”舞蹈队。前去考试途中，我感觉一扇美丽无比的舞蹈艺术大门正在对我徐徐打开。

在考试现场，主考人就是当年享誉国内舞蹈界的女舞蹈家盛婕老师。轮到我上场，只见她表情和蔼地上下打量我一番，让我先扭个“秧歌”，然后又从容地弹起琴，要求我跟着她的音乐节奏“踩点”随便跳。我晕晕乎乎地跳完，心里也没有谱，只是望着盛婕老师发愣。这时她忽然问我：“你还会什么？”我不假思索地答道：“我还会翻跟头、轱辘猫、做虎跳……”她温和地截断了我的表白，要求我先“下个腰”，再“劈个叉”，我麻利地一一做了。也许是她感觉我这个小姑娘胳膊腰腿挺软的，人显得挺灵，样子长得也不难看，可能是块舞蹈“材料”，便同意录取了我。当然，在正式录取前，剧院方面肯定通过相关途径和材料了解了我那段非同寻常的“火线剧社”“从艺”经历。

就这样，经过盛婕老师亲自考试选拔，我如梦般地进入了“中国青年艺术剧院”（后改为“儿童剧院”）舞蹈队，真正开始了自己的“舞蹈追梦人生”。

当年的“中国青年艺术剧院”位于北京西单，舞蹈队队员都住宿在剧院对面的一座大庙里。对每天的基本功训练课和紧张的舞蹈节目排演任务，我感到既新鲜又兴奋，似乎有无数美妙而深奥的舞艺“未知”在声声召唤着自己。有时队员们也要集中听舞蹈专家讲专业理论课，主讲人中就有盛婕老师的丈夫——大名鼎鼎的中国舞蹈艺术家、理论家和教育家吴晓邦先生。从他那里，我第一次接触到了“自然法则”“新艺术舞蹈”等一些陌生名词和概念，并感慨“原来舞蹈中有这么深的学问”！虽然这些课的一些内容我常听得懵懵懂懂，但随着老师的悉心讲解和指导要求以及舞蹈表演实践的增多，我感觉自己对舞蹈艺术的理解在加深，个人舞技也明显提高了。

20世纪50年代初，我们这支专业舞蹈队经常应邀参加面向社会各界的舞蹈演出。记得有一次，周总理观看了我们演出的歌舞节目《解放大瑶山》后，很高兴地说："我国是一个多民族国家，有丰富多彩的各民族歌舞艺术，为什么不成立个民族歌舞团呢?"周总理的这个建议引起了有关领导的重视，主管部门很快决定筹建"中央民族歌舞团"，所需专业人员就从中国青年艺术剧院、中央歌舞团、中央实验歌剧院、中央民族学院文工团等多家艺术团体里抽调。1952年，"中央民族歌舞团"成立了，团址设在东城区国子监，首任团长就是我所熟悉的老师吴晓邦先生，而我则有幸成为首批抽调至该团的舞蹈演员之一。

在中央民族歌舞团成立初期，吴晓邦团长所注重的不是节目排演，而是先组织编导创作和演职人员深入少数民族地区"采风"。为贯彻文艺工作者要"融入生活，贴近群众"的要求，团里率先组织了"西南访问团"并分为好几个队，分别前往贵州、四川、云南等西南少数民族地区"采风"。说是"采风"，我觉得重点还是"体验生活"，即通过与当地少数民族群众同吃、同住、同劳动、同娱乐，实地观察和学习他们的生活方式与艺术特点。在采风期间，我们这一队队员白天和苗族群众一起下地干活，晚上就跟他们学跳"芦笙舞""花衣舞""铜鼓舞""婚礼舞"等苗族舞蹈。相处时间一长，双方感情交融，愈加亲热；赶上一起过十分热闹的苗族年节，大家相互庆贺，关系变得更为亲密。其间交流增多，我们也为他们编些舞蹈小节目。这一过程使我们完成了《苗族婚礼舞》《花衣舞》《芦笙舞》等舞蹈作品的初创，并在试演中大受当地苗族群众的欢迎和赞赏。后来我们又去了云南采风，也是收获满满。我经常参加表演的民族舞蹈《阿西跳月》《远方的客人请你留下来》等经典保留节目，就是云南采风之行的编创硕果。

在吴晓邦先生亲力亲为下，中央民族歌舞团的建设起步扎扎实实，很快便以较高的整体艺术水准和鲜明的民族特色引起社会各界的关注。那时团里接到的演出任务很多，演出地点不仅有正规剧场，也有不少临时搭建的舞台。我们无论到哪儿演出，观众的反响都很热烈——来自少数民族的舞蹈艺术使他们耳目一新，赞赏有加，其中很多人就是从我们的舞蹈表演中开始关注和了解少数民族同胞的生活和文化的。

## 三

1954年，文化部批准建立“北京舞蹈学校”（北京舞蹈学院前身），校址设在朝阳区白堆子，校长由著名舞蹈艺术家、教育家、时任全国舞协主席的戴爱莲担任。在该校面向全国招生时，我和多位舞蹈演员经团里选送报名并前去参加考试。苏联著名芭蕾舞专家奥丽格桑娜亲自主持了该校的招生考试。据说她对舞蹈学生的选拔有自己的想法和一套标准，但我恰恰是个我行我素、不在乎他人评价的姑娘。

在考试现场，既有从北京多家专业艺术团体来的考生，也有不少来自云南、贵州等边远少数民族地区艺术单位的考生。根据以往经验，我当时就发现这位苏联专家的考试不仅严格，而且很注重考生的“机灵劲儿”（反应能力）。我上考场时，先按她的要求选做了一套自己熟悉的舞蹈动作，其实是把自己所会的“本事”都向她显露一遍。其中一个动作叫“乌龙绞柱”似乎引起了她的注意，还有一个对角连翻十八个跟斗的“前桥”也让她感到很好奇，因为她看后又让我做了一遍。之后是个人自选表演一个舞蹈小品，我选择了一个自我感觉“得心应手”的朝鲜族《扇舞》。她看后表情如一，并没说什么。

考试归来，我心里也拿不准能否考上，反正该跳的跳了、会做的做了，超出“十八般武艺”的要求就没辙了。好在此前我曾到中央歌舞团的一个“学员班”学了一阵子古典舞——教舞的是很有名的马相麟、刘玉芳老师——先后学了“起霸”“水袖”等动作，还强化了“毯子功”，其间每天早上起来就“吊腿”“踢腿”和“下腰”，直到参加北京舞蹈学校的考试也未停止，所以我自信自己在考试中的表现应该差不到哪儿去。

终于等来了北京舞蹈学校的发榜！在团里选送考试的8个人中，只有我和同事赵自铎被正式录取了，荣幸地进入该校建校后第一批舞蹈专业学生行列。根据年龄和教学管理要求，我被编入该校六年级高班（全班24人，男女各半）。自此，我迎来了自己舞蹈生涯中最为重要的学习阶段，也就是在这所学校里，我接受了更为规范、系统和严格的舞蹈专业教育及训练。

北京舞蹈学校总体教学计划和各科教学大纲均由校长戴爱莲亲自制定，专业课程中的“芭蕾舞”则由特邀苏联专家奥里格桑娜和校长戴爱莲共同授课。奥里格桑娜老师不会说汉语，因而上课需要翻译。由于我上中学时学过点儿俄语，所以对她上课常用的俄语芭蕾术语记得很牢。尽管芭蕾课程内容较多也很复杂，如动作的合成就有规定要求和相关禁忌等，但我觉得其中还是很有规律可循的。课内有基本功，也有教学法。上课时，对每个动作，老师不仅要教会你如何做，还要讲解这样做的道理；学生光学会怎么跳还不行，得向老师说出个所以然来。因此，大家上课丝毫不敢走神，晚上连课堂笔记都要整理重抄一遍。

“古典舞”课程由李正一老师授课 —— 她早年老师就是马相麟，曾在中央歌舞团的一个“学员班”里教过我。“民间舞”课程主要由徐淑英老师授课，教的是各地有代表性的“秧歌舞”。蒙古族舞、藏族舞、朝鲜族舞则分别由其他几位老师教。“代表性”舞蹈课程先后由汪兆雄老师和苏联专家特派的一位老教授教课，教得棒极了！所谓“代表性”，是指一些分属不同国家的有代表性的民族舞蹈动作，如俄罗斯舞、乌克兰舞、西班牙舞、罗马尼亚舞、保加利亚舞、匈牙利舞等。我特别喜欢上这门课，因为它的变化大、集体舞较多，也允许学生对某一种舞蹈的基本动作做自由组合，不像芭蕾舞那么枯燥。我对“代表性”这门课的兴趣直接影响到后来我在中央民族学院的舞蹈专业任教，大家都说我的“代表性”课教得好。许多年后成为学校舞蹈专业教学骨干的马跃、李毓珊、池福子等人，都曾是我教“代表性”课时的学生，他们都很喜欢上这门课 —— 这是后话。

北京舞蹈学校的学习课程安排得很紧，每周芭蕾课12节（每日早两节）、古典舞课9节、“代表性”课和民间舞课各4节，各门舞蹈课程的教学法各有异同。此外，还要学习钢琴、“解剖学”（了解人的身体结构）和“教学法”（学会组织教学、动作分析及学生选择等），当然也有政治课和文化课。在校期间，我们六年级学生前期主要是课堂学习和训练，后期可作较为自由的专业进修选择（任选进修单位）。为期两年的在校专业学习和实践，不仅全面提升了我的舞蹈专业技能和相关理论知识水平，也使我对“用舞蹈语言来表达内心情感”有了更深刻的认识和熟练运用的能力。

## 四

从北京舞蹈学校毕业后，我返回中央民族歌舞团，便受命给大家当了“舞蹈教员”。1956年4月，西藏自治区筹备委员会要在拉萨举行成立大会，我和团里部分演员被选派参加由陈毅副总理率团的中央代表团到会做祝贺演出。随中央代表团赴藏演出的成员还有来自武汉京剧团、重庆杂技团和延边朝鲜族自治州歌舞团的演员。当年拉萨刚建了一个剧院，我们就成为在这个新剧院里登台演出的第一个组合艺术团体成员。演出中有个舞蹈节目《荷花舞》是戴爱莲为我们编排的，我就是八朵“小荷花”之一；还有个舞蹈节目叫《鄂尔多斯》，是贾作光编排的，我是其中的领舞；记得我还跳了舞蹈《采茶扑蝶》等。

我们的祝贺演出不止在剧院里，更多是露天搭台巡演，有时就在树林里的空地上献艺，因而深受广大藏族群众的欢迎和好评。我们跳的《荷花舞》曾引起当地的轰动和许多观众的好奇心——不仅是因为我们在台上跳的荷花组合动作和造型漂亮；而且我们出场前，身上和道具上都被洒了不少香水，当披纱上台舞动时自然香气四溢，飘至台下，所以使观众在欣赏这个舞蹈时更觉心旷神怡；另外，由于这个舞蹈在台上有速度较快的小碎步移动，许多观众还以为我们脚底下踩着轱辘哪！

达赖喇嘛和班禅大师看了我们跳的《荷花舞》都非常喜欢，班禅大师甚至直接提出要把跳《荷花舞》的演员全部留在拉萨。带队领导不得不解释我们这个舞蹈节目还要到日喀则、亚东、昌都等地继续表演，并表示巡演结束后再把我们送回拉萨。为了不对班禅大师食言，一年后中央民族歌舞团果真给拉萨送了一批能跳《荷花舞》的演员，其中就有舞蹈队队长葛敏、队员欧阳莉莉等专业技能好的舞蹈演员，她们有的并没有去过西藏。

令人难忘的还有在西藏期间，我第一次亲身接触了原汁原味的藏族舞蹈，了解了富有藏族文化特色的“踢踏舞”“弦子”“鼓舞”“锅庄”和藏戏，并常在巡回演出中与当地藏舞表演者进行交流。我觉得他们十分纯朴、憨厚，舞技娴熟，对表演很投入，值得我们学习的地方太多了！

1957年，中央民族学院预科二部接收了一批由西藏选送来京学习的藏族孩子，共有30多人。经研究，可安排他们学习舞蹈，但这些孩子专业、身体条件参差不齐，都不会讲汉语。对学校预科教学来说，给他们上文化课问题不大，可上舞蹈专业课就缺老师了。为解决这一问题，中央民族学院决定从外单位调进舞蹈专业教员，并成立一个暂由教务处代管的“舞蹈训练班”。这样，自北京舞蹈学校毕业不久的我和赵自铎就被从中央民族歌舞团调职入校任教。后来，根据学校正式开设舞蹈专业教学课的实际需要，又陆续从团里和其他单位调进一些人，其中有白莹、张寿谷、金艺华、李仁淑、谢俊杰等，还有专职钢琴伴奏的班兆谊。

## 五

1957年开办的这个“舞蹈训练班”，教学地点是校园里的18号楼。校教务处名义上代管“舞训班”，却没有直接委派领导，最初只是明确了参与该班专业教学和生活管理4名人员的具体分工：赵自铎和我负责舞蹈教学，从预科二部调来的李霞老师负责音乐伴奏（她会拉手风琴和弹钢琴），从中央民族歌舞团调来的伍岳钧同志负责该班学生的生活管理。后来根据该班教学和管理工作的实际需求，学校又从校内外调来了王增田、李才秀两位老师。

“舞训班”实行男女分班教学，男班由赵自铎带，我来带女班。这些十来岁的孩子半天学习舞蹈，半天上文化课。最初教学条件很差，如舞蹈课教室里没有把杆，练功没有音乐伴奏时就用鼓声代替。舞蹈课程开始也无统一教学计划，只能由任课老师自定教学方案和组织授课。鉴于这个班的学生是“清一色”的不懂汉语的藏族孩子，教务处特从预科二部调来了懂藏语的鲁华老师。据我了解，孩子们的文化课并无特编教材，使用教材均为北京普通中学的课本。

此前，我只是一名舞蹈演员，习舞经历虽然很长，但从来也没有搞舞蹈专业教学的实际经验，何况首次面对的竟是一批不懂汉语、只讲藏话且先天条件、文化程度参差不齐的孩子！要保证专业教学质量，到底该如何“因材施教”呢？我一时难以确定哪种方法更行之有效，唯一的想法就是根据孩子们的现有条件和特点，在教学实践中慢慢摸索、尝试和总结，以期逐步积累教学经验并尽可能完成教学任务。于是，我自我打气以坚定自信，开始全身心地投入这个“舞训班”的专业教学工作中。

“舞训班”教学起步伊始，我便和赵自铎老师密切协作、相互配合，从基本功、毯子功、民间舞等课程的课堂讲解和训练指导，到组织排练节目和公开演出，我们什么都教，什么都敢承担，并始终如一地坚持标准和严格要求。在多民族师生共同生活的中央民族学院校园里，“舞训班”的教学进展情况逐步产生积极影响，并引起了学校领导关注和各方好评。记得那时还常有外宾来“舞训班”观摩教学，更使我们感到荣耀，自然也大大增强了我干好教学工作的信心。

随着“舞训班”舞蹈专业教学和文化课教学的同步推进，这些藏族孩子的汉语听说能力明显提高，师生关系越来越融洽，相互感情也日益加深。我觉得这些藏族孩子的共同特点是都很“听话”和自觉努力，很快我也发现其中有些孩子很有舞蹈天分，领悟和掌握能力很强。其中有个叫慈仁桑姆的女孩子，就是该班一名具有代表性的优秀学生。她毕业后留校任教，无论专业教学成绩还是舞蹈编创成果都引人瞩目，因而最早被擢升教授之职，如今已成为享誉国内舞蹈界的民族舞蹈教育家。总之，该班学生的学习进步和健康成长使我倍觉欣慰，我甚至常常从一些孩子身上看到了自己当年的身影！

## 六

从中央民族歌舞团调到中央民族学院任教，使我从一名专业舞蹈演员变为舞蹈教师。而这一职业角色转换及接手“舞训班”，意义是非同寻常的。因为，正是这个看似乎普通的、以一批未经专业选拔的藏族孩子为教学对象的“舞训班”，竟成为中央民族学院舞蹈学科创建的基础！当年或许无人能够想到，这个“舞训班”的开办和教学探索，即是中央民族学院舞蹈学科专业建设起步的“雏形”，而我也是多年之后才明白并至今引以为自豪——我成为亲身参与中央民族大学舞蹈学科专业创建的“元老”之一！

1959年，唐亥同志自武汉中南歌舞团调职中央民族学院，并带来了多位音乐和美术专业教师。他们的到来，加上此前已从北京舞蹈学校毕业分配来校和中央民族歌舞团调职来校的人员，已满足了中央民族学院艺术学科建系的基本师资力量需求。于是，中央民族学院文艺系便于当年正式成立了，并为音乐、舞蹈和美术三学科分别制订了专业招生和教学计划。可以说，正是得益于开办“舞训班”的基础，舞蹈学科的专业招生和教学才显得较有经验。

文艺系成立后，舞蹈学科专业建设迎来了发展的春天。我感觉，舞蹈学科的专业建设和发展，不仅在于师资力量的不断充实，还在于系领导乃至校领导的高度重视。那时，舞蹈专业无论是教学还是招生工作，都不愁各项经费支持。与其他系科专业师生相比，舞蹈专业师生在生活待遇上也受到特别关照。例如，20世纪五六十年代大学校园的伙食标准不一，舞蹈专业师生因平时训练课活动量大、常有排练或演出任务，享有“专设食堂”待遇。我们食堂的饭菜花样较多，还有演出加餐。虽说这“专设食堂”也是“大锅饭”，但毕竟照顾了师生们的营养补充需求。

由于文艺系招生涉及音乐、舞蹈和美术三个专业，所以采取了分小组招生的方式，即不同专业的招生老师到同一区招生就同组成行、分别开展。舞蹈专业招生工作的一般过程是下去招生前，先由学校与生源所在地教育部门联系好，我们再持学校开具的介绍信前往，按专业指标名额和条件要求对当地学生进行“面对面”选拔。

从舞蹈专业人才培养角度讲，我坚持认为“选材”环节至关重要，所以我对专业招生工作不仅极为看重，而且倾注了更多个人感情和想法，并始终坚持择优原则和严格具体标准。根据舞蹈专业人才的培养需求，我对招生对象的条件认可向来都是十分“苛刻”的，首先形象、身材比例和柔韧性都要好，从头到脚都要达标。以骨骼为例，锁骨、肩胛骨、脊椎骨还是盆骨等都必须符合基本条件。形象地说，X或O形腿等都不行，盆骨“扣”“铁板腰”也不行——难以达到训练要求；胳膊伸直后不能过弯，因为练毯子功时撑不住易折；脚背要能绷，否则影响弹跳力……总之，我的标准把握尺度有些是依据专业理论，有些则是来自个人多年的舞蹈实践认知和经验积累。

## 七

文艺系成立后，舞蹈专业招生进入计划正轨，我责无旁贷地承担起招生工作重任。年复一年，招生足迹遍及新疆、西藏、云南、四川、贵州、湖南、湖北、广东以及海南岛、延边等许多民族地区。那时候，到民族地区招生的过程是很辛苦的，往往要靠步行或乘坐拖拉机寻找已确定的生源学校。由于很多招生点地处边远、交通不便，加之有些民族地区实际存在语言沟通交流障碍，因而要保质保量完成招生计划并不轻松。但充满使命感的我有一颗“惜才如金”的心，每次招生之行都渴望能发现心仪的舞蹈“好苗子”。“心有所向”就能无视困难条件并把握机会甚至创造机会，这使我在如愿完成招生任务后常有“不虚此行”之叹。

那时按照学校艺术专业的招生计划和相关规定，招生主要是面向少数民族地区和少数民族生源，而且是派专业教师亲自下去完成招生工作，这样，就给了招生人员以较大的挑选自主权。当年招生工作虽然面向广大少数民族地区，但也十分强调招生对象的出身成分，政审通常很严格。而我的理解是，舞蹈专业招生面对的不过是十来岁的孩子，凡有难得的“好苗子”，就不能“唯成分”而拒之。例如，有一年我去云南招生时，就坚持招收了一名自身条件较优秀、出身于所谓“民族上层”家庭的女孩子。当时我对相关质疑的回答是：既然“民族上层”是团结对象，其子女也应是能教育培养好的对象嘛！

我早年参加舞蹈专业招生的经历中，既有令人感慨的往事，也有让我终生难忘的“师生情缘”。例如，有一年我去海南岛招生时发现，当地有的干部弄不明白“舞蹈”是怎么回事儿，更想不通为什么我会从北京跑这么远、费这么大劲儿来这里招孩子“学跳舞”！后来，这批由我亲自招收和培养的海南学生都顺利毕业了，并成为各自所在单位舞蹈表演或教学工作中的专业人才。很多年过去了，他们仍念念不忘“师恩”，并长期与我保持着亲密联系，表示是我引领他们走上舞蹈事业之路，并改变了他们的人生命运。

1959年，中央民族学院文艺系舞蹈专业分别从云南、内蒙古、贵州和延边地区招收了首届六年制的舞蹈中专班学生。这些学生中就有后来任职于本校舞蹈专业教学的马跃、李毓珊、池福子、易国刚、方云琴、江太详等知名教师。1960—1966年，文艺系舞蹈专业开办的均为“中专表演班”;“文革”爆发后，学校舞蹈专业招生中止，直到20世纪70年代才恢复招生，其间开办过“79届专修班”。从1983年起，舞蹈专业开始办大专班，并分为“舞蹈表演”“舞蹈编导”和“舞蹈教育”不同专业。据我所知，舞蹈专业开始招硕士研究生已是2000年以后的事了，研究方向中增加了“舞蹈创作”。在中央民族学院艺术学科的建设历史中，舞蹈专业学科建设逐步加强和完善，一步一个脚印地走过了由教研室到单独建系、建院的发展历程。

# 八

在长期的舞蹈专业教学生涯中，我承担的课程既有“基本功”（芭蕾舞、古典舞），也有“舞蹈编导”和“排练指导”等，但同事们公认我的教学“强项”是“代表性”课程。其实就教学经验而言，我在舞蹈教学中也许比他人更为倚重“音乐”的作用——我认为借助音乐的节奏和情感表达，可以有效引导和调节舞蹈动作的合理性与完成质量，促进课堂教学和训练目标的实现。因而我十分重视与伴奏老师的“双人备课”，即在课前选曲时与其深入沟通并形成共识，使所选曲目的伴奏效果更符合每堂课的教学特点和需求。

由于舞蹈艺术专业的特殊性，除课堂理论教学与训练指导外，还必须加强观摩学习和表演实践作为必要补充。因此，我十分重视两项活动：一是利用一切机会组织学生观摩校内外的专业团体的舞蹈演出——凡是舞剧或舞蹈演出，中国的、外国的都不放过；二是积极参加各类社会演出活动，认真排练相关演出节目。就观摩专业演出而言，无论对学生还是对老师，启发和促进作用都很大，不仅有利于学生发现自身训练差距或认知不足，也能帮助教师对如何改进课堂教学自觉注入更多思考。当年，我们舞蹈专业教学都有“观摩费”的支出保障，每月至少有一次要购买“集体票”，组织学生到校外剧场观摩专业舞蹈团体的公演。另外，我们舞蹈专业师生在代表学校参加社会各类大型公益活动、政治宣传活动或接待外宾来访活动中，确实承担了主要职责和重要角色。例如，前往十三陵水库大坝建设工地作慰问演出、参加北京市“五一”“十一”等重大节日的演出活动等。当然，我们编导排练和演出的舞蹈节目内容富于中国各民族的艺术特色，这是赢得社会各界观众欢迎和赞誉的主要原因。事实上，参加社会各类演出活动的需求，也“迫使”老师们在编导能力上下工夫，一旦发现有好的舞蹈剧目试演或公演，便通过不同途径或方式学习和重新编导，并组织学生完成排练演出。

在我执教培养的历届学生中，有不少人后来成为舞蹈专业领域的佼佼者，如表演舞蹈《追鱼》荣获首届全国舞蹈比赛一等奖的赵湘以及优秀舞蹈演员刘源红（舞剧《阿诗玛》主演）、马跃（舞蹈《奔腾》编导）等，有的学生先后担任了学校舞蹈院系的领导，有的还成为社会专业艺术团体或部门的领导，如北京舞蹈家协会副主席苏自红、西藏自治区舞协主席仁金才真、中国少数民族舞蹈学会会长蒙小燕等。

## 九

在舞蹈编导教学中，我十分重视对少数民族舞蹈艺术的实地采风，也很关注全国性的舞蹈艺术会演活动。我认为：各民族的舞蹈艺术都有自身特点和所长，值得深入研究、精心提炼和完美展现；凡有优秀舞蹈作品问世，均为编导者思路创新和表演者理解力及功力的综合体现。因此，注重学习和借鉴，成为自己舞蹈编导和教学中的“不二法门”。20世纪60年代，我编创的舞蹈作品有《民院一日》《丰收展览》《朝鲜族扇舞》《哈萨克劳动舞》《大头娃娃》《俄罗斯组合》等，并参与了《农奴之歌》《送粮路上》《草原儿女》等诸多舞蹈节目和大型舞剧《凉山巨变》的演出指导。

那时，我通过深入调研，认真分析和总结过不同民族舞蹈的风格、动作特点及其技巧，并直接运用于舞蹈编导和教学训练中（后来也写入自编的教材中）。比如同样是舞蹈旋转动作，古典舞、芭蕾舞、新疆舞、乌克兰舞不同，朝鲜族舞、蒙古族舞、傣族舞、苗族和侗族舞也各不相同。其中有些是风格不一样，有些是转法不一样，有些则是抬脚和不抬脚的区别。当然，对学生来说，练好基本功中的旋转动作是基础，有了“平转”“点步翻身”“串翻身”等坚实功底，各民族舞蹈的旋转动作都能很快适应和掌握。

舞蹈教学的示范性很强，作为教师要保持准确完成示范动作的基本能力，就要努力克服年龄及体能等因素带来的不利影响，最大限度地发挥自己的经验优势。我的做法是“示范动作到位，动作分析完整，要领提示明确”。其中，力求在示范动作中给学生一个标准的“观感”为首要。以旋转为例：我可能完成不了规定动作的旋转圈数，但我一定要转几个“像样的”给学生看看！在课堂指导练习中，教师只有把示范动作完成好，才能推进后续指导要求，包括动作要领提示、“窍门”总结等。

随着学校舞蹈专业学科建设的发展需求，我也积极参与了舞蹈专业教材的整理和编写工作。根据教材编写大纲的要求和专业课程教师的任职情况，我接受的分工编写内容部分是自己主要执教的“基本功”“编导”和“排练”等课程。当年编写的教材并无条件印刷出版，都是靠大家自己动手刻蜡纸油印装订的。20世纪90年代，由于自己早年就读北京舞蹈学校时曾接受过系统、规范的芭蕾舞课训练，我便主动查阅大量资料，为本校舞蹈系编写了《六年制古典舞、芭蕾舞基本教材大纲》和《六年制少数民族舞蹈技巧组合、芭蕾舞术语对照手册》（法文、中文、汉语拼音）。

## 十

离休前后，我常应聘于校内外各类舞蹈培训团体从事教学指导工作，并在中国少数民族舞蹈学会长期任职（1992年起担任秘书长）。在该学会任职后，除年会外，我还常组织一些国内外舞蹈学科的学术研究和交流活动，曾先后出席过在京津、内蒙古、宁夏以及延边、海南岛等地召开的相关民族舞蹈专题学术研讨会，对如何提高民族舞蹈工作者的创作和演出水平不断加深认识。尽管参与多种活动收获颇多，但我感觉最荣幸、也是最有意义的事，还是有机会再次回到我的恩师戴爱莲先生身边，学习新知识“拉班舞谱”，并为“拉班舞谱”推广、传播和普及做出了积极贡献。

“拉班舞谱”就像“五线谱”与音乐的关系及作用一样，是针对舞蹈动作的规范记录方法，其发明者是1928年出生于奥匈帝国的舞蹈艺术家和理论家鲁道夫·拉班。得名于发明者的“拉班舞谱”问世后，便为舞蹈动作分析奠定了科学方法基础，并被广泛应用于西方舞蹈及戏剧艺术研究与实践，从而极大促进了舞蹈学科的理论研究和专业教学的规范性。改革开放后，戴爱莲先生为推进中国民族舞蹈事业的发展而力开先河——积极倡导和推广“拉班舞谱”，首办“拉班舞谱”训练班并亲自执鞭上课。“近水楼台，师门再拜”，使我当仁不让地成为“拉班舞谱”训练班的第一批学员。历经初级班、中级班、高级班的勤奋学习和严格考核，年逾半百的我不仅领取了戴先生再度颁发的“毕业证书”，还于此后荣幸地成为“中国拉班舞谱协会”理事和“中国拉班舞谱研究中心”专家组成员之一。

为了更好推进“拉班舞谱”的普及，我离休后的主要精力和活动重心，一度放在多办适于不同层次或职业学员的“拉班舞谱”培训班上，并在北京、上海、广州等地都取得了较好的办班成果。2004年，“第23届国际拉班舞谱会议”在北师大艺术系成功举办并产生积极影响，我作为这次会议的主要筹办者和参与者感到十分自豪。

时光荏苒，往事如烟。我感觉自己的人生历史像是被定格在了具有双重意义的“舞台”上。在我看来，假若把人生活动比作舞台表演的话，那么我的“舞台”依旧是舞台，变幻的无非是“舞台”布景！在我的舞蹈生涯中，可谓艰难与机遇同在。好在我既不在意前者，好像也认不清后者，只是我行我素地享受舞蹈给自己带来的追梦愉悦。如今自己已到步履蹒跚的耄耋之年，似乎我的舞蹈追梦人生也早该谢幕了。但许多人有所不知，我的人生舞步仍未停歇啊！

2020年6月20日

# 圆梦之旅

文明英

我现在的学历是“大学本科”。对于这一学历的获得，我既有自豪之感，也有感恩之情。我的家乡原属广东省海南崖县，常言说“穷人有穷人的福气”，海南岛解放初期，党和政府为了培养当地少数民族干部，决定选拔一批有一定文化基础的黎族儿女到内地院校学习。1953年3月，我有幸成为其中一员，并从此踏上了自己的“圆梦”之旅。

## 一、喜讯自天而降

离开家乡前，我还是在当地一所小学“岭仔小学”读书的学生。记得一天下午四点钟放学后，我正在岭仔村河畔一块地里砍伐芦苇，以备种红薯和木薯，堂妹忽然跑来对我说：“阿哥，乡文书不知有什么事情要找你，叫你现在就到乡里去一趟，他在办公室里等你。”由于当时我是学校的宣传员，以为乡里一定有要事相商，便放下工具，飞快地往乡政府跑去。

到了乡里，乡文书一见我就开门见山地说：“前两天接到区政府电话，说县里为了培养少数民族干部，叫我乡选派一名少数民族子女到内地去学习，将来好参加家乡建设。经村代表推荐和乡政府研究，决定选派你去，不知你愿意否？现请你来是征求意见。”乡文书的话如同喜从天降，我未加思索就说：“同意！”乡文书马上说：“那就定下来了，你明天就到区里报到吧！”

第二天早饭后，我匆匆与部分家人告别，准备启程。大嫂见我要走，当场从腰包里掏出一些零用钱塞给我，目送我远去。其他家人因已出工，我来不及一一告别。到了区里，我被安排在区政府招待所住下，并拿到了到县政府报到的路费和介绍信。第二天，我便向县政府驻地进发。那时，从区政府到县政府所在地没有长途客车，只好徒步前行。上灯时分，我终于行至崖县红沙镇过夜；天亮后，便坐上手摇小船走海路驶向县政府所在地崖城。

## 二、回忆恼笑航程

我清楚地记得这一航程途经“六道角”进入“大东海”和“小东海”，绕过“鹿回头岭”南端进入南海，又从“东瑁洲”和“西瑁洲”北部、“南山角”南部进入“南山港”，然后从宁远河口的大蛋、水南，港门、乾隆之间穿行，终于在万家灯火中到达了目的地，顺利住进了县政府安排好的住处。翌日，县政府用车直送我到海口市，住进了广东省海南特别行政区民委招待所。休整三天后，海南民委派专人带领我和来自其他县的被选派同学一同乘轮船过海，前往位于广州市的广东民族学院。

在这艘船上，有位普通乘客得知我是黎族，便在假装跌倒时摸了一下我的屁股。我问他：“你这是干什么？”那人一脸尴尬地对我说：“对不起！过去听说黎人都长有尾巴，我只想证实一下。”我严肃地告诉他：“那是传说，不可信！我是黎族人，但我没有尾巴，所有的黎族人跟全国各地人一样，都没有尾巴！”最后，我接受了那位乘客的一再道歉，也原谅了他的唐突举止。在此后的友好交谈中，对方也深刻认识到所谓“黎人长尾巴”的传说是旧社会的一种带有歧视性的民族偏见和谬说。

在航行中，我因初次乘轮船不习惯，有点儿晕船。带队的海南民委干部发现后便给我服晕船药，很快我的晕船症状就减轻了。经过一天两夜的海上旅程，我终于见识了省会大都市广州，并怀着兴奋心情住进了广东民族学院学生宿舍。

## 三、难忘入学感受

广东民族学院坐落于广州市越秀山东北，是中华人民共和国成立后新成立的一所专为培养少数民族干部的学校。当年来这里学习的学生有黎族、苗族、回族、瑶族、满族、汉族，也有“疍民”（生活在广东和福建一带以船为家的渔民，属于汉族，但非“广府民系”）。其中，黎族、苗族、回族学生多来自海南岛，瑶族学生来自广东清远市连山瑶族自治县，满族、汉族学生分别来自广州和韶关，“疍民”则来自海上渔家。

广东民族学院的学习环境和生活条件都很好。刚开学时，学院针对来自不同地区、不同民族的学生存在不同风俗习惯，开展民族政策和民族团结教育，以加强各族同学之间的团结友爱，促进相互学习。广东民族学院有自己的歌舞团，因而校园文化生活显得丰富多彩。歌舞团成员多为从广东韶关等地招进来的文艺青年。在他们的帮助下，我们学会了许多新歌曲，如《黎族舞曲》《苗家歌唱毛主席》《十谢毛主席》《瑶族长鼓舞歌》《欢乐的新疆》《民族团结把家当》、藏族民歌《毛主席和我们在一起》《看到了毛主席》等。我在学唱这些歌曲中，加深了对伟大领袖毛主席的热爱，加深了对解放军的热爱，加深了对党的民族政策和各族人民大团结的理解，激发了自己努力学习的决心和未来投身建设我们伟大社会主义祖国的豪情。

广州是南方最大的城市，这里除有著名的越秀山风景区外，还有许多历史遗迹闻名全国，如中山纪念堂、毛泽东同志主办的农民运动讲习所旧址、广州起义烈士陵园、鲁迅纪念馆、广东人民抗英纪念碑、黄花岗七十二烈士墓等。广东民族学院设在这里，对省内各少数民族同学来说十分有利于开展革命传统教育。我第一次从海南来到广州，觉得哪里都新鲜，哪里都美丽，因而哪儿都想走一走、看一看。为了满足各民族学生的共同愿望，学校领导专门组织我们先后参观了黄花岗七十二烈士墓、越秀山公园、珠江大桥、农民运动讲习所旧址，游览了广州市容。通过这些参观和活动，大家不仅开阔了眼界，还加深了对祖国的热爱。

这里的生活过得真不错！同学们享受着供给制待遇：早餐不是牛肉粥就是鱼肉粥，还配有点心；午饭和晚餐经常变花样，主食有米饭、米粉、馒头和包子，吃多少不限量；副食也很丰富，除各种青菜外，还有鱼、肉、鸡、烤鸭以及鸡蛋和鸭蛋。此外，学校还发给大家一些零用钱。这种优厚的学习生活待遇自己始料未及，也终生难忘！

## 四、转学跨越省市

可是，仅在广东民族学院学习、生活了三个星期左右，就听说这所学校要和中南民族学院合并办学，也有“广东民族学院要解散”的传言。而这些说法最终成为现实，我们这批同学刚入学就迎来了跨省市转学。1953年4月2日，大家动身前往位于湖北省武汉市的“中南民族学院”，开始了对未来的新期待。

中南民族学院创建于1951年（2002年3月更名为中南民族大学），当年也是一所培养中国少数民族干部的学府。该校建校初期校址在武昌洪山下（我们就是在这个地方学习的），后来又搬迁到武昌南湖之滨。广东民族学院合并于中南民族学院后，广东民族学院原来的领导和师生全部成为中南民族学院的成员。我们这批广东民族学院的学生来到中南民族学院后，就和中南民族学院其他新生一起参加了经过文化考试的编班。结果，我被编入“中一乙班”，学习的课程有语文、数学、政治（包括民族政策和时事）、历史、地理、自然常识、音乐和体育等。

经过三年的努力学习和生活历练，我的思想政治觉悟和文化知识水平显著提高，一步步走向成熟人生。

## 五、洪水考验意志

1954年6月25日开始，湖北省发生大范围洪灾，武汉关26.30米的警戒水位被洪水突破。当年8月18日，武汉关水位一度上涨到29.73米，为有水文记录以来的历史最高值。是时长江堤防告急，随时都有被冲垮的危险。在这紧急关头，中南民族学院各族师生响应抗洪指挥部的号召，积极投入抗洪斗争。我和其他同学一起冲到了抗洪第一线，所承担的主要任务是抬土和搬石头，哪里需要就运到哪里并随叫随到，以确保武汉长江堤坝的安全。

至今我还记得当时我们高唱的歌曲《我们是防汛大军》，歌词是："动员起来，开上前去，我们是防汛的大军，战斗在防汛的最前线；加固堤防，排除渍水，只要有我们在这里，绝不准洪水来侵袭。为了保卫祖国的建设，为了保卫人民的安全，不分日夜，不怕风雨，团结起来，大家加油干，要把那洪水打退!"

在这歌声鼓舞下，同学们斗志昂扬，勇敢地坚守在抗洪最前线。而我也在这生平首遇的抗洪斗争中，经受了难得的思想锻炼和考验。

1954年，中华人民共和国首次举行"人民代表"的选举活动，表明了"人民当家作主"新时代的到来。年方18岁的我非常激动，十分积极地参加到"人民代表人民选"的活动中，并亲手投下自己生来最庄严的一票。当年中南民族学院校园里也传唱着《人民的代表人民选》的歌："亲手栽花花儿鲜，亲手栽树果儿甜，中华人民共和国颁布了选举法，人民代表人民来选；民主的歌儿到处唱，民主的花儿开满天，国家大事人民来管，幸福生活万万年。"

## 六、自觉追求上进

校园学习生活从根本上改变了自己的人生态度。当年，我不但在思想和学习上自觉追求上进，还能够积极帮助后进同学，从而得到了学校团组织的表扬。有一年"五四"青年节前夕，学校团组织经认真评选和审查，共表彰了24名同学，我的名字也在其中。受表彰的条件或依据是综合性的，其中包括学习成绩优秀、爱护公共财物、坚持文体活动、能够团结各族同学和尊重各民族风俗习惯等。

1953年4月2日和1955年2月26日，分别是我入学后申请加入中国新民主主义青年团和被批准光荣入团的两个纪念日。在学校的关怀和团组织教育下，我逐步认识到入团不是图光荣、图面子，而是为了以团员标准严格自我要求、努力进取，自觉献身于祖国社会主义建设。因此，我在学校里十分重视政治学习，也特别注重高尚道德品质的自我培养。

1954年2月的一天，我在校园拾到一块手表（在那个年代手表是很贵重的物品），便马上将手表交给班长并通过学校广播寻找到失主。当年中南民族学院的一期院刊，还以"拾金不昧"为标题并加"编者按"报道了此事，同时发表了失主的"表扬信"全文。

被家乡地方政府选派出来学习，对我来说是难得的人生发展机遇。因此，我非常珍视这一深造机会，在学习上十分勤奋，从不偷懒。平时除认真上课、认真完成老师布置的作业外，我还利用课余时间锻炼写作，经常向中南民族学院院刊投稿。这些稿子内容主要是自己的学习心得和家乡变化见闻，诸如《我是怎样有计划地利用自学时间的》《我在学习中是怎样进步的》《学习不能单靠死读硬记，而要搞通道理》《我的家乡在变样》等。而这些文章陆续发表，也极大鼓舞了自己的上进心。

其实，为了不辜负家乡亲人的殷切期望，为了报答党和政府对自己的特殊关怀与培育之恩，我也要自觉追求上进。

## 七、使命成就梦想

1956年秋，党中央、国务院发出专项通知，要帮助没有文字的少数民族创制文字。中南民族学院领导根据有关指示，号召无本民族文字的少数民族学生可报名参加此项工作。当时，我以一种责无旁贷的心情抢先报了名。后经时任中南民族学院副院长、著名语言学家严学宭教授的面试，很荣幸被录取了。

1956年2月16日，我中断了在中南民族学院的文化基础知识学习，怀着一种特殊使命感奔赴向往已久的首都北京。我的具体任务是先接受中央民族学院少数民族语言培训班的民族语言调查基本知识培训，再参加相关民族语言调查及其文字的创制工作。4个多月后，也就是在1956年6月30日，在中央民族学院完成专项培训的我，充满信心地加入中国科学院少数民族语言调查第一工作队海南分队，奔赴海南黎族苗族自治州的黎族地区开展黎语调查，并于其后直接参与了黎语文字的创制工作。

黎族语言文字诞生后，我作为黎文创制者之一，于1957年1月被“海南黎族苗族自治州黎族苗族语文研究指导委员会”安排担任当地黎文推广班教师兼班主任。该班第一批学生毕业后，恰逢中山大学到自治州招生，我得到海南语委会领导批准后报考并被录取了。然而就在这时，我的不断转折且颇受眷顾的命运又发生了戏剧性的变化——是年，中央民族学院语文系招收黎语本科班学生，但不知何故却没有老师上课。因此，了解我基本情况的中央民族学院就同“海南语委会”商量，要借调我到中央民族学院去任教。当然，双方都要征求我个人的意见。

经过一番思想斗争，我最终放弃了读中山大学的机会，决定到中央民族学院任教。这对于一个没有大学正式学历、却要任教大学本科课程的我来说，简直有些不可思议！也正是由于这一原因，“一定要获得大学本科学历”成为自己深埋于心的愿望。

当我来到中央民族学院即将任教时，海南黎族苗族自治州与海南行署合并办公了。由于这一变化，海南区党委组织部决定将我的干部人事关系转给行署民委会。于是，就出现了新的情况：中央民族学院要留我教课，而广东省海南行政公署办公室却叫我回行署工作。当时是“留”还是“走”？我也拿不定主意了，只好把这个“矛盾”交由学校和海南行署协商解决。经过协商，最终双方同意将我正式调入北京中央民族学院工作。

我在中央民族学院语文系本科黎语班任教，一晃四年过去了。该班学生毕业后，我便向系领导提出了要进修完成本科学历的请求。1962年8月30日，时任语文系主任的马学良先生找我谈话说：“你要求进修的事，院领导批准了。从今天起，你抓紧时间办理手续，准备迎接新的学习任务。

过去为了工作任务的需要，你放弃了学习机会，这是先公后私的可贵精神。今天该轮到你学习了，安心地学习吧！”

1962年9月，我正式成为中央民族学院汉语言文学系五年学制的本科调干生，再度启程自己的“圆梦之旅”！

# 预科二十年碎忆

高栋昆

我是20世纪80年代初从部队转业到中央民族学院预科工作的，开始做行政秘书，后来任系副主任。迄今我退休已有16年之久，但常常魂牵梦绕的还是在预科工作时的那些人和事。

刚到预科时我了解到，预科创办初期条件曾十分艰苦，预科教职人员是白手起家编写各类教材、完成教学任务的，50多年来已为国家培养了大批少数民族各类人才。这些情况深深教育和激励着我，也使我决心尽快适应预科工作需求，在本职岗位上为党的民族教育事业做出成绩。

## 一

我到预科后，先接替了郝天职同志的行政秘书工作。他是一个纯朴而又非常能吃苦的藏族同志，自建校初期就参加了学校工作，且一直负责管理藏族学员和学生。据他介绍，自20世纪50年代中期开始，预科二部招收藏族学员逐年增加，截至1960年年初，人数达到1000多人，那时被称为预科办学的“第一个春天”。但当年所招学员成分较复杂——文化程度参差不齐、年龄结构差别大，因而培养目标和学习时间也长短各异。其中有一批藏族学员刚入学不久，就响应号召返回西藏参加平叛和民主改革运动。另外，那时每期学员中总有20%—30%的人因地理和气候等原因患肺结核病，给管理工作带来困难。但郝天职同志不辞辛苦，常深入学员生活，努力为他们排忧解难。他的爱人阿旺同志也是预科的藏族老师，夫妇俩携手学员管理工作，多次往返西藏北京接送生病的学生。“文革”后阿旺同志在预科管理资料，遗憾的是她退休不久就去世了。

在预科工作中，姬达老先生亦是我学习和崇拜的对象。他待人和气没架子，作为管教学的副主任，他对预科工作了解很深很细，具有多年的管理和教学经验，经常和马树钧、陈雅阁等教授细心研究教学和教材问题。姬达老先生也是建校初期来的，编写预科历史本该是他执笔。但为了锻炼我，他有意让我来写，由他负责介绍情况。老先生文笔很好，许多行文、报告材料从不打草稿，总是一次成文。对此，我特别佩服，也决心把这个本事学到手，但这谈何容易！花了20年的时间，我也只是学到皮毛而已。姬达老先生早年身体欠佳，吃了好多年中药，退休后不久就又病倒了，一直未能康复。其间，我去看过他多次。1996年他临终之时，我在他床边，甚是悲怆。他享年70岁，走得似乎太急了。

预科的任吉声老先生待人谦虚和蔼，是我非常尊敬和怀念的朋友。我到预科后，任先生负责学员和老师们的生活管理工作。当时他已年近60岁了，住在城里，每天早早地来到学校，从未迟到早退过。他的书包里总装着大串的钥匙，每日奔走于学生各宿舍之间，为学生解决一个又一个困难。他起早贪黑、辛辛苦苦、任劳任怨，不管哪位老师求他办事，他都是有求必应，包对方满意。见他太辛苦，我和李希元同志就主动帮忙，脏活累活就一起干——我们毕竟比他年轻许多！

李志慧、刘采繁和侯英杰同是教汉语的女老师。她们在教学中一丝不苟的严谨风格给我留下极深的印象。她们是退休的女老师中年事较高但身体还不错的几位。志慧老师还经常见面，不管多忙，见了面总要多说几句。我老母在世时和她很说得来，并反复嘱托她要对我多加帮助。所以志慧老师20年来没少帮我。

## 二

预科新生与本科新生不同。前者到学校后并未真正进入本科的门槛，学习、生活也没有缓冲期，加之刚刚步入首都大城市，环境发生了很大变化，许多事情都需要老师具体和耐心的指导。20世纪80年代开始，预科教学有了新的模式。从1984年开始，除计划内学生外，新疆还送各类、各专业的学生来预科学习汉语和其他基础知识，且人数逐年增加。到80年代末，预科接收新疆各类代培生和计划内学生已达600多人，在校生人数为学校各系科之首。这是预科办学以来的又一“昌盛”时期，被称为“第二个春天”。

学生多了，管理任务加重了许多。当时预科主任是接替王超同志的郭广瑛同志（郭主任从事教育工作多年，经验丰富，考虑问题周到细致），预科总支书记是接替沈昌荣同志的居玛洪同志。居玛洪同志是维吾尔族，他和郭主任一党一政配合得很好，如在选择班主任工作中大胆起用年轻有为的老师和行政干部。记得“全国班”有何桂兰、黄宁、李松、孙桂玲、揣素清、屈平平等人，而“新疆班”有阿布拉江、艾加尔、阿米娜、帕夏克孜、佈仁巴择尔（寒青）等。还有几位教新疆同学汉语言的老师如陈作红、徐建等。我也管过一个新疆干部学习班。该班学员都是略懂一些汉语的基层干部，入学后一直由我负责安排他们的食宿和各项活动。为了使他们住得舒适些，我费了不少力气腾出一些暂时闲置的房间，打扫干净让他们住宿。

布仁巴择尔是蒙古族，又名“寒青”。他16岁来民族学院时还“一个汉字不识，一句汉语不会说”，毕业时已是汉语流利的优秀学生。1971年他被北京军区战友话剧团录取，10年后又转业到民族学院。他的语言天赋极佳，在长期与新疆同学接触中虚心好学，又善于交流，逐渐掌握了维语，故而很快能胜任新疆班的班主任工作。学生们很乐意与他交心、畅谈，他的激情也不时地感染和鼓舞着学生。因工作表现突出，1988年他被调到本校外语系任党总支书记。

## 三

预科的行政人员除领导干部外，总保持在13人左右。他们承担着教学、生活、财务、共青团、资料管理等多类工作。大家在各自岗位上尽职尽责，遇有急项工作就同心协力共同完成。比如，为了改善工作环境，大伙亲自动手粉刷办公室。有些重活脏活还多亏刘铁军、黄卫平等男同志。

行政人员中不乏优秀的文艺骨干，先有寒青、宋杰和李松同志，后有董秀芳同志。故预科曾以《希望的田野上》《英雄儿女》《前门情思大碗茶》《长征组歌》《山丹丹开花红艳艳》等歌曲演唱以及迪斯科比赛第一的优异成绩享誉全校。刘希敏主任也是个多面手。她接替郭广瑛工作后各项工作开展得很活跃。在学校历届体育运动会开幕式上，预科方队步伐一致、服装整齐，精神抖擞，屡受校工会表扬和其他系老师们的赞许。预科老师中亦不乏体育积极分子，如李松、揣素清、柴会铮等。他们跑前跑后，发动群众，人人报名参加项目，比赛总分每次都在前三之列。文体活动也是我的长项，我当然得认真组织和带头参加。

在行政干部中，我要特别写写我的同事李希元同志。她比我来预科稍晚，接替我的行政秘书工作。因工作耐心细致，领导又把计算教学工作量的任务给了她，等于让她行政教学”双肩挑”。她毕业于太原机械学院，山西人，有较重的山西口音，待人谦虚、和气、有耐心，作风严谨正派，与同志关系融洽。不管哪位老师有事求她，她都竭力去办。因为有她，我的担子减轻许多。

## 四

预科至今已走过53年的光辉历程，培养各类学生近两万人。1978年后，民大预科生先后被送往全国60多所重点大学70多个专业学习深造。如今，从民大预科走出的毕业生已遍布全国多地，而人数最多的还得数新疆和西藏。

在1993年民大预科成立40周年之际，为了改善预科的教学条件，我曾撰文汇报民大预科的教学成果和基本情况，发送给各大区民委、教委以及有关院校，以求得到支援。此举收到了十几万元的赞助。为了开阔眼界，我曾组织预科老师到过天津南开大学及山东济南等地参观学习，均受到当地民委的热情款待。我退休之前，阿布拉江同志又组织预科老师去新疆考察，也受到新疆教委的热情接待。

在预科工作的20年里，我不求名利、尽力而为，做的都是责任所在的事，好在没犯大错，心已足矣。

闲暇之余的回忆难免有误，但绝无沽名钓誉之想。这就够了，尚有何求？正所谓："人生到处知何似，应似飞鸿踏雪泥。"

# 欣然回望

莫俊卿

在纪念党的诞辰之际，我也欣然回望了自己的人生之路。

我今年已年近九旬。早在青壮年还在县中学读书的时候，我就受到党的思想影响，积极追求进步。那时，我家乡地区还没有解放，但有地下党活动，我当时为初中一年级学生会主席，曾率领一年级同学加入地下党组织的全校学生游行示威队伍，反对国民党政府的贪污腐败行为。

中华人民共和国成立后，我上学的地区仍为国民党反动派匪帮占领区。我选择离开学校，回到山区老家，自己开设一个小学补习班，选择有先进思想的课本、文章来教育学生。到1950年初，人民解放军已进驻县城及部分地区，我就逃出匪占区到解放区，先后被当地人民政府任命为乡镇中心小学教师与校长。1950年年底，我被吸收加入中国新民主主义青年团，当过团支书。

1951年年初，人民解放军派大批兵力到我县进行重点剿匪。因为我是当地少数民族，熟知当地语言与风俗习惯，县区人民政府便从学校抽调我去参加剿匪工作队，同解放军一起进匪占区去剿匪，主要任务是做群众工作，并先后当过融县（后分为融水、融安两县）的三睦、大坡、圩南、吉照、泗顶等乡乡长。

1951年8月，我被中共融安县县委保送到刚成立的中南民族学院政治思想训练班甲级班学习一年多，1952年初毕业留校工作，先后当学生辅导员、校团委副书记、组织科和人事科办事员等，晚上坚持到夜校补习中学功课。1954年10月，我被吸收为中国共产党党员。

1956年夏，我响应党的号召，投考中央民族学院，被录取进中央民族学院历史系本科学习，学制五年。在此期间，被选举为全院学生会副主席、主席，曾任历史系本科党支部委员、北京市学联副主席、全国青年联合委员会常务委员、北京市第三届人民代表大会代表等。

1958年8月，我正在中央民族学院历史系三年级读书时，被调往由全国人大和国家民委组织领导的中国少数民族调查组，到广西参加对广西各少数民族进行的调查和研究工作，先后被选为广西少数民族调查组党支部委员、青年团支部书记、仫佬族调查组组长、《壮族简史》编写组组长等。

1960年8月，我被调回中央民族学院并提前一年毕业，担任历史系党总支副书记。在“文革”前先被下放到本院伙食科搞“四清”，“文革”期间被下放到湖北潜江“五七干校”劳动改造。

1972—1989年，我先后到中央民族学院（即今中央民族大学）历史系、民族研究所和民族学系工作，负责对南方少数民族进行调查研究、讲课和写作等。多次到广西、海南、贵州、云南、西藏等地进行调查研究和写作，在校也给历史系、民族学系、语文系本科生、专科生和硕士研究生、越南留学生讲课，先后开过《壮族史》《壮侗语族诸民族研究》《中东南地区民族研究》《中南半岛各国民族概况》《我国南方民族问题专题讲座》等课程。在科研方面，先后与别人合写或集体写作并已正式出版的有《壮族简史》（广西人民出版社，1980年版；1987年获广西壮族自治区社科著作二等奖）、《中国少数民族》（人民出版社，1981年5月版）、《中国少数民族人物志》（1—4集，民族出版社，1983—1989年先后出版）、《布依族简史》（贵州人民出版社1985年版，获贵州省社科著作二等奖）、《原始社会史》（中华书局1984年版，1988年获国家教委优秀教材奖；1987年获北京市社科著作一等奖）、《中国历史民族史》（分段八卷本，本人参加两卷著作；四川民族出版社1996年版，获2000年中国社会科学院科研成果二等奖）、《壮族通史》（张声震主编，三卷本，民族出版社1997年版）等及《世界民族大辞典》《中国风俗辞典》《民族辞典》《中国历史民族大辞典》《中国少数民族文化大辞典》等多种大型辞书的主要撰稿人。此外，还在各种刊物、杂志、集刊上发表论文、散文、译文近百篇。在少数民族社会历史调查方面，先后与其他同志合写有：1.《门巴族社会历史调查报告》（民族出版社）；2.《珞巴族社会历史调查报告》（民族出版社）；3.《关于罗城县概况的调查报告》（1958年由莫俊卿等12人共同调查和编撰初稿，后经修改，交民族出版社正式出版新版本）。

1989年我退休以后，退而不休，时常应邀到别的单位讲课，从未间断过写作，除集中精力写作《壮侗民族历史文化研究》一书外，经常在各种杂志、集刊上发表文章，宣传马列主义和历史唯物辩证法的世界观与方法论，抨击社会上存在的各种错误观点。

现在我身体尚好，头脑尚清醒，十分关心国家和世界大事，也能够坚持锻炼身体，每天看书读报，并敢于评论是非，开展批评和自我批评，表扬好人好事和批评各种错误观点及其行为。在我有生之年或许还会遇到一些新问题和新变化，但我为实现共产主义伟大事业奋斗的决心不会变。我已写好遗嘱，愿在逝世后，把自己的遗体捐给国家做科研之用，作为我交给党的最后一笔党费。

# 我的“干校少年”时光

杨蒸

1969年11月15日，中央民族学院下放“五七干校”和战略疏散的人员相继出发，我们父子三人是第一批。家里的东西基本清空了，行装也很简单，三个铺盖卷而已。难处理的是家父杨策的书和备课笔记，略一迟疑，父亲拿定了主意：三分钱一斤，全部当废纸处理。在大礼堂前的空地上，各家送来的各式各样书籍一捆一捆的，林林总总堆成了小山，废品收购站的师傅就地论斤称重收购。

母亲是转业军人，紧急给我们哥儿俩做军训：起床号一响，大便——能轻松上阵一天；吃饭号一吹，定量吃，不许挑食；一切行动听指挥，不可以掉队。偏偏这时，二哥得了扁桃腺炎，发高烧39度也不敢掉队，强上火车出发。这天中午，北京火车站的站台上，眼见二哥裹着一件风衣斜靠在火车座椅上，母亲和二姐在月台上泪眼相送。我没心没肺地盼着火车赶快开动，一心向往着湖北干校那片未知的土地。到了武汉二哥痊愈，我却受传染，在东湖边的水利电力学院一住一个半月。

## 抓家台

到达湖北潜江县的抓家台已是当年12月31日（几年后“五七干校”撤销，我和父亲是倒数第二批离开抓家台的，记得到达北京的日期是1972年9月13日）。我从9岁到12岁，在抓家台生活了将近3年，虽然无法理解那个大时代的许多事件，但是刚好处于人的一生中记忆力最旺盛的年纪，其间的各种记忆支离破碎，却又总是历历在目、挥之不去。

50年前的1969年12月30日，从武汉出来仿佛走的是北线（2015年国庆节，我们夫妇去了抓家台。这是我离开那里43年之后的第一次重返故地。我们从武汉开车出来，走了南线的申渝高速公路）。那天是李民老师开大客车，半路上绑在车顶的两件行李掉了下去，车停下来，留下杨候弟老师下车去找。扰攘一段时间，我们继续赶路，到汉江边过渡时天已经黑了，在沙洋住了一个晚上。印象深刻的是招待所的早饭，有沙洋特产小粒儿花生米，比黄豆稍稍大一点点，特别香。早上车开出来不久又停了下来，上来一位胖乎乎的少年。后来熟了才知道，他是二哥同一年级的王群，当时也是12岁，之前跟他父亲在七里湖民委的干校。车从门口过，他上来跟他母亲会合，到中央民族学院的“五七干校”——潜江县广华寺的抓家台。情况类似的，后来还有兄妹俩张五全、黄六安（其父张养吾原为彭德怀秘书、志愿军司令部主任，时任中央民族学院汉语系教员——编者注）。

抓家台是一个高于周围数米的平坝子，有三四个篮球场大小，以前叫“侯家台”。据说早年这里侯家人丁兴旺，但后来陆续染上血吸虫病，一个个相继死去，最后只剩下一个老太太独守台子。周围老百姓纷纷议论，说是侯家人都被死神抓走了，这样，侯家台就被叫成了“抓家台”。后来，沙洋劳改农场成立，这里成为犯人们服刑劳动的“沙洋劳改农场”二分场。

二分场北边是五号、六号、七号和八号地，一眼看不到尽头，耕种是机械化，我们称其为“大田”。二分场住宅区的北面和西面有河渠，西北角的河渠交汇处是一个水闸；南边靠东的大片地，是另一块“大田”三号地，相对北边的小一些，种土豆和蚕豆；南边靠西的一片地是菜地，向南延伸约三华里的一条沟坝后面，就到了北京石油学院干校区域。东边当时是一条无名的硬土路，两旁都是笔直的水杉树，现在铺了水泥，叫“彭河路”。这条路南北向，从“五七”大道向北拐过来，在机耕队的车棚前直通抓家台。

抓家台是劳改农场二分场的场部，有一排大概六间的平房。当年，中央民族学院的“五七干校”来了，抓家台就成了干校的指挥部。时任院革委会主任李力和他的助手们都在这里办公、睡觉。李主任同时也是院“工军宣队”队长，他来自通信兵司令部，是大名鼎鼎的李克农之子。干校建立初期，他经常北京、武汉、沙洋各处奔波。他穿着军绿色棉大衣，红色领章、红帽徽衬托着他红润的脸膛，站在军用吉普车旁边，威风凛凛，我觉得比电影中的少剑波还英武。李主任的机要员是个甩着小辫子动作敏捷的文弱女兵，姓周。英俊潇洒、一身戎装的院军代表刘参谋也住在这里。干校的机要室、广播室、医务室都在台子上的这一排房子里。有个房间曾经是会议室，后来改作图书资料室。

抓家台很快成了“司令部”的代名词。大喇叭里一广播“谁谁谁赶快到抓家台来”，这“谁谁谁”就得立刻放下手里的事，从大田或菜地或鸡场或牛棚或猪圈跑步来到抓家台。干校组织外出活动，大多也在抓家台这排平房前的空地集合上车。抓家台前有一块砸夯夯实的平地，成为干校露天放电影的场所。五七大道拐过来，向北3华里是抓家台，右边的大田曾经修过临时飞机场。

初到干校，大家住宿的床位都紧张困难，小学生的教室当然更不够。当年，我们分别在牛棚、烤烟房和新盖的平房里对付，各年级同学分上下午各半天轮流上学。半天上课也学不了什么东西，就是同年级的孩子坐在一起，讲几道算术题、唱唱歌，念念毛主席语录、诗词或者是读报纸。半天劳动就完全不同啦——老师带队去收棉花秆儿。高高的棉花秆垛，可以徒手爬上去，再纵身一跳，落在铺满棉花秆的地上，感觉像是飞。我们在空中飞，旁边的狗看了，也跟着兴奋地跳。

干校养了三条狗，“黑儿”“白儿”和“白脖儿”。“黑儿”是个小姑娘，全身毛色像黑缎子，性情温顺；“白儿”是个漂亮的小男孩儿，一身毛雪白，对人和善。“黑儿”“白儿”很快就与干校的孩子混熟了，摸头捋背都行，从不生气翻脸。可偏偏就是“白脖儿”是个“愤青”，生性独往独来。它一身黑毛，只有脖子一圈儿白，白天关在牛棚里不见外人，晚上解开绳子让它在周围巡守。空中若飘来陌生人的气味，它就马上叫起来。孩子们都因此怕它，一般不敢擅自走近牛棚。

牛棚旁边有个鱼塘，下午人们收工回来，牛去那里饮水。我至今难忘骑牛的经历 —— 成年水牛个子大，我觉得太高爬不上去，就选了头小牛，猛一跳骑了上去。谁知它吓了一跳，三步两颠一甩，就把我扔在了半空里，缰绳也脱手了。一个工整的“大”字从牛背上飘起，平平地落进了烂泥里，结结实实地摔了个“大马趴”。我那天穿了件棉袄，里外都浸透了黄泥浆，根本洗不出来，彻底“报废”了。别的小伙伴骑水牛的经历就与我完全不一样了 —— 高大宽广的牛背，小孩子爬上去非常不容易，但是水牛很温顺，并不为难“孺子”。一旦小孩子爬上牛背就会发现牛背上比课桌还宽。待你坐稳了，水牛不用赶，它自己就往鱼塘走。从牛棚到鱼塘恐怕不到50米，但对小孩子而言，骑在水牛背上的感觉是惬意、得意甚至诗意，诱惑太大了！

牛棚里的四条水牛是“一家子”：老成持重沉默寡言的“汉子”，叫老窦；“牛娘”半老，却风韵犹存；“三牯子”是它们的儿子，像一个性格张扬的成年小伙子，年轻气盛 —— 邻近村子的水牛路过，“三牯子”大眼睛一瞪就冲上去，三两个回合就顶得对手落荒而逃；“三牯子”还有个弟弟，年岁还小，平时只是跟着父母、哥哥一起下地去玩儿，见人认生，更不让人骑。有个小男孩不懂事，竟问看牛棚的何老师，让“三牯子”和母牛交配，生出来的小牛是不是非常壮？何老师是政治系的哲学讲师，说话总是笑笑眯眯的。他说不行，那叫“近亲繁殖”或“乱伦”。我们一群小男孩儿，在旁边听了“交配”“繁殖”什么的，彼此挤眉弄眼、相互坏笑，但都知道要想骑水牛，必须何老师在牛棚并拴住“白脖儿”才行，否则“白脖儿”一发飙，我们个个吓得屁滚尿流，作鸟兽散。虽然不能天天骑水牛，但这并不影响我们开心地疯玩，因为这里好玩儿的东西太多了！

疯玩中没多久，就临近春节了。我睡觉的地方是“筒仓”，后面是“老食堂”，正好看杀猪。一日天色渐晚时分，小王师傅给汽灯打足气，点上以后雪亮一片。大锅里满是滚开的开水，炉灶里烧的是沾了黑色原油的棉杆，火势熊熊。在猪的拼命嚎叫中，几个助手把猪摁在凳案上。再看小王师傅，对准猪脖子手起刀进，猪立刻就没了声音，刀口处呼呼冒血。杀猪案下，一个撒了盐的大盆正好接住血。放干净血，小王师傅在猪小腿上切开个口，用嘴对准使劲儿往里吹气，慢慢就吹鼓了猪肚皮，再用小麻绳系紧了口。大家抬起猪来放进大锅里，水刚好烧开，便烫猪刮毛，然后开膛分拣内脏，整理下水。一般看到这个份儿上，戏码的高潮就过去了，看热闹的小孩子们陆续散尽，汽灯的光线也渐渐暗黄下去了。而我住得近，最后一个离开，只见小王师傅找到猪心，拎起来检查，看到三角形的刀口，对自己的刀法满意了，扭头一眼看到了我，说：“你爸是杨老师，你是小四还是小五？”

“我是小五。”我很高兴小王师傅认识我，当时那激动程度，恰如时下追星粉丝拿到了明星的签名。我知道小王师傅是行政处房产科零星修理组的电工，在北京时见过他爬电线杆子拉广播线，来干校操刀杀猪，使他一下子成了孩子们心中的大英雄。孩子们心中的另一个英雄，是小王师傅的哥哥——给李主任开吉普车的王又春，我们叫他“春叔”。春叔开车又快又稳，医务室的几个小护士特别爱坐他的车。从干校出去开个吉普车，简直太拉风、太震了！

干校里过春节，当然还要宰牛羊和鸡鸭，可是我从未看到那些动物是如何宰杀的。后来我才知道穆斯林宰杀牛羊要遵守一个特定程序，难怪当年我们一帮子小孩儿，只看到买来牛羊准备过年，却不见宰杀过程。当年我听说有一头看上去病病恹恹的瘦牛，杀出来一块大牛黄，其价值比买来的一群牛都贵重。头天宰了牲，第二天食堂就能改善伙食，各族“五七战士”都有肉吃，全干校男女老少都露出欣喜的笑容。

大家劳动辛苦，没有人抱怨，劳动改造嘛，心甘情愿。可是很快，肉吃完了，又没有青菜，顿顿熬萝卜稀汤，食堂大师傅也无可奈何。在北京冬天存储有大白菜，这里却真是青黄不接。休息日，父亲带我们哥俩去王场吃红烧肉。说是“红烧肉”，其实却是白花花的“五花肉”，六角钱一小茶碗，满碗溢着肥油。

## 广华寺

疯疯傻傻地玩儿了一个寒假，又到了开学的日子。那天是大晴天，有几个老师带队，大家排队去了趟广华寺，参观了广华寺学校的教室、大礼堂、小礼堂、操场和食堂，还吃了一顿午饭。之后，传来抓家台的慎重决定：小学一二年级的，留在干校上课，由学院预科的老师负责教课，地点设在“烤烟房”。小学三年级以上的小学生和初中生，有百十来号人，都要到当地劳改农场子弟学校插班上学。广华寺是沙洋劳改农场的场部和一分场所在地，广华寺学校包括小学部和初中部。我读小学三年级，二哥读初一，所以都要到广华寺去继续学业。

广华寺距离抓家台8华里，步行要一个小时；下雨时满地泥泞，几乎无法前行。广华寺是个大镇子，1公里的广华大道分隔出东西两个区。广华大道的道路两旁，当年是碗口粗的水杉树，笔直向上（2015年重返故地，发现路西的水杉树已经长得比我的腰还粗，高耸云天。路面加宽了，所以当年路东的水杉树一棵都看不见了）。广华寺学校的中小学教室、操场和食堂大部分在路的东边；大小礼堂、教师宿舍和农场职工的宿舍大多在路的西边。我们的宿舍在路西的小礼堂（好像只有中央民族学院的干校子弟住宿在此），路西有教室也有食堂，我们晚饭都在路西的食堂吃饭。我们在学校吃晚饭，大师傅是干校派来的。

当年的广华大道北端是丁字路口，往西去一片水杉树林，往东是“五七大道”；南端是桥，过了桥是丁字路口，左转就是广华寺医院（如今成为“江汉油田医院”），右转的路通往沙洋。广华寺有驻军，应该是一个团部。路西有个靶场，是部队实弹射击训练的地方。我专门去过那里，还拣到了四个子弹壳，两个是标准冲锋枪与自动步枪通用的子弹弹壳，还有一个重机枪子弹弹壳和一个手枪子弹壳，后来都丢了。靶场旁边驻了一个骑兵连。有一次下雨，清晨的空中飘着雨粉，地上满是泥泞。一个排的骑兵从南向北，全副武装地踏着泥浆跑过广华大道，甚是威武。下午雨停了，我和几个小伙伴深一脚浅一脚地去马厩看军马。其实，“军马”

中不光有马，还有大骡子。骡子和马长得很像，显著区别在耳朵。如果你看到一匹马，长了个驴耳朵，那肯定是匹骡子。

北京石油学院的干校子弟，全部在自己办的中小学里上学。西边隔一条河是科学院的干校，离开广华寺只有5华里。科学院干校子弟的中小学生人数比民院干校的略为少些，和我们一样，都插班就读广华寺学校各个年级。在我们来之前，广华寺学校的学生来源基本上是三类人：第一类是农场监管人员和职工的子弟，第二类是刑满释放就地就业的“新人子弟”，第三类是部分服刑人员住在广华寺的家属子弟。这样的生源状况本已“阵线”泾渭分明，但我们干校子弟一来就打破了“平衡”，因而学生中冲突不断，打架成了家常便饭。

我们三年级二班有个农场子弟叫从湘，人壮的像个小水牛，班里同学都怕他。不记得那天因为什么事他把我惹毛了，我抡圆了胳膊向他就是一掌，却不料打在了墙上，手疼得火辣辣的，可见这小子身手好快。几个民院干校的小伙伴上来相助，记得有博亚，还有王庆。博亚是个见了打架就兴奋的主儿，恰在这时上课铃响了，见班主任李老师进来，大家都各自坐回了自己的座位上，从而避免了一场混战。

李老师问：“摩丝啊（什么事）？”同学们异口同声地说：“从湘又欺负人。”看来，他平时颇有些“民愤”。李老师一下子就明白发生了什么情况，气定神闲地宣布：“我们开始上课，学习毛主席诗词‘娄盼三’（六盘山）。”并首先让班长小颖念一遍毛主席诗词《清平乐·六盘山》。小颖是农场干部的女儿，瓜子脸大眼睛，额头上干干净净，一头黑发梳得光亮亮的，甩在脑后扎成了一个马尾巴，她的普通话在农场子弟中是最标准的了。

“莎莎，理粘（你念）!”老师提名的莎莎是科学院干校子弟，小姑娘皮肤很白，头上梳俩刷子，翘在脑后，无论走路还是坐定，总是不停地晃动，难得静止。那时候男女生彼此不说话，只清楚记得她特泼辣，张嘴就是国骂。当她用字正腔圆标准的普通话朗诵完，全班鸦雀无声了。因为按照一个农场子弟、一个干校子弟的顺序，下一个应该是农场子弟。可农场子弟大多一口潜江口音普通话，若紧跟着莎莎念不是“献丑”吗？

“彭二，到理（你）!”李老师点名了。彭二是农场子弟，他父亲是拖拉机手，随二分场留在了我们干校的机耕队。他上边有个哥哥，下边还有两个妹妹和一个弟弟——后来和我们在抓家台混熟了，个个都变成一口“京片子”。可当时，彭二是个一句普通话也不会说的学生。但师命难违，只见他慢慢悠悠地站了起来，用地道的潜江话抑扬顿挫、摇头晃脑地念了一遍“娄盼三”。等他念完，包括李老师在内全班都笑翻过去了。李老师厚道地批评他：念毛主席诗词不要“枪粘金”（像念经）。

上午10点钟的课间休息有20分钟，学生们可以尽情跑跳。我们一群男孩子玩起了打仗。有人手里抓着根棉花秆当枪，“啪啪”地向我开火。我不服输，找遍地下再也找不到一根棉花秆，看到几棵和我一样高的树苗，便一脚踹倒一棵，撅折后当枪上阵。正当我威风八面地冲杀时，一位男老师叫住了我，指着那棵树苗根的断口处批评我“破坏绿化”。那天放学，老师集合全校中学部和小学部的所有学生，让我在队列前做检讨。我把写好的检讨大声念了一遍之后，老师点评：“杨同学的检讨很深刻，尤其是决心自己不仅不再伤害树木，而且发现树苗歪了，还要扶正。”并当场发给我一个“红哨兵”臂章。如今，潜江已是全国绿化植树的模范，广华大道转左向北，就有一片被作为绿化植树“教育示范基地”的水杉树森林公园。

当时的中学部缺乏英文师资，请求干校支援。正下大田劳动的刘正埮老师便奉命到广华寺中学教英语。据二哥说，第一次给初一班级上课的刘老师有个“开场白”——他先是谦虚地表明自己的学问“在燕京大学诸多同学中不过平平尔，奉命来教各位子弟，完全是因为抓家台的信任”，而后又毫不客气地说教一班初中生的英语课，自己的水平是“绰绰有余”的。事实证明，刘老师确实不辱使命。在广华寺读中学的干校子弟，只要自己不放弃，英语基础都不错。据我所知，1977年恢复高考后，这班同学中有不少考上复旦、北大等名校，有的留学海外，其扎实的英语基础都拜刘老师所赐。

为了协助广华寺办学，干校又指派耿予方老师协助管理。广华寺小礼堂成了男孩子集中住宿的大宿舍，女孩子也都住在广华寺，但住宿分散些。开始，不住广华寺而选择每天步行上学的只有我和另外三个同学。我不住广华寺的原因是“尿炕”。和父亲睡在抓家台，一是他能每天夜里喊我起来一两次，万一“失守”，被褥白天也能晒晒；而在广华寺住宿则不可想象；二是同住在干校“筒仓”里的关大夫正在为我进行针灸治疗，必须坚持完成全部疗程。但逐渐地，不住广华寺的走读生越来越多，宿舍里几乎空了，主要原因竟和我一样是“尿炕”。湖北冬春季节阴冷潮湿，学生年纪小，住在广华寺上厕所必须摸黑去，所以许多孩子们夜里有尿就憋着、忍着，然后就又睡着了……

## 军事化

在干校里，父亲所属的历史系人员被编成“蔬菜排”，番号二连一排。二连二排是由政治系人员组成的“饲养排”，负责养牛、放羊、喂猪、养鸡（包括火鸡）和照看鱼塘。艺术系人员被编为二连三排，主要下大田劳动。预科一部和二部被编成一个排，除了抽出几个老师给干校子弟上课之外，大部分人都下大田劳动。其他如民语系、民研所等四个教研单位的人员被编成一个连，按系所分成排，按教研室编成班。各“连长”由工军宣队的解放军或工人师傅担任。干校的机耕队由会开车或者拖拉机的老师加上留用的原二分场机耕队职工组成。令人羡慕的是，三个应该读初三的干校人员子弟被选进了机耕队学开拖拉机。

干校初期的劳动生活延续原劳改农场的作息制度，每10天放一天假，赶上农忙或天气好“抢农活”就不放假。记得有一天，天气是少有的阳光灿烂，大家已经“连轴转”了29天，抓家台终于决定放一天假。女“五七”战士纷纷到水龙头跟前排队洗洗涮涮，男“五七”战士则三个一群、五个一伙，步行去后面小村子的宜兴街或是更远的王场“打牙祭”（改善伙食）。由于干校人员的形象和做派另类，当地老百姓编了一首“顺口溜”

来形容“五七”战士：“穿得破，吃得好，光着脊梁戴手表。”

每天早上六点，伴随大喇叭播出的《东方红》乐曲以及六点半的新闻，男女“五七战士”们排队上厕所、洗漱和吃早饭。到了出工的时间，各排集合哨子吹成一片，整队出发的口令此起彼伏——“稍息，立正，向右看齐，向前看，报数”“向右转，齐步走”“一二一、一二一，一——二——三——四”……喊口令的通常是工军宣队任命的排长，他们多为出身好、政治条件好（党员）、劳动表现主动积极的人。各支队伍的前头是高举红旗的“排头兵”。为了下田劳动，大部分人都特意换上旧衣服，虽然个个衣衫褴褛，但是人人显得“斗志昂扬，情绪高涨”，而且队伍步伐整齐，一路唱着歌向大田开进。

我看到许多位后来被称为“学界泰斗”的老先生也都排在各支队伍里。这些“五七战士”们每日不顾风吹、日晒或雨淋，任劳任怨地下大田劳动。其中，老教授吴文藻与其夫人冰心老太无论是在田间劳动还是到食堂买饭，总是形影不离。他们在抓家台的时间并不长，好像当年天气刚刚转凉不久就一同回了北京。据说是周总理在北京接待了基辛格博士，商定了美国总统尼克松的访华安排，为着手准备中美谈判，特调吴谢二老回北京翻译有关资料。

谢老太与我祖父同庚，她的《寄小读者》出版之时，我父亲尚未出生。记得每每说到《寄小读者》，父亲总是那么兴奋并津津乐道。我没有父亲那一辈人的幸运，我的“干校少年”时光恰恰是该读其文的最佳年龄。

“五七战士”于道泉教授是位瘦高个子的山东人，夏天劳动时与大家一样，爱光大膀子披个擦汗的毛巾。他深度近视，眼镜厚如酒瓶子底，似乎圈里套圈，深不见底。当时我们这帮子干校小孩儿，没有意识到这于老爷子有什么过人之处。直到许多年以后，我才慢慢了解他是位蜚声中外的语言奇才和大学问家。有一首听起来空灵悠远的歌曲名叫《在那东山顶上》，其歌词改编自六世达赖仓央嘉措的藏文情诗，而这首情诗就是于老爷子早在20世纪30年代翻译成汉语的。

还有贾敬颜伯伯，平时手里抓着个烟斗，眼角里总是透露出丝丝笑意。有一天他见我手里抱着一本繁体字竖排版的《水浒》在啃，忍不住考我：“郓城县有两个士兵都头，叫什么名字？”“雷横，朱……汞。”我想了一想，还是磕磕巴巴地出错了。“朱仝。仝，跟‘同’读音一样哈！”贾伯伯纠正我。后来我才知道，贾伯伯是位蒙古史学大家。他1955年在阿拉善旗实地考察贺兰山广宗寺时，意外发现了六世达赖仓央嘉措的真身舍利。这一发现证实了某一传说的真实性：仓央嘉措在被押解进京途中获释，后云游四方并最终圆寂于内蒙古草原。

干校的大田里种的多为小麦、棉花。农忙时，我们小孩子也要下大田。收麦子主要靠“康拜因”（联合收割机），我们跟在后面捡麦穗。“会来事儿”的小伙伴，可以通过和开拖拉机的师傅“套磁”，坐上拖拉机驾驶室“拉风”。我试过一次，但不好玩，驾驶室里噪音特别大，耳朵都被震聋了，十分受罪。摘棉花时，每人发一个白“兜肚”，其上有三个口袋，分别放“一级”“二级”和“三级”棉花。一级最好，雪白的棉花摘出来有一根铅笔那么长；二级差些，发黄，不蓬松了；三级基本就是“骨朵儿”，但是绝对不要丢弃，因为到了棉花厂一样可以拉出棉花纤维。收了棉花要拔棉花秆儿，方法是用一根木棒，钉上个打弯的“铁抓丁”，套住棉秆儿一提，棉秆就从土里拉出来了。我们管这个棒子叫“狼牙棒”。

### “蔬菜排”

历史系来干校的人数较少，其中年龄较大的“老先生”却相对较多。他们被勉强编成了一个“蔬菜排”，不去北边下大田，只负责在南边种菜。父亲在“蔬菜排”里干活儿，一开始是拉粪车。干校设有十来个厕所，早上，七百多名男男女女、老老少少的“五七战士”纷纷如厕，所以粪池子常掏常满。在“万物生长靠粪汤”的理念下，父亲等四人用长竹竿舀子，将每个粪池淘干净装满粪车，然后一车车地运到菜地里的化粪池，待“沤熟”了再用来浇菜。这台粪车是用两轮平板推车改装的，上装一个铁板焊的方箱柜，仓容量估计有一吨左右，粪车车把是用两根半米长的白铁水管接出来的。由于粪汤晃动、重心不稳，方向很不好控制。粪车虽然拉动起来不难，但是一旦失控，污秽四溢还是小事，驾辕的人很容易受伤。

“蔬菜排”的粪车多由戴可来叔叔驾辕，而王矩堡叔叔、何东叔叔和父亲则是拉长套的。好在他们时年大都是四十多岁，算是一个年富力强的拉粪车“班子”。在“蔬菜排”里，戴叔叔算是个“彪形大汉”。他是河南人，剪个板儿寸头，夏天总光大膀子。童心未泯的他每日吃过晚饭，常常喊着“小四、小五，去走走”，带领二哥和我去菜地溜达一圈儿。二哥爱和他聊逮鸟、钓鱼，我喜欢听他讲他小时候怎么在铁路上打架。自夫人去世后他成了单身汉，在干校里，每当女“五七战士”和他说话时他总是脸红。记得夏天时有一次吃完晚饭，他光着大膀子穿条大裤衩，又背起农药筒（里边是白天地里干活儿剩下的农药）灭蚊子，先喷在门前的臭水里，然后逐个喷男宿舍。这时，隔壁小汪老师忽然叫住他：“老戴，帮我们宿舍也喷一喷，蚊子太多了！”

小汪老师是广播员，个子蛮高，皮肤白皙圆润，声似银铃——我曾看到过一幅法国大革命题材的油画，总觉得她像其中的“自由女神”。小汪老师会越南语，在干校教我们下一个年级，曾组织女生表演小合唱，是用越南语唱“越南中国，山连山，江连江……”据说戴叔叔在校时给越南留学生讲过历史课，我想他们两人彼此应该很熟。听到小汪老师的招呼，戴叔叔像被施了定身术，脸憋得通红，张嘴却无话。“老戴，你还挺封建！”小汪老师打趣道。“夏天，不方便。”戴叔叔终于憋出了一句话。“来吧，我开路。”小汪老师倒是落落大方。由小汪老师“鸣锣开道”，戴叔叔不仅喷了隔壁住着黄淑娉阿姨、蒋萍阿姨和小汪老师的房间，还把另外两个女宿舍也喷了（那边，住着我的同学马辚辚和吴捷）。不久，听说戴叔叔又结婚了，新夫人从河南来干校看他，还带着一个名叫“小虎子”的男孩儿。小虎子比我小五岁，不爱说话。

“蔬菜排”的故事很多，其中戴叔叔给我留下了很深的印象。干校解散后他虽然返回北京，但很快调到了河南大学历史系，实现了夫妻团圆。

## 走读路

广华寺学校早上8点50分上课，我们走读，七点半吃了早饭得赶紧出发，否则就会迟到。有一天排队吃早饭，小刘叔叔叫我：“小五，吃了早饭我送你走。”小刘叔叔名字叫“刘德华”，是艺术系的舞蹈老师，上海人，和我同住一个筒仓。他会开车，来了干校就开拖拉机。干校有两台履带“东方红”，擅长在泥泞的地里耕作；另有一台“铁牛”胶轮拖拉机，既可以下地干活儿，挂上拖斗也可以拉货。那天，小刘叔叔要开“铁牛”去广华寺拉货。他吃好早饭，给“铁牛”挂拖斗，加完油还要加热水，磨磨蹭蹭都快八点半了。我急了，问小刘叔叔：“都这么晚了，你别骗我吧?”小刘叔叔笑笑：“我从来不骗人，保证你来得及。”“铁牛”终于出发了，胶轮卷起的烂泥飞到了拖斗上。我坐在小刘叔叔旁边，才20分钟就到了学校，没迟到。

二哥是住宿生，他在广华寺学校打架的事很快反馈到干校。这天放假了，父亲正准备带我们哥俩去王场走走。“杨老师在?”耿老师微笑着与父亲打招呼，进到宿舍一屁股坐在我的床上，缓缓地从口袋里掏出一沓子规格不一、大小不同的纸。我瞄了一眼，题目都是“检讨”。耿老师从中找出二哥的“检讨”，便一字一句地念了起来。

原来，一天夜里广华寺停电了，住宿生们挤在床上秉烛打扑克。这时外边下大雨，大家玩得口渴，出不去就满屋子找水喝。不知道谁在黑暗中发现了耿老师的大茶缸，里面似乎是满满的“凉白开”，便你一口、我一口，直喝到最后一副假牙从茶缸里掉了出来，才知道茶缸里的水是他用来泡假牙的。喝的人都觉得恶心，在互相埋怨中吵了起来，事态后来发展了成了一场打斗闹剧——二哥几个人模仿“文革”中批斗人的方式，架着同学何海的双臂做“喷气式”，满宿舍转圈儿。大家正癫狂，被耿老师回来撞见，马上召集全体学生开会严肃批判涉事者。会议的成果是收来多份检讨书，其中二哥的“检讨”有半页纸，字迹还较工整。

耿老师给父亲念完二哥的“检讨”，便讲述事件过程并背诵毛主席语录。当他转述其他与会同学的批判发言内容，说到“给工人师傅的儿子坐飞机是阶级报复”时，一下引发父亲惊怒，起身要对二哥实施“家法伺候”。亏得二哥反应快，见势不妙立时拔腿跑了。“家访”已无法继续，耿老师脸上却恢复了笑容，说道：“那我先走了，还有其他学生家长要沟通。”只见他捏住那一沓子检讨，又找别的家长去了。

随着“走读生”越来越多，“住宿生”几乎没有了，耿老师也被调回抓家台下大田劳动去了。但在干校走读，下雨天根本没法“走”，大家就索性不“读”了，所以旷课的学生越来越多。很快，抓家台做出“英明决定”：中学生继续在广华寺中学插班就读，小学生全部回干校上课，抽调预科的老师教孩子们，地点选在烤烟房。由此，我们再也不用风里雨里、每天步行两个小时到广华寺上学了。

## 烤烟房

小学班级人数多，只得找个相对大一些的烤烟房当教室。烤烟房呈“工”字形，我们是“工”字北边的那一横，教室大门朝北，正对干校的猪圈。猪圈后面是牛棚，东边是机耕队的车棚 —— 路边有个厕所，西边斜对过就是抓家台。教室里的木头课桌和椅子都是新做的，长长的连在一起，可以坐四个人。我个子矮，从来都是坐第一排。

我们三年级这个班包括了1966年、1967年入学的孩子，人数多，上课乱，所以多数老师来烤烟房上课都爱发脾气、教训人，但班主任裴老师仿佛是我们的大姐姐，事事都和同学们商量着办。后来，抓家台派来了车如舜老师。车老师课下能嘻嘻哈哈地与男同学玩在一起，还被大家缠着讲水浒传中的人物故事。课堂上，车老师在黑板上写的粉笔字是标准仿宋体，上他的课大家总是比较安静。看来，孩子们还是佩服“手上有功夫，肚里有故事”的人。只是车老师教我们的时间不长，不知道是他自己要求下大田劳动的，还是连队里确实缺少青壮年劳动力，总之很快又换了一位女老师。

后来的班主任是陈家瑛老师，教语文。杨淑敏老师教算术，孙幼云老师也教过一段时间算术。黄璞老师教珠算，先教我们背诵珠算口诀，然后实际练习。学生学珠算需要算盘，而我却发愁没算盘。像变戏法一样，父亲居然从行李箱子里为我找出一把旧算盘。我认得这个旧算盘是祖父用过的，但在我手里只支撑了一次课堂练习，便彻底散架了。

如今感慨当年父亲为下干校整理行装，把许多北京家里的东西都处理掉了，却带上了那把旧算盘。黄璞老师发现我的算盘坏了，后来每到出完练习题，就把教具算盘从黑板上摘下来，放到我的课桌上让我练习。教具算盘的珠柱很像毛刷，可以让算盘立起来时珠子不滑动，但拨动起来很费劲，当然也打不响。好在我的珠算口诀背得好，“三下五除二”就做完了所有珠算题目。

湿冷的冬春时节，课间10分钟显得很宝贵。女生喜欢到烤烟房后面的场地跳皮筋，男生有时候也到那里调皮犯浑，因为那里有少见的阳光，可以晒一晒。有一天刚上课时，教室外忽然传来猪叫，我们知道干校又要杀猪了。一节课45分钟猪叫个不停，盼到下课大家都跑去看热闹。只见一头猪浑身是血、跌跌撞撞地往前跑，几个大汉在后面奋力追。其中小王师傅拎着个18磅大锤，脸涨得通红，一副气急败坏的样子。原来他今天“失手”了——捅了一刀就松了手，没想到猪猛然翻起身，嗷嗷叫着跑了。

虽然猪后来被抓住杀了，但有人小声嘀咕血没放干净，肉不好吃。记得我吃了这猪肉，没发觉有什么不同。烤烟房有两个特别房间，那是专门给“5.16”分子办学习班并对他们实施隔离审查的地方。但我们白天上课时，那里总是静悄悄的。我认识的郑仲兵“郑二叔”就是在这里被隔离审查的。

在北京的时候，郑二叔是“通天”（天派）群众组织的头头，到干校初期曾和我住过一个筒仓宿舍。他是历史系的年轻教师、父亲的同事，在筒仓宿舍里喜欢逗着我聊各种各样的话题，其中甚至有哲学深度的问题，让我有了“开我心智”的感觉。有一段时间，时不时会有一些“大姐姐”

来看郑二叔。每当她们一个一个地前来并让别人看到时，郑叔都会红着脸并羞涩地搓着手，用一口福建普通话解释说是“女朋友”，好像其中一个被他说成是“未婚妻”。有人见过俩人肩并肩地走上河堤，在树荫下低声细语地漫步。曾有阿姨劝郑叔：别挑花眼，选定一个就结婚吧！不久，工军宣队宣布对郑二叔实行隔离审查，由此他被关进了烤烟房。

有一天，大家忽然窃窃私语，都说郑二叔逃跑了。传言很快就被证实：原来，他用吃饭的勺子，很有耐心地、一点点地把关押他的房间只有碗口大的通风口掏宽了半尺。瘦骨嶙峋的郑二叔就是从这里钻出了烤烟房，奔向了“自由”。可过了没几天，他就被抓了回来。在烤烟房前的平地上，开起了对他的批斗会。会上，大家踊跃发言，但内容雷同，大约都是批判他“对抗运动”，要砸烂他的“狗头”，“再踏上一万只脚”，教他“永世不得翻身”！现场不时有人喊起口号，给他“坐飞机”的人把他的胳膊架得更高，有人冲上去对他拳打脚踢，场面开始变得混乱。突然，一个穿“学生蓝”的青年冲了上去，也对郑二叔拳脚相向。专案组的人见状，马上把这个青年摁在地上，把郑二叔架进了烤烟房。我一看，认出他是科学院干校的子弟，外号“大包子”，也在广华寺读中学，遇到这个场面便出手打“太平拳”。专案组排除了他“杀人灭口”的嫌疑，很快也就把他放了。

可想而知，烤烟房里的岁月对郑二叔而言是如何“度日如年”！据说他回到北京后，写了不少学术论文，有时还来家里与父亲一起“切磋”学术问题。许多年后的一年寒假，郑二叔来家与父亲谈事情碰到我，依然用带福建口音的普通话叫我“小五”。听说我已在武汉读大学并学“造船”，他显得很高兴。看着他瘦弱的身体，我弱弱地问候他的太太和孩子，心中却在无限感慨他在烤烟房的“劫后余生”。

## 重刑犯

历史系的王矩堡叔叔是晋南人，与现代文学“山药蛋派”创始人赵树理算是老乡，其做派也乡土气浓厚，遇到麻烦总是办法多多。二哥和我在武汉扁桃体发炎时，咽不下食堂的糙米饭。王叔叔便找来三块砖头，架上铝饭盒，随地划啦些枯黄落叶，点火为我们熬出了稀饭。身为二连一排排长，拉粪车是王叔叔给自己派的任务。每天早上第一趟粪车拉到菜地后，他就会习惯性地猫下腰，双手在满是露水的草叶上捋一捋，算是洗了手。我也有样学样地试过，觉得效果和用自来水龙头洗手差不多。

菜地里有个四下漏风的看菜棚子，原是由三位特殊的“劳改犯”专用的。1969年年底，王矩堡叔叔带队接手菜地管理时替换了他们。这三个“劳改犯”都曾经是军人，团级、营级和连级各一个，刑期分别是20年、15年和10年。后两位早已刑满释放，但都坚决要留在农场就业，就成了“新人”。据说他们留下来就是为了陪“老长官”。他们获刑的原因是当年所在部队在广西剿匪时打了一场胜仗，缴获了大量的枪支弹药，为了武装群众便向当地人发了2000多支枪，还有大量的子弹。可是事后一查，这些枪支弹药都落入了土匪武装手中。这种“疏忽”很难用糊涂来解释，所以他们被当时的军事法庭判了重刑。

可我觉得事情可能没有这么简单，脑子里又不甘心这个“谜”的存在，就查阅一些历史资料，发现参与广西剿匪的解放军部队分属四野的李天佑13兵团和原由起义国民党军第一兵团改编的陈明仁21兵团。而前者团级以上干部多为老八路甚至老红军，做事不会这么离谱。我分析认为，这三个人很可能来自后者。

## 龙门阵

我认识的何东叔叔是人民大学的，所属干校在江西。为了照顾有残疾的大儿子，他便随民院政治系的赵雅琴阿姨来了抓家台。照理编制分配，他应该是二连二排的人，但他却主动要求加入二连一排的粪车班。何叔叔早年曾和父亲一起在“华北革大”读研究生，知道不少历史掌故并见过不少当事人，如听过程子华讲述西路军、听过何长工讲如何寻找“八一”南昌起义的部队和井冈山会师……他毛遂自荐拉粪车，就是为了跟我父亲凑在一起有话可聊。潜江的夏天白天高温常达40度，入夜好久才睡得了觉，然而这正是何叔叔与我父亲酣畅“对侃”的黄金时间。

1970年8月1日，“两报一刊”发表社论纪念“八一”南昌起义。何叔叔与父亲等人又摆上了“龙门阵”，话题是南昌起义，自然说到不少当年起义领导者和参与者的名字，并分别将“亲手缔造”和“亲自指挥”用作了人物代称。当父亲发表见解时，旁边有人冷不丁问了一句：“老杨，当时‘亲自指挥’是什么职务?”“见习连长。”进入讲课状态的父亲脱口而出。问者本无心，答者亦无意，可还是引出一场“政治风波”——这是后话。正是由于这一教训，何叔叔与父亲的“抓家台夜话”，由高谈阔论变成了“窃窃私语”。

## 猫狗冤

不久，干校各连“换防”了。二连各排都下了大田劳动，饲养和种菜的任务交给了“兄弟连”，因而父亲也不拉粪车了。但牛棚“交接”却遇到麻烦——牛棚的狗“白脖儿”对接手者很凶。无奈，何叔叔从牛棚搬出来只得带上它，住到了我家隔壁。“抬头不见低头见”，“白脖儿”逐渐熟悉了我的容貌和气味，敌意和警惕性越来越低。有时我吃饭会省出半个馒头喂它，慢慢就和它混熟了，解开绳子它也乐意跟我走了。

我在干校爱到处玩，“白脖儿”常在后面跟着。一天，我带它在河边玩“追猫”，没想到把郭大爷养的猫给追上咬死了。郭大爷怒火满腔地逮住了“白脖儿”，把它拴在了一棵树上。

“打死不打死它?”郭大爷手持烧锅炉的两米长铁通条，似乎很“民主”地询问看热闹的孩子们。包括我在内只有一两个人说“不打死”，但这声音却被淹没在几十人发出的一片“打死”声浪中。“白脖儿”结结实实地挨了两下铁通条，竟死命挣脱跑了。但它的脊梁骨已被打断，不久还是死了。

## 搬新居

沙洋劳改农场二分场建场早，原有各种生活设施基本齐全。“抓家台”周围有烤烟房、饭堂和几排平房，还有牛棚、猪圈、养鸡场、机耕队车库、晒麦场和仓库，都成了“五七”干校的家当。但看似宽余的房屋还是住满了人。

初到干校，几十人住一个大筒仓。因为我们哥儿俩扁桃体容易发炎，发烧出了名，因而受到照顾，睡在最里边的小间。夜里父亲喊我们起夜，常吵醒睡在上铺的博大公伯伯。他儿子博亚是我同班同学，当时跟他母亲同住女宿舍。他到底是锡伯族还是蒙古族我不确定，反正自己乱看了几本历史书，就断定他家原姓“孛儿只斤”，属“蒙古皇族”。博亚后来考取了清华大学，毕业后投笔从戎，成了个带兵的“巴图鲁”（满语“勇士”）。

据说“抓家台”周边是血吸虫发病区，无论是河渠水还是池塘水，都不可以沾。附近的江汉油田当时叫“五七油田”，1970年正在大规模地勘探开发，并从大庆油田调来很多钻井队参加会战。借此之便，干校请来“王铁人”钻井队（1211）的兄弟1210钻井队，打了口1000多米深的水井，彻底解决了干校生活用水问题。很快，大家一齐动手，砸夯搬砖，又盖了几排宿舍，住房拥挤的情况才得到缓解。宿舍盖好之后，干校又以饭堂名义盖起了一座“大礼堂”。这座“大礼堂”功能多多，一下子成为方圆数十里独一无二的大型活动设施。后来干校里能放映“内部电影”，诸如《啊，海军》《山本五十六》之类，都拜其之惠。记得这些片子曾通宵达旦地播放，但规定必须“封闭”放映，除关紧门窗之外，还要捂上毯子。附近其他干校都不具备放映条件，被允许观看者只得步行数公里前来民院干校的“大礼堂”观看。

由于干校住宿条件改善，我们父子三人从大筒仓搬进了新盖好的宿舍。宿舍门前是一条臭水沟，我叫它“龙须沟”。共用的自来水龙头在沟对面，要从木跳板过去。新宿舍是“里外屋”结构，里边半间小屋可睡三个人，外边大屋能睡六人，但住小屋比大屋要舒服和方便。住在这里的吴一飞叔叔值守夜班——白天睡觉，夜里领着“黑儿”“白儿”两条狗巡夜。同住进这间新宿舍的王恒杰叔叔是东北人，戴着很深的近视眼镜，虽独臂却能挑担子，负责给菜地里干活儿的人送开水。他是一位考古专业学者，后来建功于只身赴西沙和南沙海域岛礁考古的重大发现。同屋的还有福建人施联珠伯伯，毛笔字写得工整漂亮，抄写大字报是他下大田劳动之外的额外工作任务。

## 老爷子

著名教授费孝通“费老爷子”，从社会科学院干校转来也搬进这个“里外屋”。他刚来时分到里屋住，后来主动去找军宣队，说杨老师带着两个孩子不容易，让他们父子三人住里屋更方便，要求把自己调整到外边的大屋。在费老爷子的带动下，住里屋的两个叔叔也接受了这个调整，欣然搬了出来。这样，我们父子三人就调换进了里屋。

费老爷子喜欢下围棋，对于前来“请教”棋艺的人，总是“来者不拒，随时奉陪”，自己无论是在午休还是在洗衣服，都会立即起身迎客摆子。老爷子下棋有一个特点，就是尊重对手和毫不敷衍，且招招致命，绝不手软。预科的周敏初叔叔下棋颇有些才气，在干校里属棋艺上乘者，无论围棋还是象棋对弈都是常胜棋手。费老爷子那天心情特别好，而周叔叔那天不知怎么就“恍惚”了一下，结果被费老爷子提了一大片。数格子时，周叔叔简直像个做错题的小学生。面对被拿走最后一颗黑子而空空如也的棋盘，他羞得满脸通红。历史系的陈雪白阿姨有时也来和老爷子下围棋，从棋盘中央落子，几乎几分钟就决出一盘胜负。后来我才懂了，双方下的是一种以围棋为工具“连五子”。

1971年暑假我回了趟北京，返回抓家台时已是九月中旬，但天气仍然很热。晚上，宿舍很多人在屋外围坐一圈儿乘凉，其中就有费老爷子。

他忽然问我，在北京的家属院有没有看到他的外孙女？当时我起立并口齿伶俐地答道：“费伯伯，我看到了。我看到小妹妹和奶奶从和平楼出来，在文工楼前走过，手牵手去买菜。”老爷子满意地笑了，但又意外发问：“你叫妹妹和奶奶都没有错，可是奶奶是‘费伯伯’什么人呢？”还是父亲发现了我回答中存在的辈分称谓错误，引起大家一阵哄堂大笑。

1971年国庆节后不久，我们父子三人搬到了有单独出入门的半间老房子，不再住“集体宿舍”了。

## 跳级生

1971年12月，“抓家台”组织四年级小学生去武汉参观“毛主席故居”和“中央农民运动讲习所”，由军宣队小刘大姐带队。烤烟房的小学生直属“抓家台”领导，小刘大姐是我们的“指导员”。小刘大姐20岁出头，北方人，圆脸短发，飒爽英姿。集合出发列队时，我们个个精神抖擞。小伙伴们“全副武装”——穿棉大衣，戴着防风防尘口罩，背着军用水壶和装满干粮的军挎包，于清晨四点在抓家台爬上了一辆有棚子的“解放”牌大卡车。

从抓家台到武汉当天往返要有八九个小时的车程，一路上大家或坐或站，都兴奋不已，不时在刘指导员带领下唱歌。不知由谁发起，大家玩起了“心算”抢答。可能是我抢答的次数略多些，让刘指导员记住了我。她叫不出我的名字，但是记住了我的特征——戴“杨子荣”式的棉军帽。而这一特征，则直接助力了我的小学“跳级”。

寒假召开家长会，讨论小学五年制改回六年制的问题，提出四年级要“拆出个五年级和六年级”。开始的意见是按年龄分班：1959年出生的，六年级；1960年出生的，五年级。有家长不同意，认为孩子没有念五年级就直接跳六年级，少受教育，亏了。但也有家长认为，只要孩子学习好，就可以跳到六年级。刘指导员支持了后一种意见，根据是“那个戴棉军帽的小个子，学习挺好，可以跳六年级”。我“跳级”了，上小学就没念过五年级。半年后我回到北京参加民院附小考试后，得到了“跳级”读六年级的正式认可。环视班里同学，大多是1959年出生的，而干校里1960年出生的同班同学回北京后多数都在读五年级。

## 不一样

下干校的人员中，除在职教职工和干部外，还有1965年入学的政治系和艺术系两拨学生。这两拨学生真不一样！

政治系的学生下大田劳动一切如常，但更懂“政治”，善开批判会、写大字报。有个政治系的学生，大家叫他“老鬼”。一次，政治系的学生在筒仓里开会，我听到“老鬼”厉声批评机耕队的姬莉（姬莉是我二姐的同学）。原来，机耕队里有位岁数最大的老司机，姓莫，是姬莉的师傅。不知莫师傅有“历史问题”还是有“现行问题”，在机耕队里被开了“批判会”。会上轮到姬莉必须发言时，她一口一个莫师傅，叫得温柔亲切，与批判会的气氛格格不入。为此，“老鬼”很生气，表现出政治系学生的“政治”素质和觉悟。

有一次，教哲学的邓祥老师手里拎了只小死猪，一边解剖，一边给政治系的学生讲解。我也很感兴趣地旁听，只是当时很纳闷儿：大猪不小心压死了小猪，有什么可解剖的？动物身体与哲学有什么关系？这也使我对政治系学生的学习专业一直很困惑。

艺术系的学生分属舞蹈和音乐两个专业，平时更忙。他们除下大田劳动之外，还要组织起来奔波于“五七”油田或其他单位干校巡回演出，对外叫“毛泽东思想文艺宣传队”。每到“五一”“十一”等节日，他们总要在干校“大礼堂”（饭堂）表演节目。艺术系的学生善吹拉弹唱和舞蹈表演，但是他们演出的节目，大家从北京校园看到干校，已经是耳熟能详、不再新鲜了。反倒是各连排“五七”战士们自编自演的节目更使观众感兴趣，台上台下气氛热烈。

艺术系音乐理论作曲专业的关也维老师，是乐队的指挥，常带着学生排练表演。教舞蹈专业的方云琴老师是傣族，她的男女学生多是彝族。其中有个小伙子叫博姆布哈，是我在民院就认识的“哥们儿”，所以我总找他玩。晒麦场仓库门前的篮球场，是艺术系学生排练的地方。有时下雨，他们就集中在仓库里学习。没多久，他们都离开抓家台走了。布哈留给我一张他的照片，可惜现在找不到了。只记得他是鹰钩鼻子，人白白净净，个子蛮高的。

## 小指挥

烤烟房小学生的演出节目多为大合唱。教我们音乐的老师黄舜娥是印尼归国华侨，平时说话带有口音，声音像歌声。组织我们排练合唱时，她拉手风琴伴奏。几十个孩子排成四排，音乐一起就开吼，节奏往往不齐。因此她要求安排一个指挥，几经挑选，落实在我头上。之前试了几个，但黄老师都不满意。有的孩子节奏感挺好，可是胆小怯场；有的不在乎，可是跟不住手风琴。黄阿姨私底下教我“三拍画三角，四拍打横八字”的手势，说跟上她的手风琴节奏就可以了。

有一次我们上场表演合唱，“红小兵”们鱼贯而入舞台，排好阵容。父亲坐在台下，望着舞台找半天也没有看到我。他纳闷儿：明明见到我那天特意穿上黄军装，是要上台的呀！直到黄老师抱着手风琴到位坐下，我才雄赳赳、气昂昂地独走到舞台中间，让父亲终于看到了我。

走上台后，我按要求先对台下作深深鞠躬，再一个标准的向后转，面向合唱队抬起双臂，静等黄老师的前奏音乐响起。这套动作配着演唱的三首歌重复三次，自我感觉也不错。由于黄老师的悉心指导和伴奏提示，我在指挥中圆满完成了对齐唱、男女声部轮唱的调动和把握。总之，这次演出十分成功。父亲那天特别高兴，持续兴奋了好久。据说时不时还会有人跟父亲打招呼：“老杨，原来这小指挥是你家老五啊！”

干校里的文化娱乐生活总是不乏人才的。后来，不知谁向“抓家台”建议，要排练“革命样板戏”。这一建议政治意义强，当然得到首肯。军宣队刘参谋亲自演“杨子荣”，上台不必换衣，且不化妆也像；宋宓是二姐的同学，来干校在机耕队开拖拉机，饰演“铁梅”合适；教舞蹈的维吾尔族老师帕夏演“小常宝”，难为了她要唱那么一大段京剧唱词；最出彩的是翁独健、邝平章两教授的四女儿——大家都叫她“老四”，饰演“李奶奶”。这“老四”一张嘴，中气十足，声音圆润，整个一个典型“老旦”。京胡、小鼓等整套京剧家伙什儿，不知是从哪里冒出来的！顾肇基叔叔拉起京胡来有板有眼、规规矩矩；司鼓是零星修理组的工人师傅王六叔，右手靠三个指头捏住小鼓棒。小鼓响处，大戏开锣——《智取威虎山》《红灯记》等京剧片段表演一时成了干校热景。

## “八联军”

二哥带我打鸟，开始是用弹弓。湖北的泥，晒干后像石头。我们和泥，将泥揉成玻璃弹球大小的泥丸儿，晒干就成了子弹。这里可能从来没人打鸟，所以鸟多还傻。晚上用手电一照，看见它们立在树枝上一动不动；开弓射弹，常常“一石一鸟”。我们的战利品多是麻雀，也有斑鸠。回来后和泥裹上雀儿放进炭火烧，等闻到燎毛的焦煳味，扒拉出来晾凉，再磕掉泥巴，鸟肉喷香，可用手撕着吃。

二哥有个科学院干校的中学同学，有一杆漏气的气枪，二哥常借来玩。艺术系的马明振叔叔身材魁梧，会开车，到了干校在机耕队开拖拉机。他不仅会开拖拉机，还懂得机械修理。他听说我们有杆漏气的气枪，便让我们把气枪扛到机耕队。枪到马叔叔手里，只见他三下五除二就把枪彻底拆散了。拆下来的所有零件，尤其是那个活塞胶皮头，都被他放进了小铁盘子。他先用柴油把这些零件都清洗一遍，再用机油浸泡润滑，眨眼之间就把枪又装回了原样。

“小四，你来试枪吧。”马叔叔把枪交到二哥手里。二哥走到路边，回头看见机耕队房檐下有一只斑鸠，距离至少有30米。他举枪瞄准，“啪”！斑鸠应声而落。这次试枪，明显感到枪的气足了，威力也显得大多了。“好枪法！”马叔叔赞叹之余，抓起枪反复端详，爱不释手，仿佛对自己的手艺很得意。“马叔叔，枪你留着玩咯 —— 半天吧！”二哥话说得“大方”，其实心里舍不下枪。那时气枪子弹金贵，后来我们形成一条“潜规则”：谁枪法准，谁能多玩几枪。

那时钓鱼也容易，钓鲫鱼用鱼钩，钓“白条子”用大头针窝个勾就行。捉鳝鱼的工具是铁丝对折窝一窝，头上砸扁磨尖，绑在竹竿头就成了两股叉子，见到鳝鱼奋力投出，再慢慢拉回来。把鳝鱼择洗干净加盐加水入锅，就是一锅美味的鳝鱼汤。有一天，我捡到两个乌龟，放进一个大木桶里跟其他人逮的乌龟集中一起养，不料，却被政治系的刘绍川叔叔一锅炖了，我连汤都没喝到。我找到他跟他讲理：“刘叔，你吃了我捡的乌龟，总得把壳还给我吧 …… ”

不知道从何时开始，打鸟钓鱼抓养活物的风气从中小学生蔓延到了“五七”战士们身上，干校里悄然涌现出“八联军”：钓鱼的，算是第一路；打鸟的，成了第二路；捡拾乌龟、甲鱼的，归属第三路；到泥塘里专抓鳝鱼的，排行第四路；叉青蛙的，编入第五路；李少军的父亲等擅捕养八哥，可谓第六路；有个湘西籍的老师逮黄鼠狼养，堪称第七路。那么第八路，在我们这些孩子眼中则是那些“搞艺术的”—— 他们抱着小提琴、扛着手风琴或背着画夹子，常去河边或树下练琴、写生。

“9·13”事件后，“五七战士”中更多的人，都习惯泡一大杯茶、夹个马扎，拎着《反杜林论》或是可以抓到手的随便什么马列书，到河堤上找一个阴凉处，去“认真看书学习，弄通马克思主义”。大田里的活儿，都交给了机耕队。原来排队打着红旗唱着歌、迈着整齐步伐下大田劳动的队伍，早已看不见了。

下大田劳动可以不去，但一天三顿饭却不能不吃。都看书，谁做饭？所以抓家台宣布，一个排一个月，轮流负责做饭。第一个月做饭排的是历史系的人，父亲是记账的会计。一个月下来，大家反映不好。老先生们做饭，可勉强做到准时开饭，但饭菜味道实在不敢恭维。接下来轮排到艺术系的人下厨，饭菜质量明显改善。其中教工艺美术课的余教授是广

西人 —— 他可以凭着衣服领子或是袖子的花饰，判断出穿衣人的民族归属 —— 他掌勺，烧出了岭南风味的叉烧肉，红扑扑、甜丝丝的。拉小提琴的金在清老师身材高大，是朝鲜族，他做出了一大锅雪白的“打糕”，是我第一次吃到的特色美食。

束缚打破，思路放开，大家改善生活的热情被调动起来。轮值做饭的各排人员，还没有等到上岗，就已经在“盘算”菜谱了，可以说是人人摩拳擦掌，跃跃欲试。以前逢年过节才杀猪，后来过渡到每个月都杀，直到每周都杀 —— 不是屠猪就是宰羊或是杀鸡。每个月还买肉牛回来，炊事排轮战厨房，不断有新的探索，不断提出新的要求。令人称奇的还是于师傅，他用猪圈里煮饲料的大锅作烧酒器具，用高粱发酵酿出了度数高、劲头大的白酒，使不少人喝醉了。那时，大家除了看书，关心的事就是做饭。

刚开始传达“9・13”事件的中央文件时，大家都有一种莫名的惊诧。陆续而来的一份一份中央文件，全干校人员都要集中到大礼堂听军宣队宣读，也包括我们烤烟房的小学生。逐渐，大家越听越平静。各种各样从北京传来的消息，也在引发大家的思考：“斗，批，改”到了这个份儿上，还怎么搞？北京的大学课堂上，“工农兵学员”开始上课了，“大学还是要办的”，但总不能由军人或者是工人给学生们上所有的课吧？天经地义，给学生讲课的终归还是大学老师们。“五七战士”们心里明白，应该不会长期在这里当“八联军”了。

## 学音乐

1972年2月，二哥回北京了。这时要求干校里的中学生都要回去参加正规学习和准备考试，凭成绩升高中，甚至听说还要从中学生里选拔优秀者直接上大学。“五七战士”们也陆续有人调回北京，宿舍越来越空，因而我们又搬进位于西北角船闸边的“新宿舍”。“新宿舍”还是半间，但有单独出入的门。后面一排也是新房子，成了从烤烟房搬出来的小学教室和老师们的办公室，还专门设立一间阅览室。1972年的上半年，干校的气氛是悠闲的。许多老师回北京了，带走了各自的子女。干校里的中学生全部回了北京。据说，一度受到批判的修正主义教育路线“回潮”了,“分数榜”那时候在京工附中实施，因而孩子们的学业逐渐成了家长们可以理直气壮来谈论的事情。

干校里只有一部分小学生了，大家吃饱、玩耍、睡觉，逍遥自在了。两年多以前一起来干校的小伙伴中，许多人都随着家长回北京了。我在读的六年级，原来40多人的一个大班只剩下12个人，女生男生各6个。王庆跟着父母回北京了，我顺位成了副班长，班长是马辚辚。

陈永龄伯伯的大女儿已经分配到兵团工作，此前一直都在干校跟着阮老师学习小提琴。一次我和几个小伙伴在大食堂打乒乓球，曾遇到他们师生二人在一起练琴，拉的是高难度的罗马尼亚曲子《云雀》。在北京的二姐有一把朋友赠送的京二胡，袁炳昌老师回北京休假，在文工楼教过她基本的音阶和简单入门曲子，好像有《在北京的金山上》。二姐左手长了个小瘤子，动了小手术，很长一段时间无法拉琴了，就把京二胡送给了我，托人从北京送来干校。我自己瞎拉了几天，居然把《我爱北京天安门》《北风吹》拉成了调儿。

父亲是食堂的会计，不轮换。一度轮值做饭的艺术系排长袁炳昌老师，就住在厨房隔壁的库房里。晚上，他彻底忙完了厨房里的事，会静下来练习几个小时的琴。那时我刚刚起步学二胡，还提不出什么问题请教他，只是静静地坐在袁老师旁边观摩。以前我也看过他在台上表演，但是没有这么近距离地听过他拉二胡。袁老师平时对人和蔼可亲，但一拉琴就表情严肃，而且旁若无人。他拉琴时，我什么时候进来、什么时候走，他丝毫不在意。堆满杂物的库房是袁老师的“琴房”，而我对音乐的真正理解或许就是从这里开始的。后来，我又对手风琴产生了兴趣。

艺术系的徐美茹老师是教舞蹈的，曾组织我们几个小男孩跳过一段表现乒乓球比赛的舞蹈节目。那时候，徐阿姨也爱拉手风琴，平时总喜欢抱着手风琴，一拉几个小时。她拉手风琴，我就在旁边等着，徐阿姨刚刚解开带子放下琴，我就跑过去说："徐阿姨，你累了吧，今天不再拉了吧？手风琴我背走了哈。"通常情况下，徐阿姨放下琴是去上厕所，或者是站起来喝口水。一直到了晚上，都要睡觉了，她才会笑一笑说："好了，今天就这样了，琴你背走吧，记得明天早上早点儿还给我哈。"每当听到她说这话，我便兴高采烈地把手风琴扛回宿舍。其实，我练手风琴还真拉不了多长时间，因为琴到手时间也不早了，别人都要睡觉了。为了不影响别人睡觉，我只好以左手不拉风箱、右手在键盘上滑动的方式练习——心里想着指法，嘴里小声哼着旋律，静静地完成每一首曲子。这对只有12岁的我既是一种磨炼，也是一种享受。

吴金德叔叔是教手风琴的专业教师，每轮到他在伙房做饭，我便缠着他教我手风琴。有一次他带我去河边叉青蛙时，特别给我讲解了有关调性的乐理。好在手风琴的黑白键盘明确，我很快明白了音阶与各个调性的关系。记得我曾将各调性的音阶图画了七张纸，并做了标记交给吴老师看。他看了我的"作业"点头认可了，但并没夸奖我。我知道，是因为这些东西太皮毛，远远够不上学音乐的诸多需求。事实上我拉手风琴一直找不到感觉，譬如左手该怎么按黑钮、怎么配和声总是在云里雾里，不得要领，但吴金德老师的乐理基础指导，已完成了对我后来继续学习音乐的重要引领。

在干校里，我还十分崇拜一位教扬琴的老师，因为他只简单练习了几天木琴就可以上台表演了。不知为什么，我特别喜欢木琴的声音，但没敢开口跟他说我想学木琴。直到今天，我也觉得很遗憾，怎么当时没有学习木琴。1977年恢复高考，我把二胡放下了。1997年，我在香港买了一把二胡，想追溯一下旧时情感，却因工作忙又把二胡放下了。2017年，我居然又把二胡捡起来并逐步找回了感觉。我的音乐起步基础，就是儿时在沙洋干校"抓家台"打下的。

## 回北京

1972年，中央民族学院一批71级工农兵学员来到抓家台上“开门办学”课，其中有几个还是穿着军装、戴领章帽徽的现役军人。我分不清他们是学什么专业的，但印象很深的是有个维吾尔族男学员会打手鼓，有个穿军装的维吾尔族姑娘会在列队“半臂间隔向前看齐”时叠起小臂，两个手臂不动，头却左右横移。在一次田间娱乐活动中，有一位维吾尔族小伙子在众人推搡之下和她一起跳舞，可小伙子总压低草帽遮住自己的眼睛，也许是他怕对上姑娘火热的目光吧！在欢快的手鼓节奏中，大家也都踩着鼓点跳起来。时间不长，这批工农兵学员完成了“开门办学”的“科目”之后，就都回北京了。

随着新学年工农兵学员的入学，学校课堂需要老师，“五七战士”们一批批返回了北京，“抓家台”负责人、院革委会李主任的工作重点也“转移”到北京去了，干校事务交由老院长宗群和军宣队老红军刘司务长负责。宗院长懂中医针灸，初来干校也住过大筒仓，经常为大家号脉辨症、施针治病。院革委会实行“三结合”时，被“解放”的宗院长出任副主任，因而也成为抓家台负责人之一。

记得宗院长在干校大会上做报告时讲延安精神，说自己的青年学生时代，抗战烽烟燃遍华北，他在民族危亡中奔赴延安，去之前曾听人说“在延安住高楼大厦，顿顿吃孕妇补品”，到了那儿“果真”如此：窑洞是顺山坡开掘，夜间点点灯光、层层闪烁，确实像高楼大厦的灯火；小米补气，确实是孕妇的补品，可餐餐吃。刘司务长参加过长征，是个“红小鬼”出身，他在大会做报告时讲长征，说过草地时炊事班长牺牲了，交代他将全连吃饭的大锅背出草地，因而“背锅做饭”成了他在革命队伍中的职责自觉。两位革命老前辈的故事，当年深深地感染了大家。

父亲回北京的通知下来了，我们父子的行李不过是两个铺盖卷而已。收拾妥当，我闲逛到厨房。父亲在二连食堂做了半年多会计，现在人少，两个食堂合并了，由一连食堂的石会计负责全部食堂管账。我走进厨房的库房，见里边四个人正在打牌，满屋子烟雾。石会计抬头看见我：“小五，明天回北京?”“是，石叔叔，咱们北京见。”“你爸也走?”他问得我十分诧异，不等我回答，他继续说：“你爸不能走，我发现少了两袋大米。”“小五，别理他，他喝醉了。”另外的人打岔。

我回去把石会计的原话告诉了父亲。只见他神情凝重，匆匆忙忙地去了抓家台。干校三年，父亲这是唯一一次自己主动并直接去找领导谈事情。晚上九点多钟，刘司务长坐在外屋，宗院长在里屋靠在床上闭目养神。父亲对刘司务长汇报石会计说少了两袋大米的事。刘司务长听了，表情很严肃，开始娓娓道来“光荣传统”，从红军时期讲到八路军抗战，再讲到解放战争，并骄傲地说自己经手的连队伙食账目“全部都清清楚楚”。

“我和小五行李很少，明天上车前，打开检查。”父亲说。

“我们的伙食交接要有清单……”刘司务长说。

“那我和小五明天就不走了，再核对一次交接清单和实物，当场过目。”父亲说。

“杨老师，明天照走!”宗院长从里屋出来了。“老杨在民院二十来年，讲课很好。两袋大米?开什么玩笑！下次再有运动来了，老刘，我们俩一起为杨老师作证明!”宗院长对父亲、更是对刘司务长十分明确地表明了自己的态度。

听到宗院长这番话，刘司务长忽然明白了什么，赶紧起身并紧紧握着父亲的手说：“杨老师，明天一路顺利，北京见。”

1972年9月12日一大早，父亲和我在“抓家台”上了开往武汉的汽车，后换乘火车回了北京。

年近花甲之际，不知有多少次我坐在家里“偷得浮生半日闲”，看着窗外钓鱼翁山下水波如镜的将军澳海湾，一边敲击着键盘将一段段梦幻般的“干校”生活回忆文字罗列于一页页文档上，一边不停地自我追问：“五七干校”对自己的人生影响究竟有多么大?有位参加结队重游“抓家台”的小伙伴说：“回了趟抓家台，是为了心中放下这一段梦（忘记）。”

事实上，旧地重游只会加深印象和为之感慨。

《我的“干校少年”时光》是一个少年亲历者眼中的一所高校历史的实景记录，尽管它可能是碎片性的或存在错觉的记录。对专业研究者而言，或许它也是一份多少有用的参考资料。

（完稿于2019年5月）

# 共勉篇

# 蒙曼教授谈读书

王卫平

在互联网时代的快节奏生活中，如何能静下心来认真读书、多读好书，对于促进青年一代的心智修养、提升全民族的文化素质和精神品位，具有无可置疑的现实意义。为此，我走访了著名文化学者、全国妇联副主席、中央民族大学历史文化学院蒙曼教授，倾听了她的读书故事和相关感悟。

## 书非“偷”不能读也

应了袁枚的那句“书非借不能读也”，蒙曼也有一段“书非‘偷’不能读也”的经历。

蒙曼说，如果一个人读书有功利目的，有时可能不会认真阅读，然而好奇或求知欲一旦遇到阻力，反而会对读书充满无限渴望。在上小学、中学的时候，正是“考试至上”的时代，父母老师都会觉得课外书是很影响学习成绩的“闲书”，会禁止孩子阅读。蒙曼的父母也是这样，在她十二三岁的时候，为了不影响她的学习成绩，父母不让她看课外“闲书”，为此，把家里所有的课外书都锁到一个柳条箱里，箱子上面还要压上一些杂七杂八的东西。那个时候，对“闲书”的渴望促使蒙曼趁着父母午休的时候，千方百计偷到箱子的钥匙，又瘦又小的她硬是将很重的箱子盖用劲儿掀起一道缝，想看看箱子里到底是什么书，却又怕惊醒了父母，所以只能一只手费力地支着箱子盖，一只手小心翼翼地伸进箱子，很艰难地把书“盲摸”出来，然后把箱子锁上，再偷偷地把钥匙放回原处。因为“偷”书没有选择，只能摸到什么赶紧看什么。有一次，她从箱子里最先摸出来的是《红楼梦》第四册，所以她无奈地开始了“倒着读《红楼梦》”的奇特阅读过程。尽管没头没尾，也不知来龙去脉，但是对当时的蒙曼来说，只要是文字就是美好的，如饥似渴的阅读欲望让她寻找一切机会，陆续从箱子里“偷”出剩下的三册，可即便“盲摸”经验老到，也没有实现预想的摸书顺序，所以她说自己是“颠三倒四地读完了《红楼梦》第一遍”。

这一段难忘的“偷”书经历让蒙曼感到了阅读的幸福感。她说，也许是现在社会或家庭给同学们提供的东西太多、太好了，有什么需求立刻就会得到满足，这样反而少了很多“幸福感”，以至于对轻而易举得到的东西不会太珍惜。她认为，恰恰是那些费尽周折得到的东西，才会给人一种“幸福感”，而且这种“幸福感”还特别强烈。她小时候“偷”书的经历就是如此。费力“偷”到一本书，根本不忍心放下，“所以能得到一本书就使劲儿看，这也是其他事情不能带来的幸福感”。

## 珍惜“职业读书人”的身份

蒙曼说：“不能装模作样地读书，要做一个真实的、可靠的读书人。”谈到这一点，有一件事一直让蒙曼记忆犹新。

那是在她上初中的时候，父母每个周末都会带着她去书店。一次，她为自己选购了一本《清诗选》，当时只是一个很普通的选本，但是她很喜欢。走在回家的路上，蒙曼迫不及待地想看，于是就边走边翻看。母亲看到后，拿手打了她一下，嗔道：“不需要装模作样地看书！要想看书就赶紧回家认真看。”尽管是书的魅力让她忍耐不住路上翻看，但是母亲的话让她意识到，如果在路上看书，难免会引来路人说“这家孩子走路都不忘看书”“那个孩子真优秀”等夸赞。仔细琢磨母亲的话，蒙曼觉得很有道理，也深深记在了心上。她说：“这件事说明了什么呢？读书不是为了自我表现，更不是为了博得赞誉。”这件事也让她更加端正了读书的态度。

在蒙曼看来，除了认真读书，还有重要的一点，那就是“会读书”。她指出，现在很多年轻人不会读书，不能灵活掌握读书的技巧，读死书，这是很可怕的事情。她说：“多读书很好，但是死读书是不可取的。”并认为读书必须跟现实世界联系起来，“如果不了解这个世界的话，只为读书而读书，其实就失去了读书的真正意义。”

蒙曼认为，一个人只有在大学这段时间里，再加上研究生阶段，才是“职业读书人”，其他时候都不是。她指出，大学的这段时光正是一个人最重要的读书年华，在这个时段里，若心无旁骛、专心致志、无功利目的、集中精力地把书读好了、读会了、读通了，或者说至少把读书的好习惯培养起来了，那就会终身受益。所以，她常告诫在校就读的本科生、硕士生和博士生，一定要珍惜“职业读书人”这个身份，把大学这段黄金时光全部聚焦在读书上面。正如习近平总书记所倡导的“要真正把读书当成一种生活态度、一种工作责任、一种精神追求、一种境界要求”（2009年5月13日在中央党校春季学期第二批进修班暨专题研讨班开学典礼上的讲话）。她十分明确地说，如果浪费了大学这段读书黄金时光，没有读够相当数量的经典，你就不具备上述“态度”“责任”“追求”“境界”，就千万别说自己是“读书人”。

蒙曼的读书观，不免使笔者对在校生的读书量产生联想：每周能读完一本“好书”并非难事，那么按一年52周计算，本科四年可读200本以上，连读硕士六年将达300本以上，若读至博士8年岂不在400本以上吗？这一读书量对“职业读书人”而言，要求也许并不过高。

## 以读书获得愉悦和认知新高度

蒙曼非常善于利用一切时间抓紧读书。她说：“读书是可以在任何地方、随时随地开始的，是一个既能愉悦自己又能丰富自己的行动。”

蒙曼举例说，在2020年新冠肺炎疫情期间，她将读书的这种作用发挥到了极致。她说在疫情期间，大家都宅在家里，不能出门，学习也只能通过网络、通过“云”端课堂来完成，工作也基本是在家里，其他娱乐活动也无法正常进行。她说，就是在这段“宅”在家里看似无所事事的时光里，她加强了系统性阅读，不仅没有感到时间难熬，还发现时间会不知不觉地溜走。所以，她觉得自己的时间一点儿也没有浪费，而且获得了满满的成就感、满满的快乐感。

在蒙曼看来，唯有读书一事，不需要有特定的时间、特定的地点，因而不用追求特别的形式，并认为“读书的益处还在于能使自己摆脱现实干扰，更好地看清问题”。她说，人往往需要偶尔与现实世界脱离一下，那就是去读书。在她看来，作为老师、作为学生，专业的书必须读。但除此之外，还有很多并非直接与工作、与专业相关的书，也很“好玩儿”。究竟“好玩儿”在哪里呢?“距离产生美”，蒙曼说，那些书能让我们跟日常生活有点距离感，让我们偶尔可以“跳起来”看问题，而这种“跳起来”看问题的感觉总是要好一些。她指出，我们看日常问题也好，看自己的专业也罢，总会遇到有些看不清楚的时候，如果这时候能站高些或换一个视角看，往往认知问题的能力就会更强一些。从这个意义上说，看书其实就是不停获得看待问题的新高度或新角度，从而把事情看得更清楚，把问题想得更明白。

## 以个性和兴趣拓宽读书范围

蒙曼提倡读书视野要宽、范围要广，尤其是希望大学时代的年轻人视野一定要放宽。鉴于中央民族大学的课程设置专业性强，所以她建议初入大学的新生，读书时不要一下子就进入绝对意义上的专业领域。比如一个历史专业的学生，从未看过文学方面或者哲学方面的书；又比如一个数学专业的学生觉得文科的书跟自己没有什么关系，这些想法都是很不可取的。因为过早把读书范围拘囿于自己的专业领域，画地为牢，视野就不够开阔。相反，拥有了宽广的视野和眼界，再去看自己的专业书，反而能更好地理解专业及其定位。她进一步解释说："就好比要了解中国就应该了解世界，想了解地球必须了解宇宙，所有相关领域的东西都应该有所涉猎，尤其是对于年轻人来说，视野越开阔、眼界越宽广，思维才更灵动、更活跃。"

"读书要遵从自己的个性，也就是说要读自己喜欢的书。"蒙曼说，"爱因斯坦的《相对论》是绝对的经典，而且非常经典，但是我没读过。因为首先是读不懂，其次就算能读懂也不是自己的兴趣所在。"她用这一例子说明读书要尊重自己的兴趣，喜欢读什么样的书说明有哪方面的气质，最好要找与自己气质相吻合的书来读。读书就像交朋友，有些人光彩熠熠、爱说爱笑，但是却不能成为贴心的朋友。读书亦是如此，每个人都有自己的气韵，有自己的性格，有自己的兴趣点，根据这些去读书，会格外激发出阅读的兴趣，就像跟好朋友聊天，很容易读进去，也很容易理解。

蒙曼认为，读书就跟补短板一样，短板无处不在，国家要补短板，个人也要补短板，最重要的是找到哪里是自己的长板或短板。人本身有太多短板，书也是。过去说"书有未曾经我读"是文人的耻辱，而现在的书太多，很多书可能一辈子都读不到，但至少有个真正的兴趣点所在。她说："读书一定不要'别扭'着自己，读着自己感兴趣的书，就会感觉眼前都明亮起来，这才是读书最好的感觉！"

## 注重经典才能提升读书品位

蒙曼说："读书首先是要读经典，尤其是对于年轻人来说，必须从经典书看起。"为什么呢？因为这是"一个人的口味和教养问题"。她举了一个最简单的例子：假设一个人从小吃地摊儿长大，他的口味永远都是地沟油的品位。已经习惯了地沟油，再让他吃纯正的美味佳肴，他反而觉得味道不对；假设一个人自小吃的是米其林，即便是从"一星"开始，他都有了基本的品位审美——摆盘子应该怎么摆，味道应该怎样调制，色香味形如何调配。这些都是最基本的认知，读书亦是如此。她认为，如果一个人一开始就读一些很糟糕的东西，那么他的审美品位就会低，以后再想拔到一定高度，就会感到非常困难，因为他已经习惯了低品位的阅读审美。相反，如果一个人一开始就读那种“踮起脚尖”才能看懂的书，并自然养成较高的阅读品位，那么再看低端的书，就会觉得难以从中获得精神营养。

蒙曼说:“经典的书可以看很多很多遍，而且常看常新。”她从十一二岁就开始读《红楼梦》，当时仅限于纯文字阅读，很多内容都不明白，但是就觉得写得太好，所以就一次又一次地读。“现在我可能没有任何一本书能像《红楼梦》这样熟悉了，但我每次看都有不同的收获，而且每次看视角都有所不同，常看常新。真的是经典的书不怕多看。”

那么，在蒙曼看来，哪些书是适合大学生阅读的经典呢？她认为，选读经典应遵循“善”加“美”的原则，再加上“史”的底子，那将会是比较完善的。她说：作为民大的学生，每个人都应该读《论语》。首先因为这是中国人的思想经典，是中国礼乐文明的基础。其次，从形式上来看，它是语录体，短小精悍，容易阅读，容易理解，而且其中的深意容易接受。古人所谓“马上枕上厕上”，就是说任何闲暇时间都可以看书，我们也完全可以做到。“学而不思则罔，思而不学则殆”“学而时习之，不亦说乎”,《论语》中这些朗朗上口的句子，看完后慢慢体会，其中隐含的待人处事的道理也就潜移默化地影响了自己的言行，从而可以学习到一种“善”的哲学原则。

《唐诗三百首》也是蒙曼推荐给同学们阅读的经典书。她认为，阅读《唐诗三百首》可以提高人的审美追求。现在很多人上了大学，不是文盲却是“美盲”—— 审美有问题。年轻人要懂得培养审美。审美是生活话题，也是文艺话题，普适性比较强。她说:“中国古典的审美是具有穿越性的。”比如:“两个黄鹂鸣翠柳，一行白鹭上青天。”这几乎是大人孩子耳熟能详的诗句。那为什么这样的诗句能流传千百年，而且还会一直流传下去呢？就是因为其中包含颇多审美情趣。单看其中的韵律，念出来抑扬顿挫，这就告诉我们说话要有节奏感，才能让人感觉舒服。其次，诗句中黄和绿（翠）搭配为什么就是好看、白和青搭配为什么就可以代表春天？这都是值得琢磨的。再举一个简单的例子：西门庆看到来旺的老婆宋惠莲，“身上穿着红绸对衿袄，紫娟裙子”，便说“这媳妇子怎的红袄配着紫裙子，怪模怪样”，为什么红配紫是最难看的颜色呢？这其中都是可以思考的。再比如说“三纲五常”过时了，这是肯定的；但是“两个黄鹂鸣翠柳”却永远不过时。所以说，中国古典审美是具有穿越性的，有极强的穿透力。阅读中国古代经典著作，可以帮助学生养成一种高雅的审美情趣。

在蒙曼看来，一个人有了“善”的哲学原则，有了“美”的审美情趣，再加上中国历史的“底子”，才算得上比较完备。所以，她还建议大学生阅读中国史。她认为，阅读史书，会发现中国是一个特别尊重历史的民族。我们有着人类世界最漫长的历史记忆，《二十四史》系统记载了从传说中的黄帝时代到明崇祯十七年长达4000多年里中华民族的政治、经济、文化、天文、地理等诸方面内容，而且在阅读过程中会发现，中国历史从来都没有中断过，是一代一代传承下来的。经和史是表与里的关系，二者合为一体，正所谓“经”所有的原则必须有“史”来落实。了解了中国的发展历史，才能更好地理解经典中中华民族的博大精深，民族自豪感也会油然而生。

此外，蒙曼还希望同学们看一看《简明中国历史地图集》。因为要了解我们这个国家，如果连这个国家的历史版图是什么样的都不知道，就很难理解。比如，假设有同学来自湖北，应该马上想起湖北位于中国的中部，不能想到西北，也不能想到东北，脑海里要有整个中国大体的版图形象，这也是理解中国必不可少的。

## 以读书相伴，可获终生精神富足

书籍在蒙曼心中一直占有非常重要的位置，被她视为精神食粮。她说，读书要持之以恒，是伴随我们终生的事情，对于每个人来说，处于不同的年龄段，阅读不同的书目，都有着不同的感受和益处。一个人只有不断地从书籍中汲取营养，才能更加茁壮成长，才能获得精神上的富足。

有人做过统计，中国人年均读书为0.7本，与韩国的人均7本、日本的人均40本、俄罗斯的人均55本相比，中国人的阅读量少得可怜；另据《2019中国网络视听发展研究报告》显示，全国手机网民平均每天上网时间5.7小时，一天中四分之一的时间都在网上。如果年轻人大部分时间用于上网，又怎么样处理好读书和上网的冲突呢？

蒙曼认为，读书和上网并不矛盾。随着网络时代的到来，电子书越来越流行，网络阅读也随之增加，获取知识能力大大增强。只要有网络的地方，如果想读书，任何人随时随地都可以阅读。从这个意义上说，网络阅读为我们提供了另一种阅读途径。如果每天都看最轻松的、娱乐性的、不假思索的、没有任何价值的东西，那是绝对不可取的。网上看书要杜绝泛娱乐化，同时还要有一定的甄别能力。因为网络阅读有一定的诱导性，还有一定的偏颇，所以要学会分辨与选择。要知道虚拟世界与真实世界的差别，不能陷入虚拟世界里而不能自拔。

蒙曼强调：读书与上网不矛盾，关键在于是不是真读书、真学习。其实只要运用好了，网络便捷、发达、快速的优点，对读书也大有裨益。但不论是线上还是线下阅读，都贵在持之以恒。正如习近平总书记所说："读书最可贵的是终身坚持，无论处于哪个年龄段都孜孜不倦地读书。"（在中央党校2009年春季学期第二批进修班暨专题研讨班开学典礼上的讲话）她认为，人的一生要"活到老，学到老"，只有不停地读书，不停地学习，才能树立正确的人生态度、涵养独特的品位格局、夯实坚定的理想信念。

# 壮心不已话离休

金在清

1996年3月29日晚，在中央民族大学主楼大厅里举行的一场“金在清小提琴作品音乐会”缓缓落幕。这场“告别”音乐会，不仅是我音乐艺术和专业教学生涯的光荣谢幕，也为自己参加革命工作的50年征程搭起了一个值得骄傲的“回望台”。

由校长哈经雄、校办主任左治国主持的这场音乐会让我终生难忘。面对全场师生观众的热烈掌声，面对全国政协副主席赵南起、国家民委主任李德洙、原民委副主任黄光学、中国音协主席傅庚辰、中央音乐学院原管弦系主任韩里以及北京市音协领导和小提琴界部分同行的到场祝贺，我心潮起伏、感慨万千，因为明天我就“离休”了！

从1946年3月入伍参加革命开始，我从未想过“离休”二字，因为入党誓词里是“奋斗终身”。所以离休后，我毫不介意“离休”的含义，仍以专家身份积极参加大量的社会音乐教育和普及工作，其中包括接受中国音协小提琴专家委员会的委派和中央音乐学院的聘请，多于寒暑假期间在京或前往全国各地参加小提琴考级评审工作，足迹遍及华北、东北、西北数十城市（这项工作很辛苦，有时一天从早到晚上要坐十个多小时）。另外，我还参加了中国音协在北京、郑州、青岛、无锡、广州等地组织的多届“全国少儿小提琴比赛”评委工作。根据社会美育工作的需求和专业教学特点，我十分重视对业余小提琴学生的培养，教学对象从幼儿园孩子、小学生、初中生到高中生都有，其中不少学生考级优秀、参赛获奖，并以

“特长生”身份入读清华、北理工、北交大、财经大等重点高校。

但年届八旬时，我感到身体不济了，有时难以按时上课，还常常住进医院，因此，一切社会活动都不得不停下来，包括参加考级评审、担任比赛评委及中国音协小提琴专家委员会的日常工作等。在每天不能做事的苦恼中，我思索很久，发现正好能以这种“闲暇”来弥补自己的汉语文字水平不高的长期“弱项”。但问题在于一是不知从何入手来学习，二是没有合适的指导老师（无人来教这么老的“学生”）。想来想去也没有个头绪，最后做出了一个连自己也觉得“幼稚”的决定：先从熟悉汉字做起！

为此，我买了自己喜欢的书法字帖和自我感觉好用的毛笔，又找了一本《汉语词典》，同时也买了一些参考书，开始尝试用自己的方式来提高自己的“汉语文字水平”。这种自学方法完全凭感觉，老伴儿不懂，子女不问，更无人来检验，可以说完全是一种“自奏自听”。好在长期以来，我阅读汉文书籍的“领悟能力”较强，喜欢看书并养成了看书不懂就查字典、就问他人的习惯。这样坚持几年下来，我觉得自己逐渐能写点儿东西了，尽管写出的文字在内行人看来总是存在不少语法、结构、用词甚至错别字等多方面的问题。唯一出乎我意料的是，近来常有人夸我的字写得好。有一次，我有事写信给我的一个学生，他回信时竟夸奖了我的字，说：“过去老师的字不好看，而现在您的字写得太好了！”看来，这是我临帖练字的明显成效。

几年来，我在延边的朝鲜文刊物《艺术殿堂》和学校的《金秋》杂志陆续发表了一些文章，并得到一些熟人读者的肯定和鼓励。以前曾有人评价我的汉语水平差，甚至戏言我只是个“小提琴匠”。他们说的都对，都算是“实事求是”。由于教育环境和特定历史原因，我的汉语言文字基础和水平确实比许多同事差，我心里不仅明白这一差距，而且有决心在有生之年不断努力缩小这一差距。至于“琴匠”之说，也没什么不好，国家现在不是在大力赞誉和倡导“工匠精神”吗？我一生在小提琴专业上的不懈追求和取得的奋斗成果，已无愧于党和人民的期望。

离休20多年来，我自觉积极参加老干部处组织的所有活动，并要求自己多发挥作为一个老党员的“正能量”作用。我认为这是党性的要求，也是党员的责任和义务。在这方面，有许多老同志都是我所钦佩的榜样，如：已90多高龄的老革命武耀芝同志，每次都能按时出席党组织的会议；一些与我同龄的老同志，还经常在《金秋》上发表文章。看到这些，我深受感动和鼓舞。壮心不已，见贤思齐。我应向他们好好学习，在垂暮之年也要有所作为。

我13岁参军后，亲身经历了许多战友在战场上的流血牺牲，亲眼见证了中华人民共和国在战火中诞生，而党的教育培养则使我懂得了更多革命道理和明确了人生奋斗方向，使我在发奋努力中不断进步并成长为一名大学教授。在习近平新时代中国特色社会主义思想指引下，经历改革开放的祖国正以不可阻挡的步伐实现中华民族的伟大复兴，因而我的离休生活也充满了幸福感与获得感。

如今我已86岁，但我仍会以“不忘初心，牢记使命”的要求来严格自律。我想，我有理由和资格对任何人说：坚持理想和信念已是我的生命自觉，是到死也不会动摇的！

# 精神的三间小屋

来春刚

美国作家海明威的《老人与海》为什么获得诺贝尔文学奖呢？因为它赞美了人类的精神伟力。一个年届花甲的老人，为了鼓舞人心、振兴小渔村的渔业生产，不畏险途，把小船划向深海，激奋全身之力，与海天斗，与恶浪斗，与狂风暴雨斗，与众多鲨鱼斗，终于捕获了一条大鱼。当他回到岸边的小屋子里，他累了，他在熟睡之中梦见自己变成了一头雄狮。他的这间小屋，成了小渔村兴旺发达的象征，成了一间精神的小屋。

金在清同志也有精神的小屋，不是一间，而是三间：第一间装载历史的革命精神，第二间存储现实的奋斗精神，第三间安放坚定的信仰和高尚的灵魂。

第一间叫"历史"的小屋已经很陈旧，门窗已关不严实了，里边的历史故事却精神抖擞，总是拥挤着想溜出来。小屋的墙壁多有斑驳，显示出久远与沧桑。参军那年，金在清就给小屋凿开了一扇天窗，革命的阳光像一束金线从窗口照进来，投射在墙上挂着的一件东北民主联军的军装之上。这个镜头告诉我们，这间历史小屋的内涵叫革命。金在清从13岁参加八路军的"朝鲜义勇军第三支队"，到63岁正式离休，在整整50年的光阴流水中，他英勇搏击，从一个穷苦的农村少年，成长为一名高等学府的资深教授和享誉乐坛的小提琴演奏家。有谁会想到，一个苦难的中国朝鲜族农村少年，竟然和欧洲古典音乐大师莫扎特、贝多芬、门德尔松交上了朋友？他用握过锄头、拾过牛粪的双手，在大庭广众面前，握起精致的小提琴，演奏莫扎特《D大调小提琴协奏曲》、门德尔松的《e小调小提琴协奏曲》和许多中国民族民间的经典曲目。又有谁会想到，当年一个长着可爱的娃娃脸的民主联军野战医院院长的小通信兵，如今竟然西装革履、气宇轩昂地站在大学讲坛上，为众多少数民族学子讲授音乐理论并示范小提琴技艺，培养出众多优秀学生，成为本校音乐学科的带头人！所以，我们千万不能小觑金在清的这间历史小屋，那里边的人生细节、情节、故事、传奇等还多得很哪！

第二间小屋存储现实：金在清从13岁参军到63岁离休，整整奋斗、工作了50年。按每日工作8小时，一周工作5天算，每年要为工作付出2000多小时，工作50年就是100000多小时（这10万小时是按和平时期的工作时数计算的。在1949年之前的战争年代，每天岂止战斗工作8小时，每周也不止工作5天。所以，金在清的50年，总计工作时间远远大于10万小时）。面对如此庞大的数字，我相信，所有人都会始于惊骇，终于沉思。

金在清经过深思熟虑，决定退下乐坛，登上文坛。这里所谓文坛是广义概念，不仅限于专业文艺创作，泛指文化学习和写作。他知道自己作为朝鲜族同志，对现代汉语的掌握和运用还不达标；在文史哲等社会科学领域，也急需认真补课。其实，一个耄耋老人，完全可以放松要求，怡然自乐，吃好喝好休息好，做到健康长寿就可以了，何必强求学什么文化、上什么文坛？金在清难能可贵之处，恰恰在于不满足现状，一定要做到活到老、学习到老、提高到老。他要以过去苦练小提琴的那股坚韧不拔的劲头，握起钢笔、圆珠笔，在洁白的纸张上，写出最新最美的文字。他认为自己越是老了，就越不能愧对历史，愧对党的培养，愧对部队的培养，愧对新时代的召唤。所以，他决心一定要从10万小时的奋斗中总结出历史经验来，把一些精神财富分享给老朋友们，留传给子孙后代。这就是一个老革命的正能量，新征程！

俗话说“不巧不成书”。正当金在清学习汉语写作之时，我校老干部处创办了《金秋》杂志，为老金发表习作提供了绝好的平台。同时，《金秋》的几个编辑，都和老金交成好朋友。一场“以文会友”的好戏，已经上演好几年了。朋友的帮助，更激发了金在清的写作热情。他不断努力，长期坚持，在五六年的时间内，竟然写作发表了10万多字的文章。现在呈现给读者的《琴韵春秋》一书，就是最好的证明！

金在清的第三间精神小屋里，保留着他的原貌。他是真正的“原生态”共产党员（所谓“原生态”，是指不忘初心、牢记使命、坚守信仰且尚未发生“转基因”现象，指共产党员永葆最初的红色素质，未发生蜕化变质）。这样的共产党员，灵魂高洁、思想纯正、品格端庄，在当今商潮滚滚、纸醉金迷的社会现实中，是极其难能可贵的！

现实主义文学的“典型论”认为：典型环境对于典型性格的形成具有决定性意义。金在清出身于草根阶级，家境贫寒，自幼饱受欺凌，忍饥挨饿。他少年参军报国，曾给首长当过通讯员，在战地医院里生过重病，有过死里逃生的经历和体验。他幸有机遇、领导提携，当了文艺兵。他师从著名小提琴大师，长期训练并演出，在人民军队这个大学校里陶冶成长，终于成为优秀的小提琴演奏家。几十年来，他辛勤耕耘，教书育人，硕果累累，桃李满天下，退役转业进入高等院校之后，既当系科领导人，又上讲台为学生授课。

在长期的音乐实践中，金在清创作了不少著名的乐曲。革命生涯的考验和锤炼，塑造了他的“典型性格”——有很高的革命觉悟，有忠于人民忠于党的赤胆忠心，有纯洁、纯粹、纯净、纯真的道德规范，有着执着刻苦、坚韧不拔的工作作风，有耿介直率、是非分明的思想境界，有疾恶如仇、坚持真理和正义的勇气……这些优良品格，不是作者杜撰出来的，而是金在清身上固有的、并且在本书的文章中透露出来，也是尽人皆知的。如果读者有兴趣，请走进金在清这三间精神小屋，就会一目了然了。

2020年7月16日

# 创造一个世界比描绘一个世界更重要

刘秉江

我这一生跑遍了大西北、大西南，从戈壁、绿洲到喜马拉雅山麓和澜沧江畔，不辞万里，写生无数。我爱写生，因为它真实可信，从不说谎。罗丹曾说，“艺术是一门学习真诚的功课”，而我要说：“写生更是锻炼真诚品质的必修课。作画要真实，诚实，正如做人要真实、诚实一样。”

我们这一代人，经历了少有的动荡而历经磨难，人生与艺术旅途的坎坷命运令人困惑与痛苦。多少缺乏信念与意志力的人被动乱的狂澜所淘汰。相反，逆境与波折却造就了一代人的人格品性，能坚持下来不因任何阻力而止步的人才是幸运者。

我去过许多地方，雾雨迷蒙的哀牢山令人悲凉心碎，大小凉山连绵不断、神秘莫测令人有难逃罗网之感，塔克拉玛干大戈壁的无垠浩瀚使我感受到苍凉和史诗般的悲壮，而翻越唐古拉山、踏过青藏高原时会折服于无所不在的大自然的威慑。也许是仁者见仁、智者见智，我不禁发出人生慨叹。我不敢面对这象征着永恒的悲壮的群山，因为它太令人感到孤独了，也太使人联想到人生痛楚和沉重了，因此我不愿再以视觉形象再一次挑起这重担。我需要以绚丽与优美来减轻人们的重负，来抚慰人们和自己的伤痛与孤独。

于是我避开了沉重的氛围而转向边疆多彩的民族生活与人物，在穆士塔格峰下找到了既浓郁深沉又绚丽多彩、民风质朴而强悍的一片绿洲。周围的大漠戈壁中的驼铃声与风沙弥漫的古道很容易勾起人们的怀古忧思，而婀娜妖娆的龟兹乐舞更把这方乐土点缀出几分神秘。尽管我忘不掉那雾雨迷蒙的哀牢山和苍凉神秘的大凉山，但我终于找到了一方净土，这使我“乐不思蜀”，并耗尽了半生的精力。这远离现实、清静而又原始的空间，更接近童年幻境中的完美，更容易激发我去寻找恰当的绘画语言以表达此刻的感受。我极尽所能准确无误地以写实技巧作忠实的表现。只有真实、活生生地自然蕴藏着的“美的法则”，忠诚于美的艺术家唯有恭顺而专注地描绘，那是他应有的本分。

然而，复杂的心路历程给我种下了抹不去的心理基因：不安、困惑、无奈、忧郁以及不可预知的一切引发的焦虑始终主宰着我的情绪。学院式的写实主义太容易靠拢现实了，我愿回避或与它保持若即若离的关系，而去寻找一种捉摸不定的缥缈感觉和似与不似的状态。

20世纪70年代初，一种机遇使我在高丽纸上画了一批重彩画而开辟出通向久已憧憬意境之途，顿感找到了一种更为自由地表达感知的方式。对绘画语言和材质的选择取决于被深化了的情感与理念，从而透出内心世界的骚动。在现实的影子跟随下，又有象征隐喻的种种暗示。自由发挥的符号增加了象征意义，而具象变形的人物融合于纠缠成一体的抽象块面之中，显出莫测的神秘感受与不可名状的情怀。在我的创作生涯中从未如此体验过一种自由漂浮的快感，高丽纸以最大限度给予我在现实世界与梦幻世界之间漂游徘徊的可能性，我不断地在其间寻觅一个恰当的栖息地，以抒发自在冥想的情怀，使“创造一个世界比描绘一个世界更重要”成为我的一个原则。

1980年，我与周菱开始为北京饭店设计并绘制大壁画《创造·收获·欢乐》，历时两年，于1982年完成，该壁画回顾了我20年民族生活的体验和对艺术的探索，如果没有坚实的造型语言，特别是没有对于现代重彩画的思考与实践是不会诞生这幅壁画的。我们把写实与夸张结合而成的程式化的造型手法和主观化的色彩容纳在富于装饰性和纪念性的风格之中。意外的是，我“客串”重彩画和壁画时所获得的经验对油画语言的演变起到了一种旁敲侧击的作用，助我在寻找个人风格的道路上打开了一扇门，有了一个柳暗花明的去处。

面对画布，我所寻找的是“真实性”与“假定性”结合在一起的一个可以任意漂浮的空间，也是现实难以存在的另一个世界。这其中有童年寻梦时自娱与游戏的动机，有对转瞬即逝的美好现实的挽留和对有缺憾的现实的修补。它不是，也不应是现实的简单再现，而是现实的再创造，那是染上自我色彩的现实，或是以现实的亮光来折射出一个自我世界，这是一个摆脱苦痛、盼望完美的境界。而丑恶、虚假、变态和抄袭他人的作风都令我厌恶，那绝不具有学术品位。唯尊重传统、赞叹完美、勇于探索，才是艺术家真正的出路。但我又不敢造次地说这就是一条可以钻研下去的路而不是死胡同。我深知油画这门艺术的深奥莫测，其间的奥秘不是随便就可以说三道四的。

可以这样说，在我的创作生涯中，重彩画、壁画、油画三位一体相互影响，互动互补，对油画新路的思考启动了创作重彩画的灵感；画壁画又使重彩画的语言更加明确和纯粹，而前者旁敲侧击地使油画语言从学院派的模式中摆脱出来。三者互动，立体交叉地构成了我在创作中的整体思路。

出于对美与爱的领悟和对智慧人生的追求，我尽其所能地工作着，从不敢懈怠。其间的艰辛与苦闷，顿悟与欣慰，反反复复地徘徊在这漫漫长路上，同时也体味着创作历程中的快感。此时，我意识到这是又一层次的开端，心中还有种种冲动在激荡着我。蓄势待发成为我每一天清晨的常态，生命不息，画意不止。

2016年10月9日

# 《战友之歌》励平生

杜兴成

"岁段"总有巧合——30岁那年，我发表了一首《战友之歌》，算"而立"；40年来，这支歌曲久唱不衰，可算"不惑"；三十加四十，我今年70岁，也算"古稀"了。

一首普通歌曲，能经得起时间的考验，对于作者来讲，是一件幸事。特别是近些年里，我常在深夜接到陌生人的电话——请问您是杜兴成老师吗？我是某某某，我们现在正在唱您写的《战友之歌》哪！你听一听哈……

我猜，他们一定是在战友聚会，他们肯定多喝了几杯，他们也许正在兴头上。他们的一片挚情让我感动。

我一直在思考一个问题，为什么这支歌会得到那么多人的真爱？就连我那两个上幼儿园的孙子也能从头唱到尾。看来，这绝不是奉承，而是作品渗透进了人心。现在回想起来，这首歌的创作既是偶然，也是必然。偶然的是没想到时代正需要的题材让我碰上，必然的是老天爷没辜负我这个勤奋者的心。

创作这个题材，我是有着长时间情感积累的。上中学时，我就渴望当兵，在《新绥阳报》上发表的第一首诗就是《我们热爱解放军》，署名杜奇。诗的前四句是这样的："朵朵红花向太阳/颗颗红心向北京/千山万水齐欢唱/我们热爱解放军……"一年半后，我光荣应征入伍，在贵州省军区独立师特务连先后当过警卫员、文书、班长、炊事员，历经两年多艰苦严格的训练，成了一名能文能武的战士。我在炊事班时创作的《炊事员短歌》（两首）被《工农兵诗选》（贵州人民出版社出版）刊用，而且还有文章评论。《炊事员短歌》后被收入《贵州三十年新诗选》。1972年，我参加创作的一台部队文艺汇演节目备受首长赞许，因此，我被推荐上了大学，进入中央民族学院艺术系作曲班。

那时，学校同学常与北京军区战友文工团同台演出，从此，“战友”二字在我脑海里印象越来越深刻。当年学校“开门办学”，我们曾到过天津塘沽船厂、内蒙古科尔沁草原、西藏中印边境等，一去数月，体验生活和收集民歌，这对我后来的文艺创作影响深远。大学毕业，我被分配到贵州省军区文艺宣传队任分队长。队里创作组就两个人，一个是我（干部），一个是刘苗鑫（战士）。他高中毕业考入宣传队，比我小5岁。我俩创作热情甚高，我领着他下部队，去苗寨、侗乡体验生活，一起分析和创作歌曲，那时贵州省的歌曲评奖总少不了我们的作品。有一年，《苗岭歌声》月刊先后有6期发表了我作曲的歌。

1978年年初，我构思了一个双人舞《战友》，脚本描述的是班长和一个新兵一天的生活，内容是：清早，他俩端着脸盆去河边洗衣，班长帮战士整理好军装，然后一起投弹、射击、劳动；傍晚，两人在灯下学习《毛选》。遗憾的是这个本子没有被通过。这时正巧《贵州青年》杂志向我约稿，希望我能为他们创作一首歌曲。我赶紧把刘苗鑫叫到房间：“刘苗（都这样称呼他），我们写一首《战友之歌》吧！用队列歌曲的形式，描写战友兄弟般的情谊。歌词一定要精干，易传易记。”我把歌名、内容、曲式给他讲清楚后，他很快就拿出了初稿。原稿是这样的：

年轻的士兵们亲如兄弟，
革命把大家召集在一起；
你来自边疆，我来自内地，
你来自山乡，我来自工区。
战友，战友，

这亲切而崇高的称呼，
汇聚了我们的钢铁集体。

勇敢地保卫着社会主义，
胜利靠大家共同去努力；
你帮我补弹袋，我帮你洗军衣，
你帮我学文化，我帮你练射击。
战友，战友，
这信任和团结的象征，
凝聚了我们的战斗情谊。

这首歌词充满激情，节奏感强，基础不错，但也存在概念化问题，特别是第二段不够亲切。按我的创作习惯，歌词必须先沉淀一阵子，然后再去修改和谱曲。

此时的贵州省军区文艺宣传队就像电影《芳华》所描述的那样，正面临着解散，为了保留骨干，我被任命为“创作员”，暂时留在独立一团机关上班，但仍住在螺蛳山上的宣传队宿舍。我每天下山上山，看着战士们操练时的整齐步伐，观察他们年轻的英姿和神情。

我是从诗乡走出来的，也发表过不少诗作，对于文学作品的把控能力较强。比如第一句，我把原稿的“年轻的士兵们亲如兄弟，革命把大家召集在一起”，改成“战友战友亲如兄弟，革命把我们召唤在一起”，这一下子就提高了一个档次。因为“年轻的士兵们亲如兄弟”是人们从客观上去描写战友之情，情感不深，而“战友战友亲如兄弟”则是从主观上歌唱自己，角色一转换，便触动人心弦了。从文学的语句和音乐的主题来看，“年轻的士兵们”显得散淡，形不成锦句；而“战友战友”就具象化了，既有节奏感又是音乐“动机”，且坚实豪迈。经过一个多星期对歌词的修改，《战友之歌》首先从文学的角度站立起来。

为了谱好这支歌，我分析了许多传唱久远的中外“经典队列歌曲”，发现它们多以大调为主，如若走老路，那就很难出新。经过反复思考，我决定采用“羽”小调来谱曲，让队列歌曲抒情化。我在上大学期间曾到内蒙古收集过许多民族音乐，于是第一句“战友战友亲如兄弟，革命把我们召唤在一起”的旋律主题就借鉴了蒙古族民歌的元素。半个月后，《战友之歌》（刘苗鑫、杜奇词，杜兴成曲）就完成了。

歌曲谱出的时间是1978年4月，最先投稿的刊物是《苗岭歌声》，未被选用；同时我也寄给了《解放军歌曲》杂志，也不见动静。由于自己十分看重此曲，三个月后我又加以修改并第二次投寄。

大约是当年8月份，我应邀去野鸭塘三团创作节目。离开连队的那天晚上，我无意中为大家教唱了《战友之歌》。等我回到螺蛳山的时候，三团一位指导员来找我，说：“杜编辑呀，你不知道哦，你那首《战友之歌》在我们全团都传开了，快成了我们的连歌啦！”一石激起心中浪，顺着这股冲劲，我第三次向《解放军歌曲》投稿，并附了一封自荐信，说这首歌如何受战士们喜欢，希望能发表。

那时，我所在的独立一团要改编成武警部队。为了保留创作骨干，贵州省军区领导把我调到政治部文化处“创作组”。该组包括我有4个人，另三位分别是版画家潘中亮、剧作家梁正贵和画家申根源。他们三位都是当时贵州的知名人士，而我无名而年轻。

一天，潘中亮手拿一本刚刚收到的《解放军歌曲》杂志说：“小杜，快看，里面还有你的作品哪……《战友之歌》，这个歌名很好！”我也很激动。这首歌曲刊登在该刊1979年第1期的“封三”位置，几位老同志都说，“这相当于报刊的头版头条”。非常感谢《解放军歌曲》发表了我这首心爱之作！经编辑修改正式刊登的歌词是这样的：

战友战友亲如兄弟，
革命把我们召唤在一起。
你来自边疆，他来自内地，
我们都是人民的子弟。

战友，战友！
这亲切的称呼，这崇高的友谊，
把我们结成一个钢铁集体。

战友战友目标一致，
革命把我们团结在一起。
同训练同学习，同劳动同休息，
同吃一锅饭，同举一杆旗。
战友，战友！
为祖国的荣誉，为人民的利益，
我们要并肩战斗夺取胜利。

不久，我收到编辑部傅晶老师的一封信："杜兴成同志：据悉，2月12日至2月17日中央人民广播电台'每周一歌'教唱《战友之歌》，每天两次，请你注意收听。"就这样，歌曲通过那个年代最权威的媒体传播出去。此时，云南广西边境的"自卫反击战"已经打响，许多官兵们唱着这支歌奔赴前线。

一年后的1980年3月20日，在"总政文化部向全军推荐十二首歌曲"中，《战友之歌》入选，随即，《解放军报》（1980年3月29日）及各大军区的几十家报刊登载了《战友之歌》。最难得的是，《战友之歌》成为《人民日报》（1980年5月26日）唯一转载的歌曲，歌曲旁还配发了"战友回来"的雷锋雕塑。一时间，《战友之歌》唱遍大江南北，据说就连缅甸军队也在传唱。

记得贵州省歌舞团有位歌唱家曾半开玩笑地对我说："杜兴成啊，你在苗岭高原放了一颗卫星哪！"的确，这首歌曲得了许多大奖："总政文化部优秀队列歌曲奖""昆明军区文艺创作奖""贵州省文艺创作一等奖"、文化部"全国第一届音乐作品奖"和首届"中国人民解放军文艺奖"等。1983年7月27日，我登上了人民大会堂的领奖台，从中央领导胡乔木手中接过一枚闪光的“金质奖章”。原中央军委副主席迟浩田上将为我题词：“战友之歌，催人奋进。书敬军旅作曲家杜兴成同志。”后来,《战友之歌》被写进“中国人民解放军文艺史”“贵州通史”。至今，这首歌仍有着旺盛的生命力。

回望人生，七十年弹指一挥间；感悟得失，一切都是过眼烟云。若要让我说上几句总结的话，我会告诫晚辈们：人的一生最重要的是多学习、阔视野、勤感悟和重修养；凡作家艺术家都是以作品说话的，因为一切价值都自然蕴藏并永存于你的作品里。

# 你的深情

## ——藏族音乐家扎西达杰特写

葛建中

我和扎西达杰先生在玉树相识迄今已经快20年了！那一年是玉树藏族自治州建制50周年，我和蒙古族作家察森敖拉先生受《中国民族》杂志社委托，坐了一天一夜的长途班车到玉树为出版纪念专号组稿。

那时的结古镇，树枝才萌绿芽，夜间常有微雨降临。在州政府招待所，前来投宿的有来自四川、西藏等地出差的人员，还有来这里贩运藏獒、收购虫草的商人，人来人往，好不热闹。我俩每天除了到州委宣传部索稿、上街散步、在吃饭时间到招待所餐厅吃饭外，就是在房间里改稿。屋内还生着铁炉子，炉子中的小火常常把铝壶里的水烧开，水气时不时掀起壶盖，发出规律而轻微的声响，水蒸气从壶中时时扑出，让干燥的房间有了些许湿润。

一个慵懒困乏的下午，江洋才让骑着一辆大摩托过来，要请我们出去吃饭。这位话语不多的青年作家和我谈得很投机，说他正在写一组关于藏地的散文，还提起结古寺中会说话的唐卡的传说，并说这幅唐卡系第一世嘉纳活佛所绘。我感觉这个传说跟宗喀巴大师的唐卡故事很相像。在饭馆里我们遇到州歌舞团副团长、指挥家、作曲家扎西达杰。这位体态威武、天庭饱满、眼神犀利、长发垂肩的康巴汉子性情直率又略带深沉，笑声爽朗并富有感染力。他的啤酒酒量惊人，喝下一瓶和十几瓶都是一个样，被人们称为“啤酒王子”。有了他的加入，席间歌声不断。

州委宣传部部长、作家昂嘎和扎西达杰共同创作了许多歌曲。他们二位加上察森敖拉，可以说个个都是优秀的业余歌手。借着酒兴，他们一首连着一首唱歌，直至饭馆打烊。宴席终了，扎西达杰与我们一同回到房间，大家又喝着啤酒聊天。夜色中有“沙、沙”的声响，是下雨了，更显出夜的沉静。扎西达杰轻轻地唱起一首歌《啊 玉树》：

走过了数千里花草滩
翻过了数万座绿草山
雄鹰展翅飞翔巴颜喀拉
骏马扬蹄驰骋巴塘佳塘
三江水之源梦幻般圣地
啊 玉树
你是我美丽可爱的家乡
唤起我们寻求灿烂的霞光

走过了数千里花草滩
翻过了数万座绿草山
文成公主寄情千年岩雕
茶马互市蜿蜒七彩古道
藏乡一明珠 繁地结古镇
啊 玉树
你是我美丽可爱的家乡
唤起我们寻求灿烂的霞光

走过了数千里花草滩
翻过了数万座绿草山
佳纳玛尼放射古今传奇

七月盛会涌动斑斓生活
腾步舞彩云 潇洒康巴情
啊 玉树
你是我美丽可爱的家乡
……

这是在初夏的结古镇，一个寂静、难忘的不眠之夜！他自己作词作曲并深情吟唱的这首歌，给我们留下了深刻的印象。我为他热爱家乡的情思所感动，并相信，人与人之间的相识、交往确实靠的是缘分，与扎西达杰的相识、直至今天的交往也证明了这一点。我也记不得是什么原因，在以后的日子里我俩总会在西宁的一些聚会场合中相遇。他在讲述关于音乐创作、搜集藏族音乐素材、研究藏族音乐文化的故事和表达对音乐艺术的观点时，时常会借助歌声、旋律和动作。这让他的谈话具有很强的吸引力，我也常常被他精彩的话语、富有感染力的歌声所打动。

有一次，别人送了我一本叫《委员风采》的书，书中收录了介绍青海省政协委员的文章，我看到其中有介绍省政协委员扎西多杰的文章。读后，我更多地了解了我尊称为“老师”或“阿吾”（老哥）的扎西多杰的艺术创作成就。

扎西达杰出生在雪域腹地被人称为康巴“三繁地”之一的玉树州结古镇。这里民族文化积淀丰富、山水自然奇丽壮美、民风民俗剽悍古朴、历史文化悠久灿烂。这里是千年唐蕃古道的重要节点，也是歌谣和舞蹈的璀璨宝库。在玉树大地上的多次漫游中，我发觉，在这片艺术气质浓郁的土地上生长的人，都有一种与生俱来的艺术感悟力和艺术创造力。而扎西达杰就是在这片艺术氛围浓郁的土地上，承袭了这片土地的灵性和气质，从而让他在音乐天地里脱颖而出。

中学时代，扎西达杰就显示出对艺术的敏感直觉，对口琴、笛子、二胡等乐器有着特殊的爱好。中学毕业后，他在红旗小学任教，在辅导学生文艺活动的过程中自学简谱，并自己独立作曲、作词，创作出大型合唱舞蹈史诗《英雄赵文昌颂》、大合唱《翻身农奴心向毛主席》等作品，在州内引起强烈反响。1972年，他在全省综合文艺刊物《工农兵文艺》上发表的歌曲《解放军和我们心连心》风靡全省，一时间成为全省较有影响的音乐新秀。同年，扎西达杰被招入中央民族学院艺术系作曲班。在校学习期间，他在著名音乐家田联韬教授的指导下，创作了器乐曲《高原春潮》、歌曲《站在高原望北京》《小布群学雷锋》《我爱高原英雄花》、舞蹈音乐《春满草原》（合作）等有影响的作品。

1975年从中央民族学院艺术系毕业后，扎西达杰回到了故乡玉树州。在深入民间、广泛搜集素材的基础上，他创作了大量具有浓厚民族风格、深受群众喜爱的作品。这时候的扎西达杰已经明确了自己的人生道路，艺术功力也渐趋成熟。这一时期，他创作的大型历史歌舞剧《礽庙千古——记玉树文成庙》荣获省政府奖，歌舞作品《洛赛尔》获得全省汇演奖。其间，他还以英雄史诗《格萨尔》选部为基础，首次以民族歌剧表现形式创作了歌剧《佳岭传奇》等。在进行音乐艺术创作实践的同时，扎西达杰还努力钻研音乐理论。他的获奖论文《玉树藏族民间歌谣浅谈》首次对通天河流域丰富多彩的民间歌谣做了系统性论述，这也成为他日从事学术研究的前奏。此时的扎西达杰已知道，自己的艺术之路还很长，要想走得更远，就必须学习更多的东西。

为了使自己在音乐上有更大发展，1982年，扎西多杰到西安参加了上海音乐学院的考试，并以对贝多芬《爱格蒙特序曲》的出色领悟和阐释，考入了上海音乐学院作曲指挥系指挥专业。从此，他师从我国著名指挥家曹鹏先生和瑞士著名音乐家陈亮声先生，成为藏族中第二个、青海省第一个接受正规教育训练的音乐指挥专门人才。直到今天，扎西达杰还在感叹：“全国只培养了三位藏族音乐指挥，当时教我们的老师比学生还多！”

1987年毕业后，面对各种选择，扎西达杰毅然回了到家乡。此时的他理论基础雄厚、专业技能全面，以更加饱满的工作热情投入艺术创作事业中。他开始指挥省州各类乐团、乐队和举办各种音乐会，处理大量中外名曲和创作曲目，并出色地完成了诸多大型藏戏、大型歌舞剧及歌舞节目的演出和录音。例如，他与多位著名歌手和乐手合作，指挥录制了多套音带、音碟；指挥省藏剧团排演大型藏戏，参加了国庆50周年庆典赴京演出；指挥省州联合乐队演出大型格萨尔音乐剧《姜国王子》；指挥青海交响乐团录制《玉树土风舞》全场音乐，参加首届中国艺术节；在果洛草原指挥兰州交响乐团80人乐队和500人学生合唱团演出了大型交响合唱舞蹈史诗《格萨尔·赛马称王》…… 他坚持认为，作为一位藏族指挥家，应该将西洋艺术形式用于服务藏民族文化的传播。

勤奋的扎西达杰创作成果颇丰。1991年，他完成了由青海人民出版社出版的自己的第一部音乐作品专著《扎西达杰藏族女声独唱歌曲选》；1994年，青海民族出版社出版了他以藏族民歌为主改编的《扎西达杰玉树土风歌曲集》（藏文版）；之后，他的4盘套辑音带《江河源之歌》、歌碟《青海湖圆舞曲》等多部作品专辑接连出版；他创作的《潇洒的康巴人》《圣地孕育着希望的太阳》《我心爱的结古多》《啊！玉树》《扎溪卡圆舞曲》《雪域高原男儿的疆土》等歌曲通过电视片和音碟在社会上得以广泛传播；他灵活运用传统和现代作曲技法创作的《格桑花开的时候》《热贡神韵》《玛域草原》《千里和缘》《古塑狂想》《扎西铃舞》等诸多舞蹈音乐和歌曲，分别获得了五十多项国家级、省级各类专项奖；他为《柴达木之歌》《走进三江源》《吉祥果洛》等大型广场舞作曲的音乐，在社会上颇具影响。

早在上海音乐学院学习期间，扎西达杰已是远近闻名的音乐才子。那时，玉树《格萨尔》学者、说唱艺人江永慈诚曾找过假期回乡的扎西达杰记谱。扎西达杰说自己至今也忘不了当年听江永慈诚说唱《格萨尔》时的情景：仿佛触电一般，被那铿锵激荡的节奏、流畅奔腾的旋律深深打动。他说自己仿佛从中听见了雨声、风声、流水声，也听见了鼓声、雷声、战马声，仿佛千年的历史画卷在自己眼前展开。从此，扎西达杰踏上了对《格萨尔》音乐的探索之路。在自己所能到达的每一片草原、每一座村寨，他都在寻访《格萨尔》说唱艺人。草原上、帐篷里、篝火旁，都成了扎西达杰与《格萨尔》说唱艺人倾心交谈、聆听记谱的地方。面对《格萨尔》

许多说唱曲调逐渐消失的状况，扎西达杰努力找这些艺人录音，用磁带录制了200多首《格萨尔》说唱曲调。运用这些第一手资料，扎西达杰开始了对“格萨尔音乐”的系统研究。1987年，他发表了关于“格萨尔音乐”的第一篇学术论文《玉树藏族格萨尔说唱音乐研究》，填补了国家重点科研项目《格萨尔》音乐研究领域的空白。学术界权威认为，这“是史诗研究走向博深的重要标志”，高度评价扎西达杰是国内《格萨尔》音乐研究的“第一个探索者”。

1989年，扎西达杰参加了在成都举行的首届《格萨尔》国际学术讨论会，并提交了自己的论文《格萨尔音乐研究——论曲调类型和音乐特点》。1991年8月，他参加了在拉萨举行的第二届《格萨尔》国际学术讨论会，并在大会上宣读了论文《格萨尔的音乐性》。1997年，他参加第四届《格萨尔》国际学术讨论会，并宣读了论文《现代〈格萨尔〉音乐的多元结构》。在2002年青海第五届《格萨尔》国际学术研讨会上，他宣读了论文《从土族〈格萨尔〉音乐看土族文化的多民族交融性》。2013年10月，他在昌都召开的首届藏族音乐歌舞文化论坛上，提交了论文《格萨尔剧种探微》。2013年，他在兰州中国多民族《格萨尔》史诗研讨会和玉树首届格萨尔国际学术研讨会上，宣读了论文《格萨尔的音乐体系》。这些研究论文使他数次获得全国及省级“优秀科研成果奖”，并在1997年荣获由文化部、国家民委、中国文联、中国社科院颁发的“《格萨尔》音乐成就表彰奖”。

扎西达杰认为，《格萨尔》不是一般的史诗，而是融史诗特点和剧本特点于一炉、将文学性与“歌唱式”聚于一身的文学艺术产物。他说：从文学角度讲，《格萨尔》是鸿篇英雄史诗，从艺术角度讲，是巨型音乐诗剧；世界上再也没有一部文学作品，像《格萨尔》那样能与音乐建立起如此密不可分、浑然一体的关系。现在看来，扎西达杰对《格萨尔》音乐体系的研究具有独创性和开拓性，并对《格萨尔》史诗的研究和传播发挥了积极的推动作用。他不仅仅是《格萨尔》史诗的研究者，也是《格萨尔》音乐的整理、改编、创作的先行者和推动者。他最先整理、发表的

《格萨尔》说唱曲调80首是在1985年，最先录制《格萨尔》钢琴、电子琴伴奏的专带是在1986年，最先创作歌剧形式的《格萨尔》舞台剧目是在1991年。2004年，他推出了《格萨尔》现代歌曲VCD专辑《向往岭国》，2013年、2014年，他先后创作并指挥演出了以《格萨尔》为题材的大型交响合唱套曲《世界共桑》和大型交响合唱舞蹈史诗《赛马称王》，并与多家艺术团体合作，先后创作了以《格萨尔》大型歌舞剧为代表的一系列音乐剧、歌剧，并多次获奖。

此外，扎西达杰还在音乐艺术研究领域勤耕不辍，发表了具有探索和开创意义的论文《藏传佛教乐谱体系》(《中国音乐》)，并在《西藏艺术研究》和《中国民族艺术》上发表了研究藏族器乐文化的重要论文《牛角胡论》。正是长期的刻苦钻研和潜心创作，使他不仅在音乐艺术理论和实践中取得了不少的成就，也在民族文化研究领域取得了公认的成果，从而成为一位享誉全国的著名藏族作曲家、指挥家和民族音乐理论家，并以“国家一级作曲”和省级优秀专家身份首批进入享受“政府特殊津贴”专家的行列。

扎西达杰为人随和，处事大方。2009年，重庆女子黄静薇只身背着相机来到西宁，想遍访藏地采风后出一部名为《西藏脸书：一个时代的藏人肖像》的摄影集。在一个饭店包厢中聚会时，扎西达杰面对她的镜头，并没有摆什么造型，而是神态自若地招呼众人落座，一如平时一样和大家说笑话、一起举杯，毫不在意黄女士对他的“特写”。在和扎西达杰近20年的相识和交往中，我感觉他不仅是一位成就卓著的藏族音乐家，更是一位亲切的老师、一个热情的大哥。现已记不清跟他一起聚过多少次了，很多次亲眼见他喝了那么多啤酒也不醉、仍然热情爽朗地与朋友或客人侃侃而谈。

宝剑锋从磨砺出，梅花香自苦寒来。扎西达杰现为中国音乐家协会会员、省文联荣誉委员、青海藏学研究会顾问、青海民族管弦乐学会副会长，先后荣获“玉树州格萨尔文化突出贡献奖”“民族文化保护终身成就奖”。在中央民族学院作曲专业和上海音乐学院指挥专业的学习经历，虽然为他奠定了重要的专业发展基础，但从他的诸多创作和研究成果中可以得出一个结论：荣誉和机遇不仅是留给有准备之人的，还是为不断追求的奋进者准备的。

多年前，扎西达杰和朋友们一起前往玉树参加首届“唐蕃古道诗歌节”，在巴塘草原的度假村里，大家以诗和歌的名义共聚一堂，他仍像老大哥一样成为聚会的中心人物。我和他同在一个帐篷里住了两个晚上，诗歌节活动结束后，我俩走访了地震后重建中的结古寺、当卡寺、赛马场、红旗小学和一些曾经热闹喧哗的街巷。在一些重建工地上，我看到他表情凝重、若有所思，不时微微摇头。我知道，面对自己歌唱的故乡所遭劫难，他内心一定充满了伤痛和怅惘。我没有问他什么，只是为他拍了几张照片。这时，我的脑海中突然响起了一首由他作词作曲、歌手亚东演唱的歌——《你的深情》：

雪山下的草原上
有比冰雪还沉静的你的心境
蓝天下的雪山上
有比白云还高洁的你的品行
啊——
草原上不能没有骏马
人生途中不能没有你的深情
啊 深情
你的深情就像雪水在我心滚腾

雪山下的草原上
有比冰雪还晶莹的你的胸襟
蓝天下的雪山上
有比白云还鲜亮的你的热忱

啊——

蓝天上不能没有雄鹰

人生途中不能没有你的深情

……

# 我的生命永远属于民族事业

李德君

杏坛圣地连九天，躬身谨行步先贤。
边乡远寨通今古，频叩柴门究本源。

暑往寒来步履匆，栉风沐雨自从容。
奋身不为声名显，志在立雪向峻峰。

夙求勤勉若晨钟，皓首愿与少年同。
不见夕阳西归去，回眸犹染枫林红。

——题记

幼年我生活在成都龙泉驿乡下。龙泉驿是古驿道的一个节点，那时已衰落，仅偶有客商过往。一天，看见一位身着长袍单臂袒露的汉子蹲在街边，面前摆着一堆我不认识的东西。听路人说是远道来的藏族卖药人。我们那里做买卖是要讲价的，那汉子却默不吱声，有人买药也不吱声，任人留下些钱就是。汉子的憨厚实诚让我久久不忘。稍长，知道我国有许多像他一样实诚的少数民族同胞。

那以后但凡听人说到少数民族就渴望与之亲近。

事有凑巧，高三读到中央民院藏语班藏区实习报道，接着又看到反映民族工作队在藏区工作的电影《金银滩》，羡慕不已，梦想像他们一样走进兄弟民族的生活。

高考助我圆梦想，1953秋，我考入中央民族学院语文系。

## 一、难忘的学习与实习生活

入学时充满浪漫情怀。迎新会上，当大幕拉开，几十位身着各民族盛装的儿女出现在台上，许多同学禁不住热泪盈眶，纷纷表示要把一生献给民族事业。

从激动中冷静下来才发现，我们对民族事业一无所知。学校安排了长达半个学期的入学教育，让我们认识到民族事业的光荣与艰巨，感受到民族事业对我们的厚望。

入学教育给我们打上了鲜亮的人生底色，为日后勤奋学习和献身民族事业奠定了良好基础。我们年级毕业时113人，除个别特殊情况外，全部走上民族工作岗位和服务于民族地区。据2001年不完全统计，有近百人直到退休都没离开民族地区，许多人一家几代扎根民族地区，不少人退休后仍为民族事业操劳。

第一学年专攻基础课。那时师资奇缺，系里只有于道泉、李森几名专家。马学良主任广聘名师，费孝通、王锺翰、吕叔湘、傅懋勣、王均、罗季光、王辅世等许多一流学者都被请进我们的课堂，使我们受到最好的基础教育。专家授课要求严，理论技能并重。像语音学，注重音韵学原理，又注重听读记音能力训练，大家学习都很刻苦。我操四川方言，平舌卷舌不分，鼻音边音不分，长尾短尾不分，轻浊音不分，只好苦练。练得嗓子声带破裂，多次就医。严格要求给我们打下扎实基础，几十年后仍保持良好的复杂语音辨识能力。

第二学年分为彝、苗、侗、壮、维、哈（哈萨克）、藏7个专业，我分在彝语班（凉山彝语班）。彝语老师是从彝区调来不久的普通彝民，辅导员李民老师是上一届彝语班优秀生，提前毕业任教。老师非常尽责。无奈没教材，没读物，没字典，只能临时编口语活页发给我们，课上跟老师念，课下照活页读。后来创造了“彝语日”，每周拿出一天只讲彝语。教学条件虽不尽如人意，但大家刻苦，一年下来便能较为顺利地日常交谈。

1955年夏赴喜德县实习。开始全班12人都在米市区，后来分为两组，一组留米市，另一组去红莫。我留在米市。米市区政府只有一座两层小木楼，孤零零坐落在群山之间一小块谷地，一面靠山，另一面临河，河对岸也是高山。彝寨分散在层层叠叠的群山之中。区政府附近有几个村庄，算是人口较为集中地段。

当时凉山即将民主改革，不便住群众家，我们吃住在区上，睡觉挤在狭小的二楼廊道敞房。没有照明，大家用墨水瓶钻孔当灯，油烟呛鼻，每晚学习下来鼻孔黢黑。食盐供应困难，老百姓成年吃不上盐，区政府也常断供，我们曾一连7天没盐吃。

实习从收集词汇开始，白天下村入户，帮群众做家务，干农活，边干边攀谈，遇到生词记下来，晚上交老师订正，然后汇集起来供大家学习。同学们不断创造新的学习方法，相互交流补充。这样过了一段时间，掌握的词语多了，口语水平随之提高，与群众的感情日益增进。

后来，看到一些青少年想学拼音彝文，我们开办了学习班。参加学习者稳定在二三十人左右。当地是高寒山区，开班不久河面就结冰了，河对岸的学生光脚踏破冰面也来学习。参加学习的有“奴隶”阶层青年，也有“奴隶主”家子女，我们一视同仁。

这个班是我们为当地青年做的一件实事，对我们学习彝语也很有帮助。后来形势变化，没能办下去。

实习到第三个月时，州政府宣布实行民主改革。凉山情况复杂，除盘根错节的奴隶主势力外，还有临解放时在西昌被打散的蒋军残余混迹其间。民改开始后，隐蔽的残余与少数不法奴隶主勾结抵制，后来发展为武装叛乱。在形势紧张关头，老师带领我们一面学习，一面协助站岗。一天下午轮到我值岗，我把子弹带扎在腰间，枪抱在胸前，一面值岗一面和冯锦凤学习。突然河对岸传来枪声。我拿起枪，冯锦凤是女同学，也毫不慌张，帮我往子弹带里插子弹，静候事态发展。过了一些时候没有动静，才又接着学习。一天夜间，山上射来的子弹打碎屋瓦，碎片掉到陈康同学枕边，第二天他只是换到楼下睡，一切依旧。

不久，一个村发生不法奴隶主残杀奴隶的凶案，区政府决定抓捕凶犯。李友才同学曾是新四军机枪手，区委安排他带我配合行动。次日拂晓，李友才在村口高地架机枪掩护，我们趁天未大亮摸进村。没想到凶犯居然以为杀个把奴隶算不得什么，直到我们摸到床边他还在呼呼大睡，没费一枪一弹顺利将其抓捕归案。

后来，有一个区政府遭到血洗。米市区委决定把我们和区干部混编成几个组，分赴各乡宣传民改政策，争取群众。事态紧迫，我们稍做准备就出发了。实习前，我的入党申请党委还没批下来，不知道最后结果。下乡途中，我向党员李友才和区委组织委员老杜再次递交了入党申请书。

我与县公安局李世鉴和一名区干部一组，一连在几个村召开群众大会做宣传，并调解了几起民事纠纷，工作顺利。区里枪不多，下乡时没给我配枪。因为形势一天比一天紧张，他俩想借支枪给我用。分析村里一户奴隶主情况后，认为此人比较可靠，决定去他家借枪。他俩在半路等，我独自去那家。说明来意后主人痛快答应。离开时，经主人同意我对空试放了两枪。他俩听到枪声，立即提枪奔我而来。我知道自己做错了，非常自责。

宣传还没结束，区里派来通讯员让我赶回。不知有什么急事，不敢耽搁，马上动身。下乡才十来天，回去路上的情形已和来时迥异。每经一个寨子，都可见到村民三五一堆低声议论什么。不敢停留，更不敢打听，只得用查尔瓦（彝族披衫）裹紧枪匆匆赶路。正值凉山隆冬，雾凇满山，冰凌晶莹，风景绝美，更无心观赏，两天路一天就赶到了。

回到区政府天已黑定，大门紧闭，门缝透出跳动的火光，显然门廊燃着取暖火堆。我上去拍门，不料门内人一脚把火踢翻，退到墙角问我是谁。我说，是我，可仍不开门，继续盘问了好一阵才放我进去。进去后才告诉我，有的地方出了叛徒，担心叛徒带人骗门，直到弄清确实只有我和通讯员才开门。我本来有些生气，面对如此形势，我能说什么呢?

第二天老师告诉说，实习队接受了新任务。国务院部署全国开展少数民族语言及社会历史大调查，语言调查组建了七个工作队，第四工作队负责彝语、土家语，队部设在成都，要我们迅速集结受训。

这时县区两级正在筹备奴隶协会代表大会，要我们投入工作，开完会再走。成立奴协的工作，下乡前我们就参与了。那时秘密进行，开过几次积极分子会，与会者每次都从区委书记卧室窗户出入。现在公开了，不少奴隶群众自发聚集在区政府门前，保护区政府，我们帮着接待。在县奴协代表会上，我不期而遇李世鉴，他也回来开会。在那种严峻的日子，虽然才分别几天，却宛若久别，分外亲切。大家都忙，没说上几句话就分开了。后来在街上我们又见到一次。当时他在小店吃醪糟，吃完才发现没带钱。正巧被我遇上。因为有急事，我掏出五毛钱递给他，话也没说就走了。我们离开喜德那天，他赶来还钱，我怎么也推辞不掉，只得收下。此后不多几天，那张五毛纸币还揣在我身上，忽然传来噩耗：他开完会回到我们一起工作过的村子，就不幸牺牲了。如果不是接受新任务，我是应该与他一起回村的。那张带着世鉴烈士体温的五毛钱纸币，成了永久的纪念，被我珍藏至今。

后来接连传来噩耗。我们离开不久，米市区和红莫区政府都被包围，区委组织委员老杜牺牲。红莫区干部突围时，新婚不到半年的县团委书记中弹身亡。我们非常悲痛。

这是一段永远难忘的实习。面对艰苦生活和严峻形势，全班同学勤奋不减，从容不迫。我常常问自己，是什么造就了我们这些年轻学子的坚强？不能不感谢那个充满理想的时代，感谢入学教育在我们心中播下的献身民族事业的种子，感谢彝族民众对我们的真诚爱护。

## 二、参加民族语言大调查

这次少数民族语言和社会历史大调查，是中华人民共和国成立后由中国科学院具体组织实施的重大科学项目，但又不是单纯的科研行为，而是国家行为，是国家建设大计，民族工作的重要举措。

我们到达第四工作队时，各地调集的人已经到齐。培训以提高实际操作能力为主要目标，队长陈士林先生先讲了几堂课，然后与选调来的发音人合作练习记音和撰写调查报告。我被分配调查贵州盘县两个点。陈士林先生是彝语研究专家，在他指导下培训收效很快，不久即派往各地。

这次彝语调查，主要是进一步了解彝语分布情况，研究各地彝语音位系统和词汇、语法基本特点，为划分方言和设计文字方案服务，同时为彝语深入研究积累资料。调查地区是队部根据此前对彝语的考察确定好的，具体调查点和发音人由调查组与当地政府商量选定。根据此次调查的目的和时间限制，实施方法与严格的田野工作略有不同，一般把发音人请到县里或其他适当地点调查。一个点20天左右。

我接受的第一个任务是调查云南个旧、蒙自两个点。第一次独立工作，有些忐忑不安，当地政府的热情支持，使我们很受鼓舞。第一站到个旧，市里正开大会，找不到工作场所。市办领导知道后亲自过问，从人满为患的招待所硬挤出房间供我们用，调查期间多次到现场看望，调查结束后市委宣传部长又专门接见。到蒙自后，一时没找到合适的发音人，民委主任亲自联系，帮助我下村寻访。蒙自电力不足，灯光昏暗，民委主任买来大灯泡，把工作室照得通亮。

独自调查，不敢掉以轻心，对每一条语料都反复核对，确保语料准确和调查报告的科学性。经过独立实践，操作能力得到提高，对发音人的认识收获尤大。越到后来越深切体会到，尊重发音人是调查者必备的基本素质。发音人是语言财富的拥有者，语言调查的合作者，切不可把发音人视为发音工具。发音人请来后，我们首先安排好他们的生活，跟他们聊家常，建立起融洽关系。然后，通过试记，用通俗语言把工作要求和操作方法告诉他们，使之成为他们的自觉意识，变被动发音为主动合作。后来的实践证明，这样做效果很好，效率也高。发音人对自己语言的熟悉和理解是后期研究的原始根据，调查者无法取代。对发音人尊重不够，调查者容易不自觉地干预，造成误导失真。没有发音人充分合作，所获语料的完整性和真实性会受影响，某些外人不易察觉的特殊语言现象尤其如此。

个旧、蒙自调查完成后，队部调我和冯锦凤同学与两位土家族同志合作，到湘西调查土家语。当时土家族民族识别正在进行。潘光旦、王静如等专家及当地政府和群众，已从社会、历史、语言各方面提出认定土家为单一民族的比较充分的依据。语言方面略有不足。我们这次调查的重要任务之一，是为此提供补充。

我们以龙山、永顺两县为重点，兼及古丈、保靖、泸溪等县，选择了六个语言点和几个考察点，调查尽量在该语言点中心地区进行，力争对土家语做比较全面深入的调查。

湘西北是土家人世居地，处武陵山区，当时只有保靖、永顺县城有公路可通。从1956年8月到湘西，11月离开，3个月时间，有差不多一个月在走路，常常一连几天不歇脚。脚上打起血泡，晚上用缝衣针穿上头发，刺透血泡放出血水，第二天继续走。像龙山县洛塔调查点，坐落在大山顶上，从县城到山脚走了一天，又爬了两天山才到达。

为了把走路挤占的时间抢回来，每天晚上安排发音人休息后，我们都连夜复审，把问题挑出来，第二天跟发音人核对。每个点记录结束，更是不舍昼夜，通宵达旦，及时整理材料，撰写调查报告。

当地政府对调查非常重视。在龙山，县委书记把我们请到他的卧室促膝长谈，跟我们一起商量调查安排。在永顺，县政府抽出对土家研究有素的干部彭勃同志帮助我们。调查结束第二天，州委统战部部长就听取了我们的汇报。土家人对那次调查久久不忘。1986年我去永顺拍土家族民俗，彭勃和我谈起当年情形，依然兴奋不已。这时他已是县人大领导，工作忙碌，仍执意陪我们下乡拍片。

1957年国家确认土家族为单一民族，同年湘西苗族自治州改建为湘西土家族苗族自治州。

土家语调查结束不久，我们返回学校。凉山实习和语言调查历时一年半还多，使我们有幸亲历凉山巨变，参加亘古未曾有过的民族语言大调查，受到切切实实的锻炼，学到许多课堂上学不到的东西。这是难得的人生历练，使我受益终身。

## 三、民族语言文学教学与研究

1957年毕业后，我留在彝语教研室，但因借调做别的工作，接着又下放农村劳动锻炼，1959年7月才到教研室报到。

到职时正值暑假，我先做了两件事：毕业前，由我主持，全班参加，编了一部国际音标标注的凉山彝语汉语对照《彝语词汇》，毕业前未完成。我首先编完这部词书，然后编制了《新旧拼音凉山彝文、国际音标宽式、严式记音对照表》。当时第一版拼音彝文做了修订，改动了部分字母和拼写规则。《对照表》是为教材编写和学生学习提供方便的。后来证明，这次彝文修订是失败的。彝族自古有文字，因历史原因，各地彝文多有殊异，且认识的人不多，凉山拼音彝文创制本在情理之中。但对历史悠久的彝文尊重不够，一定程度上伤害了群众感情。即使如此，不少群众仍持欢迎态度，经几年试行，已初见成效。单从学术角度看，修订或许不无道理，专业人士掌握起来也不难。但对群众却是一个打击，把刚学会拼音彝文的群众，重新推回文盲状态，伤害了群众，最后彻底放弃拼音文字。古老彝文经过规范，成功推行，1980年获国务院正式批准。我编制的《对照表》在教学中没有使用，但对了解这一段历史和前后两版凉山拼音彝文的变化有一定参考价值。

做完这两件事，58级彝语班正好进入二年级，我开始承担这个班的教学任务。有前两届彝语班教学经验和彝语全面调查成果的支持，彝语专业建设条件比先前好多了，教学内容和质量，比我们当年有明显提升。此后3年时间，在倮伍阿使和李民老师帮助下，除协助老师编著2—4年级口语教材和辅导口语教学外，我陆续编出《凉山彝语虚词》《语言调查常识和彝语方言概况》《翻译理论与彝汉翻译》《彝族文学》等教材，并开设这些课程。在担任彝语班教学任务的同时，我还被抽调参加了《语言学概论》和《中国少数民族文学》教材建设。

1961年春，马学良先生主编《语言学概论》。受马先生指派，除与胡坦、易先培组成编务组，组织全系老师分章撰稿和具体处理编写工作外，我还撰写了第八章《我国少数民族语言问题》。该书当年完成，内部发行。这是我国第一部充分吸收少数民族语言研究成果，大量引用少数民族语料的语言理论著作。“文革”后，该书由陈其光、倪大白协助马先生修订，于1981年由华中工学院出版社公开出版。1988年，该书获国家教委全国高校优秀教材奖。

应课程建设需要，1961年熊寿祺副院长批示民语系组建民族文学教学组，筹备少数民族文学课程。我被抽调与刘保元、杨权一起组成教学组，先编制出课程大纲，组织各专业教研室老师撰写初稿，最后由民族文学组统编。我撰写彝族文学并与刘保元、杨权统编全书。经过一年多努力，《中国少数民族文学》初稿于1962年完成，我给59级、60级试讲了该课。这是高校开设综合性民族文学课的最早尝试，虽然还不成熟，但拓展了学生的视野，其中有的学生走上民族文学研究之路，成长为民族文学研究专门人才。后来由于人员变动，本课程建设没有继续下去，“文革”中教学组散了，没再恢复。

58级彝语班毕业后，我转向主攻少数民族文学。从1963夏开始，我到石林圭山和弥勒西山做彝族文学调查，连续8个月挑着行李东村出西村进，调查访问近20个村寨，对撒尼和阿细民间文学进行地毯式覆盖调查。其间，我重点采录知名歌手、故事家40多名，随机访问普通讲述人、歌唱者数十人，总计百人以上；收集百行以上长诗66部，民歌276首，民间故事271个，彝文古籍摘要29部，完整地记下了那个历史断面撒尼、阿细民间文学的整体面貌。当年采录的不少民歌、故事，后来均已失传。

调查期间，我和群众吃住在一起，每天帮助担水扫地做家务，许多时候一起上山下地，结下深深友谊。在阿细著名盲人歌手潘自力家的一个月尤其难忘。我照顾他起居，搀扶陪伴他上厕所。他日以继夜为我唱歌，累得几乎张不开口也不肯停息。临走时，按规定给他补贴，他怎么也不肯收，我只得悄悄把钱压在饭碗下走掉。后来，他竟为此托人写信寄来北京表示感谢。圭山诺黑村的高月明，白天忙着帮助我调查，每天半夜才去磨第二天要吃的玉米。石磨在屋后山坡上，一个月黑夜，他不幸手被铁钩挂住，鲜血直流。我很过意不去，他反而安慰我。事隔46年后我去看望他，再次表示歉意，并问那盘磨还在不在。他领我到屋旁菜地，拨开杂草指着弃用的石磨说："在呢，你怎么还记着这点小事?"在这次调查中，我帮有的歌手学会了采录方法，后来他们还采录了一些民歌寄给我。

调查回校后，我被安排任别的课程，之后参加"四清"，接下来是"文革"十年，这批资料一直没能整理。"文革"中，我唯恐这批资料遭到厄运，将其埋进煤堆和悬之于屋梁，才幸免于损毁。

"文革"后我渴望回教研室未能如愿，被调校宣传部，后来又受命恢复停刊多年的校报。我一向看重"做事就得尽心尽力"的人生信条，受命自然不能不投入，又不舍丢掉民族文学研究，只得付出加倍努力，行政业务一肩挑，虽然吃了不少苦，总算把民族文学研究坚持了下来。

当时凉山规范彝文已经广泛推行，我突击学会规范彝文，于1979年6月到凉山做了一次短期调查。回校后，我一面做好分配的行政工作，一面继续彝族文学和民族文学研究，编写并讲授了"民间文学基本知识与彝族民间文学"课，先后在《民间文学》《民族文化》《昆明社科》《教育研究》、我校学报等期刊及相关学术专集发表《彝族文学》《彝族民间长诗"妈妈的女儿"思想艺术特色》《少数民族文学概观》《谈包括少数民族文学的"中国文学史"建设问题》等论文，出版《彝族民间故事选》（与陶学良合作，1981年上海文艺出版社）、《中国少数民族文学作品选》（全四册，1981年上海文艺出版社。马学良主编，我是副主编之一，主持编务和全书统稿）。

《谈包括少数民族文学的"中国文学史"建设问题》是我国最早探讨该课题的论文之一，在我校学报1981年第3期发表后，《新华文摘》1982年第2期全文转载。我编选的《彝族民间故事》获1979—1982年全国优秀民间文学作品荣誉奖。我编选的《中国少数民族文学作品选》是第一部包括55个少数民族各类文学作品的综合性选集，被列为高校教材，曾先后4次印刷。

当年采录的撒尼、阿细民间文学调查资料体量大，整理需要大量时间。20世纪80年代初，我只把几部《阿诗玛》异文和少量民间故事整理面世，直到退休后，集中几年时间，才整理成彝文、国际音标记音、汉文直译、汉文句译四行对照的学术版本，2009年由中央民族大学出版社出版（共两部:《1963 — 1964彝族撒尼人民间文学采集实录》《1963 — 1964彝族阿细人民间文学采集实录》，凡160余万字。采录手稿24册，同年捐赠石林彝族自治县档案馆收藏）。

20世纪60年代初，专业主攻方向转向民族文学后，我没有再做民族语言研究课题，20世纪90年代以后，才又做了两个项目：一个是《中国少数民族语言音档》。早年做语言调查，缺乏技术手段支持，调查成果只有纸质载体。到90年代现代音像技术已广泛应用到许多领域，而在语言研究方面还很少见。这种状况激起我们为改善现状出一份力的愿望。我和戴庆厦经过筹划，于1992年开机拍摄《中国少数民族语言音档》。经过与王德温、宁玉老师及傅鸣、王彦等音像工程师共同努力，于2001年完成，内部发行后受到国内外语言学界欢迎。受技术发展水平和设备条件限制，当年用的是模拟技术摄制。随着技术飞速发展，《音档》刚完成，便面临模拟技术行将被数字技术取代的尴尬。为了不被淘汰出局，也为增补和修订，经与戴庆厦商量，我与刘岩主持做了补充增订和数字化转换，2005年由民族出版社出版《中国少数民族语言音档（修订本）》电子版，填补了一项空缺。《音档》收录42个民族58种语言音系录像，45个民族62种语言词汇录音，收录的民族和语种之多前所未有。

另一个项目是石林彝青语调查。石林县彝青语处于濒危状态，石林县民族部门希望及时调查研究。黄建明老师向我转达石林的意向，希望我做这件事。县行政部门有这样深远的考虑令我敬佩。2010年，我带领4名博士、硕士生住进圭山矣美堵村。根据濒危语言调查需要，我们设计了记音、逐户问卷、重点访谈相结合的地毯式覆盖调查方法。记音以一个发音人为主，多人并行，相互比较，参照补充。通过调查，基本摸清了不同年龄群体、不同家庭结构、不同文化层次人群语言使用差异情形，初步触摸到濒危语言演化的表现形式。就词汇而言，大体是：随着使用场合和使用频率的变化，非常用词语、常用词语呈梯次缓慢走向个体遗忘——群体遗忘——消失。这个过程很可能是濒危语言带有规律性的变化模式。《石林县矣美堵彝青语调查》包括一本书和一张彝青语词汇录音光盘，2011年由云南民族出版社出版。

## 四、影视人类学教学与研究

1985年，学校成立电化教育中心，我调任中心主任，这对于我是新挑战，最初有些担心，怕专业转向影响耕耘多年的民族语言文学研究。到职后发现，这种担心是多余的。电教的本质是用现代技术为教学科研服务，除了做好日常服务，在应用现代技术于民族文化研究方面，有广阔的开拓空间。20世纪50年代我国在这方面已经取得重大成就，只是影响面很窄，被“文革”中断后还没来得及恢复。我校民族研究基础厚实，电教中心拥有当时一流设备和技术人才，优势显著，只待一搏。

影视人类学是以人类学、电影学为母体的交叉学科，要求从业者具有多方面知识架构。长期从事民族语言文学教研的功底，长期自修与实践累积的民族学、文化学素养，长期置身民族大家庭耳濡目染的熏陶，对我非常有利，不是要放弃什么，只要把研究方向从民族语言文学扩展到民族文化，就可以开启影视人类学的大门。因此，我决定与大家一起努力，在做好为日常教学服务的同时，一面强化补充人类学、影视学知识，一面选择切入口，闯入影视人类学领域。

影视人类学是一门新兴学科。我国20世纪五六十年代少数民族社会历史大调查期间，拍摄了一批少数民族社会形态和民族习俗的电影纪录片，开启了我国影视人类学的重要实践，取得了中外未曾有的历史性成就。但是，被“文革”拦腰截断，直到20世纪70年代末，不仅国外对此茫然不知，国内知晓面也很窄，更没有专业研究机构。这是当时的薄弱环节，我们正好由此切入。我和大家一起，发挥电教中心设备优良、技术人才齐全的优势，迅速展开了人类学影片拍摄和影视人类学理论研究。

1985年国际影视人类学会主席巴列克西访问我国。我抓住机会向他介绍我国少数民族丰富多彩的文化面貌，以及我校开展影视人类学研究的有利条件。这次来访给他留下深刻印象。经他引荐，1986年美国著名影视人类学家阿什应邀访问我校电教中心，就影视人类学深入交流，并和我们一起到宁夏拍片。接着，1986年和1987年，我先后在南加州大学《社会影视人类学通讯》发表《影视人类学在中国》和《中国影视人类学欢迎国际合作》两篇论文，首次向国外系统介绍我国影视人类学成就，并阐明我国在影视人类学学科领域的开放态度。随后，我主持翻译出版了美国影视人类学家卡尔·海德《影视民族学》一书，并以《急待开拓的新兴学科》为题作序（1989年，中央民族学院出版社出版），呼吁学界关注支持，加快我国影视人类学发展。这是我国出版的第一部影视人类学译著，反响强烈。

随着工作进展，我们逐渐打开了与外界的联系通道。加拿大、德国、法国、意大利、爱沙尼亚、巴西、印度、日本等多国影视人类学家相继来访，或与我们进行学术交流。1992年，我应邀赴荷兰出席第二届阿姆斯特丹国际影视社会学人类学会议，在会上发表《中国影视人类学发展历史和前景展望》，并展映我们拍摄的《中国塔吉克婚礼》。巴列克西主席看片后称赞说："拍得好，真实可信！"

从1986年起，我担任编导、撰稿或制片，与电教中心同志们一起，在西藏、新疆、贵州、宁夏、四川、内蒙古等民族地区，拍摄了《化不开的深情——苗乡四月八纪盛》《雪顿节》《古羌子孙》《宁夏吴忠巷道村穆斯林主麻日纪实》《中国塔吉克》等二十余部（集）人类学片和一批人类学影视资料，以及《闪光的记忆》《绿荫深处香正浓》《沃土新苗》等校庆纪念片和教学生活片。退休十余年后，我仍先后赴凉山彝区和缅北佤邦地区拍摄了《龙潭佤乡》等纪实片。

《化不开的深情——苗乡四月八纪盛》在中央电视台播出，并获1987年全国“兄弟民族”专栏优秀节目三等奖;《沃土新苗》在教育电视台开播式上播出并获奖杯；多部片子获北京高校电教协会奖。《古羌子孙》《中国塔吉克》等在地方电视台播出,《岷山深处的羌寨》1990年在加拿大印第安之夏电影节开幕式展映。

我对影视人类学的理论探讨，从20世纪70年代中持续至今，多次赴民族地区考察请教，结合自己的拍片经验和跟踪我国影视人类学发展实际开展研究，在《民族研究》《西南电视》《广西民族研究》等学术刊物和我国历届影视人类学学术会议上，发表了《试论人类学片拍摄原则》《新时期中国影视人类学走向述评》《人类学片电影化问题》《对影视人类学学科定位的思考》《人类学片真实性辨析》《文化多样性与影视人类学》等多篇论文。

退休前三年，我调任学校图书馆馆长，不得不暂时放缓影视人类学研究脚步。1995年退休后，没有了行政事务分身，我集中三年时间编写出《影视人类学》教材，从1998年起接连三次为民族学和汉语文学专业本科生、研究生授课。之后，我与社科院人类学民族所张江华等合作，于2000年出版了我国第一部影视人类学理论专著《影视人类学概论》(社会科学文献出版社出版)。2015年影视人类学会为历年优秀著作颁奖，该书和译著《影视民族学》双双获奖。

此外，我先后担任编委或参与编写《民族教育词典》《中国少数民族文化大词典》(西南卷)、《藏族大辞典》及《中国民族语文工作》等辞书和学术专著，发表文学评论、影评、报告文学多篇，退休后又担任责编出版图书多本，审阅书稿2000余万字。

1992年经国家民委批准，我接替陈永龄先生任国际影视人类学会中国委员。20世纪80年代初，我先后被吸收为中国民间文艺家协会会员、北京作家协会会员，任历届中国民族学会影视人类学分会常务理事和数届中国少数民族文学学会理事。2004年，我被石林彝族自治县授予该县“荣誉公民”称号，个人生平事迹被收入《中国民间文艺家词典》《北京作家词典》及家乡志书《龙泉驿区志》。

半个多世纪以来，我躬身讲坛，跋涉边乡，不曾虚度年华，是民族事业引领我一路走来，鞭策我毕生勤谨，赋予我多彩人生；半个多世纪以来，我两赴湘西、三上凉山、四去贵州、十走云南，到许多民族地区做过田野调查和学术交流，与兄弟民族度过无数难忘的日日夜夜，感念之情激荡于胸，总觉无以回报。

去日已已，余年可追。我的生命永远属于民族事业！

2017年5月9日完稿

# 为共产主义奋斗终身是我“退而不休”的精神支柱

刘绍川

不久前，在同黄波书记交流思想中，我曾建议老干部处党委应重视抓新退休教职工中的党员自觉坚持履行“为共产主义奋斗终身”的入党誓言的教育，鼓励他们退休后在新的形势下仍站在坚持“为共产主义奋斗终身”的高度，从自己现有的优势和实际出发，做一些力所能及的工作，这对党的事业有利，对学校的工作有利，对自己退休后的新生活也很有利。黄书记当即热情地表示，让我在适当的场合，与新退休的党员同志讲讲这个问题。

现借纪念建党96周年之机，在《金秋》上向党做个“思想汇报”，谈谈我“退而不休”20年来的感想。不管别人怎么看待它，我坚信，对共产党员的整个人生来说，这是一个带有根本性的问题。认识这一点，是我从“退而不休”实践中得到的最大的思想收获。这是我退休后一次又一次地做出新努力、获得新成果、产生新思想的精神依托、智慧源泉和不竭动能。

## 一、为共产主义奋斗终身，是我在人生事业转折关头做出“退而不休”选择的精神支柱

我在人生事业发展的转折关头——“退休”时，不得不重新思考，没有日常职责后，还要不要、还能不能，或者怎么样，把“为共产主义奋斗终身”的入党誓言贯彻到底。最后，我严肃地确定，要以“退而不休”的方式，来继续履行“为共产主义奋斗终身”的入党誓言。这不仅是我个人以往奋斗历史的延续，是我学习、研究、宣传和坚持科学共产主义理论的继续，是我传承共产党员老前辈奋斗历史传统的意志，而且我也养成了继续“为共产主义奋斗终身”的兴趣、作风和才能。

20年的实践证明，我确定以“退而不休”的方式继续履行自己的入党誓言，是正确的。我在人生转折关头，所确立的这一继续忠于党的事业的明确立场和工作态度，使我至今精神振奋、受益无穷。

## 二、为共产主义奋斗终身，是我退休后以自己既有优势为基础主动去寻求工作机会的不竭动力

“退休”前后的根本区别在于，退休前做什么，是靠领导和组织来安排的，而退休后想“不休”（干点事），就只能靠自己主动去寻求，只能使自己根据人才市场需求或某种客观需要，应聘于某种适合的工作。

1996年3月，我勇敢地走进了人才市场求职。这是我“退而不休”的第一个实际步骤。随之，我先后在《青商信息》《产经新闻》《中国新闻星期刊》《市长》等报纸杂志做记者、编辑或审读工作。

我在校外打工十年后，鉴于报刊字号变小，而我的视力在衰退，已不便坚持纯文字工作，只好回学校找工作。正好听说组织部需要“兼职组织员”，我就主动向本校校党委组织部原部长刀波同志提出，能不能让我参加校内的党建工作——做“兼职组织员”？他马上表示欢迎。这样，从2006年起，我就先后在组织部组织科、信息工程学院做起了“兼职组织

员”工作。在20年的退休生活中，全靠自己自觉自愿地为党的事业去找适合于自己的工作，并认真负责地、力求创造性地做好工作（这是在人才竞争状态下工作的需要）。2008—2012年在信息工程学院协助党总支做08级的“党建试点工作”，也是我主动争取的。年高不便求职后，我在家里搞写作、发微博、作博文，也是自觉自愿的。唯有过80岁后那两年为《金秋》工作是例外，是被吸收参加编委会的。

## 三、坚持为共产主义奋斗终身的过程，使我在退休后获得了超越以往的成就

鉴于走向共产主义的艰巨性和长期性，我“退而不休”的目的和重点就放在关心下一代的成长、成才和走向成功上。我用自己“打工”薪金收入的大部分在家乡相继开展了力所能及的助学和奖学活动。在十多年里，我先后资助过18位贫困生，有14位大学毕业（有一人考上研究生，还得到了我的额外奖励——购买笔记本电脑）。据2016年本村村委会统计，自2004年我在本村创建“文升奖”——“文榜村学生升级升学奖学金”后，已有88位学生获得过此奖，当年就有12位“文升奖”获得者考上了大学。在近5年内，已有两位“文升奖”获得者考到北京重点高校就读：陈剑波已从北京邮电大学毕业；刘环涓是中国农业大学三年级学生——这是云南省剑川县剑阳镇文榜村学生高考历史上的最好成绩。这既了却了我早年想回报党、回报家乡人民的愿望，也为家乡的青少年成长、成才贡献了一点力量。

经过4年努力，我创造性地协助信息工程学院党总支在08级进行“党建试点工作”，摸索出一整套把高校党建工作贯穿于大学教育全过程的可操作性经验，现已完成了对这个工作的总结，写出了50万字的书稿《发扬“传承”之光》。

我退休后的著述，无论从数量上还是水平上，都已经超越了我在职年代的成果；还在校内外获得了在职时期所没有得到过的多项荣誉称号。如

在校内，荣获“优秀党员”“优秀党务工作者”证书；在校外，荣获北京市教工委的“关心下一代先进工作者”证书，还有国家教委“关心下一代先进工作者奖章”。最近，我的《激励各级学生成才成功的心语》一书荣获北京市教工委“关心下一代优秀作品”一等奖等。

“退而不休”20年，是我与年轻人沟通、互动、互助、共进的20年。通过助学、奖学和党建工作，我学习、研究和帮助了下一代人，也从他们的“返馈”中得到了无数的启发和激励，感到了我继承和发展前人的优秀成果、带动后人的实践价值，从而为党的事业做出了超越在职时期水平的新贡献，也为自己的人生增添了难以磨灭的光彩。

## 四、通过“退而不休”的实践，我深化了对“为共产主义奋斗终身”的理解

通过“退而不休”20年为共产主义奋斗的实践和思考，我从理论和实践的结合上深化了对入党誓词的理解，深化了对共产党员特质的理解。主要是对共产党员履行“为共产主义奋斗终身”的入党誓言，有了广泛而深刻的、更高层次的感悟，把“为共产主义奋斗终身”视为入党誓词的核心，视为共产党员“退休不褪色”的保证，提高了坚持为共产主义奋斗终身的自觉性和能动性。

我用自己“退而不休”的实践继承和发扬了为共产主义理想而奋斗的先烈们的遗志，用自己的经验、知识、潜能、智慧，力求为改革发展中的中国特色社会主义和理想中的共产主义做出自己的新贡献，用无私奉献的行动和创新成果为人类、为人民、为青年服务。特别是用为共产主义奋斗终身的言传身教，来培养青年、带动青年、影响青年，也从青年的进步中看到党和人民的光明未来。这样，我就以个人履行入党誓言为起点，通过助学、奖学和党建工作，来培养共产主义接班人，从而带动更多的后来人也能履行他们入党时所宣读的誓言，使履行入党誓言变成传承党的事业的一部分。

培养为共产主义而奋斗的接班人是党的事业得以传承的核心，是共产

主义事业最终胜利的保证。不同时代的共产党员都应该继承革命前辈的遗愿，立足于现实，着眼于未来，想方设法、尽心尽力地去培养新人，即为传承党的事业做出积极的贡献。把个人的最高价值融入这“传承”党的事业之中的共产党员，他们的奉献精神将是永存的。

共产主义在人类发展进程中的必然性不会自发呈现，而需要靠一代胜过一代的共产党人组织和带领劳动者深入批判旧制度，有效变革现存社会，科学地创建新制度，不懈奋斗，才能最终实现。当世界仍处在国际资本强权操控和巧妙统治下，当经济全球化尚未达到普遍而高度发展的水平时，当发展中的社会主义国家仍处在落后于资本主义发达国家水平而尚未达到全面优越于它时，当社会主义自身尚未由初级、经中级到高级阶段时，共产主义的美好理想还只能处于有待争取的阶段。靠谁去争取呢？只能靠一代胜过一代的共产党人带头去争取。

从广义上说，共产主义是全人类的解放事业，是群众性最广泛、最深刻的共同创新事业，既需要共产党人为它发光添彩，也能容纳一切先进分子的聪明才智。我认为，坚持走中国特色社会主义道路的中国所主导的“一带一路”“合作共赢”的伟大事业，不仅惠及各合作方的利益，而且惠及全人类共同发展的共同利益，是人类继承和发扬优秀文明成果的新方式，是人类开辟共同繁荣的新道路、新前景，必将为人类齐心协力地把地球家园建设好、为各国人民的子孙后代创建更美好的明天而做出新贡献。

我们当今所享有的幸福，是前辈们为我们创造的。当代共产党人也要为人民大众的利益、为全人类的利益、为后来人的幸福，发挥自己的“传承”之光。这是客观需要，也有主观可能。

我在本校信息工程学院08级的“党建试点工作”过程中看到，有不少大学生都能按党的先进性要求，继承和发扬自己以往的先进思想、先进事迹、优点、优势，来创造入党条件。他们在为争取入党而努力的过程中学习“把上好大学与争取入党相结合”的先进典型和先进事例，在这种学习过程中也能互相学习、互相促进。他们不仅在争取入党、已经入党，而且还在争取做优秀党员。他们都赞赏为党的事业奋斗终身的精神。08

级的党建过程，就是一个为党的事业而共同进取、共同奋斗、相互影响的“传承”过程，每个人都发出了自己的“传承”先进之光、优秀之光。随着党建工作的发展，“思想入党”的意识在增强，共产党员发扬先进性、为共产主义奋斗终身，便成为共产党员们共同的历史使命，成为开拓个人人生前程的大舞台，成为党的事业承前启后的“传承”之力、“传承”之光。

大学生中的党建工作，从实质上说，就是以党的先进性建设为指导、以党的组织工作为保证，引导同学们自我教育、自我解放、自我奋斗、自我总结、自我提高的发展过程。宣传党的先进思想，宣传共产党员的先进典型，宣传争取入党同学的每一个先进成果，都是在发扬和深化党的先进性的“传承”之光。而这光，是互照的，总在激励着为党的事业而奋斗的每个先进分子。同学们说，我启发教育了他们，而实际上，是同学们一次又一次的“献计献策”“思想汇报”，一而再、再而三地启发了我、帮助了我。同学们为我提供了我所需要的智慧、办法、信心和力量；我又变成学习和传扬他们先进思想和进取精神的纽带。

通过退休后20年履行入党誓言的实践，通过总结20来为党、为青年做出新业绩的历程，我逐步深切地感悟到，履行“为共产主义奋斗终身”的誓言，是共产党员做到“退休‘不褪色’”的思想保证；是共产党员激励自己为直接的服务对象、为普通民众、为人类尽力做出个人贡献的不竭动力；是共产党员利用党的伟大事业这个大平台，来充分发挥创新精神，创新个人历史、增值人生价值的有利机遇；也是老共产党员为发展党的事业而学习前辈、带动晚辈的一种荣耀。

## 五、传承“为共产主义奋斗终身”的精神，是我教育新一代共产党员的最大心愿

我在2008—2012年任信息工程学院党总支“兼职组织员”（后改称“特邀党建组织员”）的过程中，在代表上级党组织与党支部已决定接收为中共预备党员的同志的谈话中，总要向他们提出的希望重点是：“入党

后，要在人生奋斗的过程中，不断深化对以‘为共产主义奋斗终身’为核心的入党誓词的理解和贯彻。”

在08级党员毕业前夕，我更全面地阐述了与新党员入党谈话时提出的“四点希望”，并作为“共同分享的特殊纪念品”赠予他们。其中对“四点希望”之一的诠释是：“共产党员为共产主义事业而奋斗是终生的事业。无论奋斗的方式方法发生多少变化，无论奋斗的主客观条件有多么艰难、曲折，共产党员只有在不断的实践过程中深化对入党誓词的理解和贯彻，始终坚持‘为共产主义奋斗终身’这一精神支柱、根本原则，才能经受得住任何艰难困苦、生死攸关的考验，才能抵制得了各种各样的诱惑、收买，才能避免走上叛党、叛国、背叛人民的邪路。国际共产主义运动史上的叛徒，中国共产党历史上的叛徒和现实社会里共产党员干部中的贪腐分子、叛逃分子，都是因为背弃了自己的入党誓词而堕落成为可耻罪人的。他们即使一时得逞，但最后只能落得身败名裂的可耻下场。”

我为什么高度重视共产党员要坚持“为共产主义奋斗终身”呢？因为，这是共产党员入党誓词的核心，是共产党员奋斗目标和奋斗过程的表述，是检验共产党员先进性和纯洁性的标志，是共产党员不断开拓前进道路的方向和动力，是共产党员自觉改造自己、自动“强身健体”、自愿无私奉献的思想源泉和能动性表现，是共产党区别于其他任何政党的特质。所以，我教育每个大学生，入党后，要在人生奋斗的过程中不断深化对以“为共产主义奋斗终身”为核心的入党誓词的理解和贯彻，这是党的事业发展的需要，也是共产党员整个人生奋斗的需要。

08级的党员毕业后，作为老党员，我“为共产主义奋斗终身”的努力还在继续，争取出版反映我和08级党员一同学习、实践的思想成果——《发扬“传承”之光》一书。我期望08级的共产党员们、我的助学奖学对象们，入党后都能坚持“为共产主义奋斗终身”，都能以自己的可能方式，继承和发展人类的先进文化，继承和发展革命前辈的光辉业绩，继承和发展自己成才成功的优秀成果，发出自己的“传承之光”，共同来为共产主义的远大前景增光添彩。

# 关心下一代是他“退而不休”的自觉

艾比布拉

我校首届关工委委员、原校《周报》主编、退休教授刘绍川同志的新著《发扬传承之光》即将出版。该书作为作者退休以来把坚持“为共产主义奋斗终身”与“关心下一代”工作融为一体的代表作，较全面地记录了他关怀、帮助、引导、培养下一代人的奉献历程和真情实感，印证了他对党的事业、对国家未来发展充满胜利信心的思想基础和认识角度。该书不仅表达了作者对青年一代的深切关爱和希望所寄，也具体反映了我校党建工作开拓创新的情况。

《发扬传承之光》一书展现了作者从助学起步、从未来着眼，注重对下一代的教育和培养，始终以履行入党誓言为核心，鼓励大学生积极争取入党、教育新党员坚持履行入党誓言、把党的事业代代传承下去的编写线索，同时也介绍了我校把党建工作贯穿于大学教育全过程的探索和经验。该书通过作者参与的信息工程学院08级“党建试点工作”实践，总结了“把引导大学生上好大学与争取入党相结合，把党组织建设与班级管理相结合，按党的先进性教育要求考察入党积极分子，择优吸收成绩优良、热心班级工作和服务同学的积极分子入党以改善班级管理和带动同学进步”的经验，并以“大一，打好班建、党建工作的基础；大二，结合综合测评，开始择优发展党员；大三，加快发展党员步伐，逐步形成以班级党支部为核心的班级管理体制；大四，结合该阶段服务同学的实际，开展‘创先争优’活动，评选先进党支部、优秀党员”的成熟模式，展示了我校党建工作的部分成果。

刘绍川教授正式退休于1995年年底。自退休以来，他一直以履行“为共产主义奋斗终身”的入党誓言为动力，坚持“退而不休”，在校内外以各种形式投入“关心下一代”工作。他在与其关心对象的互促、互动和互融中，展现了一名老党员是如何“发扬传承之光”的。20多年来，他坚持通过无偿和有偿的劳动，为“关心下一代”创造必要的经济条件，并在积极参与学生党建工作中取得了显著成绩，因而先后获得市教工委授予的“关心下一代先进工作者”荣誉称号、国家教委颁发的“关心下一代先进工作者”奖章以及学校授予的“优秀共产党员”“优秀党务工作者”等荣誉称号。

1996—2006年，退休后的刘绍川教授主动到校外媒体单位求职，并以“打工”收入为基础开始资助家乡贫困学生。其间，他从个别资助到成批资助，一直坚持了十多年。2004年，他在家乡创设了“文榜村学生升级升学奖学金”（简称“文升奖”），以奖励本村学生读书上进，迄今已有18位“文升奖”获得者上了大学。刘绍川把设立和颁发“文升奖”当作自己的终身奉献方式，并以此为素材先后撰写了《激励各级学生成才成功的心语》（获市教工委“关心下一代丛书”一等奖）和《两代人的呼应》（与第一个助学对象李成芳的通信集）两书。

2006年起，刘绍川教授被校党委组织部聘为信息工程学院“兼职组织员”，同时以校关工委委员的名义，协助学院党组织开展学生党建工作。受原校关工委主任周兴健同志委托，他还负责与各院系的“兼职组织员”联络，出色完成了各项任务。在此期间，他还主动协助校党委组织部创办了《组工通讯》。该刊物反映了中央民族大学各院系兼职组织员的工作成果和经验，提出他们对本校党建工作的改进建议，并介绍各院系学生党员和入党积极分子的先进事迹。

2012年，信息工程学院08级学生毕业后，刘绍川教授全面整理介绍了08级的“党建试点工作”的具体做法和宝贵经验，同时把自己创设助学奖学金资助家乡贫困生与“关心下一代工作”联系起来，使其成为自己“退而不休”的生活和思想追求。他从这一实践中获得的体验和收获，现已成为他积极参与“关心下一代工作”的核心思想和发展愿望。他期望“为共产主义奋斗终身”能成为共产党人代代相传的光荣传统，同时也通过自己的言传身教使许多新党员更加坚定了“为共产主义奋斗终身”的信念。

刘绍川教授在家乡创设“文升奖”，最初目的只是鼓励本村学生好学上进和考上大学。随着“文升奖”获得者上大学人数不断增多，他向他们提出了更高的要求，公开表示将重奖获得“保研”资格或考上研究生的“文升奖”获得者，并鼓励他们以民大信息工程学院08级学生党员为榜样，把上好大学与争取入党相结合。为了让更多年轻人受到启发和鼓励，刘绍川决心继续著书服务于他们的成长成才。在信息工程学院08级学生党员和一些“文升奖”获得者的积极协助下，刘绍川教授用长达5年的时间完成了《发扬传承之光》一书的编撰。

20多年来，刘绍川教授编撰内容已达一百多万字。他认为，自己退休后取得的成就已大大超越了他在职时期的成果。鉴于他退休后的积极奉献和著述有力推进了“关心下一代”工作，校关工委决定将他编著的《发扬传承之光》等三部书列入《中央民族大学关心下一代工作委员会丛书》系列。

刘绍川教授把“关心下一代”当作自己“退而不休”的继续追求，并取得了丰硕成果。这充分说明，“关心下一代”也是为广大离退休老同志搭建的一座“老有所为”的人生大舞台。愿更多老同志充分利用自己的专业和经验优势，为“关心下一代”共同发挥余热，以提升自己的人生价值和创新美好生活。

2017年11月13日